長安學術

松林題

第五辑

陕西师范大学文学院　编

商务印书馆
The Commercial Press
2013年·北京

图书在版编目(CIP)数据

长安学术.第 5 辑/陕西师范大学文学院编.—北京:商务印书馆,2013
ISBN 978-7-100-10512-5

I.①长… II.①陕… III.①长安(历史地名)—文化史—文集 IV.①K294.11-53

中国版本图书馆 CIP 数据核字(2013)第 310002 号

所有权利保留。
未经许可,不得以任何方式使用。

长安学术
(第五辑)

陕西师范大学文学院　编

商 务 印 书 馆 出 版
(北京王府井大街36号　邮政编码100710)
商 务 印 书 馆 发 行
三河市尚艺印装有限公司印刷
ISBN 978-7-100-10512-5

2013 年 12 月第 1 版	开本 880×1230　1/16
2013 年 12 月第 1 次印刷	印张 19　　插页 2

定价:80.00 元

《长安学术》编辑委员会

编委会名誉主任：霍松林

编委会主任：李西建

编委会副主任：张新科　邢向东　刘生良

编委会委员（以姓氏笔画为序）：

尤西林　王　荣　韦建国　邢向东　刘生良　刘峰焘　李　强
李西建　李继凯　张新科　周淑萍　胡安顺　赵学勇　赵望秦
党怀兴　高益荣　程世和　霍有明　霍松林　魏景波

名誉主任：霍松林

主编：李西建

副主编：张新科　邢向东　刘生良

本辑执行主编：赵学勇　李继凯　王　荣　田　刚

目 录

[延安文艺本体研究]

程春梅：延安文学中的贞节观 …………………………………………（3）
方维保：延安文艺运动与价值观的调适 …………………………………（13）
李林荣：重述中国现代文学进程中的延安文学 …………………………（20）
潘　磊：鲁迅与陕甘宁边区的新文字运动 ………………………………（27）
惠雁冰："延安文艺"的研究现状与亟须突破的几个问题 ………………（36）
黎活仁：卢卡契福本主义对中国文艺政策的影响 ………………………（43）
张　勇：性别与民族国家想象
　　　　——以解放区文学为例 …………………………………………（53）
〔日本〕濑户宏：试论延安"大戏热" ……………………………………（62）
李继凯：论延安文人与书法文化 …………………………………………（73）
李　振：从苦难书写到被动翻身
　　　　——1942年后延安文学中的妇女解放 …………………………（85）
梁向阳：由《高干大》看"延安文艺"的转型之路 ………………………（95）
卢洪涛　杜　静：论延安文学的大众启蒙内涵 …………………………（103）
倪文尖：如何着手研读赵树理
　　　　——《邪不压正》为例 ……………………………………………（116）
徐明君：延安文艺传统与鲁艺知识分子 …………………………………（126）

杨洪承：空间视域中的20世纪延安文学的再认识 …………………（131）

杨　琳：延安时期纪实文学：记录历史现场的新闻文学文本…………（142）

谭诗民　李西建：延安文艺对马克思主义
　　　　　　　　文艺思想中国化的影响………………………………（152）

徐仲佳：艰难的"脱胎换骨"
　　　　——丁玲《关于〈在医院中〉》（草稿）的细读 ……………（162）

张永东　汪　洁：论延安文艺代表作品的经典化历程
　　　　　　　　——以《王贵与李香香》为例 ………………………（174）

钱章胜：延安整风与"启蒙"………………………………………………（182）

王贵禄：大众化问题：从左联到延安 ……………………………………（189）

[延安文艺与中国当代文学研究]

陈思广：一"定"一"出"之间
　　　　——柳青《种谷记》与《创业史》的接受研究……………（205）

王俊虎：论陕西文学对延安文学的承传与发展 …………………………（213）

吴　进：柳青与革命文体的生成 …………………………………………（225）

魏　巍：重复与替补
　　　　——论解放区小说与十七年小说的大团圆意识 ……………（239）

江腊生：知青写作与农民工书写
　　　　——延安文艺的两种结缘方式 …………………………………（249）

李　军：土改中的身体叙事
　　　　——解读根据同名小说改编电影《暴风骤雨》 ………………（258）

林　霆：从甲长到村长
　　　　——中国农业合作化题材小说中的乡村权力书写 ……………（265）

张炼红：从"新秧歌"到"样板戏"：新中国戏曲改革运动的
　　　　历史脉络与影响 ……………………………………………………（272）

阎浩岗：重论"高于生活"及"理想人物"塑造 ………………………（284）

编后记 ……………………………………………………………………（298）

延安文艺本体研究

延安文学中的贞节观

程春梅

摘　要：延安文学中的贞节观在延安文艺整风前后的表现是不同的，总体来看，整风前我们能从文学中看到作家对工农兵为主的延安社会中的贞节观陋习进行批判的表现，但整风之后延安文学往往变成了对延安婚姻政策的赞歌，贞节观趋向了新的描写形式，作家们几乎是不约而同地放弃了对私人情感的描写，贞节观更多地趋同于其服务的对象，即文化水平较低的士兵与农民。

关键词：延安文学；贞节观；禁欲主义

贞节观是一个很古老的话题，中国几千年的封建社会和儒家道德对女子最严明的约束就是"贞节"。贞节观包含了很多与婚姻、生育、爱情与性相关的对女性实行控制的内容，比如"饿死事小，失节事大""一女不事二夫"等，其最极端的表现便是旌表贞节女性的"贞节牌坊"和给予女性极大痛苦和束缚而令很多男人迷醉不已的"三寸金莲"。尽管"贞节牌坊"和"三寸金莲"随着五四新文化运动的兴起受到激烈批判并退出了历史舞台，但是要求女人守贞节的思想观念却并非靠一场运动便能消除的。在20世纪的中国，贞节观始终作为潜意识存在于人们的生活中，在不同的社会历史时期都有其不同的表现形式，而这些表现也都无疑地在各时期的文学中有所反映。坦娜希尔在她的《历史中的性》中认为："在有记载的历史开始之时，权力阶层就已经发现，通过约束两性关系，有可能控制家庭，从而有效地保证国家的安定。政府官员就像征税者一样，要是没有一个明确的模式就会心神不安。即便如此，仅就他们要涉及公众关心的领域——合法、继承权和人口控制——而言，他们也必然会干预两性关系问题。中国是这样，印度是这样，古代近东也是这样。在法律义务之外，性的道德即是人类关系的道德。"[1]坦娜希尔的分析实际上可以看做是对贞节观做的一个注脚，直白地说，贞节观从某种程度上说正是一种社会控制方式，是政治对性的规训。一个社会的开明程度如何，可以通过其贞节观反映出来。从贞节观的角度研究延安文学，可以帮助我们更全面地了解延安时期政治与革命如何在对性的规训中完成了对社会力量的调控。

---

① 〔美〕坦娜希尔著，童仁译：《历史中的性》，光明日报出版社1989年版，第455页。

延安文学时期,文学成为一种宣传革命的有力武器,而作家经过锤炼特别是经过延安文艺整风之后接受了这种观点。延安文学中的贞节观在延安文艺整风前后的表现是不同的,总体来看,整风前我们能从文学中看到作家对工农兵为主的延安社会中的贞节观陋习进行批判的表现,但整风之后延安文学变成了赞歌,贞节观趋向了新的描写形式,在政治的深刻影响下文学观念和社会观念也都倾向于革命与抗日,与五四文学时期相比较变化非常显著。虽然在左翼文学中爱情已经开始给革命让路,左翼文学中已经有了共产党的工作领导,政治对文学的规训早已启动,文学已经不是在遵循自身的发展规律来进行,但毕竟左翼作家是在一定的自由状态中从不同角度来描述私人情感、性和爱情的。在整风之后的延安文学中,为了配合政治,做好革命与战争形势下的宣传工具,作家们在毛泽东延安讲话的推动下小心翼翼地处理对情感主题的描述。所以,情感或者说性的问题在远离政治的表面现象下实际上控制了作家们的创作,作家们要绷紧了神经回避情感或者说性的问题,性被阶级、民族、国家这些政治话语所压抑。作家们几乎是不约而同地放弃了对私人情感的描写,贞节观更多地趋同于其服务的对象,即文化水平较低的士兵与农民。

一、前期延安文学中的贞节观

应该说,延安文学开始时的主体作家是来到延安的左翼文学作家,左翼文学的突出特点是其现实主义手法和批判性,丁玲初到延安后的作品便体现了这种特征。早在20世纪30年代初,丁玲发表的《韦护》《一九三〇春上海(之一)》《一九三〇年春上海(之二)》三部小说都是以革命的或不革命的知识分子为典型,描写他们在大潮流冲刷下的政治态度、思想感情的变化与对立,从这三部作品中我们能够感受到爱情对于革命者来说几乎是一种奢侈的感情,凡是妨碍革命事业的爱情都要走开。而这也隐约地显示了革命对性与爱情有效规训的端倪。革命鼓励人们放弃卿卿我我的小资情感,鼓励人们踏上为大众解放的革命征程。也就是说除非是有志同道合的革命理想,否则革命者就不该有所谓个人私情。这是丁玲服从革命的大趋势所进行的创作上的调整,她已经从早期的义无反顾的莎菲女士的叛逆中走出来,开始以一个革命者的姿态进行文学创作。到达延安以后,体现在丁玲作品中的革命气息更为浓厚,但作为一名著名的左翼文学家,丁玲仍然保持了她敏锐的观察力和批判精神,表现出与众不同的气质。

1938年前后,延安革命队伍中的男女比例为30∶1,1941年前后这个比例是18∶1,

到1944年初男女比例是8:1。① 如此悬殊的两性比例给人们解决婚恋问题造成了现实的困难。现实生活中出现了"二五八团""三五八团"的对结婚资格的规定,②出现了"一个科长就嫁了"的讽刺画,③还出现了因恋爱不成而枪杀女友的"黄克功案"。在这种情况下由丁玲担任主编的中共中央第一份机关报《解放日报》文艺副刊发表了一些反映延安现实生活存在的所谓阴暗面的作品:丁玲的《"三八节"有感》、王实味的《野百合花》、艾青的《了解作家,尊重作家》、罗烽的《还是杂文时代》、萧军的《论同志的"爱"与"耐"》等杂文。在此之前,王实味已在《谷雨》杂志上发表《政治家、艺术家》一文,指出由于各自任务的不同和观察问题着眼点的差异,政治家和艺术家就会各有自己的优势与弱点,因而必定会产生矛盾与分歧。他希望政治家和艺术家都能各自尽责,共同完成改造社会和改造人的历史使命。这些文章反映了作家对于延安生活中的某些缺陷的不满和意见,对老干部弃旧娶新、生活待遇等级制度等提出了尖锐的批评。这些作品引起了高层某些领导人的恼怒,同时国民党又把其中某些作品当作反共宣传品大量翻印传播,对延安造成了一些负面影响。延安召开了批判声讨这些批评者的各种会议,王实味则被逮捕,后来竟被处死。文艺整风运动让丁玲和延安的作家们在精神上经受了一场严酷的"洗礼",让他们转向为一切服从于无产阶级革命政治需要的党员作家。丁玲在整风运动中发表文章讨论毛泽东讲话时写道:"文艺应该服从于政治,文艺是政治的一个环节,我们的文艺事业是整个无产阶级事业的一个组成部分。这问题必定首先为我们的作家明确而肯定地承认。"④"立场不能解决艺术以内一切问题,但它解决主要问题。"⑤延安文艺整风运动基本结束后,丁玲又被送往中央党校学习和参加审干运动,在政治上和思想上进一步接受锻炼和改造。此后她深入到边区的工农兵群众生活中去,写了大量为现实政治服务的宣传作品。

丁玲原载于1942年3月9日延安《解放日报》的《"三八节"有感》描写了延安的女性在婚姻问题上存在的巨大困惑。实际上在解放区,对于反对父母包办婚姻,争取婚姻自主的宣传是一种真实存在,但在革命队伍中,另一种情况也是真实存在的,那就

---

① 朱鸿召:《延安文人》,广东人民出版社2001年版,第88页。
② 早期延安革命队伍里的婚姻主要是靠组织纪律来约束。恋爱结婚的条件有"二五八团"和"三五八团"之说。前者为:二十五岁,八年军(干)龄,团级干部;后者为:男女双方必须有一方是八路军的团职干部,双方男女必须是党员,且有三年党龄,双方年龄之和为五十岁。
③ 1942年春,华君武与蔡若虹、张谔三人在延安开了个讽刺画展。其中一幅漫画叫《首长路线》,画的是两个女同志在路上聊天,一个说:"才一个科长你就嫁了。"讽刺的是当时风行的"谁的官大就嫁谁"的择偶标准。这个漫画引起了很大的争议。
④ 丁玲:《关于立场问题我见》,陈明编:《我在霞村的时候——丁玲延安作品集》,陕西人民教育出版社1999年版,第263页。
⑤ 同上,第267页。

是领导和组织出面来实行的介绍婚姻。这种情况在后来的各种革命回忆录以及革命题材的文学作品中都有反映(比如近年热播的电视剧《激情燃烧的岁月》中表现出的就是领导喜欢上了姑娘而成就的婚姻)。"女同志的结婚永远使人注意,而不会使人满意的。她们不能同一个男同志比较接近,更不能同几个都接近。"[1]"但女人总是要结婚的。(不结婚更有罪恶,她将更多的被作为制造谣言的对象,永远被污蔑。)"[2]"她们在没有结婚前都抱着有凌云的志向,和刻苦的斗争生活,她们在生理的要求和'彼此帮助'的蜜语之下结婚了,于是她们被逼着做了操劳的回到家庭的娜拉。她们也唯恐有'落后'的危险,她们四方奔走,厚颜的要求托儿所收留她们的孩子,要求刮子宫,宁肯受一切处分而不得不冒着生命的危险悄悄的去吃着坠胎的药。而她们听着这样的回答:'带孩子不是工作吗?你们只贪图舒服,好高骛远,你们到底做过一些什么了不起的政治工作?既然这样怕生孩子,生了又不肯负责,谁叫你们结婚呢?'于是她们不能免除'落后'的命运。"[3]"她们处于这样的悲运,似乎是很自然的,但在旧的社会里,她们或许会被称为可怜,薄命,然而在今天,却是自作孽、该该。不是听说法律上还在争论着离婚只需一方提出,或者必须双方同意的问题么?离婚大约多半都是男子提出的,假如是女人,那一定有更不道德的事,那完全该女人受诅咒。"[4]女人们虽然被标榜着跟男人平等,可是面对婚姻与爱情,她们中许多人实际上仍然很难自主,在解放区文学中,面对这样的现实情况,《"三八节"有感》是唯一给予关注与同情的作品。所以由此也可看到,初到延安时期的丁玲在最初还保留着她一贯的独立思考的心态,她因为写《"三八节"有感》而与萧军、王实味、艾青等人在文艺整风中受到严厉批评,但也因为她写的《"三八节"有感》,让我们能够从中对丁玲的不同凡响的真诚与悲悯情怀窥见一斑,使她有别于那些单纯的革命宣传。

小说《我在霞村的时候》也是丁玲在延安的早期作品,延续了丁玲带有精神分析特征的私人情感和情欲表达的个性,透着一种直面真实的敏锐目光。小说描写了一位被日军抓住轮奸后又被强行拉了做随营妓女的女主人公贞贞的故事。理论上说解放区应该是妇女获得真正解放的地方,可是现实却不是这样,封建思想对"贞节"的道德评价继续维持着对妇女的压迫。身为女性作家,丁玲同情小说的女主人公,可作为革命者,她又不能否定革命大众,因此虽然最后的结局是贞贞坚强地选择自己的人生道路,离开故乡踏上革命道路,这是一个令人欣慰的结果,但仍然有一种压抑的气氛弥漫

---

[1] 丁玲:《"三八节"有感》,陈明编:《我在霞村的时候——丁玲延安作品集》,陕西人民教育出版社1999年8月版,第252页。
[2] 同上,第252页。
[3] 同上,第253页。
[4] 同上,第254页。

在作品中,也导致了她的这篇小说解读的复杂性。贞贞虽然不幸因为反抗包办婚姻而在逃走的路上被日本人抓住做了妓女,但她积极帮助游击队送情报,表现出优秀的爱国情操。可是后来离开日军回到村里治病时,却受到了在传统贞节观念支配下的村人的冷漠对待,杂货铺老板说:"她那侄女儿你看见了么?听说病得连鼻子也没有了,那是给鬼子糟踏的呀,""亏她有脸回家来,真是她爹刘福生的报应。""听说起码一百个男人总睡过,哼,还做了日本官太太,这种缺德的婆娘,是不该让她回来的。"①女人则议论说:"那娃儿向来就风风雪雪的,你没有看见她早前就在这街上浪来浪去,她不是同夏大宝打得火热么,要不是夏大宝穷,她不老早就嫁给他了么?""还找过陆神父,一定要做姑姑,陆神父问她理由,她不说,只哭,知道那里边闹的什么把戏,现在呢,弄得比破鞋还不如……"②这些妇女们"因为有了她才发生对自己的崇敬,才看出自己的圣洁来,因为自己没有被人强奸而骄傲了"③。但是贞贞这个坚强的姑娘遭受了来自敌人和亲人的双重打击却没有沉沦下去,她拒绝了恋人要顶着舆论压力娶自己的请求,决心离家寻找新的生路。被鬼子糟蹋过,别人和贞贞自己都认为贞贞已经是个不干净的人了,但是贞贞在忍受了太多非议和鄙视之后,最终以走上革命道路的方式来抚平感情的创伤。这种写法,仍然在延续着左翼时期的基本模式,但丁玲的不俗之处就在于,贞贞具备了丁玲式主人公的那种不屈不挠地面对挫折的勇气,那种倔强与尊严感使我们看到丁玲从莎菲时代就有的对传统礼教观念的警惕与抗拒。我们也能够从中感受到丁玲作为一名女性作家对于笔下的女性主人公所具有的深切的基于理解的关怀之情,能够看到丁玲不变的对传统贞节观挑战的姿态,她的那种秉承了五四个性解放传统的精神之光时时闪现在冷静的描述中。这一切都使丁玲在所有的延安作家中显得更独特,体现了她一贯的个性风采。

丁玲在延安的小说《我在霞村的时候》《在医院中》和《夜》等都显示出她的关注点和思考角度的与众不同,敏锐的丁玲在写作中没有掩盖解放区现实生活中的种种与革命气氛不合拍的阴暗面,但她能以革命者的自觉把这种对阴暗面的表达限定在某种程度,总是会峰回路转地指出革命的出路。贞贞的因革命而将获得新生是如此,《在医院中》的陆萍也是如此,陆萍跟郑鹏多接触一些就被议论,谣言满天,说她是在搞浪漫,谈恋爱,而指导员也相信了谣言找她谈话,让她不要为了恋爱妨害工作,但最后陆萍还是申请再学习,怀着充满希望的迎接春天的心情离开了医院,奔向新生活。小说《夜》中,丁玲用了很大的篇幅叙述了村指导员何华明在夜色中对地主的女儿清子和

---

① 丁玲:《我在霞村的时候》,陈明编:《我在霞村的时候——丁玲延安作品集》,陕西人民教育出版社1999年版,第216页。
② 同上,第216—217页。
③ 同上,第223页。

对妇联委员侯桂英的性爱欲望,但后来何华明对异性欲望即将要得到发泄时却突然想到了自己的"干部"身份,从而克服和放弃了自己对欲望的追寻,最终服从了革命大局的需要。这是延安文学中仅见的体现革命者情欲的小说,但是这样的描写已经与丁玲早期自由奔放的创作不可同日而语,它更多地体现着革命对情欲的压抑,革命者不再是因爱情而意气风发的青年,而是收敛情欲、肩负革命使命的中年人。但尽管如此,丁玲的《夜》这样的作品在延安文学中仍然是一个异数,因为在大部分的延安文学中,革命者的形象是远离情欲的,是不会出现这种心事重重之犹疑状态的描写的。接受了延安文学规范的丁玲并没有放弃对复杂人性的诚实描写,所以才会有何华明这样的革命者形象出现,这表现了丁玲在延安文学中的独特之处。

真实表现延安婚恋生活的还有马加发表在《解放日报》的小说《间隔》,小说中与队伍走散的县救国会女干事杨芬遇到了支队长并被支队长看中,支队长迫切希望能与杨芬结婚,许诺给她安排轻松的工作,对她大献殷勤,不顾杨芬已经有男友的事实,委托参谋长和政治部主任代表组织做说服工作,实际上是希望以组织的权威来迫使杨芬就范。而杨芬的男友周琳在支队长的强势面前表现懦弱,自知无法与支队长竞争,因为在残酷的战争环境里,平凡的他不能给杨芬提供更好的生活条件,在这样的情况下,无法接受支队长的杨芬忍无可忍,在这种貌似阴谋的求婚面前感到身心俱疲,心怀恐惧,最终一个人逃离了支部。在小说中,马加将支队长利用手中的权力为自己获得女性的青睐所施展的手段展露无遗。但这部小说在延安整风运动中成了报社里树立的批判的靶子,而报社也因发表这部小说写了检讨。早期延安文学中作家的创作是比较多地遵循着现实主义原则的,对于披着革命外衣执行封建贞节观的做法采取的是批判态度。但经过延安整风之后,批判的声音便基本消失了。

二、后期延安文学中的贞节观

延安文艺整风后,延安文学呈现出不同的特点。一方面是文学中的个人情感、爱情描写几乎消失,普遍地出现了不谈感情的创作状况,另一方面则是热烈歌颂党的婚姻政策带给人们的幸福生活。这实际上体现的是延安作家们已经接受了新确立的政治对文学的规范原则,他们告别了小我,开始学着进行宏观叙事,采用乐观积极的态度来面对集体的事业,做好舆论宣传的工具。

抗日战争胜利后,丁玲根据革命形势的需要组织文艺通讯团奔赴东北。后因交通阻断被滞留在张家口地区,以普通工作队员的身份参加了最基层的土改运动。正是在土改运动中积累了丰富的生活素材,随后她就开始了长篇小说《太阳照在桑干河上》的写作。从1946年秋天开始,经过近两年时间的努力,到1948年的夏天,小说终于修改完成。《太阳照在桑干河上》是贯彻实践毛泽东文艺思想的一个具有标志性的重大成果。在这部作品中,丁玲把阶级敌人的形象塑造得丑陋不堪,比如写李子俊的女人,她的面相就是丑陋的,善于伪装,耍两面三刀的伎俩,而写正面形象时则采用另外的美化方式,比如写黑妮就写她的美丽,甚至为了写出黑妮与程仁的革命爱情的合法性,她把真实中原型是地主女儿的黑妮写成了地主钱文贵的侄女,成了贫穷的佃农的女儿,对地主叔叔充满了不满,这样就使他们出身于同样的阶级,他们的结合顺理成章。《太阳照在桑干河上》虽然在现当代文学史编写中一直被认为是丁玲的重要作品,是延安文学的典范之作,它还获得了来自苏联的文学奖,但我们从中看到的则是丁玲大踏步地接受了延安文学的规范,不再显露她一贯张扬的追求个性解放的女性风采,个性追求淹没在了革命规训爱情的延安文学的洪流中。

赵树理与孙犁是延安文学中最具乡土特色的两位作家,他们被认为从不同方向实践了《讲话》的要求。《小二黑结婚》是赵树理延安文学中唯一的一篇写爱情的作品,作品中虽然写到小二黑与小芹的恋爱,重点表现的却不是两个人的爱情,而是他们对坏分子的斗争,特别是表现了人民政府在恋爱、婚姻自由中的作用,在这里,革命话语中革命的内容冲淡了爱情的内容。赵树理的主观意图上是要进行宣传,要歌颂新生政权、边区政府的强势足以帮助青年们反抗婚恋不自由的封建陋习,要宣传婚姻法,反对封建迷信,要体现出婚姻自由的幸福美好。但是这部日后影响巨大的作品刚开始的时候出版并不顺利,赵树理把完稿后的《小二黑结婚》交给了北方局党校校长杨献珍,最后因有了彭德怀的题字才得以出版。但是书刚上市,批评的文章就尾随而来,《新华日报》(华北版)刊登文章称《小二黑结婚》只是简单地描写青年男女之间的恋情,内容过于庸俗化,指责小说作者不去宣传抗日大事情,尽写些儿女情长、没有什么意义的爱情婚姻琐事。甚至还有人批评《小二黑结婚》是海派货色。虽然作品在文艺界遭到了批评和攻击,却挡不住读者对它的喜爱,第一版两万册仍供不应求,仅在太行山区就发行达四万册,后又被上百家地方剧团改编成各种地方戏各处演唱,流传很广。特别是被改编为上党梆子之后,在解放区农村引起了一场真正的轰动,赵树理因此而一举成名。1947年,赵树理生平第一次接受了外国记者的采访,因为外国记者发现,在解放区除了毛泽东和朱德,赵树理就是最有名的人物。

但是今天我们细察《小二黑结婚》会发现不同的问题。在《小二黑结婚》里面,作者是将装神弄鬼、整天涂脂抹粉精心打扮的"三仙姑"当作一个作风不正的反面人物来讽刺的,"三仙姑"30年代嫁给于福时,刚刚十五岁,是前后庄第一个俊俏的媳妇。

但是在落后愚昧的迷信思想影响下,渐渐成了一个装神弄鬼、争艳卖俏的女人。每天都要涂脂抹粉、乔装打扮一番。作者活画出了一个病态心理和被扭曲了性格的女性形象。在国外读者的阅读评价里,《小二黑结婚》中的"三仙姑"是唯一一个受到赞扬的真实的爱生活的女人,这与国内的阅读评价差别非常大。实际上在当时的农村里,像"三仙姑"这样的女人的确被认为是游手好闲不道德的人,赵树理反映了这种生活真实,同时也认同了这种贞节评价观念。他按照"反动人物和落后人物都是道德上的腐化分子,阶级敌人都是性不道德者"的延安文学思路,在塑造反面人物"三仙姑"和金旺兄弟时,从"性"的角度把他们归入道德败坏一类。赵树理对"老来俏"的"三仙姑"进行了丑化描述:"虽然已经四十五岁,却偏爱当个'老来俏',小鞋上仍要绣花,裤腿上仍要镶边,顶门上的头发脱光了,用黑手帕盖起来,只可惜宫粉涂不平脸上的皱纹,看起来好像驴粪蛋上下了霜。"[1]她为了吸引男人而精心做出的打扮,受到了冷冷的嘲讽,最后得到了"改造",不再风骚,花衣服和绣花鞋都不穿了。小说在对金旺、兴旺兄弟的描写中,金旺对小芹动手动脚,两兄弟"拿双"将约会的小二黑和小芹捆绑的情节中都体现的是他们的性道德败坏,他们是小说中的反面典型。这种写法一方面表现出赵树理的小说的确发挥了巨大的教育意义,对促进农村青年婚姻自主起到了巨大的推动作用,另一方面也体现了作者对顽固的性保守的乡村贞节观念的认同。

  1948年10月,赵树理的中篇小说《邪不压正》在《人民日报》连载。通过描写女青年软英对以势压人的不合理婚姻的反抗,提出土改工作中执行政策过"左"的偏向问题。但在当时《邪不压正》被认为是写了土改中的阴暗面,污蔑土改干部,是赵树理第一次遇到猛烈批评的小说,后未收入文集,直到20世纪80年代后人们又重新发现了它。实际上《邪不压正》所表现的主题与《小二黑结婚》一样,仍然是赞扬为穷人主持公道的新政权和宣传维护婚姻自主的婚姻政策。延安文学中政治对文学发挥着规范甚至决定性作用,一切为了宣传的效果,任何会出现不良宣传效果的可能性都要被剔除,所以小说《邪不压正》被批判的遭遇也是不可避免的。

  孙犁作品富于诗情画意,充满浪漫主义气息和乐观精神。虽然整个的革命环境决定了延安作家们的题材要围绕着革命工作展开,孙犁也没有离开抗战、土改等现实生活主题,但是现实生活在孙犁笔下却呈现出不一样的美来,有别于延安很多作家在涉及主人公个人生活时往往只反映婚姻中的问题,而回避了对更富有激情的爱情的描写,爱情在孙犁的笔下有着别样的光彩,含蓄又饱满。

  《荷花淀》可以说是孙犁的代表作。作品表现了在战火硝烟中农村妇女既温柔多

---

[1] 赵树理:《赵树理文集》(第1卷),北岳文艺出版社1999年版,第154页。

情,又坚贞勇敢的性格和精神。苇庄游击组长水生和村中的几位青年报名参军,明天就要开拔了,他回来向妻子说明情况。水生嫂是一个传统、善良的农村家庭妇女,得知丈夫要离家参军,她虽然心里为难,但还是支持丈夫的选择,是非常典型的贤妻良母,她对丈夫的这份感情很诚挚。她独自挑起了家中养老抚幼的生活担子,让丈夫放心去战场。作者写水生嫂等待要离家的丈夫的嘱咐,水生给她的嘱咐是"你要不断进步,识字,生产。""什么事也不要落在别人后面!"那最重要的一句是"不要叫敌人汉奸捉活的。捉住了要和他拼命。"在水生的观念里,抗日这件事是大事,可以抛家舍业不顾生命的安危去做,而女人的贞操也是件大事,大到要不顾生命的安危去保卫。这便是当时农村真实的贞节观状态,也折射出作家孙犁对这种保卫贞操的传统贞节观的认同感。

李季也是一位著名的延安文学创作者。他创作了长诗《王贵与李香香》,1946年在延安《解放日报》发表后,立即引起很大反响,被认为是解放区在毛泽东《讲话》发表后实践工农兵文艺方向的第一篇优秀诗作。《王贵与李香香》全诗采用陕北民歌"信天游"的格式和手法,以王贵和李香香的爱情故事为线索,展现了"三边"人民走上革命的历程。长诗成功地塑造了王贵和李香香这两个觉醒了的青年农民形象,李香香的坚贞性格格外引人注目,她不爱崔二爷的钱,坚决地反抗崔二爷的强娶霸占,只爱那要为穷人解放参加革命的情哥哥王贵。这部长诗的情感表达方式很直白,把热烈的爱情描写得缠绵而又质朴:"大路畔上的灵芝草,谁也没有妹妹好!""马里头挑马四银蹄,人里头挑人就数哥哥你!""烟锅锅点灯半炕炕明,酒盅盅量米不嫌哥哥穷。"主人公爱情的悲欢离合与革命的发展紧密相关,诗歌传递了革命带给个人婚姻爱情幸福的信息。另一方面,诗歌写革命保证了香香的贞节,在被崔二爷强娶的当天香香就获得了解救,我们知道事实未必这样圆满,但是这样的写法符合工农兵的传统阅读心理,他们谁也不想看到地主玷污革命主人公的贞节,使美好的革命形象蒙受侮辱。这也从侧面证明了诗人对传统贞节观的维护与坚守,反映了作者对要让文学发挥为工农兵服务的作用,用正面的形象鼓舞士气这样的解放区文学创作不成文规则的遵守。

阮章竞的《漳河水》也是积极学习民间艺术形式的优秀长诗,诗歌杂采漳河地区流行的多种民歌、小曲形式以表现不同的思想情绪和气氛,内容丰富、较为成功地吸收和融汇了古典词曲与民歌的艺术优长。《漳河水》通过三个农村妇女荷荷、苓苓、紫金英形象的刻画,真实地反映了太行山区劳动妇女在野蛮落后的封建习俗下的痛苦生活以及她们在新制度下的解放与重生。荷荷、苓苓、紫金英都受着封建包办婚姻的苦。荷荷在婆家受尽虐待,苓苓的丈夫夫权观念很重,她受尽了丈夫的欺侮,紫金英过门不久丈夫就死了,她必须按照"从一而终"的封建道德终身守寡。但是在共产党新政权领导下她们翻身觉醒了,荷荷按照人民政府的法令与跟自己年龄悬殊的黑心肝的老头丈夫离了婚,自己找了如意郎组成了幸福的家庭。苓苓给丈夫"二老怪"办起了"夜训班",使他克服了大男子主义思想。紫金英也克服了懦弱自卑的心理,踏上了新的生活道路。作者在这里用新旧社会主人公不同命运的强烈对比来展现新政权带给人们的幸福生活,表现了新政权摧毁了陈旧腐朽的传统贞节观,树立新的婚姻道德风尚。

康濯是延安文学中一位很有特色的作家,他的小说《我的两家房东》在树立新的社会意识和道德观念并启迪帮助人们这方面发挥了一定的作用。小说中"我"(老康)在冬学的政治课上,给新房东全家讲"双十纲领",解释有关妇女的结婚、离婚和童养媳问题。老太太询问"我",大闺女出嫁八年,受公婆虐待,男人还瞒着人与坏女人胡搞,能否离婚?二闺女14岁许了人家,男方不成材,能否退婚?"我"给了令她满意的回答。后来二闺女金凤和自己喜欢的拴柱订了婚,大闺女也离婚摆脱了痛苦的生活。在这里,作者写了农村工作者如何改造封建意味浓厚的农村,让婚姻自主的新观念深入人心,彰显了新政权在贞节观改造方面发挥的积极作用。

与中国新民主主义革命走农村包围城市的道路相一致,延安文学的主人公主体是工农兵。作家们为了适应文学配合革命工作的工具性要求,对于作为革命主力军的农民兄弟往往是赞美鼓励为主,他们身上必然存在的封建迷信、落后狭隘的思想几乎是被刻意回避了,或者扣在反面人物比如地主恶霸身上。文艺整风把作家们的思想都统一到革命行动上,以革命文学开始的左翼文学已经埋下了革命禁欲主义的种子,到了延安时期这粒种子开始发芽成长了,文学中的风花雪月、卿卿我我是要不得的,克服了情绪上和美学上的感伤主义,文学只剩下配合政治任务进行宣传的作用,文学作品的风格就像歌曲中唱的那样"解放区的天是明朗的天,解放区的人们好喜欢",刻意地追求昂扬奋斗的气息。持久战需要鼓舞士气,这是政治,是现实需要。所有的人要为抗战出一份力,凡是与抗战无关的事情、情绪都被排斥,文学进入战争思维中,革命禁欲主义的影响更为深入,因此,延安文学中表现出的贞节观呈现出新表现形式也是必然的。而延安文艺政策通过对作家思想的改造,将文学的作用纳入到革命宣传武器上,以思想意识的纯洁度来保证革命队伍的战斗力,其影响一直延续到新中国当代文学,甚至到今天这种追求纯洁的思想观念仍然存在于我们的文艺指导思想中,这种状况依然具有一定的影响力。

作者:程春梅,文学博士,任教于山东女子学院。

延安文艺运动与价值观的调适

方维保

摘 要:在革命现实主义的发展历程中,合法的红色政权延安边区政府的出现,为革命现实主义带来了新的生机和新的本质。对于自由的个性化的30年代左翼文学来说,延安时期是一个左翼知识分子与政党国家之间的碰撞时期,当然也是两种价值观相互磨合,并最终以左翼知识分子调整自我以适应环境的时期。这一时期对中国现代文学的当代化至关重要,它奠定了当代左翼知识分子与政党国家之间关系的基本格局,也形成了当代文学的基本的制度,更为当代文学的创作倾向确立了总体的方向。

关键词:左翼知识分子;政党国家;价值观;调适;文学格局

任何一种单一的宏大价值观的形成,都是在多种同质的价值观的冲突和整合的过程中形成的。中国现代革命现实主义文学的价值观念,也经历了这样的一个冲突和整合的过程。冲突和整合的过程是漫长的,但是总有一个"节点",最终促使这种单一的价值观最后的形成。革命现实主义这种单一宏大价值观念的最后成型,则是在1942年的延安革命文艺运动之中。

世界范围内的革命现实主义文学从它诞生的时候起,从来就不是单纯的文学价值观念问题,而是一种政治文化的价值观念问题;也从来就不是个体的价值观念问题,而是对于政治集团整体价值观的阐述。在革命现实主义的祖国苏联是如此,在中国也是如此。20年代末和30年代初的上海,革命现实主义文学的价值观念,也体现为一种政治意识形态观念的冲突。左联时期的革命现实主义文学在价值观念上虽然有共同的追求,如对马克思主义的信仰和苏式现实主义文学观念的尊崇,但是,二三十年代上海的特殊的文化语境,又使其具有多元化的特征:一方面,左联作为一个党团化的文学团体,其主要领导人要尽力地使其成员的思想和价值观念组织化和党团化;另一方面,二三十年代上海的左翼知识分子尤其是左翼作家,无论其生活形态、创作形态还是组织形态,都因为共产党组织的地下状态和上海的独特的多元文化语境的存在,而具有自由主义和个体个性主义的性质。这两种价值追求虽然在当时数度爆发激烈的冲突,但上海的特殊语境,并不能使其中的一方战胜或统一另一方,更严格地来说,党团化的左联组织并不能使整个左联形成统一的价值观念。特殊的语境造就了左联价值观念的多元共存的局面,当然也就保存了左联成员个体的价值观念。

抗战时期国统区左翼的内部,其价值整体的格局,基本维持了30年代上海的多元矛盾共存的样态。左联革命现实主义的一翼——自由主义和个性主义的"自由左翼",任情批判的精神在抗战的大背景下继续着、发展着。抗战时期国统区的自由左翼以暴露国统区的"黑暗"为己任,以为民族清洁肌体为出发点,承续着左联精神领袖鲁迅的个体主义价值观念,在他们认同左翼集团的宏大价值观念的同时,也保持张放的个性精神和自我中心主义。同时,借助于民族团结政府,主流的政治左翼也在国统区获得了合法的存在。虽然有民族抗战的背景,"政治左翼"对于国民党统治的批判并没有消歇。在国统区,自由左翼与政治左翼虽然存在着价值的冲突,但是在对于国民党政治的暴露和批判上却是一致的。这种"联手"造就了以讽刺和嘲弄为主要风格特色的国统区"暴露文学"。围绕着张天翼的小说《华威先生》和郭沫若的话剧《屈原》等,曾爆发了长久的关于暴露文学的论战。民族统一战线并没有消泯左翼文化"阶级"的鸿沟。无论是七月派还是暴露文学都是30年代左翼文学的批判现实主义精神的延续和进一步的张扬。民族抗战的大背景为左翼自由个性的写作提供了条件。这样的自由写作条件的存在,并不仅仅来自对国民党打压民族抗战理念的抵挡,也来自于事实上的军事隔绝而造成的红色政权的意识形态规范的延宕有关。在毛泽东的《讲话》发表之后,在国统区爆发了有关"主观论"的论战。被称为"主观战斗精神"的胡风文艺思想与毛泽东文艺思想和它的支持者发生了最初的交锋。虽然胡风受到了猛烈的批判,但国统区的特殊文化语境,反而接纳了胡风的理论。当然,胡风也就无法在那时就实现一个"转变"。民族抗战的文化语境不但缔造了左翼与右翼共存的格局,也造就了左翼内部自由左翼和政治左翼冲突共存的局面。

民族抗战背景下的延安的价值格局与国统区有很大的不同。延安时期之初,中国共产党领导下的民主政权通过第二次国共合作,成立了边区政府,获得了合法性。大批的左翼知识分子就在这样的情形之下涌向了延安。奉行自由主义和个性主义的部分自由左翼和奉行苏式革命现实主义的政治左翼,在民族解放战争的背景下,在延安实现了汇合。存在于30年代上海和40年代国统区的左翼内部的多元冲突的价值格局也自然地被"搬入"延安。汇合伊始,延安左翼内部两种价值观的冲突就形成了周扬后来所说的"鲁艺"和"文抗"两个带有宗派性质的文人集团。[①] 它们之间纷争的背后,实际上存在着两种创作思想和价值观的分歧。正如周扬所称,"鲁艺派"主张"歌颂光明",而"文抗派"主张"暴露黑暗"。[②]

自由左翼在到达延安的初期,依然发扬着他们在二三十年代上海和国统区的批判现实主义的传统,对于"延安的现实"展开了批判。从上海左联来到延安的丁玲仍然一如

---

① 张毓茂:《萧军传》,重庆出版社1992年版,第230—310页。
② 周扬:《与赵浩生谈历史功过》,《延安文艺回忆录》,中国社会科学出版社1992年版,第35页、第38页。

既往地保持着上海时期惯有的作风,1941年10月至次年5月间由丁玲倡导的杂文运动就是这样的批判精神的成果。她认为延安这一革命圣地同样是需要暴露文学的。丁玲认为,根据地尽管"有了初步的民主,然而这里更需要督促、监视,中国所有几千年来的根深蒂固的封建恶习,是不容易铲除的",因此根据地作家仍需要学习鲁迅"为真理而敢说,不怕一切"。① 在她编辑的《解放日报》副刊以及其他的一些刊物上不但编发了一些具有暴露性质的文章,而且自己也写作了一系列的小说和杂文,著名的《在医院中》《我在霞村的时候》和《"三八节"有感》等都对解放区所存在的所谓"妇女歧视""情感冷漠"等现象提出了批评。一个带有自传性的女知识分子陆萍的形象与以农民为主体的解放区的色调形成了很大的反差。诗人艾青则指出:"希望作家能把癣疥写成花朵,把脓包写成蓓蕾的人,是最没有出息的人——因为他连看见自己丑陋的勇气都没有,更何况要他改呢?"② 王实味则在刊物上发表了《政治家·艺术家》《野百合花》等杂文,对延安所存在的所谓"等级观念"等提出了批评。此外,在王实味等人与周扬等之间发生的"红烧肉"之争,艾青也发出了对于知识分子的"爱与耐"的争辩。

这些诗人和作家不但把自己的文章发表在刊物上,还将他们的见解写在墙报上或贴在墙上的纸条上,他们到处张扬和展览着他们的见解和思想。在延安搅起一阵阵旋风,搞得日理万机的革命领袖们也经常不得不一惊一乍地前去参观。

"自由左翼"作为革命现实主义价值观的一翼,分析其价值的内涵也是比较复杂的。从总体上看,自由左翼的暴露文学所秉持的是五四尤其是鲁迅的国民性批判思想。他们对延安所存在的种种封建思想、农民意识进行批判,主张从精神和灵魂上进行清理。无论是丁玲、艾青还是王实味都是如此。其实,国统区的左翼批判现实主义,也具有国民性批判的思想。但是,二者的价值指向却发生了微妙的变化:国统区的左翼的国民性批判,其目标在于清洁民族的肌体;而延安的国民性批判,则在于清洁革命的肌体。当然,延安的批判和暴露也包含了自由主义的价值观念。正如艾青所说:"作家除了自由写作之外,不要求其他的特权,他们用生命去拥护民主政治的理由之一,就因为民主政治能保障他们的艺术创作的独立精神。因为只有给艺术创作以自由独立的精神,艺术才能对社会改革事业起推进作用。"③ 而无论是国民性批判还是自由主义的艺术独立精神,都具有显在的知识分子的精英意识。在他们言说中,把自己推到了"灵魂战士"的地位。在《政治家·艺术家》中,王实味强调政治家的任务"偏重于改造社会制度",艺术家的任务"偏重于改造人底灵魂",而且指出"革命阵营存在于旧

---

① 丁玲:《我们需要杂文》,《解放日报》1941年10月23日。
② 艾青:《了解作家,尊重作家》,《解放日报》副刊《文艺》第100期,1942年3月11日。
③ 同上。

中国,革命战士也是从旧中国产生出来,这已经使我们底灵魂不能免地要带着肮脏和黑暗",因此"艺术家改造灵魂的工作,因而也就更重要,更艰苦、更迫切。"①艺术家的地位和高度相较于政治家更高。

而以延安为中心的解放区,作为一个军事割据性质的人民民主政权,它与封建军阀割据有着本质的区别,它不但有着完整的政权机构而且有着完整的意识形态的信仰系统;而且它无论在政治上还是在意识形态上都具有追求单纯和整齐划一的特点。尽管如此,我们还是有必要解析革命延安的价值构成。革命的延安信仰马克思列宁主义,把革命的集体主义的阶级政党价值观作为具体的价值目标。而从革命队伍的构成来看,其主体部分是农民。农民的思想意识和价值观念不能不影响到其价值目标的选择和实现的过程。同时,由于这一政权存在于多种政治力量的夹缝之中,为了生存的需要,它压缩自己的理想主义追求俯就现实,都使得它可能在实现理想主义价值目标的过程中,采用某种实用主义的策略。如普遍的采用战时共产主义政策,牺牲个体自由宏扬集体主义精神;强调政治的主导地位,推崇作为政治家的领袖;强调对于革命参与群体的褒扬、鼓励而避免对于它的过度的批评;而具体到文学艺术上,也相应地要求文艺服从于政治的需要,并为政治服务。这一切都在特殊的语境中形成比较系统化的政治伦理和艺术伦理。

当30年代的左翼作家进入延安之后,它与延安的革命政权形成了新的政治左翼,并具有了政权权力和话语权力。一些左翼作家的个性主义价值观念就在这样的背景之下,与延安政权价值观念发生了冲突。一些带有自由主义倾向的左翼文人知识分子以惯有的骄傲感对工农政权中知识分子的处境表示了不满,对在延安已经确立的政治家和艺术家的既存关系提出了挑战。他们中的一些作家和意识形态主管领导人之间的论争,实际也是知识分子价值观念与无产阶级革命的价值观念和农民价值观念冲突的表现。欧阳山创作于新中国成立后的长篇小说《圣地》中就很生动地呈现了整个延安地区从国统区来的知识分子与带有乡土气息的革命者的矛盾,以及他们之间的相互对立与批评。

自由知识分子的个性批判精神在延安的初期几乎不受约束地张扬着,极有可能影响到了延安革命政权的文化建设。一个刚刚从二万五千里长征中走来的政权,终于获得了稳定的机会之后,也想到了要进行政权建设,和与之相应的文化建设。于是,他们对那些从国统区来的知识分子采取了欢迎和容忍的态度。这从毛泽东对丁玲热情溢于言表的欢迎就可见一斑。但延安边区政权的生存危机和所信奉的单纯的集体主义意识形态,都决定了延安不是上海更不是重庆。当共产主义革命家聚集到延安以后,在

---

① 王实味:《政治家·艺术家》,《谷雨》第一卷第4期,1942年3月15日。

井冈山时期就已经形成的社会观念与文学/文化观念在这里被借助于政权的力量加以推广。这里对文学艺术的需要是服务于抗战的以及带有解放区生活气息的,它要求文学艺术直接服务于革命意识形态的生产,而不是生产文学自身和新文化式的个性精神。

面对自由化的左翼知识分子的激烈的批评,解放区文化建设的领导机构于是从话语和组织两个方面对自由左翼的价值观念进行"收拢"。

两种价值观念的冲突的解决,发生在1942年的延安。其解决或整合的基本的方法,是通过怀柔的方法,使之回到既定的规范之中。在王实味失去了自由的同时,毛泽东找到丁玲、萧军谈话。在这两场谈话中,他有批评有爱护。但萧军愤然离去,而丁玲留了下来。他说:"丁玲和王实味不一样,丁玲是同志,王实味是托派。"① 这句让丁玲感动终生的话语有泾渭分明的界定和甄别,也有因类比修辞所造成的连带性威慑,当然更主要的还是挽救。最终,他以他的领袖的精神感染力迅速征服了丁玲,迅速瓦解了她建构于30年代的关于个性解放和自由的精神信仰。她痛哭流涕了。当丁玲走出窑洞之后,便迅速加入了批评王实味的浩大声势之中,并成为一个佼佼者。领袖的"谈话"魅力自此之后也成为一种文艺工作的固定范式。显然,丁玲、艾青等都不失时宜地改变了生存的和文学表达的策略。当他们顺利地坐到设立于延安那座简陋的窑洞中的"座谈会"的会场之中时,他们作为左翼自由主义知识分子的精神也实现了让渡。

而具体到文学,则是制定了具体的明确的文学/文艺的规范,将政治方向与文学和文艺的创作形成更为紧密的关系,在政治方向与文学之间建立直达的通道,避免了因为文艺的艺术要求或者说形象要求而形成的不确定性,以防止它可能脱离政治的视线,而使党和人民的事业蒙受损失。毛泽东的《在延安文艺座谈会上的讲话》就是这样标准性和典范性的文本。毛泽东继承发扬了列宁在《党的组织和党的文学》中所阐述的"党的文学"原则,对文学/文艺的党性原则作出了最具有影响力的强调,他在《讲话》中,不仅提出了文艺服从于政治,而且具体化服从于党在一定革命时期内所规定的革命任务,要求党员、文艺工作者要站在党的立场,站在党性和党的政策的立场。这样,文艺和政治的抽象关系就被落实到具体的党的实际政策上来,更具有可操作性。正如邵荃麟在《论文艺创作与政策和任务相结合》中所认为的"政治具体表现就是政策"。② 而其他的方面,比如作家应该表现什么题材？表现什么人物？作家应该具有什么样的立场和世界观？怎样获得这些世界观？等等这些方面的问题自然都围绕着党性这一原则来区别,按照政策这一原则来实施。《讲话》从修辞上来看,它可能涉及文艺创作的诸个方面,如创作主体、创作内容、知识结构等等,但与其说它是在指导文艺,不如说是在指导文艺的创作主体——作家,它是在对作家的创作行为进行从宏观

---

① 丁玲:《延安文艺座谈会前前后后》,《丁玲文集》(第5卷),湖南人民出版社1983年版,第20页。
② 邵荃麟:《论文艺创作与政策和任务相结合》,《解放日报》1945年6月2日。

到微观的规范。这样就实现了对于作家创作独立权的"回收"。左联时期身处上海的蒋光慈和鲁迅可以借助于当时当地特殊的政治和文化语境而获得例外的待遇,在延安这样的"例外"再也不会发生了。这些脱离出国民党统治区的知识分子,不大可能从延安——这个他曾经的理想之地重新回到国民党统治区,他们开始接受彻底的"改造",经历"洗心革面""脱胎换骨"的"沉重"和"痛苦"[1],经过思想"突变"的"空白",[2]把自己铸炼成"一个高尚的人,一个纯粹的人,一个毫不利己专门利人的人,一个脱离了低级趣味的人",[3]一个像那个来自加拿大的医生白求恩和烧炭工人张思德那样把自己的思想和身体义无反顾地献给革命的人。

毛泽东以共产主义者的身份阐释五四新文化运动,并将文艺与革命的需要相结合,具体规范了文艺所要表达的内容,作家应该具有的素质,作家和知识分子应该有的地位。从五四运动到《讲话》,革命现实主义真正具有了确定的内涵,具有神圣的经典的不可冒犯性。虽然这一时期出现了周扬和何其芳等理论家,但周扬、何其芳等人只是这一时期对毛泽东文艺思想的指定阐释者而已。在《讲话》的推动之下,知识主体通过到农村、到士兵中去接受改造,从而清洗了作为主体的小资产阶级精神个性,而把自己置换为被无产阶级革命意识形态认可的工农主体。

"转变"成为描述这一时期知识分子精神轨迹的最重要的关键词。虽然带有启蒙和斗争意识,但更多的着眼于颂扬革命理性精神的是在"座谈会"之后被创作出来的丁玲等人的作品。知识分子形象开始退出本文,而革命生活,诸如土改斗争成为故事的主导性内容。丁玲的《太阳照在桑干河上》、周立波的《暴风骤雨》、贺敬之等的歌剧《白毛女》和孙犁的《白洋淀纪事》都是这样的代表作。而带有乡土性的内容,如《暴风骤雨》中大量的对东北语言和风俗的描述,则受到了高度重视。在革命叙事的洪流中,知识分子写作只有在融入之后,才获得写作的正当性。何其芳在到达陕北之后,修正了他的《画梦录》中的现代主义感伤,写成了《我为少男少女们歌唱》;而田间则一开始就把乡土社会作为自己的表现对象,把红色抗战者作为自己歌颂的英雄来崇拜,所以《给战斗者》这样的诗作和大量的枪杆诗和墙头诗被闻一多称为"鼓点"式的旋律;而艾青在沉重中焕发出昂扬的格调,他的《黎明的通知》《向太阳》《火把》等诗作,是解放区最具有诗情画意的白话诗作。但无一例外的是,他们基本都是与革命主流融合后的自觉的歌唱。这一时期

---

[1] 陈明在《丁玲在延安——她不是主张暴露黑暗派的代表人物》里说,在延安整风运动中,丁玲写了两本学习心得《脱胎换骨》和《洗心革面》。《中国现当代文学的一个耀眼的巨星——丁玲 文学创作国际研讨会文集》,湖南文艺出版社1994年版,第44页。

[2] 吴敏:《试论周扬等延安文人的思想突变》,《中国现代文学研究丛刊》2002年第4期,第71页。

[3] 毛泽东:《纪念白求恩》,《毛泽东选集》(第二卷),人民出版社1991年版,第660页。

的创作也开创了1949年后颂歌文学的先声。

相对于被不断匡正的知识分子的价值观念和文学话语,民间价值观念和文学话语在政权的倡导之下,与革命意识形态结合,并呈现出大规模发展的态势。秧歌剧(如《兄妹开荒》)、民歌(如《东方红》和《南泥湾》)和改编的旧剧(如《逼上梁山》)隆重登场,并普遍地受到欢迎。革命的价值观念在民间形式的承载之下,被广泛地传播着,对当时的革命的实际生活和革命观念在工农兵中的成长和壮大起到了很好的作用。民间形式也受到了知识分子的重视,革命斗争的理念、革命启蒙的思想和民间意识形态获得了奇妙的结合。赵树理的《小二黑结婚》《李家庄的变迁》和阮章竞的长诗《漳河水》都普遍地采用了民间的形式——山西的板话、陕北信天游等,在"老百姓喜闻乐见"的形式中,曲折地传达了作家革命启蒙的意念,他们试图通过革命的启蒙使贫苦也是愚昧的农民走向革命;通过大团圆的结局,证明革命洪流的历史理性。而孔厥、袁静的《新儿女英雄传》、马烽、西戎的《吕梁英雄传》和李季的长诗《王贵与李香香》等则主要着眼点在于对革命斗争精神的渲染,通过对革命英雄的塑造为启蒙后的农民树立一个光辉的榜样。能够将这两个方面进行完美结合的是赵树理的创作。因此,赵树理的创作和他的短篇小说《小二黑结婚》成为一个时代文学的象征。赵树理的创作在20世纪40年代后期受到周扬、陈荒煤等左翼评论家的高度赞扬,被认为是毛泽东《讲话》发表之后,文学"实践毛泽东思想的一个成果"[①];"赵树理是解放区文学的方向,是衡量解放区文学创作的一个标尺。"[②]

上海左联时期和国统区的种种限制退隐了,革命的集体主义的无产阶级政党价值观在抗日根据地中得到了很好的实验,也使中国现代左翼文学组织和它所奉行的革命现实主义观念得到了很好的实验。革命现实主义就在这样的政治格局中走向了它的延安时期。对于自由的、个性化的30年代左翼文学来说,延安时期是一个左翼知识分子与无产阶级文艺观之间的碰撞时期,当然也是一个相互磨合,并最终以左翼知识分子改变自我以适应环境的时期。假如没有那支坚韧不拔的红军队伍的1935年到来,陕北的延安也许将永远保持它一如既往的沉寂。体制化的革命现实主义的文学实践将很难说在短暂的时间内能够找到它生根发芽的土壤。这一时期对中国现代文学的当代化至关重要,因为它奠定了当代左翼知识分子与无产阶级革命之间关系的基本格局,也形成了当代文学的基本制度,更为当代文学的创作倾向确立了总体的方向。

作者:方维保,安徽师范大学文学院教授。

---

① 周扬:《论赵树理的创作》,《解放日报》1946年8月26日。
② 陈荒煤:《向赵树理的方向迈进》,1947年在晋冀鲁豫文艺工作者座谈会上的发言。《人民日报》1947年8月10日。

重述中国现代文学进程中的延安文学

李林荣

摘　要：作为断代文学形态的"延安文学"，在中国现当代文学迄今为止的历史进程中，既具有显著的历时性的价值和意义，又具有隐含深切而又独一无二的共时性的价值和意义。它不仅改变或逆转了"启蒙"与"救亡"双重思想主题的关系，更延伸和加强了从新文化运动和文学革命以及苏区、左联文学中贯穿下来的本土功利主义的文学价值倾向，并且由此确立了从语言形态的改造入手，对文学活动主体展开精神改造的社会文化实践模式。

关键词：延安文学；中国现代文学进程；本土功利主义；再评价

提起"延安文学"，无论是仅把它作为一个习用的说法，还是视之为一个严整的概念，都需要先做明确的界定。因为依其字面意思，它至少可以被运用于指称三个不同层面的三个范畴：断代文学、地域文学、题材类型。众所周知，在中国现当代文学史的学科话语常识中，作为断代文学范畴的"延安文学"，基本与看似属于地域文学范畴的"根据地文学"和"解放区文学"[①]同义，其时间上下限分别为 1937 年全面抗战爆发和 1949 年新中国成立，其理论形态和观念基础趋于系统、完备的醒目标志是 1942 年延安文艺座谈会的召开和 1943 年毛泽东《在延安文艺座谈会上的讲话》文本的正式发表。而作为地域文学范畴的"延安文学"，则理应涵盖凡属当今延安行政辖区地界之内的古今一切文学活动记录和文学成果。此外，如果从创作题材上着眼，那么，所有聚焦甚至涉及延安的社会、历史、人文、地理或民情风俗的各种体裁、各时代、各流派作

[①] 延安及其所代表的整个陕北地区作为抗战时期和解放战争时期中共中央机关所在地的确切起止时间，是 1935 年 10 月至 1948 年 3 月。具体情形概述如下：1935 年 10 月 19 日红一方面军抵达陕北吴起镇（今吴旗县城），胜利结束长征，11 月中共中央进驻安定县（今子长县）瓦窑堡。1936 年 6 月中共中央撤离瓦窑堡，7 月进驻保安（今志丹县），12 月 18 日红军进驻延安。1937 年 1 月 13 日中共中央由保安迁驻延安。1947 年 3 月 18 日中共中央撤离延安，转战陕北。1948 年 4 月 22 日收复延安。1948 年 3 月 23 日毛泽东率中共中央机关自陕北吴堡东渡黄河，经晋绥、晋察冀解放区于 4、5 月抵达河北建屏县（今平山县）西柏坡村。参阅延安市政协文史资料研究委员会编：《延安文史资料》第一辑，延安市政协 1984 年印行（内部资料）；中共中央党史研究室编：《中国共产党大事记·1935 年/1936 年/1937 年/1947 年/1948 年》，中共党史出版社授权人民网发布，http：//cpc.people.com.cn/GB/64162/64164/4415983.html，http：//cpc.people.com.cn/GB/64162/64164/4415984.html，http：//cpc.people.com.cn/GB/64162/64164/4415986.html，http：//cpc.people.com.cn/GB/64162/64164/4416005.html，http：//cpc.people.com.cn/GB/64162/64164/4416006.html（2012 年 4 月 30 日）。

品,都可作为一个整体类型,纳入到"延安文学"名下。事实上,"延安文学"的以上三种用法,都早已存在,也都自有其合理性和必要性。不过,相形之下,对于下面展开的这一以考察和反思中国现当代文学实际进程的历史脉络及其内在逻辑为主题的探讨来说,断代文学范畴意义上的"延安文学",显然是更恰当、更得力的出发点和立足点。

错位的复调:启蒙与救亡

作为断代文学史形态的"延安文学",之所以在中国现当代文学迄今为止的演进历程中,具有异乎寻常的特殊地位和重要价值,根本的原因不在其本身,而在其影响;并且,这种影响也并非主要体现于微观的文学创作和文学理论批评的实践,而是首先形诸宏观的文学思潮、文学运动、文学体制层面,与整个中国社会、政治和思想文化从"旧民主主义社会"迈向"新民主主义社会"或者从"现代"阶段提升到"当代"阶段的历史性跨越紧密关联。换句话说,"延安文学"在中国现当代文学史上的出现,既是当时中国社会、政治和思想文化发生深刻变迁的产物,同时,它又反过来将这一深刻变迁推进和落实到了文学艺术的土壤当中,进而对这一深刻的社会政治和思想文化的总体变迁,给予了生动的展示和具体的印证。

正基于此,"延安文学"总显露出一层中国现当代文学史的其他片断上很少看到的社会史、政治史和思想史多重色彩、多重因素叠合的复杂质感。循之史实,标志"延安文学"走向理论成熟的延安文艺座谈会,本来就不单是延安整风运动在文艺界深入开展、具体贯彻的表现,更是整风运动的宗旨——"反主观主义、反宗派主义及反党八股","整顿学风、党风、文风,改造工作,团结干部,团结全党"的直接反映。[①] 1943年10月19日中共中央机关报《解放日报》全文发表毛泽东《在延安文艺座谈会上的讲话》。之后第三天,即10月22日,《解放日报》刊出了由负责领导全延安整顿三风学习运动的"中央总学委"[②]下发的学习《在延安文艺座谈会上的讲话》的通知:

> 《解放日报》十月十九日发表的毛泽东同志在一九四二年五月延安文艺座谈会

[①] 《中共中央宣传部关于在延安讨论中央决定及毛泽东同志整顿三风报告的决定》(1942年4月3日),中央档案馆编:《中共中央文件选集》(第13册),中央党校出版社1991年版,第363、365页。

[②] "中央总学委"全称"中央总学习委员会",于1942年6月整风运动推进到学习运动阶段时宣布成立,"由毛泽东同志为主,康生为副,领导全延安学习",下设分区学习委员会和中心学习组。中央党校党史教研室选编:《中共党史参考资料》(5),人民出版社1979年版,第50页。

上的讲话,是中国共产党在思想建设理论建设的事业上最重要的文献之一,是毛泽东同志用通俗语言所写成的马列主义中国化的教科书。此文件决不是单纯的文艺理论问题,而是马列主义普遍真理的具体化,是每个共产党员对待任何事物应具有的阶级立场,与解决任何问题应具有的辩证唯物主义历史唯物主义思想的典型示范。各地党收到这一文章后,必须当作整风必读的文件,找出适当的时间,在干部和党员中进行深刻地学习和研究,规定为今后干部学校与在职干部必修的一课,并尽量印成小册子发送到广大的学生群众和文化界知识界的党外人士中去。①

显而易见,《在延安文艺座谈会上的讲话》在这里被赋予了极崇高、极普遍的政治典范意义。随着学习、响应"讲话精神"的戏曲改革等群众文艺运动高潮的到来,以及赵树理小说等创作典型的涌现,使《在延安文艺座谈会上的讲话》在政治、思想上的意义和价值,迅速转化成了文学与社会实践的丰硕成果。这从务虚到务实的两相结合、两相生发和两相支撑,成就了作为断代文学史形态的"延安文学"完整而深切的外在面貌和内在脉络。针对"延安文学"赖以成型的社会思想基础,借用李泽厚先生那段几成不刊之论的"救亡压倒启蒙"的说法给予概括,可能是最恰切不过的:

在共产党的党旗下,一大批知识青年领导工农取得了中国革命的胜利。在这个历尽艰难的胜利斗争中,从建党一开始到抗日战争胜利前夕的延安整风,都不断地在理论上和实践中彻底否定了无政府主义鼓吹的那种种绝对个人主义,也否定了自由主义所倡导所追求的种种个体自由、个性解放等属于资本主义启蒙思想体系中的许多东西。而这些否定和批判主要都是救亡——革命——战争的现实要求,而并非真正学理上的选择。②

今天看来,这段话所导出的结论——"五四时期启蒙与救亡并行不悖相得益彰的局面并没有延续多久,时代的危亡局势和剧烈的现实斗争,迫使政治救亡的主题又一次全面压倒了思想启蒙的主题",③似乎已不及它所展示的那种把"知"("学理""思想")与"行"("革命""斗争")双重社会实践的历史轨迹进行既分辨又合观的独到思路更耐寻味、更堪深思。也恰是沿着这一思路延伸省察,不难发现:贯穿在"启蒙"与"救亡"双重主题变奏的近现代历史脉络中的中国文学的现代化道路,在以"学理""思

---

① 《中央总学委关于学习毛泽东同志〈在延安文艺座谈会上的讲话〉的通知》(1943年10月20日),中央党校党史教研室选编:《中共党史参考资料》(5),中央党校出版社1991年版,第186页。
② 李泽厚:《中国现代思想史论》,东方出版社1987年版,第32页。
③ 同上。

想"与"革命""斗争"双重主潮交汇而成的社会实践的历史洪流中,主要呈现的是在"学理""思想"与"革命""斗争"之间曲折起落、游转浮沉的被动漂移形迹,而不是相对确定地归属和定位于二者中的某一边。

每在学理、思想与政治斗争都同样面临亟待重新定向的挑战和困境,而不得不暂时交集在一起之际,整个社会转入临界突变的历史转折关头,文学的现代化道路往往就看起来像是既与现代转型中的学术史和思想史合辙,又与迎向新的革命目标的一段政治史重叠。但这实际上只是连续不断的历史画面中的短促一瞬,如同行途中的会车或启程前停靠站的场景,会合仅在一时,各行其道才是持续更久的常态。当"学理""思想"与"革命""斗争"的各自取道而去,形成取向、力度和影响范围不一的社会效应时,文学即随之成为印证这种社会效应差异的生动标志;并且,这时它的一般表现,是让自己依循于"学理""思想"与"革命""斗争"二者中相对强势的一边。这也许不是这种社会形势下所有文学个案的选择和表现,但却是注定要通过充分的社会化来实现自身存在价值的文学,整体上所表征的趋势。

既如此,如果五四时期可以被看成"启蒙"与"救亡"并行不悖的一个历史片断,相应地,延安整风运动,又被看成一个终结这一历史片断——也就是以"启蒙"发展到"救亡"——的另一个历史片断接踵而至的显著标志,那么,穿梭或者定格在这两个历史片断中的五四文学和延安文学,也就顺理成章有了区分彼此的依据:前者,属于适值"学理""思想"和"政治""斗争"所代表的知、行两面的社会实践需要相对平等地结合起来,去寻求共同出路的特殊历史情境下的文学,因而,它自然地共享和分担了"学理""思想"范畴的"启蒙"和"政治""斗争"范畴的"救亡"这一对显赫的时代主题。后者,则属于"政治""斗争"和"学理""思想"转入分途演进并在社会效应上形成显隐、强弱的悬殊反差时期的文学。较之前者,它几乎是一边倒地偏向了"政治""斗争"范畴的"救亡",同时,也就不再特意地强调"学理","思想"范畴的"启蒙"。这当然可以被批评为它的一个不足,尤其是在单纯以前者为"正"评判尺度下。但从另个角度索诸历史,"启蒙"也好,"学理""思想"也好,根本上都并不是作为文学命定的归宿或须臾不可离弃的魂魄而存在的,在文学和文学史之外,它们一向自有其专属于理论学术范畴的着落。对从近代、现代到当代一路走来的中国文学而言,"启蒙"与"救亡"的变奏,既是它外在处境的一部分,也是它内在品质的一部分,借用从巴赫金文论里抽取来的术语,这种品质或可称为复调、多声对话或者众语喧哗。

语境变乱与主题杂化

内在于中国现当代文学史的多重主题间的复调对话或者众语喧哗,在"延安文学"这里、在"救亡压倒启蒙"的这一个环节上所体现出的,实质上仅仅是它多维多面当中之一。如前所述,映衬在"救亡"与"启蒙"变奏背后的,是"政治""斗争"与"学理""思想"底色的交迭消长,但在更深一层发挥着支配作用的,则是足以贯通和统摄从文学艺术到思想学理、再到政治斗争所有相关各具体范畴的一套民族化、本土化、大众化的价值转换机制和与之对应的一项将一切精神舶来品进行全面彻底的中国化和具体化的意识形态建构工程。世界与民族、外来与本土、精英与大众、城市与乡村、现代与传统,这一系列从发端于五四史前期的新文化运动那里,就已开始累积的关涉整个中国社会现代化进程的原则问题,都归结进这套价值转换机制,通过构筑以马克思主义中国化和具体化为统率的意识形态大厦,而作一揽子的解决。

对此,早在延安整风和延安文艺运动开端前三年的1938年,毛泽东就有过详尽的阐述:

> 今天的中国是历史的中国之一发展,我们是马克思主义的历史主义者,我们不应该割断历史。从孔夫子到孙中山,我们应该给以总结,我们要承继这一份珍贵的遗产。承继遗产,转过来就变为方法,对于指导当前的伟大运动,是有着重要的帮助。共产党员是国际主义的马克思主义者,但马克思主义必须通过民族形式才能实现。没有抽象的马克思主义,只有具体的马克思主义。所谓具体的马克思主义,就是通过民族形式的马克思主义,就是把马克思主义应用到中国具体环境的具体斗争中去,而不是抽象地应用它。成为伟大中华民族之一部分而与这个民族血肉相连的共产党员,离开中国特点来谈马克思主义,只是抽象的空洞的马克思主义。因此,马克思主义的中国化,是指在其每一表现中带着中国的特性,即是说,按照中国的特点去应用它,成为全党亟待了解并亟须解决的问题。洋八股必须废止,空洞抽象的调头必须少唱,教条主义必须休息,而代替之以新鲜活泼的、为中国老百姓所喜闻乐见的中国作风与中国气派。把国际主义的内容同民族形式分离起来。①

依照这番论断,很容易明白,作为中国共产党领导的中国革命事业最高行动指南的马克思主义,尚且"必须通过民族形式才能实现",包括文学在内的其他社会生活领域里的各种外来观念、学说和思想价值体系,毋庸说更不能例外。孤立地看,这里援引着"历史主义"的社会发展观所引申出的非"通过民族形式"不可的"国际主义的内

---

① 毛泽东:《论新阶段》,延安解放社编:《解放》第57期(中国共产党六届六中全会专刊),延安新华书店1938年版,第36—37页。

容"具体化、本土化价值的实现路径,不免显得过于决绝。但若是联系到此前二十余年,陈独秀、李大钊、胡适在《敬告青年》《〈晨钟〉之使命——青春中华之创造》《文学改良刍议》等为新文化运动和文学革命吹响号角的战斗檄文中,早已一致鲜明标举起了以起于现实而归于现实的本土功利主义前提下的世界主义立场,①那么,在延安整风运动中展开的延安文艺运动,未始不可以看成是对于新文化运动和文学革命号角的一波回应。

关于这一点,1940 年初,介入"民族形式"论战的周扬,在回应和反驳那种认为五四以来的新文艺具有"脱离大众的、欧化的和非民族的"性质倾向的观点时,曾作过细致辨析。他得出结论是:"新文艺无论在其发生上,还是在其发展的基本趋势上,我以为都不但不是与大众相远离,而正是与之相接近的。""新文艺是接受了欧化的影响的。但欧化与民族化并不是两个绝不相容的概念。当时的所谓'欧化',在基本精神上就是接受西欧资产阶级民主主义革命时的思想,即'人的自觉',这个'人的自觉'是正符合当时中国的'人民的自觉'与民族自觉的要求的。"②而"民族形式"论战在 1939 年的兴起,又与艾思奇、巴人等率先将原生于毛泽东《论新阶段》一文的纯政治语境里的"中国作风""中国气派"和"民族形式",诠释、转化到文学观念和文学思想领域的理论阐发,有直接关系。③

不过,到了延安文学这里,新文化运动和文学革命时期即已凸显的工具理性层面的世界主义或者国际主义取向与价值理性层面的民族主义或者本土主义这二者间的匹配对立与相互支撑,已经从"思想""学理"的狭窄知识语境中,蔓延、转移到了更广阔也更切实的"政治""斗争"的语境,并进而由此和社会生活的其他方面发生紧密纠结。其中,最为瞩目的一个方面,就是近承"民族形式"论战、远涉左联时期"大众语"论争,更远则可溯及胡适《文学改良刍议》中"言文合一之国语"一说的语言问题。

正是在语言问题的理念探讨和相应的创作及评论中,"延安文学"赢得了开辟一

---

① 如陈独秀在《敬告青年》中,提出"欲救此病,非太息咨嗟之所能济,是在一二敏于自觉奋斗之青年,发挥人间固有之智能,抉择人间种种之思想……利刃断铁,快刀理麻,决不作牵就依违之想,自度度人"的中心主张时,行文间特别强调了"发挥""抉择"人间种种智能思想的原则应该是实用济世的:"孰为新鲜活泼而适于今世之争存,孰为陈腐朽败而不容留置于脑里。"参阅陈独秀:《敬告青年》,载《青年杂志》第一卷第一号(上海群益书社 1915 年 9 月 15 日发行),第 2 页。原刊有句读无标点,标点为引者加。李大钊《〈晨钟〉之使命——青春中华之创造》和胡适《文学改良刍议》二文,均有从其文化立场的复杂性角度重做细读、评价的必要和价值,限于本文论题,在此从略不论,留待另文专处。
② 周扬:《对旧形式利用在文学上的一个看法》(原载 1940 年 2 月 15 日《中国文化》创刊号),北京大学、北京师范大学、北京师范学院中国现代文学教研室主编:《文学运动史料选》(第四册),上海教育出版社 1979 年版,第 417—418 页。
③ 北京大学、北京师范大学、北京师范学院中国现代文学教研室主编:《文学运动史料选》(第四册),上海教育出版社 1979 年版,第 391—405 页。

个不单是临时的现实政治意义上的、更是长远的历史文化和社会审美意义上的崭新话语场域的重要契机。在这个话语场域中,深植于新文化运动和文学革命,乃至更早时期的清末政治维新和文学改良运动中的政治与文化既相互转化又相互背反的历史逻辑和价值取向纠结,再次又反而正、又张而弛,强劲发力,以一举横扫古与今、新与旧、民间与传统等多重价值边际的凌厉态势,推展出了涵盖更趋深广的一片文学政治和政治文学的新天地。

与语言问题的深耕广拓紧相交织的另一关键问题,是文学主体问题,其具体内容是对文学活动主体的社会角色和阶级身份实行历史性的甄别、批判和革命性的置换、改造。文学历史、文学空间和文学价值的新与旧之分、传统(精英)与民间(大众)之分交相穿插在一起,形成了新文学胜于旧文学,但新文学和旧文学相对于民间大众的文学,又都同等地带有以少数社会精英为主体、以书面语言为基本形式的隔膜于民间和大众的局限这一繁复、曲折的价值评判逻辑。一部代表着与大众疏离对峙的社会中上阶层的精神需要和审美趣味的书面化和知识化的文学史,以及在这部文学史中始终居于主体地位的文人、知识分子群体,经这种价值逻辑的比照,立时显出原罪深重的一派幽暗。好在,偿尽原罪、谋求救赎的方向和方案,也同时包含在了这种逻辑之中,那就是走向民间、与大众相结合,完成社会角色和阶级身份的自我转换。

作者:李林荣,北京第二外国语学院国际传播学院教授。

鲁迅与陕甘宁边区的新文字运动

潘 磊

摘 要：鲁迅有关汉字拉丁化的论述被确立为边区推广新文字的重要理论依据，但鲁迅关于新文字的思想和以吴玉章为代表的边区新文字运动既有联系，又有着诸多的不同。鲁迅和吴玉章对用新文字来扫盲的认识较为一致，但鲁迅是站在知识者的启蒙立场赞同大众学习新文字从而获取知识、摆脱蒙昧的，这与吴玉章的新文字服务于政治的观点是有区别的。吴玉章主张废除汉字，鲁迅也激烈地否定过汉字，但鲁迅反感的是由文言而产生的中国人简单、混沌、模糊的思维方式以及落后的民族文化心理，对此，吴玉章并没有理解。最终，边区的新文字运动仅限于扫盲，新文字并没有成为复杂精密的学术语言，满足不了高层次的使用要求，鲁迅关于用新文字写作、创造更纯粹的"现代中国的新文学"的愿望并没有得到实现。

关键词：鲁迅；吴玉章；新文字；新文字运动

1940年10月，吴玉章的《新文字与新文化运动》一文与鲁迅的《门外文谈》编在一起，题为《新文字论丛》在延安出版。吴玉章在该文中特别谈到："中国新时代第一个伟大的空前的文学家鲁迅，极力推崇新文字。……鲁迅作的《门外文谈》和《中国语文的新生》，不但尖锐的提出了新文字的主张，而且非常出色的指示了我们旧文字的源流和新文字的价值。"[①]吴玉章显然在借鲁迅的权威地位来为边区新文字运动的推行寻找合理性证明。鲁迅有关汉字拉丁化的论述虽被确立为边区推广新文字的重要理论依据，但鲁迅关于新文字的思想和以吴玉章为代表的边区新文字运动既有联系，又有着诸多的不同。

发起于30年代大众语讨论的新文字运动，在语言的变革上与五四白话文运动一脉相承，它力图在白话文运动结束的地方开始自己的征程：让语言为更广泛的大众所理解所接受。白话文运动是五四新文化运动的一个重要组成部分。它冲击了中国沿袭已久的文言文，使白话文占据了一定位置并获得了很大的影响力。1941年10月，

[①] 吴玉章：《新文字与新文化运动》（连载），《中国文化》第1卷第4期。胡蛮在《鲁迅的最深痛苦——纪念鲁迅不要忘记了新文字运动》（《大众文艺》第2卷第1期）一文中也说过："响应这一新的新文字运动最热心而且最有力量的就是我们的鲁迅！……他写的《门外文谈》，唯物史观地简明地叙述了中国的汉字的历史和推行新字母的必要。"

延安出版的《鲁迅研究丛刊》(第1辑)刊发了署名正义的文章《鲁迅语言理论的初步研究——杭育杭育派的语言理论》,其中谈到白话文"不但在文艺方面产生了许多内容形式新颖跟中华民族的大众的斗争的现实相适应,并且是新的民族形式的积极因素的作品,而且在各种科学的著述和翻译方面,白话文也几乎成了唯一的工具。白话文的语言,它的语汇和语法,基本上还是和口头语言有着直接联系,并且是新的民族语言的积极的成份"①。鲁迅与吴玉章对五四白话文的态度有着明显的不同。在30年代的大众语论争中,鲁迅对五四白话文是持保护态度的。在鲁迅看来,五四白话文作为五四新文化运动的一项重要成果,应该充分估计其历史功绩;保护白话文也是为了防止主张复古者借"打倒白话"来达到他们复兴文言的目的。鲁迅指出,"有些论者,简直是狗才,借大众语以打击白话的,因为他们知道大众语的起来还不在目前,所以要趁机会先将为害显然的白话打倒"②。不能不承认,在当时五四白话文的接受范围仍限于知识者。30年代瞿秋白疾呼语言革命,嘲弄五四白话文成了"新文言",其中不无知识分子的偏激。但某种程度上,他也确实戳中了五四白话文的弊端。对五四白话文,吴玉章采取了与瞿秋白一致的态度。他从推行新文字的实用目的出发,强调白话文的不足并对其加以否定,说它"还没有脱离汉字的束缚,所以终究不能写出名符其实的'白话',而最后不能不又蜕变为'新文言'"③。在吴玉章看来,白话文运动效果不大,是"没有从中国的文字革命入手的缘故"④。这种认识由果溯因,意在论证推动汉字书写形式革命的新文字运动的合理性。

　　鲁迅和吴玉章对新文字的用途——扫盲的认识较为一致。鲁迅认为新文字"是根据于现实生活的,容易学,有用,可以用这对大家说话,听大家的话,明白道理,学得技艺,这才是劳苦大众自己的东西"⑤。由此可以推断出鲁迅是赞同用新文字来扫盲、普及大众教育的。边区推行新文字的最大动力,就在于利用新文字的简单易学来进行扫盲。边区新文字协会办《新文字报》的目的就在于教百姓学习新文字从而摆脱蒙昧。在该报的发刊词中,吴玉章说:"现在我们出这个《新文字报》,就是从开头来教老百姓。从字母教起,每期都有教人学新文字的课程,一看就可以明白。还要登载一些讲学问的文章,有趣味的消息。这是替我们三万万六千万不识字的男女同胞,打开一条到热闹的新世界底道路。同胞们!快来学习新文字吧!"⑥他使用的语言颇有感染

---

① 延安《鲁迅研究丛刊》(第1辑),第167页。
② 鲁迅:《致曹聚仁》,《鲁迅书信集》(上),人民文学出版社1976年版,第608页。
③ 吴玉章:《新文字与新文化运动》(连载),《中国文化》第1卷第2期。
④ 同上。
⑤ 鲁迅:《关于新文字——答问》,《鲁迅全集》(第六卷),人民文学出版社1981年版,第160页。此外鲁迅还说过:"拉丁化却没有这空谈的弊病,说得出,就写得来,它和民众是有联系的,不是研究室和书斋里的清玩,是街头巷尾的东西;它和旧文字的关系轻,但和人民的联系密,倘要大家能够发表自己的意见,收获切要的知识,除它以外,确没有更简易的文字了。"《论新文字》,《鲁迅全集》(第六卷),第443页。
⑥ 吴玉章:《〈新文字报〉发刊词》,《吴玉章文集》(上),重庆出版社1987年版,第637页。

力,传递给群众一种信心,使他们相信自己能够利用新文字学会新知识。吴玉章曾描述了自己被苏联宣传扫盲的画报所唤起的感情:"我们在画报中头一页看到他们极端落后,男子褴褛,女子蒙面,在第二页上见他们开始认字,第三页上就有可爱的男女青年学生,第四页上就有派到莫斯科入高级学校的优秀儿女,第五页,第六页以后,则各种科学技术的干部人才都出来了,前后相比好像隔了几个世纪,这就不能不使人感到文化教育力量的伟大。"①这样简单的画幅的连缀竟然让他如此感佩!这是一种想象的力量:民族自强的愿望在强烈地召唤着知识分子的激情。吴玉章甚至要求懂汉字的人为大众做些牺牲来学习新文字:"我们识得汉字的人,因为自己已经有了一种工具,每每感觉到推行新文字是徒增一层麻烦,因而对它采取了消极甚至反对的态度。这是一种懒惰性和没有顾到大众痛苦的一面;要知道我们学几个字母是不困难的,这虽然对于识汉字的人有暂时的不便,但是却省去了广大群众学习汉字的苦痛,对于他们有着无限的福利。"②

吴玉章还将新文字运动视为新民主主义文化建设的必要条件。他说:"我们要创造广大民众所需要的新的民主主义的文化,首先就要有大众容易懂、容易学、容易写、容易认的文字。中国方块的汉字恰恰没有这五个条件,因此,近年来才有创造和促进新文字的运动。"③吴玉章满腔热情地呼吁人们"参加扫盲"以"建设新民主主义社会","我们知道,要创造一个新民主主义的社会,在满是文盲的国度里是建设不起来的。我们必须尽量深入到乡僻区域去扫除文盲,使我们正在生长起来的一代人没有不识字的。我们要使正在生长起来的一代人,每个人的能力和政治文化水平都赶上或超过世界最文明国家每个人的能力和政治文化水平"④。这些话语反映了想象的美好未来召唤出的信心和豪情,一种迫切的民族自强心理。与此相关,用新文字扫盲的另一急迫目的是"把党的政策深入到广大群众中去,以团结人民,争取抗战胜利"⑤。通过新文字宣传一个政党的方针政策、服务于一个政党的发展,这些是鲁迅在赞誉新文字时所难以想到的。吴玉章作为汉字拉丁化方案的创制者之一,他的长远目标在于创立新的中国语文的文法。他说:"我们研究中国文法的方法,必须要把句子做单位,把各

---

① 吴玉章:《在陕甘宁边区新文字协会成立大会上的报告》,《吴玉章文集》(上),重庆出版社 1987 年版,第 633 页。使用新文字扫盲是受了苏联的影响,吴玉章在该文中引用列宁的话来说明扫盲的重要性,"中国要建立一个新民主主义的国家,如果全国满是文盲是建立不起来的,正如列宁说:'大家都在谈论扫除文盲。你们知道,在一个文盲的国家内是不能建成共产主义社会的。单靠苏维埃政权颁布一道命令,或者靠党提出一定的口号,或者派一部分优秀的工作人员去进行这种工作,那是不够的。还需要青年人自己把这个工作担负起来。共产主义就是要男女青年团员自己来说:这是我们的事情,我们要联合起来到农村去扫除文盲,使我们这代青年中不再有文盲。我们要努力使青年们能主动积极地从事这个工作'。"
② 吴玉章:《推行新文字与扫除文盲》,《解放日报》1941 年 6 月 4 日。
③ 吴玉章:《新文字与新文化运动》(连载),《中国文化》第 1 卷第 2 期。
④ 同上。
⑤ 同上。

种词类在句子中的相互关系和适当的组织弄得清清楚楚,不但要找出旧文字的理路,更要建设通俗的、言文一致的、合于科学逻辑的规律底新文字,这样才能算是真正的创造的中国新文字,也才能算创造的中国新文字底新文法。"①在他看来,这样就救治了中国语文文法简单、不精密、逻辑性不强的弊病。鲁迅不是语言学家,他对中国语文未来的发展并没有明确的论述。但他尤其不满于文言所造成的简单、混沌、模糊、非逻辑的思维方式。他对新文字颇为赞赏,认为它是"中国语文的新生",由此我们可以推测鲁迅对创造中国语文的新文法这一观点是支持的、赞同的。

吴玉章对拼音文字如此青睐有加无疑受到了苏联文化的影响。他当时在苏联是共产国际"中国代表团"的成员,对苏联文化充满了崇拜和艳羡之情。在这种感情的推动下,他用马克思主义经济基础与上层建筑关系的理论来解释文字和社会革命之间的关系,从而为语言革命寻找理论支撑:"新的事实迫使我们不能不将全部以前的历史,重新加以研究,对于过去的一切,从社会的经济基础一直到它的上层建筑物,如法律、政治、宗教、哲学、文学、艺术等等,都需要重新加以探讨和评价,以得出我们应走的途径。"②在他看来,无产阶级革命形势的发展需要文字也随之革命。但事实上,语言却并不易于变动,它具有超强的稳定性。语言学家索绪尔曾分析过语言的稳定性:"语言却是每个人每时都在里面参与其事的。因此它不停地受到大伙儿的影响。这一首要事实已足以说明要对它进行革命是不可能的。在一切社会制度中,语言是最不适宜于创制的。它同社会大众的生活结成一体,而后者在本质上是惰性的,看来首先就是一种保守的因素。"③

世界无产阶级革命的高潮使得吴玉章相信人类语言统一的必然性,他在自己的文章里不止一次地重复引用列宁的观点:社会主义在全世界范围内胜利的时期,当社会主义稳固起来并深入于生活中的时候,各民族的语言必然会融合为一种共同的语言,这种语言不会是大俄罗斯的,亦不会是德意志的,将是某种新的语言。④ 他坚信"到社会主义在全世界范围胜利及稳固后,必定有一种国际化的新的语言文字出现","这种新文字必是拼音文字而不是方块的汉字"。⑤ "世界必定有一个总的语言文字出现",这是他最强烈的期待和愿望。实际上这里隐含着一种自卑的情绪:他认为西方世界的拼音文字优于中国的方块汉字,因为拼音文字代表着国际化的潮流。吴玉章的上述观念更基于激情使然的美好憧憬⑥。这其中蕴涵了无比强烈的民族自强的愿望,一种不

---

① 吴玉章:《文学革命与文字革命》,《中国文化》创刊号。
② 吴玉章:《新文字与新文化运动》(连载),《中国文化》(第1卷第4期)。
③ 〔瑞士〕索绪尔著,高名凯译:《普通语言学教程》,商务印书馆1985年版,第110—112页。
④ 吴玉章:《新文字与新文化运动》(连载),《中国文化》(第1卷第2期)。
⑤ 同上。
⑥ 人类的语言究竟是难于统一的。安德森曾说过:"特定的语言可能会死亡或者被消灭掉,但人类语言不可能统一。"(〔美〕本尼迪可特·安德森著,吴叡人译:《想象的共同体》,上海人民出版社2005年版,第51页)

甘于自己民族被抛甩在后的感情:"我们如果不愿自居于世界之外的话,那末,我们必须要坚决地采用国际化的拼音文字,以和世界的潮流共同前进。"①延安其他一些知识分子也持这种观念。上文所引正义的文章中有这样一段话:"如果我们要有意识地努力克服文字对于语言的落后性不一致性,文字语言对于人类生活思想意识的落后性,首先就必须用拼音文字代替象形文字,用拼音文字使语言有完全书面化的可能。"②正义显然也认为拼音文字是优于像汉字这样的象形文字的。基于拼音文字优于象形文字的认识,吴玉章对汉字的态度表现得很决绝:他认为汉字应当废弃。他否定汉字的存在价值是以马克思主义"经济基础决定上层建筑、上层建筑反作用于经济基础"的原理为依据的,认为"中国旧文字在相当的时期内,是帮助了中国的经济、文化的发展,但它也同其它的社会关系一样,现在却变成了经济、文化发展的阻碍"③。也就是说随着中国旧的经济基础的崩溃,汉字也要随之废弃。在吴玉章看来,汉字已经"变成了统治阶级压迫劳苦群众的工具之一,实为广大人民识字的障碍,已不适合于现在的时代"④。吴玉章还从汉字与拼音文字的差距来描述汉字的缺陷,认为它已经"成了拼音文字发展的障碍","把从前象形的意义和好处都完全失掉了,已经不能看见字形就知道它是什么东西了"⑤。既然汉字成了推行新文字的绊脚石,那么就应该搬掉这个绊脚石。因此吴玉章等延安文化人高频率地引用鲁迅关于废除汉字的几段话:"汉字不灭,中国必亡","我以为方块字本身就是一个死症,吃点人参,或者想一点什么方法,固然也许可以拖延一下,然而到底是无可挽救的"⑥"那么倘要生存,首先就必须除去阻碍传布智力的结核:非语文和方块字。如果不想大家来给旧文字做牺牲,就得牺牲掉旧文字"⑦。诚然,鲁迅是激烈地否定过汉字,但鲁迅对汉字的否定是有着更为深刻原因的,他反感的是由文言而产生的简单、混沌、模糊的中国人的思维方式以及落后的民族文化心理。汪晖曾说过:"鲁迅从中国古典语言与落后的民族文化心理、非科学的民族思维形式、民族的愚昧以及由此产生的社会文化等差的永久性等历史现象的关系着眼,把语文变革的重要性与彻底性视为中国社会文化改造的关键问题之一"⑧。也正是由于此,鲁迅从五四时便开始与复古派的《甲寅》《学衡》论战,并身体力行创作白话作品。30年代他又积极参加大众语讨论,支持汉字拉丁化的主张,并给

---

① 吴玉章:《文学革命与文字革命》,《中国文化》创刊号。
② 正义:《鲁迅语言理论的初步研究——杭育杭育派的语言理论》,延安《鲁迅研究丛刊》第1辑,第158页。
③ 吴玉章:《新文字与新文化运动》(连载),《中国文化》第1卷第2期。
④ 同上。
⑤ 同上。
⑥ 《从"别字"说开去》,《鲁迅全集》(第六卷),人民文学出版社1981年版,第280页。
⑦ 《中国语文的新生》,《鲁迅全集》(第六卷),人民文学出版社1981年版,第115页。
⑧ 汪晖:《反抗绝望》,河北教育出版社2000年版,第243页。

予汉字拉丁化以高度肯定,说"和提倡文言文的开倒车相反,是目前的大众语文的提倡,但也还没有碰到根本的问题:中国等于没有文字。待到拉丁化的提议出现,这才抓住了解决问题的紧要关键"①。显然吴玉章对鲁迅与废除汉字有关的思考并无真正的理解。鲁迅在五四时期的战友——钱玄同最早提出了"废汉字"的主张。他将"废除汉文"与思想革命联系起来,认为"欲废孔学,不得不先废汉文;欲驱除一般人之幼稚的野蛮的顽固思想,尤不可不先废汉文"②。钱玄同的这一角度与鲁迅较为相近。钱玄同是从汉字本身所承载的内容来否定汉字的,因此将"打倒孔家店"和"废除汉文"紧密地联系在一起的。他希望通过新的拼音文字来吸收世界现代思潮和现代文化,从而使中国文化赶上世界先进文化。"废除汉文"这一激烈主张的提出,还与钱玄同本身的性格有很大关系。钱玄同以言辞偏激和矫枉过正著名,他自己也承认他的主张常涉两个极端,十分话常说到十二分。③

　　吴玉章以废除汉字为长期目标。他意识到这是一个漫长的过程,不能一蹴而就。他主张推广普及新文字,意在使新文字进入人们的日常生活,慢慢地取代汉字,说"我们虽然主张废除汉字,却不是说一旦就把汉字绝对不用,而是要把新文字很快就应用在大众实际生活中去。使社会上认识新文字的人日益加多,慢慢地汉字自然没有人用"④。吴玉章对待国语罗马字也像对待汉字一样有"权"有"经"。由于抗日民族统一战线的确立,吴玉章承认了新文字与国语罗马字一脉相承的渊源关系,说"我们的新文字方案的出现也不过是继承国语罗马字改革汉字的事业而更加改进……因此今后我们必须改正关门主义的错误,不把新文字看作一党一派少数人的事情,而当作全中国四万万五千万人的事情,只有大家同心协力才能完成这个伟大的文字改革的任务"⑤。但在30年代初,国语罗马字派和新文字派曾有激烈的争持。1926年,"国语罗马字"委员会制成"国语罗马字拼音法式",11月先由北京政府教育部国语统一筹备会公布,后于1928年9月26日由南京国民政府教育部的前身中华民国大学院正式公布。"国语罗马字"是借助国民党政府的力量推行的,因此制定汉字拉丁化方案的共产党人瞿秋白、吴玉章等自然对国语罗马字派采取了敌视和轻蔑的态度。1931年9月26日,瞿秋白等人在海参崴召开了中国新文字第一次代表大会,会上制定了《中国汉字拉丁化的原则和规则》。这个文件把国语罗马字的推行称为"资产阶级的国语统

---

① 《门外文谈》,《鲁迅全集》(第六卷),人民文学出版社1981年版,第96—97页。
② 钱玄同:《中国今后之文字问题致陈独秀》,《新青年》4卷4号。
③ 陈漱渝:《〈钱玄同文集〉序》,《钱玄同文集》,中国人民大学出版社1999年版。
④ 吴玉章:《文学革命与文字革命》,《中国文化》创刊号。
⑤ 吴玉章:《新文字在切实推行中的经验和教训——在新文字协会第一届年会上的报告》,《一年来的新文字协会》。

一运动"。而国语罗马字派对新文字派也存在着偏见,制定国语罗马字的钱玄同以左翼文化人"断不肯在语文学理的范围内来平心讨论问题"为由,对新文字采取漠视的态度。1934年,以"大众语"为主题的第三次文艺大众化讨论,钱玄同就没有参加。在国语罗马字派和新文字派的论争中,鲁迅站在了新文字派一边。针对国语罗马字派对新文字不精密、不能区别同音字的指责,鲁迅曾为新文字极力辩护,说"罗马字拼音者是以古来的方块字为主,翻成罗马字,使大家都来照这规矩写,拉丁化者却以现在的方言为主,翻成拉丁字,这就是规矩。……这一点,就可以补它的不精密的缺点而有余了,何况后来还可以凭着实验,逐渐补正呢"①。鲁迅对新文字派的改革态度也表示赞赏,"易举和难行是改革者的两大派。……同是革新,那手段也大不同:一是难行,一是易举。这两者有斗争。难行者的好幌子,一定是完全和精密,借此来阻碍易举者的进行,然而它本身,却因为是虚悬的计划,结果总并无成就:就是不行"②。在鲁迅看来,新文字是属于"易举"的汉字改革。随着抗战的爆发,抗日统一战线的形成,国语罗马字派和新文字派也趋于统一,因为他们的大目标——用拼音文字取代汉字是一致的,他们共同的对手其实是企图复兴文言的复古派。尽管吴玉章对国语罗马字派表示了和解,但他对国语罗马字的根本认识却仍未改变,认为"资产阶级自由派的文字改革运动,总是不能彻底,而且也不易成功。因为他们总是不愿彻底推翻旧的东西。如主张用罗马字拼音的人,始终以保存四声来造成自己的障碍,这是很可惜的"③。有意思的是,吴玉章用"革命"一词以示新文字和国语罗马字的区别,称国语罗马字派只是"改革"而已。但事实上,钱玄同1923年在《国语周刊》上撰文《汉字革命》,就曾表示自己"革命"的彻底性。不过,他的"革命"的内涵是指废除汉字的坚决性,他的参照对象是逐渐放弃废除汉字的主张的晚清拼音化运动。而吴玉章的"革命"的内涵则是指去掉国语罗马字中烦琐的四声和实行拼音文字,他的参照对象是国语罗马字和五四白话文。

边区用新文字印刷的也大都是简单的入门书和宣传抗战与共产党政策的书籍,几乎没有用新文字创作的文学和文化作品。因此,新文字的作用也就仅限于扫盲而已。当然在边区群众的文化水平普遍较低的情况下,边区的新文字运动把扫盲摆在第一位有着很大的合理性。也正因为新文字的使用没能够进入文化创造、文学创作这一层面,所以新文字不可能获得长期稳固的发展。到1943年,吴玉章已经感觉到了推广新文字的艰难,他开始自觉地把新文字当作学习汉字的辅助工具:即"利用新文字来学习汉字"④。他在文中还认真总结了新文字辅助学习汉字的一些条件。由晚清的拼音化运动看,这个结果仿佛又是注定了的。1892年,卢戆章在厦门编出中国第一份拼音

---

① 鲁迅:《论新文字》,《鲁迅全集》(第六卷),人民文学出版社1981年版,第443页。
② 同上,第443页。
③ 吴玉章:《新文字与新文化运动》(连载),《中国文化》第1卷第2期。
④ 吴玉章:《怎样利用提高文化的工具》,《吴玉章文集》(上),重庆出版社1987年版,第650页。

方案——《一目了然初阶》时,他保证他的切音字能够"不数月通国家家户户,男女老少,无不识字,成为自古以来一大文明之国矣"①。也就是说,他希望用自己的"切音字"来取代汉字,因为在他看来汉字是"当今普天之下之字之至难者"②。其他人的拼音方案尽管形形色色,但也都主张用表音文字代替汉字。但到20世纪初,从王照开始,拼音化运动的宗旨已经有了变化:"今余私制此字母,纯为多数愚稚便利之计,非敢用之于读书临文"③。劳乃宣称"简字""非惟不足湮古学,而且可以羽翼古学、光辉古学、昌明古学"④。卢戆章本人也改了主张:"倘以切音字翻译京话,上截汉字、下截切音,由切音以识汉文,则各色人等,不但能读切音,兼能无师自识汉文"。⑤可见,他们已不再妄想用拼音文字来代替汉字,而仅仅把拼音作为学习汉字的辅助工具和给汉字标注读音的符号。⑥

  王风曾分析过,拼音化运动之所以会出现如此尴尬的结果,部分地因为它对政权不可避免的依赖和借重。拼音化运动的种种方案要推广到全民,不依靠政权力量是根本行不通的,而要借助政权的力量,就不得不与政权的现行政策取得妥协⑦。延安所在的陕甘宁边区虽然相对封闭,但从共产党的角度讲,在边区废汉字而代之以新文字无疑是冒险之举,因为这将对其统一全国的目标不利。如果在边区废除汉字而代之以新文字,那么实际上就把本就偏于一隅的政权孤立起来,失去和外界进行交流沟通的媒介。因此边区政府只是谨慎地在文件中说"新文字跟汉字有同样的法律地位"⑧,而并没有表示要废除汉字的意思。

  虽然吴玉章声称"新文字不仅在扫除文盲普及教育上是锋利的武器,而且在提高文化发扬学术上,它也是比汉字更高一级的文字工具"⑨。但实际上边区的新文字运动却并没有证明新文字有"提高文化发扬学术"的能力。新文字不可能成为复杂精密的学术语言,也就是说,新文字满足不了高层次的使用要求,因此无法获得与汉字对抗的正式书面语的地位。鲁迅当年支持汉字拉丁化,比较注重于文学的发展和提高,他曾设想过,"年深月久之后,语文更加一致,和'炼话'一样好,比'古典'还要活的东西,也渐渐的形成,文学就更加精采了"⑩。他甚至认为"由只识拉丁化字的人们写起创作

---

① 吴玉章:《〈中国第一快切音新字〉原序》,《清末文字改革文集》,文字改革出版社1958年版,第2—3页。
② 同上,第1页。
③ 吴玉章:《〈官话合声字母〉原序(一)》,《清末文字改革文集》,文字改革出版社1958年版,第21页。
④ 吴玉章:《江宁简字半日学堂师范班开学演说文》,《清末文字改革文集》,文字改革出版社1958年版,第56页。
⑤ 吴玉章:《颁行切音字书之益》,《清末文字改革文集》,文字改革出版社1958年版,第72页。
⑥ 吴玉章:以上关于晚清拼音化运动的状况,参见了王风的有关研究。
⑦ 王风:《新文学的建立与现代书面语的产生》(北京大学博士论文,藏于国家图书馆),第27页。
⑧ 吴玉章:《陕甘宁边区政府关于推行新文字的决定》,《陕甘宁边区政府文件选编》(2),档案出版社1987年版,第540—541页。
⑨ 吴玉章:《推行新文字与扫除文盲》,《解放日报》1941年6月4日。
⑩ 鲁迅:《门外文谈》,《鲁迅全集》(第六卷),人民文学出版社1981年版,第98页。

来才是中国文学的新生,才是现代中国的新文学,因为他们是没有中一点什么《庄子》和《文选》之类的毒的"①。边区新文字运动的实践却告诉我们,从新文字里并没有发展出新文学和新文化来。由于各种因素的制约,鲁迅关于用新文字写作、创造更纯粹的"现代中国的新文学"的愿望,在边区并没有得到实现。

20 世纪 80 年代,"废除汉字"的主张受到了批评,汉字独特的优势得到了强调。汉字超稳定的书写形态成为中国文化的象征。汉字维持了中华文明的连续性,并成为维系华夏文明共同体存在的基本要素之一。有西方学者认为:"如果中国人屈从西方国家要求引进一种字母文字,中国社会就会失掉他们对持续了四千年的丰富的文化典籍的继承权。"②

至此我们不得不感叹历史的无情,鲁迅改造汉字的热情、吴玉章等人为之付出心血的新文字运动和他们辛辛苦苦制定的汉字拉丁化方案已经放在历史的记忆中。若不是研究,人们便很难再有去翻检它们的热情。让笔者禁不住联想到晚清拼音化运动的参与者邢岛的感怀:"诸家所耗废数载或数十载之光阴精力,皆随流光而俱逝,其所创造之成绩,亦等于覆瓿物,应天然之淘汰而取消。"③

作者:潘磊,郑州大学文学院副教授。

---

① 鲁迅:《论新文字》,《鲁迅全集》(第六卷),人民文学出版社 1981 年版,第 443 页。
② 孟华、薛海燕:《"汉文化的复兴"为什么绕不开汉字问题》,《光明日报》2004 年 11 月 30 日。
③ 邢岛:《读音统一会公定国音字母之概说》,《东方杂志》第 10 卷第 8 期。

"延安文艺"的研究现状与亟须突破的几个问题

惠雁冰

摘　要:"延安文艺"是联系现代文学与当代文学的历史节点,也是梳理百年中国文学艰难变迁的特定视窗。对"延安文艺"的进一步研究,不但可以解答"现代文学的流程何以转向"的问题,更能够解答"当代文学何以建构"及"延安文艺何以参与和影响了新时期以来的当代文学"等诸多问题。针对学界偏重于从静态的角度来理解延安文艺,动态地关照延安文艺对当代文学的构建与发展在当下显得尤为迫切。

关键词:延安文艺;中国当代文学;精神传统

在 20 世纪中国文学史的发展历程中,延安文艺始终是一种独特的历史性存在、实践性存在与精神性存在。作为历史性的存在,延安文艺是作为新民族国家建设的重要一翼,见证了中国新民主主义革命的历史进程,并以特定的历史蕴含阐释了中国无产阶级革命文学的现实依据与发展方向。作为实践性的存在,延安文艺直接催生了当代文学体制的建构与当代文学书写的基本范式,并以成熟的文学经验规约了 20 世纪 50 年代到 70 年代的文学全貌。作为精神性的存在,延安文艺核心的意义要素并没有随着时代的变迁而消隐,相反在不同的历史阶段、不同的现实诉求下,不断发展、内化为当代文学所特有的一种审美视域与精神品格。从这个意义上来说,延安文艺就不可能只是一种凝滞的文学现象,而恰恰是一种在固有的价值内涵中以不同方式来言说,体现在当代文学的不同发展阶段中的,并具有时代延展性的历史镜像、实践镜像与精神镜像。

针对学界偏重于从静态的角度来理解延安文艺,以动态的角度来关照延安文艺对当代文学的构建与发展在当下显得尤为迫切。因为延安文艺是联系现代文学与当代文学的历史节点,也是梳理百年中国文学艰难变迁的特定视窗。对延安文艺的延伸性研究,不但可以解答"现代文学的流程何以转向"的问题,更能够解答"当代文学何以建构"及"延安文艺何以参与和影响了新时期以来的当代文学"等诸多问题,为"重写文学史"及"20 世纪文学"概念的理性阐释提供相对切实的依据,也为一直作为历史范畴的延安文艺廓开一种新的意义空间,直至为新时期以来的文学创作寻找新的理论资源与精神传统。

有关延安文艺的研究现状,基本上可以分为两块。一块是"讲话"发表之后从 40

年代初期到70年代末期的学习热潮及相关解读,研究者主要从主流意识形态的角度及无产阶级革命文艺规律性的建构来昭示"延安文艺"的伟大历史意义与现实意义。另一块则是在20世纪80年代中期,伴随着"20世纪文学"概念及"整体观"理论的出台,在学界引发的"延安文艺"重评思潮。前一块由于在一体化的政治文化背景中展开,当时学界对"延安文艺"及"讲话"的解读与评价无一例外又都是"共名性"的。何况到现在为止,相关观点与结论已经成为一种历史性知识来充当同类研究的理论背景,所以学术意义的生长空间相对促狭。而后一块则是在新时期以来思想解放的大背景下产生的,研究视向的多元,研究方法的更新,理论观点的交锋,包括认识评价的矛盾体现得较为明显。而且,由于政治秩序的不断宽松与相关历史文献资料的不断出现,对"延安文艺"的纵深性研究已经成为可能,二十多年来也出现了一系列富有建设性的成果。因此,在对"延安文艺"研究的现状梳理中,笔者主要致力于对80年之后延安文艺研究的主要路向及代表性成果进行评述。

其一,有关"延安文艺"的概念:目前主要有三种观点。艾克恩认为延安文艺是指1935年10月党中央经过二万五千里长征转驻陕北后至1948年春党中央离开陕北这段时间内,以延安为中心,包括陕甘宁边区的革命文学艺术。① 袁盛勇将延安文艺的上限定在1936年10月"中国文艺协会"的成立日,下限定在1949年7月"第一次文代会"的召开日,②并采用左翼作家林焕平的意见将"延安文艺"称作"延安文学"。单从称谓上而言,"延安文学"已经被洪子诚、唐小兵、王富仁、朱鸿召等研究者所采信。朱鸿召认为对"延安文学"所指认的内涵不应该忽略整风以前的文艺运动与文学创作。③ 对此,我认为,"延安文艺"的概念需要进行理性的清理。首先,"延安文艺"是一个特定的历史范畴,有其特定的意义蕴含,指认的是"讲话"发表之后在以延安为中心的解放区所兴起的涉及不同形态的文艺运动,所以,以延安文艺来称谓更为合理。相反,"延安文学"的称谓一则容易与地域性文学混为一谈,二则所涉及的文艺范型过为逼仄。其次,"延安文艺"作为一种无产阶级革命文学的精神新质是在"讲话"之后才显现出来,而不是在整风之前,所以,艾克恩对"延安文艺"的定位具有历史的合理性。

其二,有关延安文艺与新文学、当代文学的关系:目前主要有八种观点。王瑶认为"只有把《讲话》放到五四以来革命文艺的历史发展中,联系整个革命文艺运动、文艺思潮的发展来进行考察,才能科学地理解《讲话》的伟大历史意义。而它在理论上的

---

① 艾克恩编:《延安文艺史》(上下),河北教育出版社2009年版,第6页。
② 袁盛勇:《重新理解延安文学》,《西南民族大学学报》2006年第5期。
③ 朱鸿召:《重新厘定延安文学传统》,《学术月刊》2006年第2期。

某些局限与不足,也只有从它所产生和形成的历史条件中,才有可能得到科学的认识与说明。"①从中可知,王瑶是把延安文艺作为五四以来新文学发展的结构性因素来考察的,尽管还是把"延安文艺"仅仅作为革命文艺的范畴来理解的,没有涉及延安文艺对当代文学建构与发展的影响,但从中体现出来的整体观意识与历史意识让人惊奋。艾克恩认为"延安文艺是对五四以来新文艺的继承,是 20 世纪左翼文艺运动的合乎逻辑的发展,又是第二次国内战争时期苏区文艺的继续,同时又是新中国诞生后社会主义文艺的奠基。"②显然,艾克恩进一步细化了王瑶的观点,并将"延安文艺"与当代前期的文学发展联系在一起,尽管语焉不详,但已经作出了将延安文艺的影响向当代延伸的积极尝试。刘忠认为:"《讲话》的接受史贯穿了一部中国当代文学史,《讲话》重点论及的文艺的人民性、实践性、民族性等问题,仍然是当下文学需要继承和解决的命题。"③虽然刘忠是单从延安文艺最核心的文本《讲话》的接受历史入手,来侧面应征延安文艺与当代文学的内在关系的,但从中体现出来的问题意识还是让人欣喜不已。陈晓明则在梳理当代现实主义思潮的过程中,将当代文学的起源指向延安,并称"毛泽东的《讲话》,则应该是这个起源的源头"④。这一点已经在学界形成共识,陈晓明的长足之处是力图阐释现代性激进化与中国社会主义革命文学形成的互动关系,以此来探究中国革命文学的发生性原理。不足之处是用社会主义现实主义的一维理论来解答当代文学的历史里程,在线索清晰的同时难免会因理论先行的缺陷擦拭与磨平了其中可能扭结的诸多矛盾,一定程度上消解了历史肌理的内在丰富性。王富仁则认为"延安文学的存在,不仅关乎于自身,而且关乎到整个中国现当代文学史,乃至整个现当代文化史"⑤。可见,王富仁是从 20 世纪文学史与文化史的高度来理解"延安文艺"的,无疑为进一步拓宽本选题的研究空间有积极的推动,问题是延安文艺与 20 世纪文学史、文化史的内在构成关系却没有点明,多少有点大而无当的感觉。洪子诚将 50 年代到 70 年代文学看作是延安文学在当代的逻辑性延伸,以体制化文学对其命名,并以为"只是到了八十年代,这一文学格局才发生了变化,而出现了在新的历史条件下文学变革的前景。"⑥作为当代文学史研究的名家,洪子诚最深刻之处是力图梳理当代文学创作与文学体制的内在复杂关系,并在很多方面有卓越的建树。但可能由于过为谨慎,难免使一些本该可以清晰认知的文学现象,反而在其笔下呈现出一种模糊朦胧的

---

① 王瑶:《从现代文学的发展看"讲话"的历史意义》,《社会科学展现》1982 年第 9 期。
② 艾克恩编:《延安文艺史》(上下),河北教育出版社 2009 年版,第 6 页。
③ 全国哲学社会科学规划办公室编:《国家社科基金项目成果选介汇编》(第 6 辑),社会科学文献出版社 2010 年版。
④ 陈晓明:《中国当代文学主潮》,北京大学出版社 2009 年版,第 5 页。
⑤ 王富仁:《延安文学有重新研究的必要》,《学术月刊》2006 年第 2 期。
⑥ 洪子诚:《中国当代文学史》,北京大学出版社 1999 年版,第 3 页。

状态。至于对延安文艺的研究,我感觉洪子诚在以下几个方面可能有所偏误。首先,把延安文艺笼统地称作左翼文学形态到底合适不合适?作为左翼文学的承继者,延安文艺的确与左翼文学有其内在的一致性,但变异之处也非常明显,毛泽东的《讲话》针对的就是革命文学、左翼文学以来长期在文学创作、文学本质认定方面悬而不决的问题。就是把它作为一种本质性的左翼形态来理解,延安文学又是否能够同左翼文学、十七年文学包括"文革"文学的内涵完全重合?其次,以"体制化"来单纯命名40年代到70年代的中国文学也似有不妥之处,的确由于特殊的历史境遇,《讲话》之后所奠立的文艺方向、文艺纲领使当代文学纳入了体制化生产与组织的航道之中,但"文革"结束之后甚至更长一段时间内,文学的体制化是否就已经完全消隐?或者说,文学的体制化与执政党在文学创作方面的理性引导之间到底有没有区别?再次,80年代中期中国当代文学的确发生了历史性的变迁,展现出现代性的探索与追求,但延安文艺内涵中一些核心的审美要素,或者说一些基本的艺术创作原则是否就已经完全失效?我看在一定方面还是存在的,诸如艺术创作源泉的问题,民族化的问题,借鉴外来艺术传统的问题,包括直面现实的问题,始终是80年代直至当下文学创作中一直在追索与探求的话题。从这个意义上来说,我感觉延安文艺所确立的不唯是所谓的"政治化文学"的实践策略,而恰恰是对中国文化传统与中国现实的特殊性有着深刻体悟并有不断延展的一种宏观性的文艺方向,其外在的政治附着因历史与现实的不同诉求不断发生变化,可内在的核心要素却一直在以不同方式守持着,这就是我所理解的开放式的延安文艺,也是延安文艺在当下依然有着深刻影响的依据之一。与洪子诚的谨慎相比,陈思和直接用"战时文化"、"民间立场"与"隐性文化结构"力图把五四文化、延安文艺与当代文学勾连起来,并鲜明指出:"这种战时文化特征并没有在战后几十年中得到根本性的改变。"[1]客观评价,陈思和的角度是新颖的,所透见到的文学之间的内在关系也是合理的,"战时文化"的确伴随了30年代到70年代以来的中国文学的发展里程,对当代文学的内在形塑有直接的影响。问题是,"战时文化"能否涵盖"延安文艺"及当代文学"前27年"的本质特征?"延安文艺"与当代文学"前27年"中所体现出来的审美内涵相比到底是战时的应急策略,还是新民族文化建设的长远图景?另则,"民间立场"与延安文艺的现实主义性、群众生活观能不能完全等同?再者,"隐性结构"在中国当代文学的创作实践中又有多少切实的应证?董健等人则认为"延安时期所奠立的文艺创作方向一直延续到'文革'时期",[2]并把"延安文艺"及其延伸时段作为与五四文化传统阻断、消解的特殊时段。对此,我认为,董健等人对延安文艺的本

---

[1] 陈思和:《中国当代文学史教程》,复旦大学出版社1999年版,第6页。
[2] 董健、丁帆、王彬彬:《中国当代文学史新稿》,人民文学出版社2006年版。

质认定并不全面。"延安文艺"是中国的现代化性进程与中国特定的时代场景历史性遇合的产物,延安文艺并不是中国社会、文学现代性追求的对立面,而恰恰应当是中国整体现代性追求过程中的一个环节,这一环节既是对五四文化传统的继承,又是对五四文化中偏离时代性与民族性方面的合规律性的调整与扭转,并不能以单纯的"政治文艺"来定性延安文艺。

其三,有关延安文艺的现代性、本质与新文学传统等问题:对于"延安文艺"的现代性,黄曼君是从《讲话》这个角度上而言的,他认为"在一定的历史条件下,只有革命化才能推动现代化,《讲话》必然在总体上包含了体现中国现代化历史主题的现代性话语,具有适应于中国国情的独创的现代意识"[1],并从文艺的实践性、文艺的人民本位观方面进行了论证,尤其对《讲话》所关注的新型主体——农民的主体意识与生命存在进行阐发,揭示了作为文艺经典的《讲话》所包蕴的现代性意味。可以说,这样的阐发是耐人寻味的,也在理论的高度上彰显了延安文艺对当代文学的深刻影响。只是在两个问题上有所忽略,如延安文艺对农民现实命运的关注能否等同于对人的现代主体意识的弘扬?对农民解放话题的关注有没有可能遮蔽了对农民其他生存方式的追求?对此,黄科安认为"从表面看,这时期延安中国共产党政权在意识形态方面强调走向民间,好像是回归传统,但这正是建构具有本民族内涵的现代性起点。"[2]此言不误,对延安文艺的研究不能以五四时期的审美标准来片面衡量,而应当回到历史的原地上来思考与清理相关问题。对于"延安文艺"的本质,一直有无产阶级革命文艺、左翼形态文学之说,前一种最具影响力。袁盛勇则认为"延安文学本质上是党的民族的现代性文学"[3]。且不说这样的定位到底准确不准确,单就是三个定语的叠加就有内在的冲突性。何况,延安文艺所体现出来的核心价值也远非这三个定语所能涵盖。对于新文学以来的传统问题,李洁非认为"现代文学史有两个主要的源流,一是五四新文学,一个是延安文学,一百年的文学几乎都是它们引导的"。而且,"从实际影响力来看,延安文学的重要性超过了五四"[4]。更让人感佩的是李洁非对此而进行的深入思考,"那么,延安文学究竟从哪些方面对未来施加影响的?哪些东西是中国自身文化传统根本没有、根本不具备的?直到今天,延安文学的影响是不是仍然存在?从历史观点来看,摆脱延安文学的影响可能吗?"遗憾的是,李洁非并没有对这些问题进行进一步的论证,但这些问题本身其实正是目前研究延安文艺所亟须解决的问题。

由上所知,经过二十多年来对延安文艺的重新认识与评价,目前学界在以下方面

---

[1] 黄曼君:《新文学传统与经典阐释》,湖北教育出版社 2005 年版。
[2] 黄科安:《延安文学研究》,文化艺术出版社 2009 年版。
[3] 袁盛勇:《重新理解延安文学》,《西南民族大学学报》2006 年第 5 期。
[4] 李洁非:《延安文学研究:为什么研究和研究什么?》,《西南民族大学学报》2006 年第 1 期。

基本形成了共识:其一,延安文艺是勾连中国现代文学与当代文学的历史结点,研究20世纪中国文学,不可能绕过延安文艺;其二,延安文艺的影响力对中国当代文学的建构有着深远的影响;其三,五四文化传统与延安文艺传统是影响中国文学发展的两大源流,其中,延安文艺传统的影响力超过五四文化传统。但同时,我也发现在以下方面,学界仍处于纠结状态,其一,延安文艺有没有现代性?其二,延安文艺与五四文化是否是对立关系?其三,延安文艺的影响力有没有深入到新时期以来的当代文学中?我认为,这些问题的存在一方面体现了延安文艺本身的多质性,另则也体现出延安文艺有进一步研究的必要。对这些问题的廓清,不仅可以阐释20世纪中国文学艰难嬗变的里程,更重要的是可以解答当代文学嬗变过程中一些始终以发展的形态来守持的因素,这些因素其实正是保证了中国当代文学之所以能体现出中国性、现代性的深层精神品格。

从以上的现状梳理可以发现,延安文艺对中国当代文学的建构与发展过程中所产生的深远影响,是目前推动、深化"延安文艺"研究的主要路径。其中,延安文艺的本质,延安文艺的核心要素,延安文艺对前期中国当代文学的整体性建构,以及延安文艺的核心要素历史性、发展性地影响了新时期以来当代文学的历史进程与精神品格将成为亟待突破的几个重要问题。如果细加切分,主要体现在以下方面:其一,《讲话》的重评问题。作为20世纪中国文学的文艺理论经典,对《讲话》的开放性评价是理解其精神主旨及其核心要素的先决条件。其二,《讲话》精神与当代"前27年"文学创作实践的内在呼应问题。其三,《讲话》中所体现的核心要素在新时期以来的众多文学思潮中有没有断裂的问题?其四,《讲话》精神对当下主流文学现实性的视角与民族化的品格有没有影响的问题?

要突破这些研究难点,不但要以独特的历史形态、实践形态与精神形态来理解延安文艺的深刻内涵,而且要以历史的发展的动态视角来观照延安文艺对六十年来中国当代主流文学的深远影响,继而为新时期以来直至当下的中国文学寻求一种新的理论资源与精神传统。

当然,鉴于"延安文艺"的历史本质及其内在肌理的复杂性,深化"延安文艺"研究的难度也是可想而知的。其一,既要科学概括《讲话》的精神内涵与核心要素,力求阐释得当,又不能造成对《讲话》意义的增值与附加。其二,建国后当代文学的创作实践有没有溢出《讲话》的另类现象存在?对此,必须对十七年文学与"文革"文学进行一次彻底的清理与甄别。其三,《讲话》的核心精神要素在新时期以来的伤痕文学、反思文学、改革文学、知青文学等思潮中的体现是否完全一样?1985年之后,中国当代文学的现代化追求与90年代之后中国当代文学的落向平实,其间的文学观念、文学表现内容及文学创作手法的变异,用《讲话》精神如何来衡量,衡量之后又该如何诠释?其四,当代主流文学的概念又该如何界定？在多大程度上影响了当下文学的进程,这种影响又是否是从《讲话》精神中发掘而获取精神动力的？种种难题,看似为学界重新阐释"延安文艺"设置了障碍,其实也洞开了新的研究天地。而对这种新的意义空间的生发,恰恰是"延安文艺"研究能保持恒久魅力的直接动力。

作者:惠雁冰,延安大学文学院教授。

卢卡契福本主义对中国文艺政策的影响

黎活仁

摘 要：第三期创造社，提倡无产阶级文学，毛泽东的文艺政策，正是无产阶级现实主义。第三期创造社提倡的无产阶级文学，是用卢卡契的"物化论"加以深化的哲学文艺学，卢卡契认为辩证法只适用于主客体、历史和社会，主客体同一的思维，支持了"组织论"。"组织论"是波格丹诺夫从奥地利物理学家马赫主客体同一的认识论建构出来的，适用文学的文艺学方法。列宁曾用"反映论"对"组织论"进行批判。毛泽东的《在延安文艺座谈会上的讲话》初版本，兼采"组织论"，表示他对波格丹诺夫"无产阶级文化"的认同。于此，第三期创造社的福本主义者，实起中介作用。

关键词：福本主义；毛泽东；创造社；"组织论"；物化论

一、引言

卢卡契福本主义对中国文艺政策的影响这一命题，读者一定觉得十分特别。第三期创造社的核心成员曾受日本的福本主义影响，这一点大家都知道，但具体的影响如何？把福本主义理解为极左的路线，是中国的主流观点，站在什么立场认为福本主义是极"左"，实际上又如何？是本文要进行研究的目的。

二、关于福本主义

福本和夫（FUKUMOTO Kazuo，1894—1983 年），1920 年毕业于东京大学政治系，1922 往美、英、德、法等国留学，两年半后（1924 年秋）回国。福本是在念大学时已开始研究唯物主义的，到德国后，曾经前往拜访柯尔思（Karl Korsch, 1886—1961 年），得柯尔思的指导。德国的柯尔思、意大利的葛兰西（Antonio Gramsci, 1891—1937 年）和匈牙利的卢卡契是西方马克思主义的奠基人。柯尔思又把福本介绍给卢卡契（Geory Luacs, 1885—1971 年），得蒙卢卡契即以《历史与阶级意识》(*The History of Class Consciousness*, 1923) 相赠。

1924 年 12 月，福本开始向《马克思主义》(1924—1929 年)投稿，大量引用了当时仍未有日译的马克思列宁的原典,然后略加评论,当时的日共中央委员多不懂外语,马克思主义修养也只限于《共产党宣言》(Communist Manifesto)、《资本论》(Capital: A Critical Analysis of Capitalist)和列宁的《国家与革命》(State and Revolution, 1917)等几种。1923至1926年之间,日共元老很多被捕下狱,于是日共就邀请福本和夫到东京当《马克思主义》的副编辑(1926年4月),同年12月日共重建之时,福本和夫负责起草宣言,并出任中央委员和政治部长。如此,福本和夫在两年零一个月内,从投稿者摇身一变成为日共领导者。①

福本时代(1926.12—1927.6)是短暂的,只有六个月左右。当时第三国际的驻日特使不懂卢卡契物化论,对福本主义有所怀疑,又布哈林(N. I. Bukharin, 1888—1938年)似乎也知道福本对他的《史的唯物论》(Historical Materialism: A System of Sociology)的批判——卢卡契与福本和夫都先后批评布哈林不懂辩证法。当时主持第三国际的就是布哈林,知道日共的异动,于是召德田球一(DOKUDA Kyûichi, 1894—1953年)、福本和夫等主要干部到莫斯科,1927年2月间出发,同年12月才回国。1927年6月,苏联《真理报》(Pravda)刊登了《27年纲领》(The 1927 These)批判了福本主义的,说福本主义是宗派主义,福本和夫回国不久之后被逮捕,下狱14年。

1. 理论与实践的统一

第三期创造社李初梨(1900—1994年)、冯乃超(1901—1983年)、彭康(1901—1968年)都深受福本主义影响。冯乃超《革命文学论争·鲁迅·左翼作家联盟》说他们有感于革命形势的薄弱,毅然于1927年10月,为了亲身实践对革命理想而集体退学回国,身体力行地作一检证②。可见福本主义对年轻人的魅力③。

第三期创造社福本主义者集中于日本京都,攻读哲学社会学,故能从哲学的高度理解卢卡契和柯尔思的马克思实践哲学。这方面张广海(1983—)《论后期创造社的实践观及其实践之维的沦陷》有颇为详细的论述④。据张广海的提示,彭康在1929年

---

① 拙稿:《福本主义对鲁迅的影响》,《鲁迅月刊》1990年第7期,第13页。拙著:《文艺政策论争史,一九二一至一九四九》,台北大安出版社2007年版,第74页、第80—88页;立花隆(TACHIBANA Takashi,橘隆志,1940—),《日本共产党·研究》,(《日本共产党研究》(卷1),东京讲谈社,1983年版,第102—108页;池田浩士(IKEDA Hiroshi, 1940—),《论争历史·阶级意识》(《历史和阶级意识论争》),东京河出书房新社1977年版,第33页。

② 〔日〕小谷一郎(KOTANI Ichirō, 1950—)吴俊编译,《东京左联成立前史(其一)》,《东洋文论——日本现代中国文学论》,浙江人民出版社1998年版,第243页。伊藤虎丸(ITŌ Toramaru, 1927—2003年),《创造社年表》,《创造社研究(创造社资料别卷)》,伊藤虎丸编:东京汲古书院1979年版,第133页、第135—136页。

③ 〔日〕斋藤敏康(SAITŌ Toshiyasu)著,刘平译:《福本主义对李初梨的影响——创造社"革命文学"理论的发展》,《中国现代文学研究丛刊》,1988年第3期,第339—360页。

④ 张广海:《论后期创造社的实践观及其实践之维的沦陷》,《海南师范大学学报(社会科学版)》2011年第6期,第23—28页。

已在上海翻译出版了柯尔思的《新社会之哲学的基础》(《马克思主义和哲学》,Marxism and philosophy),石仲泉《"哲学明珠"诞生记——毛泽东写作〈实践论〉和〈矛盾论〉始末》交代了毛泽东写作《实践论》之时,阅读过一些书,也列出具体的书单,①不过研究者始终强调在马克思原典之外,中国还有知行观。② 西方马克思的实践观点重新提起和得到肯定,是 80 年代以后的事。③ 但实际上,最早能准确把握实践观点,并应用于革命的,是第三期创造社的核心成员。

2. 列宁的建党思想与分离结合论

第三期创造社成员入党的年月,张广海作了详细的考证,大概是在中共六大(1928.6.18—7.11)之后,据冯乃超的回忆,他们自己认为"早就是党员了",④这句话值得注意,因为第三期创造社成员透过福本主义,认识到党在革命运动的重要性。福本和夫认为党组织在建设之时,应该排除理念不一致的成员,然后重新组合,即分离结合论。列宁的建党思想,集中表述于 1901 至 1920 年间写成《怎么办?》(What is to be Done?),特征是:a. 以知识分子为革命主体;b. 社会意识在知识阶级中自然成长;c. 以理论指导革命;d. 应明辨排除理论不同的主张。

方向转换

成仿吾和李初梨都认为 1927 年是"方向转换"之年,其中李初梨还具体到连月份也列出来。⑤ 1927 年 4 月 12 日国民党清党,中共遭受挫折,8 月 1 日,周恩来(1898—1976 年)、朱德(朱代珍,1886—1976 年)、贺龙(贺文常,1886—1969 年)、叶挺(1896—1946 年)、刘伯承(刘明昭,1892—1986 年)等在南昌发动"武装斗争"。8 月 7 日("八七会议"),中共在第三国际的协助下,决定在湘、鄂、赣、粤 4 省举行"秋收起义",并派遣毛泽东回湖南担任领导工作,毛泽东在 8 月开始部署,9 月 9 日开始军事行动,提出"打倒国民政府""农民夺取政权"等口号,一度攻占浏阳、醴陵县城。中国共产党在这次事件首次建立自己的军队,同年 10 月,毛泽东带领一支由工农组成

---

① 石仲泉:《"哲学明珠"诞生记——毛泽东写作〈实践论〉和〈矛盾论〉始末》,《秘书工作》2007 年第 10 期,第 48—50 页;雍涛:《〈实践论〉、〈矛盾论〉与马克思主义哲学中国化》,《哲学研究》2007 年第 7 期,第 3—11 页。
② 许斐斐:《毛泽东实践观的形成及其特质研究》。
③ 霍夫曼(John Hoffman)著,周裕昶、杜章智译:《实践派理论和马克思主义》(Marxism and the Theory of Praxis),社会科学文献出版社 1988 年版。
④ 张广海:《创造社和太阳社的"革命文学"论争过程考述——兼论后期创造社五位主力新成员的入党问题》,《社会科学论坛》2010 年第 11 期,第 34 页。
⑤ 李初梨:《请看我们中国的 Don Quixote 的乱舞——答鲁迅〈"醉眼"中的朦胧〉》,中国社会科学院文学研究所现代文学研究室:《"革命文学"论争资料选编》,第 289 页。

的革命军到井冈山,建立第一个革命根据地。与此同时,共产党在其他各地也组织农民暴动。同年 12 月间,又有叶剑英(叶宜伟,1896—1968 年)等领导的"广州起义",曾经成立"苏维埃广州公社"。①

然而这一个方向转换,决不能实行于前年或去年上期,这必然地应该实现于去年的年底或今年的转正。因为在去年的八九月间,革命才入了它第三的阶段,在十月间,普罗列塔利亚特才把它的政治的方向转换完结。(《请看我们中国的 Don Quixote 的乱舞——答鲁迅"醉眼的朦胧"》)②

上述 1927 年 8 月 1 日以来的武装斗争,到 10 月毛泽东在井冈山建立根据地的革命运动,依李初梨的分析,是武装斗争带动"方向转换"。山川均(YAMAKAWA Hitoshi,1880—1958)的"方向转换"是透过普选成为合法政党,即议会主义,福本和夫则认为应组织地下党进行暴力革命,李初梨大概认为中共建立根据地是第三阶段的"方向转换"。由此看来,创造社的福本主义分子之所以很愿意接受中共的招募加入为党员,是因为中国的政治形势正符合福本主义"方向转换"的构思。

分离结合

因为职业革命家要严加选择,所以列宁就有在党组织中排除非"布尔什维克主义者"的想法,这种党组织的想法,就是福本主义的分离结合论的基础,列宁就曾经提出他所代表的"布尔什维克主义"要与"孟什维克主义"者划清界线,这一经典论述也见于福本的论文。

列宁反对"无产阶级文化",是因为该派否定知识分子、否定文化遗产、脱离党自治等等。③ 鲁迅在左联时期,是认同无产阶级文学的,但是之前,却有着托洛茨基的观点,《革命时代的文学》和《现今的新文学的概观》如前所述,都是以托洛茨基观点写成。在 1919 年 4 月发表的《现今的新文学的概观》是批评"自然生成"和"目的意识"之论:

> 从这一阶级走到那一阶级去,自然是能有的事,但最好是意识如何,便一一直说,使大众看去,为仇为友,了了分明。不要脑子存着许多旧的残滓,却故意瞒了起来,演戏似的指着自己的鼻子道,"惟我是无产阶级!"(《三闲集》)④
>
> 在现在,有人以平民——工人农民——为材料,做小说做诗,我们也称之为平民文学,其实这不是平民文学,因为平民还没有开口。……现在的文学家都

---

① 北京师范大学历史系中国现代史教研室:《中国现代史》,北京师范大学出版社 1983 年版,第 236—239 页。
② 李初梨:《请看我们中国的 Don Quixote 的乱舞——答鲁迅〈"醉眼"中的朦胧〉》,第 289 页。
③ 拙著《文艺政策论争史,一九二一至一九四九》,第 16—25 页。
④ 鲁迅:《现今的新文学的概观》,《三闲集》,《鲁迅全集》(第四卷),人民文学出版社 1981 年版,第 136 页。

是读书人,如果工人农民不解放,工人农民的思想,仍是读书人的思想,必待工人农民得到真正的解放,然后才有真正的平民文学。(《而已集·革命时代的文学》)①

第三期创造社成员回国,马上针对鲁迅作出批判,当时党的政策是要团结鲁迅,故认为第三期创造社成员做得不对,②实际上中共与托洛茨基主义一直划清界线,采取"分离结合"的"分离"态度。

托洛茨基(1879—1940年)是否定无产阶级文学的,观点见于《文学与革命》(1924年)一书,托洛茨基对文艺的看法,主要有以下几个重点:1.否定以文艺为革命的武器,革命要靠军队,革命总是在前面,"整个艺术的位置,也就是在历史运动的末尾",情况一如俄国革命时的劳军队伍,前面总由兵士开路,男女演员殿后。③ 革命以"直接的行动扼杀了文学",不利于创作,文艺创作是革命后的事。中国的托洛斯基派认为毛泽东也有类似说法——即所谓"枪杆子里面出政权";④ 2.认为艺术不能从属于政治,"马克思主义的方法并不是艺术的方法",⑤认为:党对艺术领域只能协助,不能用直接地用命令领导。⑥ 1979年10月,邓小平在《中国文学艺术工作者第四次代表大会上的祝辞》就有与托洛斯基差不多一致的指示:

> 党对文艺工作的领导,不是发号施令,不是要求文学艺术从属于临时的、具体的、直接的政治任务,而是根据文学艺术的特征和发展规律,帮助文艺工作者获得条件来不断繁荣文学艺术事业,提高文学艺术水平。⑦

3.从"过渡期"否定无产阶级文化,预言无产阶级专政的过渡期是短暂的,所以无必要建立一种文化。⑧ 众所周知,毛泽东曾经认为过渡期是很长很长的,1964年7月,由他主持下发表的《关于赫鲁晓夫的假共产主义及其在世界历史上的教训——九

---

① 鲁迅:《革命时代的文学》,《而已集》,《鲁迅全集》(第三卷),第422页。
② 王智慧(1974—):《福本和夫主义、新写实主义之于中国"革命文学"》,《山东社会科学》2004年第5期,第68页。
③ 拙著《文艺政策论争史,一九二一至一九四九》,第26—29页;托洛斯基,《文学与革命》,第221页。
④ 毛泽东:《战争和战略问题》,1952年初版1971年6次印刷,卷1《毛泽东选集》,人民文学出版社1971年版,第512页;叶青:《毛泽东思想批判》,台北帕米尔书店1970年版,第457页。
⑤ 〔苏〕托洛茨基,刘文飞等译:《文学与革命》(Literature and Revolution),外国文学出版社,1992年版,第204页。
⑥ 同上。
⑦ 邓小平:《在中国文学艺术工作者第四次代表大会上的祝辞》,《邓小平文选,1975—1982》,香港三联书店,1983年版,第185页。
⑧ 同⑤。

评苏共中央的公开信》,"几十年内是不行的,需要一百年到几百年的时间才能成功"。① 中国共产党在1921年建党,1930年左联成立,正式采用"无产阶级文化"观点,到"文革"结束(1977),所谓无产阶级专政的"过渡期",就算从建党时起计,也不过56年。

"分离结合"的"结合"——左联的成立

1926年6月,"日本无产阶级艺术联盟"分裂之时,藏原惟人(KUWAHARA Korehito,1902—1991年)也受到排挤。藏原惟人有感于再度成立统一战线的必要,于是在1928年1月呼吁重组作家联盟,得到各派的响应,同年3月,"全日本无产者艺术联盟"(NAPF,"纳普",1931年解散)宣布成立;5月,机关刊物《战旗》(1931.12终刊)创刊。12月,为使各专门团体独立而再组织,改名为"全日本无产者艺术团体协会",仍称"纳普"。在作家团体方面,"纳普"之下有"日本无产阶级作家同盟"(NALP,1929.2—1934.2)。1931年10月,又据"纳普"改为"日本无产阶级文化联盟"("科普",KOPF,1934年解散),下设包括NALP在内的十一个文艺团体,如音乐、美术的同盟,现表列如下:

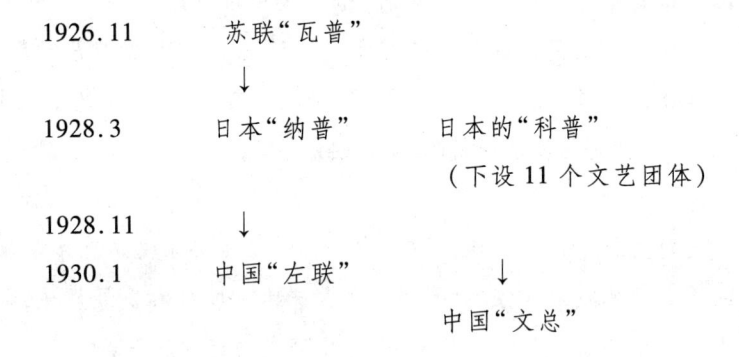

```
1926.11      苏联"瓦普"
                ↓
1928.3       日本"纳普"       日本的"科普"
                              (下设11个文艺团体)
1928.11         ↓
1930.1       中国"左联"          ↓
                              中国"文总"
```

藏原惟人组织作家同盟的想法,是来自苏联的1926年11月"瓦普"(VAPP)②。"纳普"在1928年12月的改组,是为配合第三国际第5次大会(1924.6.17—7.8)提出的"布尔什维克化"(Bolshevisation)的决议③。夏衍说1930年"中国左翼作家联盟"成立时曾参考"纳普"的纲领④,中国现代文学史提到"左联"都是指作家联盟。中国和日本一样,是先有作家联盟,然后才有音乐、美术等的联盟,最后联合组成"中国左翼

---

① 中共中央:《关于赫鲁晓夫的假共产主义及其在世界历史上的教训——九评苏共中央的公开信》,《关于国际共产主义运动总路线的论战》,人民出版社1965年版,第507页。
② 〔日〕栗原幸夫(KURIHARA Yukio,1927—):《文学时代》,《无产阶级文学及其时代》,东京平凡社1971年版,第63页。
③ "布尔什维克化"相当于列宁主义,后来重提之时,论者多认为目的在肃清托洛茨基主义;另一方面,在每一个文艺团体建立党组织,各组织之上再设一联盟,是获得大众支持,或大众化的方法。这是我个人的看法,不知是否如此。
④ 夏衍(沈乃熙,1900—1995年):《"左联"成立前后》,中国社会科学文学研究所《左联回忆录》编辑组编:《左联回忆录》,中国社会科学出版社1982年版,第41页。

文化总同盟"(简称"文总",1931年7月或11月成立)。"文总"的成立过程及其作用,都与"全日本无产者艺术团体协会"(纳普)相似。日本的"纳普"和中国的左联都参加了"拉普"主持的无产阶级国际联络局,1927年和1930年,总局分别在莫斯科和哈尔科夫(乌黑兰的第二大城和最大工业中心)举行了国际会议。

换言之,左联以"无产阶级文化"/"无产阶级文学"作一结合。成为毛泽东延安讲话的前奏。

三、文艺政策的制订

列宁生前没有文艺政策,不认为任何党派可以左右苏共的立场,列宁去世之后,"无产阶级作家"不断争取成为领导文坛的地位,引起苏共对"文艺政策"的注意,前后进行了两次文艺政策的论辩。在第二次进行论辩之际,党内的派系斗争,导致苏共终于承认为"无产阶级作家"的地位。

第一回合的文艺政策讨论会在1924年5月9至10日举行了第一次的文艺政策讨论会,主席是雅科夫列夫(I. V. Yakovlev,1848—1930年)严厉地批评岗位派对待"同路人"的态度,在决议中声名任何文学流派和团体,都不能站出来代表党。① 布哈林在岗位派与沃隆斯基在1925年3月的第二回合交锋之中突然大力支持岗位派,使苏共承认"无产阶级作家"的地位。②

延安制订的文艺政策,就是文艺为工农兵服务,服务于民族解放,并使文艺本身得到更好的发展。

1."组织论"与"反映论"

创造社的福本主义者的理论主要来自列宁《怎么办?》(What is to be Done?),但论述文艺问题之时,却不是用列宁的"反映论",而是用波格丹诺夫(A. A. Bagdanov,1873—1928年)的"艺术组织生活论",例如冯乃超就说过"革命的整个的成功",是要"组织新社会的感情"。③ 创造社的福本主义者没有完全放弃"反映论",但是把"组

---

① 〔美〕赫尔曼·叶尔莫拉耶夫(Herman Ermolaev):《"拉普"——从兴起到解散》,张秋华、彭克巽、雷光编:《"拉普"资料汇编》(上册),中国社会科学出版社1981年版,第346页。Herman Ermolaev, Soviet Literary Theories, 1917—1934. The Genesis of Socialist Realism (Berkeley and Los Angeles: U of California P, 1963) 45。拙著《文艺政策论争史,一九二一至一九四九》,第29—33页。
② 同上,第45—46页。
③ 冯乃超:《怎样地克服艺术的危机》,中国社会科学院文学研究所现代文学研究室:《"革命文学"论争资料选编》,第622页。

织"思想感情作为主体实践去理解,因此"组织论"是比"反映论"更高层次的阶段,彭康也有这样的说法:

> 文艺与别的意识形态一样,虽然也是现实社会底反映,但以内容相适合的音调,色彩,形态,言语表现出来格外使得文艺是感情的,强有力的。文艺是思想的组织化,同时又是感情的组织化。(彭康:《革命文艺与大众文艺》)①

从哲学原理而言,这样地协调反映与组织,是自我矛盾的,成仿吾在《全部的批判之必要——如何才能转换方向的考察》一文比较明确否定"反映论":

> 现在,社会的下部建筑的矛盾已经尖锐化,我们现在的文艺已经不合于革命的知识阶级的要求(新兴的革命的阶级我们素来不曾接近,现在愈加隔膜),越发证明了它不是革命民众的生活的反映;我们要究明文艺发展的过程,阐明它的历史的关系,对于一定的时代的必然性,与它的必然没落的所以然,也要知道革命的民众现在趋向什么地方,对于我们的要求是什么——这是我们的批判要求的内容。②

因此成仿吾(1897—1984年)认为"文艺……决不应止于是社会生活的反映",原因是应"有意识地促进文艺的进展",在这篇文章之中,成仿吾引进了福本主义的"目的意识"概念。③ 所谓"目的意识"是指把自知识分子之间形成的"社会意识"(如透过文学)灌输到无产阶级革命运动之中。在中国大陆和港台地区编写的文学史对成仿吾其人,都持批判的态度,这是一种文学史观,主要原因是大家不约而同地以鲁迅思想为其他作家定位的标准,如果纯粹从哲学、文学、政治学理论分析,当有不同的判断。在第三期创造社的核心分子之中,成仿吾实居领导地位。

毛泽东在1942年发表的《在延安文艺座谈会上的讲话》也是使用"组织论",见于"典型"论述:

> 加工后的文艺却比自然形态上的文艺更有组织性,更有集中性,更典型,更理想,因此就更带普遍性。④

---

① 彭康:《革命文艺与大众文艺》,中国社会科学院文学研究所现代文学研究室编:《"革命文学"论争资料选编》,第730页。
② 成仿吾:《全部的批判之必要——如何才能转换方向的考察》,《成仿吾文集》,山东大学出版社1985年版,第253页。
③ 成仿吾:《全部的批判之必要——如何才能转换方向的考察》,第254页。
④ 毛泽东:《在延安文艺座谈会上的讲话》,竹内实(TAKEUCHI Minoru,1923—)辑《毛泽东集》(第八卷),香港近代史史料供应社1975年版,第128页。

文艺就把这种日常的现象组织起来,集中起来,典型化,造成文学作品或艺术作品,就能使人民群众惊醒起来,感奋起来,推动人民群众走向团结和斗争,实行改造自己的环境。①

如果引进实践观点能动地理解"组织论",也会把反映论视为较被动的层次。应该注意毛泽东同一篇文章也提及反映论。

2."自然生长"与"目的意识"

列宁在《怎么办?》却说工人阶级是不可能自发地形成"社会意识"的,"社会意识"却可以在"智识阶级"即知识分子之间"自然生长"起来,这些"自然生长"出来的"社会意识",应从外边灌进无产阶级运动,以便取得成功。青野季吉(AONO Sueki-chi,1890—1961年)的《自然成长与目的意识》一文把列宁的思想应用于解释文学运动,创造社的福本主义者又沿用青野季吉的方法,使文学变成革命的武器:

过去的十余年中,在大体上,我们可以说是完成了我们的使命(在历史的必然性的观点上)。但是一切都是自然生长的。今后,我们应该由不断地批判的努力,有意识地促进文艺的进展,在文艺身上,由自然生长的成为目的意识的,在社会变革的战术上由文艺的武器成为武器的文艺。②

至于李初梨则运用李大钊的"无产阶级民族"概念,说明在帝国主义压迫之下,"中国一般无产大众的激增,与乎中间阶级的贫困化",以致"智识阶级的自然生长的革命要求"的必然性;1926年郭沫若发表的《革命与文学》也是"自然生长"一例,问题是郭沫若不懂得从历史发展的必然性去把握,只作一般范畴去理解《怎样地建设革命文学》。③

四、结论

延安的文艺政策,首先,是以建设无产阶级文学为目标,无产阶级文学,则源自无

---

① 毛泽东:《在延安文艺座谈会上的讲话》,第128页。
② 成仿吾:《全部的批判之必要——如何才能转换方向的考察》,《"革命文学"论争资料选编》,第179页。
③ 李初梨:《怎样地建设革命文学》,中国社会科学院文学研究所现代文学研究室:《"革命文学"论争数据选编》,第162页。

产阶级文化,无产阶级文化之父波格丹诺夫,因为认识论是马赫(Ernst Mach,1838—1916年)的"经验一元论"(empiriomonism)而遭到批判,遭到批判原因是列宁在能动的组织论观念之外也有反映论,而反映论颇长时期定于一尊,可是福本主义从"自然生长"与"目的意识",再以卢卡契实践观点整合之后,延安的文艺政策已成以辩证唯物论为基础的学术著作——西方马克思主义给人这一感觉。

经过实践论洗礼的无产阶级文化,成为统一纷乱的中国的有效工具,可以与《怎么办?》一样成为政党组织学的名著。

作者:黎活仁(Wood Yan LAI),香港大学饶宗颐学术馆名誉研究员。

性别与民族国家想象

——以解放区文学为例

张 勇

摘 要：女性追求平等、解放的运动应该与民族解放关联起来，虽然二者的诉求并非完全重叠，但从女性的视角出发能够揭示民族解放运动中的性别盲点，而民族解放运动也不一定全是男性化的，尤其是当这种解放同时还交织着国内的阶级解放和巨大的社会结构变化时，女性完全可以成为其中的受益群体。本文重新审视解放区的文学创作，尤其是以女性作为中心人物的作品，在具体的文本和实践中考察女性与民族国家的关系。单就女性与民族国家的关系而言，解放区文学也提供了丰富的文本。

关键词：解放区文学；性别；女性解放；民族国家想象

现代文学与现代民族国家建构之间的关系，已经得到了研究者越来越多的体认。刘禾认为中国现代文学"其实是一种民族国家文学"，"现代文学一方面不能不是民族国家的产物，另一方面，又不能不是替民族国家生产主导意识形态的重要基地"。这种"主导意识形态"就是"国家民族主义（nationalism）"。[①] 无独有偶，柄谷行人在以日本现代文学为个案所作的研究中，同样洞察了现代文学的这一秘密"现代民族国家的核心比起政治性的机构更存在于'文学'那里"，"'现代文学'造就了国家机构、血缘、地缘性的纽带绝对无法提供的'想象的共同体'"。[②] 相比之下，柄谷的论断更为坚决，并把文学在民族国家想象中的地位抬到了非常显要的位置。这意味着民族国家非但是现代文学研究中无法绕开的话题，而且反过来看，同一进程的文学中也记录着民族国家的"秘史"。

不过，当我们面对这些整体性的结论时，如何安置文学本身的丰富性与复杂性，尤其是不同文学流派之间的歧义？如果所有的现代文学必然体现为民族国家话语，其中是否又存在着具体民族国家想象（如什么样的民族国家、谁的民族国家等）上的差异

[①] 刘禾：《文本、批评与民族国家文学》，王晓明主编：《二十世纪中国文学史论》（修订本，上卷），东方出版中心2003年版，第470—486页。

[②] 〔日〕柄谷行人著，赵京华译：《日本现代文学的起源》，三联书店2003年版，第221页。

甚至于对立？就中国现代文学而言，无论是"革命文学"还是"民族主义文学"，其创始者都是与国民党有着千丝万缕瓜葛的作家和社团，左翼文学曾经极力批判过这些文学。因此，如果将左翼文学也归为某种民族国家话语，至少应该廓清相似的名目之下的不同实践。此外，站在今天——当民族国家成为世间常态、甚至于机构化时，来观察文学与民族国家建构间的关系，容易忽略民族国家进程中闪现出的丰富想象力，从而也易贬低文学的想象力。殖民地、半殖民地国家从世界性的殖民主义、帝国主义中得以解放，也赋予了这些反抗以世界性品格。虽然最终结局都宿命式地走向了民族国家，但在历史现场之初，并没有这一结局可以依凭，"民族"和"国家"之间也并非天然地统一于一体。这正是30年代中国左翼文学内部爆发出"两个口号之争"的根本原因，"民族革命战争中的大众文学"和"国防文学"中其实寓含了对抗战的意义和走向的不同理解，这些不同并非是细枝末节性质的，不可以用文学内部的宗派斗争、争夺话语权力等等来一语涵括。

"什么样的民族国家""谁的民族国家"是民族国家建构中的根本性问题，也是不同民族国家实践及其话语的重要分水岭。在文学中，对这些问题的回答总是寄寓在对个人命运的书写中。中国现代文学以启蒙主义文学作为先声，背后往往潜含着民族富强的美好祈愿，因此形成了其独特的风景：它体现出对个人自由、价值的追求，却又不是个人主义的；体现为个人与民族国家之间既反抗又依存的富有张力的辩证关系。五四文学的典型结构——个人反抗家族、社会、极权的压抑，时常也喻写着整个民族的命运，这在郁达夫、郭沫若等寓居海外的作家那里表现得尤其明显。及至30年代的左翼文学，个人反抗汇声于阶级反抗的洪流中，以及抗战全面爆发后民族解放战争中的"同声歌唱"，这种辩证关系的丰富性有所削弱，但并未就此消失。在批评实践中，如果罔顾这种辩证关系，难免会顾此失彼，偏执于以个人反抗民族国家或以民族国家抹杀个人的两端。前些年由《色戒》（电影及小说）所引发的论争即反映了这两种极端，论争双方毋宁说共同强化了个人/民族国家的二元划分。

个人与民族国家的辩证关系在于其间有对立也有统一，一者对于另一者并不存在某种优先性。从个人主义、新自由主义或国家主义、民族主义的立场出发，都无法理解这种辩证关系，因为它们即使不是弃另一者于不顾，也都预设了其中一者的优先性。许多西方理论也无法直接套用来解释反殖民主义、反帝国主义世界中的个人、群体与民族国家的关系，一个核心原因就是民族国家所扮演的角色截然不同。民族国家话语所遇到的真正挑战来自于以女性主义为代表的"差异政治"（The politics of difference）运动：第二波女性主义中的旗帜性人物弗吉尼亚·伍尔芙（Virginia Woolf）曾声称，"作为一个女人我没有国家。作为一个女人我不想要国家。作为一个女人我的国家就是整个世界。"①伍尔芙的立场基于中产阶级白人女性,在随后的女性主义运动中已经受到诟病,但是在这里她将自己与她的殖民主义祖国划清界限,恰恰体现了女性主义的真谛——女性主义是一种差异政治,根本上也应该是一种反抗的政治。在反殖民主义国家中情形可能正好相反,女性追求平等、解放的运动应该与民族解放关联起来,民族压迫同样是女性需要反抗的压迫之一。当然,二者的诉求并非完全重叠,从女性的视角出发能够揭示民族解放运动中的性别盲点,而民族解放运动也不一定全是男性化的,尤其是当这种解放同时还交织着国内的阶级解放和巨大的社会结构变化时,女性完全可以成为其中的受益群体。

  本文从以上思考出发,重新审视解放区的文学创作,尤其是以女性作为中心人物的作品,在具体的文本和实践中考察女性与民族国家的关系。解放区文学通常被认为是高度同质化、政治化的,只是简单地体现了抗战和共产党的政治需要,用毛泽东《在延安文艺座谈会上的讲话》中的"双为"方针即可完全概括。这些看法本身就是某种偏狭文艺观的产物。其实,单就女性与民族国家的关系而言,解放区文学也提供了丰富的文本。

一

  "嗯,还有什么?"
  "不要叫敌人汉奸捉活的。捉住了要和他拼命。"这才是那最重要的一句,女人流着眼泪答应了他。
  这是脍炙人口的《荷花淀》中的一段对话,出现在"村里的游击组长"水生到地区队报到前和他的女人告别的一幕中。水生交代了年老的父亲和"不顶事"的孩子,然后想到了自己的女人。在他意识中,他们一样都是需要保护的。这一点在随后的和日军遭遇战的描写中表现得最为明显。日军追击并包围了女人们的船只,由她们的男人们组成的游击队伏击了敌人,全歼日军,解救出女人们。女人们在这一场景中,到底是如水生所描述的"一群落后分子",还是如小队长所说的客观上帮助男人们完成了伏击任务(文本中把小队长的话说成是"开了个玩笑"),不得而知。这一场景绝非偶然出现,在孔厥、袁静的《新儿女英雄传》中几乎可以找到它的翻版,连男人把缴获的饼干放到女人的船上这一细节都毫无二致。男人把枪弹归自己,而把与战争无关的饼干

---

① 转引自:Miranda H. Alison. Women and political violence:female combatant sinethno-national conflict. Oxon:Routledge,2009 年,第 87 页。

交给女人,强烈地传达了如下信息:战争让女人走开。

《荷花淀》的典型意义在于,它把民族解放战争浪漫化为一个(些)家庭抵抗野蛮的外来者的叙述,作家用饱蘸情感的笔触抒写了白洋淀农村田园诗般的生活,同时指出其面临着被破坏的危机。现代汉语中的"国家"一词也明显地含有"国"和"家"之间关系的喻说,"国家"时常被喻为一个大的家庭。比照丁玲的《新的信念》即可看出孙犁在《荷花淀》中所作的浪漫化的处理:在前者中,"奶奶"是在自己遭受凌辱、自己的家庭破碎后才觉醒,她鼓励自己的儿子们参加游击队,还到处作动员抗日的演讲。她清楚地意识到,参加游击队可能会被打死,但"为了大家"也值得。也就是说,小家庭的幸福与"大家享福"其实并不是简单的直接对等关系。《荷花淀》中的浪漫手法其实还有许多:例如文本中频繁出现的比喻,稍作划分就会发现,作为"本体"出现的总是当地常见的事物,苇子、荷花;而作为"喻体"出现的则是常用于战争描写的"长城"、"铜墙铁壁"和"哨兵"。在这一"草木皆兵"的隐喻背后,隐含的是孙犁更大的雄心,即抗日女性和当地常见事物间的换喻。明白这一点才能了解为什么作家在不长的篇幅里浓墨重彩地渲染苇子之多之"洁白",而且作为"白洋淀"纪事之一的作品篇名为什么被换作了"荷花淀"("荷花"通常用于喻写人的品质高洁)。

回到本节开头所引的段落中。"水生的女人"认为"最重要"的事情就是保持自己的贞洁,在这一问题上,她与自己的丈夫达成了高度的默契。女性身体在这里成为了意义书写的场所,正如雷雍所说,"一个不可侵犯的妇女在喻义上等同于不可侵犯的祖国母亲,这种类比毫无新意可言"。① 有的女性主义者注意到,作为"生理学上、文化上和象征意义上实现了国家的'再生产'的"女人,却常常"被排斥在'民族主义'和'国家'这些话语之外"。② 不过在孙犁这里,在解放区的民族解放战争中,情形却并不如此武断:一方面,作为男性作家,孙犁的作品中的确表现出了性别盲点。《荷花淀》里的女人们没有自己的名字,最主要的人物"水生的女人"是依据她的丈夫来命名的(类似的情形也存在于其他的解放区文学作品中,比如《一个女人翻身的故事》《三日杂记》等)。她们后来虽然也学会了"射击",但最终只能"配合子弟兵作战"。无论是在家庭还是在抗战之中,女人都处于附属地位——依附于男性而存在。孙犁作品中的很多女性都借用了他妻子的形象,而他的妻子"礼教观念很重",③客观上可能也造成

---

① 雷雍:《女性身体和"跨民族"生育;或不叫强暴的强暴?》,陈顺馨、戴锦华选编:《妇女、民族与女性主义》,中央编译出版社2004年版,第216—217页。
② 伊瓦·戴维斯:《性别和民族的理论》,陈顺馨、戴锦华选编:《妇女、民族与女性主义》,中央编译出版社2004年版,第3—4页。
③ 孙犁:《亡人逸事》,《往事随想》,四川人民出版社2000年版,第121—123页。

了作家思想上的性别盲点。值得注意的是,作为民族国家话语中的重要组成部分,一般的文学史叙述也往往对此类性别盲点习焉不察,称颂作品"着重于表现农村青年妇女在战争中的心理变化"等等,①可能是由于这些文学史叙述也出自男性之手的缘故。

另一方面,《荷花淀》的主题并不局限于保家卫国和民族解放,和很多解放区文学作品一样,它其实也可以读作为一种特别的女性成长小说——女性在特别的时代环境中成长的故事。虽然《荷花淀》的篇幅很短,但同样可以从其中感受到妇女们的成长。由于自己的男人参加了游击队,女性首先承担起了家庭中的全部责任。水生临行前嘱咐他的女人的前三件事是"进步,识字,生产",这些内容并不直接关系到民族国家解放,而是和其平行又相辅相成的女性解放议程。正因为有了不甘落后的意识,女人们才在随后的伏击战中感受到了男人们的轻慢和居高临下,并以半嗔半怒的方式模糊地表达出了她们的平等意识,最后走出家庭投身于抗战之中。在这一过程中,女人们的生活空间和主体意识获得了同步的增长。研究者们已经注意到,女性的从属地位与社会生活、家庭生活的公共领域/私人领域的划分有着直接关联,长期以来,由于女性的活动空间多局限于家庭,而家庭劳动又无法量化为具体的价值,导致女性的大部分劳动被忽略。解放区的抗日战争一定程度上破坏了原有的家庭结构,日军扫荡和游击队抗日不同于正面的两军交锋,而是使得众多的家庭暴露在战争的汪洋大海之中。女性不仅需要担负起男性走后留下的角色,必要的时候还要组织起来进行自卫。这种角色变化虽然含有"被迫"意味,客观上却促成了女性的成长。

民族国家解放对女性而言既带来了自身的一定程度的解放,也包含着新的潜在的压抑因素。后一方面在丁玲的《我在霞村的时候》中表现得尤为明显。若以《荷花淀》中"女性应保持贞洁"这一标准去衡量贞贞,她的行为和身份都很晦暗难辨,这也是作品中复调形成的基础。在小说中,年轻的活动分子们对她很好,马同志称她为"英雄";年长者(甚至包括她的父母和亲人)"嫌厌她,卑视她","尤其那一些妇女们,因为有了她才发生了对自己的崇敬,才看出自己的圣洁来,因为自己没有被敌人强奸而骄傲了"。这多是站在传统的"贞操"立场上作出的评判,贞贞是被敌人强奸的因而更加"缺德""可怕";值得注意的是,贞贞也认为自己"不干净"。这显现了传统道德和男性化的民族主义之间的共谋关系。相比之下,民族主义话语似乎更为严苛一些:在其中,女性被敌人奸污,通常会被作为控诉敌人残暴、罪恶的强有力的证据。比如在吴伯箫的《一坛血》中,国民党齐子修的部队联合日军攻下了阚庄"这个善良的爱国的中国村庄"之后,主要的罪恶便是对被俘的"十二岁以上七十岁以下的妇女""进行奸淫"。同时,女性的贞洁又是国家、土地凛然不可侵犯的象征。依此逻辑,女性在被敌

---

① 王瑶:《中国新文学史稿》(下册),上海文艺出版社1982年版,第657页。

人强暴时只有以死抗争一条路可循。

贞贞的越界行为表现在她为自己"找活路",做了"鬼子官太太"。作品中提到了贞贞在敌人那里所受到的身心戕害,却也没有讳言她意识上的拓展,她开始向往"念书"和"大地方"。当然,她为自己的越界行为付出了代价,即使她从敌人那里逃了出来,也未能改变自身的命运,成为了村民中的"异类"。结果"他们"又把她派去获取敌人的"消息"。作品里偶尔出现却又语焉不详的"他们"显示了福柯所说的话语的"禁律"(prohibition),揭示了民族主义话语"与欲望及权力的联系"①。无论是"鬼子"还是"他们",都利用了贞贞的身体。就此而言,民族主义话语中的敌/我划分已经失效。小说里阿桂从自己"过去所受的那些苦难"出发,表达出了对贞贞的"无限的同情",进而思考了女性的命运:"我们女人真作孽。"两个女性固然超越了身份、地位找到了共鸣,但一个容纳所有女人的乌托邦并不存在,就像贞贞觉得日本女人"真怪",不明白"怎么她们那么喜欢打仗,喜欢当兵的人"一样,"女人之间的一个最重要的差别就是她们属于不同的族群"②。贞贞的自我救赎之路也只能是把自己重新纳入到民族主义事业之中。她的情绪也由反复无常、时而狂躁时而冷静,达到最终的平静并且表现出了"新的东西"——她找到了自己的新的身份,不是作为一个女人,而是作为民族的一分子。这透露出了民族国家实践中一个普遍性的压抑,人们除了参与其中之外,并没有太多的选择。

二

由于受到后现代、解构等主流学术思潮的影响,当代研究者多表现出了对宏大叙事的刻意拒绝。民族、国家、阶级等概念都受到了前所未有的挑战,甚至于任何群体性的建构都面临着分崩离析的危险——"女性"自然也难幸免,直至滑向原子式的个人,投入消费主义文化的怀抱。同时,以这些概念为基础的各种不同的实践也未能得到详细的甄别。其实,就女性与民族国家的关系而言很难得出一个普适性的结论,这往往取决于后者是怎样的一种实践。"女性在民族主义运动中所扮演的角色,受到每种运动的特定的性质和语境影响"③。比如,同样作为民族主义,国民党的新生活运动与解

---

① 〔法〕福柯:《话语的秩序》,许宝强、袁伟选编:《语言与翻译的政治》,中央编译出版社2001年版,第3页。
② 伊瓦·戴维斯:《性别和民族的理论》,陈顺馨、戴锦华选编:《妇女、民族与女性主义》,中央编译出版社2004年版,第17页。
③ Miranda H. Alison. Women and politicalviolence: female combatant sinethno-national conflict. Oxon: Routledge, 2009. p.104.

放区的民族解放运动就不可同日而语,对于女性的意义也完全不同。将沈从文抗战后的小说《长河》与解放区文学相比即可看出,在前者中,湘西的农民对于"新生活运动"要么不明就里,要么如临大敌;在后者中,同样是偏远地区的农民则被动员到解放运动之中。二者之间的根本区别在于,解放区的解放运动不单纯是民族解放运动,其中还包含着个人解放、女性解放、阶级解放、社会解放、反封建等一系列的议程,它极大地改变了当地的社会结构、阶级结构乃至于家庭结构,以及人们的思想意识和道德伦理观念。

解放区农村的这些变化在赵树理的小说中都有典型的表现。赵树理小说的取材通常是农村日常生活中平淡无奇的事件,诸如家庭问题、婚恋问题、婆媳关系等等,这些事件开始也循着农村固有的逻辑发展,直至解放区政权的介入,事态才急转直下,出现截然不同的结局。解放区政权在其中是至关重要的因素,体现了它在新的农村社会关系中的结构性作用。赵树理的《孟祥英翻身》特地注明了是"现实故事",讲述的是农村中屡见不鲜的婆媳关系问题。千百年来,农村的婆媳关系只能有一种结局——"多年媳妇熬成婆",即小说里交代的"老规矩":"婆媳们的老规矩是当媳妇时候挨打受骂,一当了婆婆就得会打骂媳妇,不然的话,就不像个婆婆派头;男人对付女人的老规矩是'娶到的媳妇买到的马,由人骑来由人打',谁没打过老婆就证明谁怕老婆。"女性的悲剧命运不仅表现为女性之间的压迫,还表现在受虐—施虐形成了坚不可破的恶性循环。如果不从根本上动摇原有的社会—经济结构,不借助某些强大的外力作用,仅凭个人的力量很难打破这种恶性循环。

孟祥英算得上是媳妇中间比较坚强的,具有较强的反抗意识,但她以个人方式所进行的一系列反抗只能带来更大的虐待。她的头上被丈夫用镰刀打了个"血窟窿",拉架的村民也"只是说打的地方不对"。这说明男权制不单体现为社会-经济结构,同时体现为一种主导性的意识形态,烙刻到人们的思想意识深处,即使是在被压迫者那里也不例外。在这种情形下,孟祥英只能步上女人们的老路——自杀,她能选择的只是自杀方式而已。孟祥英的命运转折点是在"工作员"的帮助下当上了村里的妇救会主任,妇救会全称"妇女抗日救国会",但是其内容却主要是妇女解放:"妇女要求解放,要反对婆婆打骂,反对丈夫打骂,要提倡放脚,要提倡妇女打柴、担水、上地,和男人吃一样饭干一样活,要上冬学……"这些内容得以顺利进行,也是因为有解放区政权的支持。孟祥英意识上的真正升华是源于参加了一次场面壮大的"特务"斗争会,目击了群体的力量。随后她带领村里的妇女们展示了群体的力量,渡过了饥荒,成为了群体中的一个优秀分子。有了斗争和自立的经验,加上区上妇救会的帮助,孟祥英才能在被变相"分家"赶出家门后真正地生存下来。孟祥英的故事是五四时代"娜拉走后怎样"问题的一个并不遥远的答复,《伤逝》中知识分子女性解放的悲剧没有重演。

赋予解放区女性运动以不同特质的正是国家(政权)的介入。在三个多世纪以前,霍布斯即注意到了"国家"这一威力无比的事物的出现,并将其比作《圣经》中人力所无法制服的海怪"利维坦"(Leviathan)。霍布斯对个人欲望和激情的肯定、对理性利己主义的行为人的预设,在今人看来都有些似曾相识,但却走向了一个相当不同、甚至令人吃惊的结论:个人必须脱离自然状态,"通过把自己的政治判断让渡给一个唯一的政治权力,去追求他们的安全利益"。这样才能"达致共同的安全,追求生命中美好的事物","为了保护国家,必须根除危险的信仰、煽动性的团体,甚至于可疑的合作方式"。这些结论看上去似乎是在纵容国家的专制统治,但霍布斯所说的个人对国家的服从,只是基于理性的自我利益的考虑,与团结、爱国主义等常见的理由无关。事实上,霍布斯反对主权者调用这些手段,他甚至为个人改变自己的忠诚——忠诚于另一个新的、更能给予其安全的主权者预留了空间[①]。换言之,霍布斯反对的不是国家本身,而是当代国家大部分意义上的实践。在个人与国家的这种极度简单化的、契约式关系中,国家的合法性不是不证自明的,它只存在于契约关系之中。解放区政权同样是通过游击战争、生产自救、社会解放等一系列行动保障了人民的安全,为他们追求生命中的美好事物创造了条件,从而逐渐确立自身的合法性的。

此外,值得特别提出的是解放区的阶级解放运动。除了个别作品外,解放区文学并未把女性当作一个特定的群体去看待,有时是将其当作了"被欺凌与被侮辱的"阶层的代表。这些作品中的女性也大都可以置换成底层民众,而不会影响主题。例如新歌剧《白毛女》虽然以女性命运为线索,但周扬为其所定的主题是"旧社会把人逼成鬼,新社会把鬼变成人",其中的"人"特指被压迫阶层。整体来看,解放区文学中阶级解放的声音或许要比民族解放的声音更为响亮。从这个角度也可以部分地理解,为何在新中国成立后的相当长时间内阶级斗争仍然是一个重要的议题。阶级斗争话语在一定程度上限制了民族国家话语,尤其是自然化的民族、机构化的国家等观念和建构。由于女性在历史上长期处于被压迫的地位,因而较之单纯的民族国家解放,阶级斗争实践为女性解放开拓了更广阔的空间。

当然,阶级解放并不等于女性解放。马克思主义学说在当代也遭遇了女性主义的挑战,海蒂·哈特曼(Heidi Hartmann)一篇文章的标题形象地表达二者间的关系——"马克思主义与女性主义间的不幸婚姻"。[②] 民族国家实践——即便是反殖民主义的民族国家解放,与女性解放的关系也很相似。"在现代民族国家的核心存在着一个矛

---

① Elisabeth Ellis. Thereceived Hobbes. IanShapiroed. Leviathan. New Heaven,London:Yale University Press,2010. pp. 481—518.

② Heidi Hartmann. The unhappy marriage of Marxismand feminism. Stuart Simed. Post-Marxism:areader. Edinburgh:Edinburgh University Press,1998. pp. 156—166.

盾,它否定两性或种族差别,或者两者皆否定,同时它又将差别普遍化"。① 不过,通过以上的分析可知:这种关系也不能理解为一种对立,不能完全否定民族国家解放、阶级解放在女性解放过程中的作用。它们在更大程度上是"和而不同",类似贞贞等女性的命运只是提醒我们,将要到来的并非是"黄金世界",为了继续改造这世界,就需要各种反抗的力量联合起来,寻求更大的解放。

中国的女性解放是社会、民族解放过程中伴生出来的主题,因此总是联系着巨大的社会变革。白露(Tani Barlow)将之称为"革命的中国女性主义"(revolutionary Chinese feminism),她在简要回顾了中国女性解放的历史之后得出:"终结摧残女性生命的、不公正状况的愿望,是通过常常失败却依然特别强劲的社会革命愿景来促成的,在这种社会革命中,性别是权力和不公正的一个矢量。革命——社会主义的发展并未完全成功,但是它也没有完全失败。一种取而代之的、资本主义的发展现在看来正在威胁着我们所有人。"②因此,当我们忙于清理革命历史或"告别革命"之时,也不要忘了资本主义的威胁。

作者:张勇,西安交通大学人文学院教师。

---

[1] Norma Alarcón, Caren Kaplan and Minoo Moallem. Introduction: between woman and nation. Caren Kaplan, Norma Alarcón and Minoo Moallemed. Between woman and nation: nation alisms, transnational feminisms, and thestate. Durham and London: Duke University Press, 1999. p. 2.

[2] TaniBarlow. Picturemoreatvariance: ofdesireanddevelopmentinthePeople'sRepublicofChina. KriemildSaundersed. Feministpost-developmentthought. LondonandNewYork: ZedBooks, 2002. p. 156.

试论延安"大戏热"

〔日本〕濑户宏

摘　要：抗日战争时期，话剧很广泛地演出了。尤其是延安20世纪40年代发生了"大戏热"，成为中共中央和毛泽东1942年5月召开延安文艺座谈会的重要背景。这里所说的大戏是艺术水平比较高、知名度也较高的中外戏剧作品。"大戏热"是1940年1月边区剧协工余剧人协会演出的《日出》开始的。《日出》演出成功，在延安艺术团体以及各个根据地产生了极大影响，鲁艺等延安艺术单位陆续演出了中外名剧。"大戏热"中演出的作品一共26个，中国作品11个，外国作品15个。中国作品都是曹禺作品等，是20世纪30年代至40年代产生的，至今大家认为是中国话剧的精品。外国作品主要是苏联以及沙俄时期都是19世纪末到20世纪产生的，所谓进步的、战斗的戏。"大戏热"有积极和消极两方面的作用，但中华人民共和国成立以后片面强调"大戏热"消极作用的评价越来越多。然而，"文化大革命"结束后一个事实得以公开：1940年在延安上演《日出》的主要推动人是毛泽东。

关键词：大戏热；延安文艺座谈会；毛泽东；日出；鲁迅艺术文学院

民国时期，尤其是抗战前，话剧的观众基本上是"知识分子以及稍微欧化的上层市民"[①]换句话说，话剧是城市的艺术。

抗日战争时期，话剧不论在重庆等国统区、上海等沦陷区，还是在地处农村地区的延安，都很广泛地演出了，尤其是延安20世纪40年代发生了"大戏热"。延安的"大戏热"成为中共中央和毛泽东1942年5月召开延安文艺座谈会的重要背景。

2012年是延安文艺座谈会召开70周年。在此要重新研究延安"大戏热"。

一

"大戏热"是从边区剧协工余剧人协会演出的《日出》开始的。先回顾《日出》演出过程。

---

① 夏衍等：《移动演剧座谈会》，《光明》第3卷，1937年，第3期，第7页。

1940年1月1日,边区剧协工余剧人协会首次在延安上演了曹禺的《日出》。边区工余剧人协会(以下简称工余)的报道最早出现在1939年10月31日的《新中华报》中。据该报报道说,组织工余的目的是"集体地创造反映这伟大时代的剧作,同时介绍世界戏剧名著,进行实验性演出,来培养艺术干部和提高延安戏剧艺术的水平。"10月21日,戏剧家及各机关各学校代表等三十余人商讨组织以及以后的工作问题,决定1940年元旦演出奥斯特洛夫斯基《大雷雨》,并选出了常委。常委名单如下:艾思奇、江青、张庚、钟敬之、徐一新、田方、陈明、夏革非、抗大代表。"本想演出中国的现实剧构,但经多次商讨,总不能选出适合目前需要的,所以便选定了以反封建为主题的《大雷雨》。"

当时在延安演出的戏剧基本上都是自己创作的、反映抗战现实的话剧作品。这些话剧基本上艺术水平不高,抗战进行了两年多,大家对这些作品日益产生了不满,于是从延安各机关各学校的演职员中选拔人才,组织了工余,准备演出名剧。

12月6日,工余的名字再次出现在《新中华报》上,报道题目是《工余将改演〈日出〉〈大雷雨〉拟三八节演出》。改演的理由是"重要演员生病。排演工作不能迅速进行。"显然,这不是改演剧目的真正理由,而真正的理由则在四十多年后才被公开。12月16日,《新中华报》又登了于敏(《新中华报》记者)《介绍"工余"的〈日出〉公演》,事先用半个版面的篇幅详细介绍了演出以引起读者的兴趣。

文章首先介绍《日出》的故事和人物。"我们看到,虽然是《日出》,写的却是一群鬼魂。他们有的凶恶狰狞,有的阴险狡猾,有的愚庸昏沉,有的发出绝望的呼叫,有的在火炕中辗转呻吟。正如台词中的一句,'太阳出来了,可是太阳不是我们的',这一群鬼魂是见不到光明的。当然,像方达生,他可以远远地望见光明,但书呆子是没有能力去迎接光明的。"

文章还指出《日出》的意义。"《日出》希望献给观众的应是一个鲜血滴滴的印象,深刻在人心里也应为这'损不足以奉有余'的社会病态。""对于'幸福的'延安观众,自然不用在这个问题上唠叨不休。在《日出》的血腥图画之前,他们将更加意识到自己的力量,也将更加觉察到浴在太阳里面的光辉地位。"

对于为何在延安演出《日出》这个问题,文章最后给出了答案:"曹禺是一位写得比较好的作家,而《日出》则是他底创作中比较好的一部戏。"《日出》好在哪里?"《日出》的上演,将给延安的观众——特别是生长在内地的同志们,揭开更宽广的视角境界。半殖民地半封建的中国社会,在都市生活中特别鲜明地映照出来。"

另外,演出《日出》还有别的理由:"从延安有了演戏以来,便泛滥着抗战演戏的巨流,且一天天在涨大着。《日出》的公演,应该是而且不能不是一条支流的开始……没有疑问,《日出》的导演人、演员、舞台装置人将从工作过程中增多自己的经验。经验的积累是最可贵的东西,没有这种经验的积累就不会把延安的演戏活动引向灿烂的远景。"

工余选拔了延安最好的演员和戏剧家,王滨导演,李丽莲扮演陈白露,张成中扮演方达生等。为促进演出的成功举行,中共中央组织了一个临时党支部,参加的演员都要在这个支部里过组织生活。据张庚回忆说,演职员不用参加自己所属单位的政治活动,可以专心排练。① 这样,他们排练了一个多月,在正式演出前,还举行了针对审查的彩排,扮演顾八奶奶的颜一烟回忆了周恩来对演员的关心。②

工余的《日出》从1940年1月1日起正式演出,演出大获成功。据报道,"八天中观众近万人,对演出效果甚佳,获得一致好评。"③

后来,王培元的《延安鲁艺风云录》④等一些书籍写到这次《日出》演出时,记述为"观众将近八万人",显然是不对的。据延安市志编纂委员会编的《延安市志》⑤说,1941年延安市人口5029人,延安县人口28301人。按当时延安的人口、剧场条件来看,公演八天不可能达到八万观众。据我了解,这失误的根源是颜一烟《从演〈日出〉到写〈秋瑾〉》错误记述为"八天中观众将近八万人"。颜一烟是这次《日出》演出的当事人,所以有些人可能相信了她的记述。

1月24日,《新中华报》刊登了于敏《评〈日出〉公演》的剧评。剧评高度评价这次《日出》公演。"这部'大戏'的演出,测验了我们戏剧工作者的能力,也测验了延安观众的欣赏水准:这个测验是被八个挤满了剧场的夜间,和一般的观众肯定地答复了。这个答复增加了我们沿着这条宽广的道路前进的勇气和信心。最重要的是,在文协表扬大会上,毛泽东同志、王明同志、洛甫同志对于这部戏曲的一致肯定和对于曹禺先生的备加赞许,使我们更加深刻地认识到《日出》的'反资本主义的倾向'和曹禺先生的远大前途。中共领袖们的赞誉,以及一般观众的热烈欢迎,证明一切富有正义感并能够正视现实的艺术家和他们的作品只有在延安才能得到应有的尊敬和适当的评价。"

看过这次《日出》演出的观众到20世纪80年代还说"几十年来看过多少剧团演出的《日出》,总觉得延安那台最好。"⑥

---

① 张庚:《延安十年戏剧图集》序言,上海文艺出版社1982年版。
② 颜一烟:《从演〈日出〉到写〈秋瑾〉》,《延安鲁艺回忆录》,光明日报出版社1992年版。
③ 《日出》公演八天,观众将近万人,《新中华报》1940年1月17日。
④ 王培元:《延安鲁艺风云录》,广西师范大学出版社2004年版。
⑤ 《延安市志》,陕西人民出版社1994年版。
⑥ 颜一烟:《从演〈日出〉到写〈秋瑾〉》;于敏:《普及的〈兄妹开荒〉和提高的〈白毛女〉》,《延安鲁艺回忆录》,光明日报出版社1992年版。

此后，工余的大部分演员进入鲁艺。1940年9月6日，鲁艺庆祝百团大战胜利举行晚会，演出《日出》，实际上是重演工余的《日出》。

二

《日出》演出成功，就给延安艺术团体以及各个根据地产生了极大影响，鲁迅艺术文学院等艺术单位陆续演出了中外名剧，从1940年1月到1942年5月两年半的时间形成了"大戏热"。1941年春节，连深山里的晋察冀边区也演出了《日出》。

这里所说的大戏是艺术水平比较高、知名度也较高的中外戏剧作品，这些作品基本上是多幕剧。根据艾克恩主编的《延安文艺史》说，"大戏热"中演出的作品一共26个，中国作品11个，外国作品15个。外国作品占半数以上。

中国作品中曹禺作品四个（《日出》《雷雨》《蜕变》《北京人》），数目最多。其次是夏衍，三个（《一年间》《法西斯细菌》《上海屋檐下》）。还有阳翰笙两个（《塞上风云》、《李秀成之死》1941.1.24）、陈白尘一个（《太平天国》）、宋之的一个（《雾重庆》）。

外国作品中最多的是苏联作品，一共六个。其中拉夫列尼耶夫两个（《破坏》《第四十一》），其他四个是包戈廷（波戈廷）《带枪的人》、罗穆《钟表匠与女医生》、伊凡诺夫《铁甲列车》、洛契可夫斯基《生活在召唤》。其次是帝制俄国作品，一共五个，其中果戈理两个〔《婚事》《钦差大臣》《巡按》〕、契诃夫三个（《求婚》《蠢货》《纪念日》，都是独幕剧）。法国作品两个（莫里哀的《伪君子》《悭吝人》）、德国作品两个（沃尔夫的《马门教授》《新木马计》〔特洛伊木马〕）。

两年半的时间里演出了26个戏，确实可以说"大戏热"。

看这些作品目录我们不难发现有明显的倾向性。

中国作品都是1930年代至40年代产生的作品。这些作品至今大家认为是中国话剧的精品。作家除了曹禺以外，都属于左翼作家。内容都是城市市民生活或者历史剧。唯一例外是描写边疆生活的《塞上风云》。当时已经出现了曹禺的《原野》、洪深农村三部曲、熊佛西作品等描写农村生活的优秀作品，但农村生活作品一个也没有演出。原因是否是延安的知识分子们喜欢城市内容的戏、看这些戏怀念城市生活呢？还是他们也认为《原野》等作品是毛泽东《讲话》所说的"衣服是劳动人民，面孔却是小资产阶级知识分子"的作品呢？

外国作品是苏联以及帝制时期俄国作品占绝大多数。这些外国作品大都是19世纪末到20世纪产生的，所谓进步的、战斗的戏。德国两个作品也是这样。果戈理、契诃夫的戏倾向有所不同，但他们在苏联是评价很高的作家。例外是法国莫里哀的两个作品,这两个作品属于 17 世纪古典主义作品,莫里哀的作品在中国被认为"反封建倾向"的戏。

"大戏热"作品目录中有象征性的是没有莎士比亚和易卜生的作品。萧伯纳、奥尼尔等英美作家作品也没有。无论中国作品还是外国作品,它们基本上都是属于左翼的戏。这是我们考虑延安的政治气氛,就容易理解的。

曹禺作品在延安也属于大戏。在此,我们看曹禺作品在延安演出情况。《日出》获得成功后,曹禺的其他作品在延安陆续被演出。

《日出》演出后过了半年,西北青年救国总会剧团演出《雷雨》,首次上演时间是 1940 年 8 月上旬。报道这次《雷雨》演出的文章(《新中华报》1940.8.27)只写道"于本月上旬由青救总剧团演出",《新中华报》上没有演出广告,所以在此只能说"首演是 1940 年 8 月上旬"。导演为吴雪,演员为吴雪、陈戈、雷平等。西北青年救国总会剧团后于 1941 年 9 月 23 日正式改组为延安青年艺术剧院,简称青艺。

这次《雷雨》演出也获得了成功。1940 年 8 月 27 日,《新中华报》在第五版用整个版面刊登了署名叶澜的剧评《关于〈雷雨〉的演出》。编辑部的按语说"《雷雨》于本月上旬由青救总会剧团演出,前后公演达一星期,常常满座,颇得延安一般人士的好评。"

叶澜剧评首先指出《雷雨》的意义:《雷雨》和《日出》,作者取材不同,但基本上,作者的眼光皆犀利地搜寻在中国旧社会制度没落崩溃的黑暗面。在《雷雨》里暴露了大家庭的罪恶,在《日出》里暴露了商业买办社会的罪恶。这些罪恶都是中国旧社会制度存在下必然的结果。——这些罪恶一直到今天还依然存在并没有消灭。……这黑暗——正如作者在剧中把观众引导着看向那旧社会制度最后是走到一条必然没落、崩溃、死亡的道路,代之而起的则是那新生的、光明的一面。这一面在《雷雨》里寄托在出走的工人鲁大海的身上,在《日出》里则最后是迎着太阳而洪亮的工人的歌声。作者在作品里表现了略带理想主义的气味,来为光明画下了一个轮廓,虽然这个轮廓还是模糊的。

叶澜对青救总剧团的舞台演出也给予很高的评价:

> 青救总剧团这次演出《雷雨》,在个人努力与集体努力两方面获得到相当大的成功,这次演出的阵容一般的是齐整的,是令人满意的。剧中角色的配备,尚无偏颇之弊,而每个人都能表现着自己的努力,扮演神经质的角色,演员内心极度紧张的情绪,与畸形的情感的掌握,以及给予观众强烈的感染,是一件很吃力的事,——当然,在演出技巧上尚有待于专家之批评——然,他们认真的忠实于自己所扮演的角色的态度,已使他们基本上造成了成功的条件。……

青年人是富于创造性的。青救总剧团在这次演出中表现了他们创造与苦干的精神。边区的物质条件是困难的,想排演比较大的戏,就要花掉很多钱,但依然限于物质条件,还不能尽如人意,如道具灯光的简陋。像在这样困难的条件下,戏剧工作者很刻苦地从事于自己的工作,只有在自己的创造与苦干中,才能来求得比较满意的成绩。……

这次《雷雨》连演七场,每场拥挤着上千的观众,这应当是对青救总剧团一个很大的鼓励!

1941年元旦,延安机关放假五天,配合这个假期,青救总剧团再次演出《雷雨》。据说朱德、林伯渠观看了这次演出。1941年9月23日,延安青年艺术剧院成立后,同年11月8日应边区银行之请演出《雷雨》,11月20日则作为边区参议会招待节目演出了《雷雨》。

除《雷雨》外,陕北公学文艺工作队从1940年9月19日开始演出《蜕变》。导演史行,演员为张云芳、黎虹等。

叶澜在《新中华报》(1940年11月10日)上也发表了剧评《略谈〈蜕变〉》。据叶澜说,《蜕变》的意义在于"曹禺先生的《蜕变》应该说这是一部产生于抗战烽火中的有力剧作,它不但较之过去的《雷雨》《日出》和《原野》具有更大的现实意义,而且更有主要的政治意义,它对于腐败现社会的总结,确实做到了无情暴露的地步。同时,从这部剧作中,我们又看到了曹禺先生在今日显著的进步,在《蜕变》中,曹禺先生不仅是简单的暴露了抗战中存在的阴暗面——正如其前一部作品采用暴露手法是一样的——而且,很显然的,在这个剧本里,曹禺先生已经开始在着手企图解决这些黑暗面了"。

《蜕变》的演出也是成功的。叶澜比较《蜕变》被禁演的重庆说"《蜕变》这样的好剧本,只有在追求真理与爱护真理的延安才能上演了十一天之久"。不过,《蜕变》在延安没有再演。

总之,1940年在延安相继演出的曹禺作品都是成功的,尤其是《日出》和《雷雨》。

此后,《北京人》也在延安演出。据《解放日报》1942年1月15日"西北文艺工作团将演曹禺之《北京人》"报道,这次《北京人》演出本来预定在3月份,然而却拖到1942年5月1日,在参议会礼堂演出。导演张季纯,演员为林丰、朱丹、苏一平等。

4月27日,《解放日报》大概是为了在演出前介绍《北京人》的内容,刊登了江布《读曹禺的〈北京人〉》。江布的评论批判地分析了《北京人》,其结论是:"《北京人》指出着这样一个所谓有礼教的旧家庭,已届临到了他的风烛残年,不得不归于破灭,并且提出了从这阴暗的坟墓里走出去这样的问题。作者底心灵和情热,可以得而望知。但是这里缺乏着一段路程,认识的路程。否则便会流于空想;亦只有这样,作品的艺术价值才能获得更高的评价。"

这时,批评"大戏热"的氛围已经形成,延安文艺座谈会在《北京人》首演的第二天召开。透过《解放日报》,可知5月4日《北京人》仍然演出,但之后,《解放日报》上没有再出现有关《北京人》演出的文章,关于这次演出的具体情况也就不得而知。

三

在中共中央召开延安文艺座谈会之前,《解放日报》4月22日刊登了程中的《所望于延安剧坛的》,该文已经开始批评"大戏热":"这时又产生了另一方面的新的偏向,这种偏向就是只顾到争先介绍外间富有艺术价值的名剧,这些名剧所反映的内容,大多因为时代和地点的关系,同我们的现实生活较为疏远,它的作用不能使这里的多数观众切身锐敏地感受和领会,以增高他们的斗争情绪;它不能给我们的现实生活以直接反映、刺激和推动。自然,它从反面或间接给予观众的启示和教育作用是不容否认的,而且这样东西我们同样是需要的,笔者并无异议。问题却是对于更能反映我们现实生活,直接给现实生活以揭发、刺激和推动的东西反而极为少见,这样的事实不能不说是一个缺憾吧?"

程中的文章发表以前,有人已经对演出大戏提出过意见。例如沙可夫1942年1月指出,"今年正月间在庆祝边区政府成立三周年纪念的连续演出《母亲》《婚事》《日出》等剧以后,发生了所谓'演大戏'问题。剧协当时召开了一个座谈会,提出了这个问题,希望边区戏剧工作者,注意防止'演大戏'的倾向。不错,'演大戏'本身并没有什么坏处……那么,为什么在这里会成为问题而被提出呢?这是因为'大戏'不通俗,不能普及,如果个别剧团老是'演大戏',或大家都大演其'大戏',甚至有些剧团或剧人非演大戏不过瘾,那么,这势必大大影响边区戏剧大众化的工作,使戏剧活动限制于狭小的圈子里而脱离了广大群众。这样的'演大戏'的倾向当然是不容许的。"①

文艺座谈会以后,延安广泛开展了文艺整风运动,相关戏剧界人士纷纷发表了检讨。工余《日出》演出负责人之一的张庚说,"两年以来,自从延安演了《日出》之后,演出'大戏'成了一时的风气。所谓'大戏',乃是外国的名剧和一部分并非反映当时具体情况和政治任务的戏,而这些戏,又都是在技术上有定评,水准相当高的东西。演这些戏的目的,主要着眼是在提高技术,对于内容方面的着眼点是附带的……我们从事戏剧工作的人,忘了在剧作上积极地想出办法来提高水平,鼓励创作,而一味演出'大

---

① 沙可夫:《回顾一九四一年展望一九四二年边区文艺》,《晋察冀日报》1942年1月7日。

戏',这不能不说在剧运上形成了一种严重的偏向,造成了下面一些不合理的现象专门讲究技术,脱离现实内容,脱离实际政治任务来谈技术的倾向,对于活泼生动的边区现实生活不发生表现的兴趣,失去了政治上的责任感"。①

延安文艺座谈会和在此发表的毛泽东《讲话》确实改变了延安戏剧的面貌。座谈会以后,延安戏剧界再也没有演出所谓大戏。(应该指出,延安文艺座谈会以后,虽然延安没有演出"大戏",但在其他有些根据地、游击区仍然有时上演"大戏",尤其是曹禺作品。)延安的一般观众是怎样接受这些大戏的?在此要引用何其芳一段有名的评论。《婚事》演出的时候何其芳发表了高度评价《婚事》的评论。"诸位,看看鲁艺大礼堂或者中央大礼堂的舞台上的果戈理的《婚事》,是不是不断地笑着,大声地笑着,想忍住不笑而又还是笑了起来呢?……就在这个小喜剧里,诗人果戈理的才华也光芒四射地显露出来了。他不断地使我们惊异,感到痛快,或者想叫喊一句什么。他不断地嘲讽着,责骂着,鞭打着那些人物。唯有一个真正热爱人类和生活的人才会那样严厉那样辛辣,那样尽情地倾吐。"②

然而四年后何其芳这样说:"比如曾演过果戈理的《婚事》,在我们这类观众中,这个戏是成功的,然而听说老百姓看了这个戏,却不大发生兴趣,说是傻子招亲。当时我们不能从这类事实感到其中包含一个严重的问题,却反而当作笑谈材料。"③

"大戏热"实际上有着积极和消极两方面的作用。积极的一面是表现在其提高了延安戏剧的技术水平等,消极的一面则在于跟农村地区民众的爱好、欣赏水平之间存在很大的差异等。

"大戏热"作品的观众基本上不是农民而是知识分子。毛泽东在《在延安文艺座谈会上的讲话》中说"根据地的干部,单是在延安能看书的就有一万多。"工余《日出》"八天中观众近万人",平均每天有一千多人观看。青救总会剧团的《雷雨》则"连演七场,每场拥挤着上千的观众",在数量上和《日出》旗鼓相当。陕北公学文艺工作队《蜕变》是在"延安才能上演了十一天之久的",观众数量或许稍多于《日出》和《雷雨》,但总数也在一万左右。也就是说,在延安观看曹禺作品的观众数量都是毛泽东《讲话》中说到的延安知识分子、干部的数量范围内,他们中的大部分是第二次国共合作开始后从大城市转移到延安的。

话剧是以普通话(国语)为使用语言的舞台艺术。然而当地农民日常生活中使用延安方言。"延安方言是以山西太原为中心的'晋语'向以西安为中心的'关中

---

① 张庚:《论边区剧运和戏剧的技术教育》,《解放日报》1942年11月12日。
② 何其芳:《果戈理的〈婚事〉》,《新中华报》1940年6月14日。
③ 何其芳:《关于艺术群众化问题》,《群众》(9卷),1944年第18期。

话'(属中原官话)过渡的过度区方言"(《延安市志》)。当地农民是否听得懂国语(普通话)演出,笔者母语不是汉语,暂时不能判断。(研讨会上延安出身的高慧琳女士指教我说延安农民听得懂普通话演出。特此写出,并感谢高慧琳女士。)

四

中共中央、毛泽东1942年5月召开延安文艺座谈会,毛泽东发表了《讲话》,纠正了"大戏热"。那时正在进行抗日战争中,而且延安地处非常贫穷的山间农村地区,维持边区(解放区)、坚持进行战争的体制必须获得以农民为主的边区老百姓支持。看当时围绕延安的条件,毛泽东发表《讲话》的意图是可以理解的。

当年毛泽东也认为纠正以"大戏热"为代表的追求高水平艺术方针是暂时的。毛泽东在《讲话》里说:"除了直接为群众所需要的提高以外,还有一种间接为群众所需要的提高,这就是干部所需要的提高。……比较高级的文学艺术,对于他们是完全必要的,忽视这一点是错误的。但是这种需要,暂时还只是干部的需要,而不是群众的普遍需要;适应这种需要应该是一个方针,但是不应该成为今天的整个方针或今天的中心方针。"(《解放日报》1943年10月19日,部分1953年收入《毛泽东选集》第三卷时被删去)。

"今天我所讲的,只是我们文艺运动中的一些根本方向问题,还有许多具体问题需要今后继续研究。"(同上)

但是,中华人民共和国建国以后,尤其是1958年以后,片面强调其消极作用的评价越来越多。张庚在1963年说:"拿戏剧方面来说,抗战初期那种下农村、下部队的蓬蓬勃勃的热情逐渐衰退了;创作的抗战题材的戏演的少了;以提高为目的,这时的舞台上另换了一套与抗战没有多大关系、和陕北这种内地农村生活完全无关的描写大城市生活的戏和一些外国的古典戏。我还能记得起来的一些剧目,不论鲁艺或是鲁艺以外的,就有《雷雨》、《日出》、《钦差大臣》、《结婚》、契柯夫的小戏等等。其中有一个戏,是我亲自导演的,脱离实际、脱离群众、关起门来提高的倾向最为突出。"[①]

这种批评倾向在"文化大革命"时期到达顶点。1972年,为纪念毛泽东《讲话》30周年发表的一篇文章说:"在这些反动的资产阶级艺术观指导下,在培养文艺干部方面,周扬把延安鲁迅艺术学院培养"为民族解放事业而奋斗"的"艺术工作者及干部"这一正确方针篡改为培养"文学理论创作各方面的专门人才"的方针,强调所谓"正规

[①] 张庚:《回忆延安鲁艺的戏剧活动》,《中国话剧运动五十年史料集·第三辑》,中国戏剧出版社1963年版。

化",引导学生脱离群众,关门提高,大搞名、洋、古,封资修的东西充斥课堂,图书馆的图书比例,这类作品占绝大多数。在文艺演出方面,他们演出《日出》《雷雨》《钦差大臣》《结婚》等脱离当时现实的东西,曾经一时大、洋、古成风。对于反映民族斗争、阶级斗争、生产斗争的短小节目看不起,名之曰"小玩意""豆芽菜"。①

文章虽然没有直接指出《日出》《雷雨》《钦差大臣》《结婚》(《婚事》)等作品是"资产阶级文艺",但跟批判"反动的资产阶级艺术观指导下"的艺术运动这样的文字连在一起,很容易使读者以为《日出》等作品也是这个运动的一部分。

然而,"文化大革命"结束后,一个事实得以公开:1940年在延安上演《日出》的主要推动人是毛泽东。现在这已经是件大家都知道的事情,但是第一次知道这件事的时候确实是很有冲击力的信息。

据笔者了解,第一次公开这个事实是1982年5月发表在《新文学史料》1982年第二期的钟敬之的《延安鲁迅艺术学院概貌侧记》。为纪念毛泽东《讲话》40周年,《新文学史料》发表了几篇回忆文艺座谈会和当年延安文艺运动的文章,锺敬之的文章是其中之一。文章说:"就在那时,鲁艺的同志们和延安其他的戏剧工作者联合演出了'五四'以来优秀剧作,曹禺所著话剧《日出》,便是得到毛泽东同志的倡议和支持的(那时是以延安剧协'工余剧人协会'名义演出的)。据当时负责组织这次工作的张庚同志回忆说毛主席曾亲自把他找去,说延安也应当上演一点国统区名作家的作品,《日出》就可以演。他还说这个戏应当集中一些延安的好演员来演,为了把戏演好,应当组织一个临时党支部,参加的演员都要在这个支部里过组织生活,以保证把戏演好。可知他是特别关心这工作的。"②

张庚本人也记述"记得在三八——三九年,我们在延安只演抗战题材的戏,而且几乎都是在延安的作者创作的。到了四〇年演《日出》,才算是第一个上演抗日根据地以外的剧目。我记得上演这个戏是毛泽东同志提议的。他说,延安也应当上演一点国统区名作家的作品,《日出》就可以演。他还亲自把我找去,说这个戏应当集中一些延安的好演员来演,为了把戏演好,应当组织一个临时党支部,参加的演员都要在这个支部里过组织生活,以保证把戏演好。他对于这件事的如此重视,我们这些参加工作的人当时虽然不完全了解其深意,却都加倍认真地从事这个工作,都决心把戏演好。"③

毛泽东为什么希望工余演出《日出》?毛泽东在1940年1月,即在工余演出

---

① 秦燕生:《〈在延安文艺座谈会上的讲话〉发表前后文艺界的一些情况简介》,《文物·革命文物特刊》1972年5月。
② 《新文学史料》1982年第2期。
③ 张庚:《延安十年戏剧图集》序言,上海文艺出版社1982年版。

《日出》几乎同时发表了《新民主主义论》,高度评价了包括戏剧在内的五四以来的新文化。

  毛泽东指出"在中国文化战线或思想战线上,'五四'以前与'五四'以后,划分了两个不同的历史时期。……在'五四'以后,中国产生了完全崭新的文化生力军。……在文学方面,在艺术方面(又不论是戏剧,是电影,是音乐,是雕刻,是绘画)都有了极大的发展。"(《新民主主义论》)毛泽东大概认为中国共产党统治的边区应该演出五四以来的优秀戏剧作品,同时大家也都觉得曹禺作品是五四以来最好的剧本,而《日出》末尾有工人的歌声朦胧地表示光明,所以比《雷雨》更好、更进步。

  附:该论文部分内容跟濑户宏《试论曹禺作品在延安的演出》[①]有些地方内容相似。在此得到《延安文艺国际学术研讨会论文集》编辑部同意发表该论文。

  作者:〔日〕濑户宏(SETO Hiroshi),日本摄南大学外国语学部教授。

[①] 田本相主编:《伟大的人文主义戏剧家——曹禺》,中国传媒出版社 2012 年 10 月第一版。

论延安文人与书法文化

李继凯

摘　要：在延安文艺研究中，学术界普遍忽视了书法的实存及其作用，对延安文人与书法文化的广泛而又深切的联系缺乏关注和探讨。事实上，延安文人与书法文化建立了相当普遍而又密切的关系：能写善书的大小文人的积极参与，使当年延安形成了比较浓厚的书法文化氛围；无论是"以文为主"文人群还是"以文为辅"文人群，都与书法文化有着相当紧密的关系。我们可以在他们的墨迹和心迹之间，发现延安文人的奉献精神及个性世界。延安人包括延安文人不仅将政治文化引向新的境界，而且也将书法文化引向了一个新的境界。他们的文化追求、文化创造对延安文艺及书法文化的贡献堪称巨大，其所创造的红色书法文化具有多方面的启示和意义。

关键词：延安文艺；文人书法；书法文化；第三文本；文化创造

延安时期是一个非常特殊的时期，一个连纸张和笔墨都非常稀缺的时期，然而就在这个艰苦卓绝的历史时期却产生了很多文化奇迹。其中，延安文人（文化人）包括作家参与创造的书法文化，就堪称是一个绚烂的文化奇迹。颇为遗憾的是，学术界对延安时期书法文化[①]的关注却很少见，相关的整体性深入探讨更是几近空白，现代文学史、艺术史置若罔闻，多本中国现代书法史或民国书法史也都未涉延安书法文化。过去，人们集中研究延安文艺，也极少有人涉论书法，仿佛"延安文艺"概念中就根本没有书法这种样式。但事实上，延安人特别是延安文人与书法文化包括书法艺术还是建立了相当普遍而又密切的关系，他们将文武之道[②]与翰墨书写紧

[①] "书法文化"是指书法（包括毛笔书法与硬笔书法等）及其衍生的文化现象。近些年来学术界普遍使用这个概念，出版了一些相关著作，如《中国书法文化大观》（金开诚、王岳川主编）、《书法与中国文化》（欧阳中石）、《中国书法文化精神》（王岳川）、《中国书法文化》（秦梦娜、李争平）、《书法文化之旅》（戴一光）等，以此为题目或关键词的相关文章更为多见。笔者也有《书法文化与中国现代作家》（《中国社会科学》2010年第4期）等多篇相关论文发表。而2009年北京大学出版社出版的《笔走龙蛇——书法文化二十讲》（崔树强），就将书法文化与周易哲学、气化哲学、儒家哲学、老子哲学、庄子哲学、禅宗哲学、色彩哲学、人生境界、诗文、绘画、印章、音乐、舞蹈、建筑、汉字、碑帖、兵法、武术、中医、风水等文化现象联系起来进行了考察，显示了宏阔的书法文化视野。笔者以为，如今还可以考察书法文化与报刊、教育、旅游、市场、网络、外交、政治以及性别等文化现象之间的关联，研究延安文人与书法文化也理应不断拓展文化视野。但本文仅为初探，涉猎面及具体研究还难以如此宽广和细化。

[②] 毛泽东在1936年11月22日在中国文艺协会成立时就强调"我们要文武双全"。《毛泽东论文艺》，人民文学出版社1992年版，第3—4页。

密结合,于艰苦奋斗中开辟了胜利道路和文化家园。对此,我们理应给予必要的重视和认真的探讨。

一

从地理上讲延安有广义的延安和狭义的延安,从文化及艺术角度看则更是如此。"文化延安"或"延安文化"可以包含跨时空的能够体现延安精神、延安范式的精神文化及文学艺术。于是延安文艺研究不仅需要狭义的延安文艺本体方面的研究,也需要超越时空局限的"广延安文艺"的研究和鉴赏,①更需要以宽阔而又超越的学术眼光进行拓展性的相关文化研究。其间既要有革命文化研究的维度,也要有传统文化研究的维度,更要有古今中外汇通融合的文化视域和相应的深入研究。为此,我们既要秉承尊重历史事实、尊重人民立场的学术传统,也要葆有宽广通达、兼顾兼容的"经权并存"意识。当年延安人尤其是延安文人既有经久性规律性层面的文化追求,也有权宜之计的工具性的文化操作,体现在书法实践上,延安文人也采取了"经权并存"的应对策略。这里实际存在着文化策略上的考虑,兼顾经权,顾及久暂,随顺大局,则书为要事,亦为乐事。特别是在认真考虑延安文人的书法实践时,尤其需要这样的观念。也就是说,我们很有必要从广义的"文人""书法文化"及"文武之道"等概念出发,通达而又认真地审视延安时期的文人多样性及其书法文化的丰富性。

延安是一座有传统文化和革命文化积淀的古城。彰显书法文化的传统在战争年代也没有中断。延安旧城墙各门如安定门、安澜门等的题名就皆用书法样式书写,陕北或陕西本地文人李鼎铭、魏野畴等人亦善书法,陕北革命先驱者创办的《陕北新声》《共进》等期刊皆用隶书题写刊名,陕北读书人和志士刘志丹、谢子长、李子洲等人也通于国学及书法,陕北延安的贴春联、刷标语、树招牌、立碑铭等也多用毛笔书法,这些都显示着对国粹文化的自然继承。笔者曾指出:"作为中国文化骄子的书法是完全彻底的'国粹',中国人围绕书法艺术而展开的有关活动创造了丰富多彩而又源远流长的中国书法文化。"②这种书法文化的传播在当年的陕北或陕甘宁也是具有覆盖性的,与包括文学在内的其他文艺样式、文化形态都有着或显或隐、或多或少的联系,即使在战争年代的延安也维系甚至加强了这种联系。

---

① 王志武主编:《延安文艺精华鉴赏》,陕西人民教育出版社1992年版。延安时期的延安是一个尽力消除人们之间等级概念、职别差异的文化空间。人们的各种界限消融于特殊的历史环境,但相对意义上的"文化人"却比较受欢迎也相对活跃和突出。

② 李继凯等:《20世纪中国文学的文化创造》,中国社会科学出版社2009年版,第127页。

透过历史烟云，我们看到了武器与纺车的同在，看到了领袖和群众的和谐，同时我们也看到了剑锋与笔锋的合力，看到了在刀光剑影中领袖、文人、工农兵群众积极参与瀚海弄潮的文化奇观，也看到了人民成为"历史主体"的革命理想和"与时运相济"的文艺方向。在历史上那个令人难以忘怀的延安时期，能够濡翰挥毫的人们都在那个也是极为艰苦的岁月里，惜纸如银，惜墨如金，用鲜血生命和精神意志书写了灿烂不朽的篇章。尽管当时情势困窘异常，物质条件极为缺乏，他们还是拼力地书写着，用毛笔、钢笔等写出了来自心中的诗文、真言、誓语以及他们认可的各类文句，为延安文化或革命文化做出了难以磨灭的贡献。即使在不少心存偏见的人看来，也往往会疑问频生，很难相信在那样一种环境中，竟然会产生那么多不朽的篇章和难以磨灭的墨迹及文武兼备的人才。笔者以为，从某种意义上也许可以这样命名"延安书法：武人世界中的文人气象"。从这奇特而非纯粹的文人气象中，我们固然可以领略到文人的"武化"（如"鲁艺"的文人们普遍成为文武兼备的战士，即使比较难得的女性文艺工作者如丁玲、莫耶们也由"昨天文小姐"大变为"今日武将军"了），但同时也可以领略到武人的"文化"（如彭德怀挥毫力荐赵树理小说、"红军书法家"舒同、"军内一支笔"的郭化若以及军人习字学文化所形成的风潮）。因此可以说，文人的"武化"、军人的"文化"以及工农兵学习"文化"的延安现象，是中国乃至世界历史上罕见的文化现象，内含着"变则通"的文化哲学逻辑，也印证着延安道路其实正是一条文武兼备、聚力发力之路！而从延安文人创造的翰墨世界中，我们也可以看出奋斗的神圣与艰辛，武人或战士的革命激情及其雄浑之气，尽管似乎少有某些人概念中的儒雅、秀逸甚至温馨，但却自有别样的凝重、热烈甚至沉雄，字里行间透出某种令人感叹不已的英雄气概。

我们知道，文人书法，自古即有，却在一个原本处于边缘地带的"边区"或被封锁的根据地展示了某种现代的风姿，个体性与革命性的结合显示了有为的延安文人书法面貌。蓦然回首，就在那个非常特殊的年代，亦即政治和军事为主导的时期，毛泽东却充分意识到了文化战线的存在和文化文艺的伟力，由衷而来的善待文人的话语及行为激发了很多文人的创造潜力，不仅出色完成了他们承担的各种文化任务，而且通过书写活动，创造了很多具有艺术意味和纪念意义的"墨宝"。虽然岁月无情，战火酷烈，泯灭了许多有价值的文稿和墨迹，令人感到延安文人墨宝的珍稀，然而经过多方努力，仍有一些延安文人书法的真迹存世并被保存和传播开来。这本身就堪称奇迹。当今天的人们怀着不同的心情走进延安革命纪念馆，就会将各种书迹之象与革命奇迹联系起来，因为那是无法泯灭的历史事实。在中国文化传统中，文字书写、书法书写都强调实用，甚至常与经国大业联系起来，追求立象以不朽，将书写视为"立人""立国"的一种重要体现方式。由此，文人的翰墨生涯实际就是其生命存在的重要方式之一。而延安文人遗墨尤其是作家手稿，无疑也以实用见长，同时也是他们生命的留存和见证，不仅是他们文化生命书写的"真迹",而且是非常宝贵的"第三文本",由此也可以从许多方面包括书法文化方面进行解读。中国现代书法史不能无视、忽视延安,忽视延安文人的整体性贡献。

笔者近期又走进了延安革命纪念馆(新装修且重新布展的新馆,仍然使用郭沫若题写的馆名),循序参观,即可看到:这里是枪炮世界,也是文字世界,书写文字成为延安人奋斗的重要内容及日常行为。这些主要运用于革命事业的毛笔或钢笔书写的文字,墨迹斑斑,浓淡不等,情理交融,却也线条舞动,美不胜收,甚至具有指导教化、决策决定、总结汇报、沟通传达及宣传动员等许多作用,延安书法的实用价值在艰苦环境中恰恰得到了极为充分的体现。但延安书法的普遍运用,包括有的诗文剧本的手稿或特意为之的书法作品,大多也具有或隐微或突出的审美作用。尽管延安时期的"鲁艺"没有书法专业,尽管以延安为中心的解放区各类展览中也没有独立的书法展览,[①]但在"文协""文抗"的文人群体及"鲁艺""抗大"等学校的教员、学员中却不乏善书者,醒目的标语、流行的墙报、街头宣传栏和各类展览题名、作品题名等便多以书法出之。如何其芳、周立波就曾将作品认真抄出发表于墙报《同人》上,在"鲁艺"每年校庆期间举行的创作展览会上,也会展出作家们的一些手稿。[②] 开辟了"赵树理方向"的赵树理,其书法颇有功底,也比较潇洒;荣获国际文学奖的丁玲,其手迹能够令人感到比较"大气"[③],1948年她在送给陈明的《太阳照在桑干河上》扉页上题词,竖行,流畅,颇为可观。[④] 纪念馆展览图片中的《中国共产党抗战宣言》也以书法为之,壮观雄奇,堪称书法精品,惜未注明何时何人所书。尤其引人注目的是,该馆中有许多放大了的毛泽东手迹,赫然醒目,如"我说陕北是两点,一个落脚点,一个出发点。……陕北已成为我们一切工作的试验区""发展抗战文艺,振奋军民,争取最后胜利"等等,就成为每一个展览区的独特的前言,都能够给人留下深刻印象。由此也可以说:中国传统的书法文化如何为革命事业服务,如何转化为延安文人的书法文化创造,陕北、延安或解放区就是特殊的试验区,对促进延安文艺发展、抗战文艺发展也有重要的作用。在纪念馆中,参观者还可以看到朱总司令在手写命令或书信上常会加盖自己的印章,茅盾在鲁艺讲课的板书也依然清雅秀挺,周立波的讲课和其手迹一样精彩漂亮,以及《王贵与李香香》的书法题名、李季《回延安》的手稿、何其芳《陕北民歌选》的手稿、保小礼堂的

[①] 解放区举办过56个文艺主题的展览会,美术方面有木刻、石刻、漫画、摄影、彩画、布画、雕塑、写生画、连环画、剪纸、贴画及图案设计等,没有书法方面的专题展览,也没有书画联展。见张明胜等主编:《延安文艺与先进文化建设研究》,陕西人民出版社2003年版,第355—358页。其实,书法专业化与书法专题展览成为突出的文化现象是在20世纪80年代才形成的。
[②] 王培元:《抗战时期的延安鲁艺》,广西师范大学出版社1999年版,第55—56页。
[③] 张泽贤:《现代作家手迹经眼录》,上海远东出版社2007年版,第3页。
[④] 陈明:《我与丁玲五十年》,中国大百科全书出版社2010年版,第112页。

石牌、保育院的题词、陕甘宁边区参议会的题名,等等,墨迹连连,烽火滚滚,甚至充盈着血与泪的书写,总能带领人们走向历史和文化的深处!延安文人的书法总体看也许有些简陋,纸笔简陋,即使毛泽东的《沁园春·雪》也是用简陋的毛笔砚台和普通八行笺在小小的炕桌上写的。有人回忆,当地农民曾用古砖为毛泽东做了一方砚台。可见当时的工作条件之一斑。正是置放在纪念馆小炕桌上的毛泽东这幅《沁园春·雪》手稿,吸引了无数人驻足观赏,有不少家长还现场教育孩子,其感染教育的作用不言而喻。

由于有能写善书的大小文人的积极参与,延安形成了比较浓厚的书法文化氛围,毛笔书法作为一种书写工具及方式得到了相当广泛的运用。如陕甘宁边区政府各单位、部队以及县区各单位名称,还有各种旗帜也多用毛笔书法题写,在各类证件(如红军家属证、个人证件等)、账本(分地分粮等)的书写中也多用毛笔书法为之,乃至招牌、通知、讣告、悼词、挽联等也多用毛笔书法为之。政府布告、集体宣言、战友赠言、口号标语、总结小结、题词题名、聘书奖状、墓志碑铭、印章篆刻、寿幛祝文、袖章臂章、家书情书、学习笔记乃至各种书信、任命书、纪念证、通行证、座右铭以及捷报、电文稿等等也多用书法为之。常见的油印宣传单、各种教本的题名等也多用书法。各种印章,包括集体的、个人的,亦体现了延安篆刻的水准。可见延安书法文化的实践用途非常广泛,且天天为之,却正由于习以为常、司空见惯,所以在延安并不把书法视为需要刻意为之的"艺术"了,但却由此形成了比较浓厚的书法文化氛围。

二

当年延安那个时代环境中,大小文人大抵都有用武之地,虽然人才济济,但与迅速发展的形势需求相比却也相对缺乏。文人们也往往较早成为能文能武能说能写能做的多面手。成仿吾、丁玲、柯仲平、周扬、沙汀、徐懋庸等等都是如此。从赵树理到丁玲,从艾青到田间,从柯仲平到欧阳山尊,从周扬到陈涌等等,小说、诗歌、戏剧及评论等领域中的文人们都在热衷于文学文章书写的同时,也在有意无意地从事着书法书写,也就在他们舞文弄墨之间,实际上自觉或不自觉地将二者结合了起来。包括外来的比较洋气的文人如何其芳、陈学昭等,也在延安时期乐于书写和创作,留下了业余化的却也值得珍视的墨迹。我们不仅应努力"进入特定的历史情境"去"追寻延安文人的心迹"[①],而且应努力去追寻延安文人的墨迹,并将这二者结合起来。甚至可以在延

---

① 袁盛勇:《历史的召唤:延安文学的复杂形成》,中国戏剧出版社2007年版,第131页。

安文人的墨迹和心迹之间,发现延安文人的个性世界。无心插柳柳成荫,无意书法墨如海。这也许可以作为延安文人与书法文化的一个诗意的写照。而延安文人创办的各类报刊,也多用书法题写刊名,如《文艺突击》《文艺战线》《中国文化》《中国文艺》《大众文艺》《新诗歌》《文艺月报》《草叶》《谷雨》《诗刊》《部队文艺》《山脉文学》《中国青年》《中国妇女》《中国工人》《解放》《共产党人》《团结》《学习》等,有些文学作品也用书法作为题名,其醒目提示的作用之外,还有书法美感的传递与题字者个性的彰显,同时由此也可看出延安文人们对书法文化的喜爱和运用。

从历史实际情况出发,也为了行文方便,笔者将延安文人大致分为两个大类,即"以文为主"文人群和"以文为辅"文人群。这两大文人群都与书法文化有着相当密切的关系。这样的划分自然是相对而言的。因为在当年的延安,即使是"以文为主"的文艺工作者也很难说是纯粹的文人,至少可以说延安文人的主体恰恰是复合形态的文人亦即广义的文人(文化人)。因此,提起延安文人而无视那些能文能武、政文兼通的风云人物,甚至将他们与"延安文人"这一概念对立起来,便不免有些书生气、简单化,甚至会走向某种偏狭和偏激。

就"以文为主"文人群而言,据有的学者探讨,参加延安文艺座谈会的文人近百人,在延安,外来的左翼作家至少有百人以上。[①] 其实,文人标准不同,统计便会有异。而给人的深刻印象却是,当年延安无疑是群英荟萃、文人如云的。尤其是赫赫有名的"鲁艺",集中了一大批不寻常的文人。师生中皆不乏影响卓著者。"师者"如吴玉章、周扬、张庚、吕骥、江丰、蔡若虹、何其芳、陈荒煤、舒群、茅盾、冼星海、齐燕铭、周立波、艾青、王朝闻、严文井、王大化、袁文殊、华君武、李焕之、孙犁、严辰等等;"生者"如于蓝、丁毅、海默、马可、时乐濛、刘炽、黄准、古元、罗工柳、孔厥、康濯、黄钢、柯蓝、陆地、贺敬之、冯牧、陈涌、杨公骥、秦兆阳、华山、葛洛、丁毅、钟惦棐、朱寨、胡征等等。加上其他群体文人,难以计数。这里主要从书法文化角度撷取若干代表人物略加评析如次。

在延安文人中,著名诗人和剧作家贺敬之就是酷爱毛笔书法的一位代表性人物。这位用一颗诗心"搂定宝塔山"的诗人,作为外来的"移民",他对书法的爱好众所周知。他于1924年出生于山东峄县(今江苏邳州市燕子埠镇)。十五岁参加抗日救国运动。十六岁到延安,入鲁迅艺术学院文学系学习。1945年,他和丁毅执笔集体创作我国第一部新歌剧《白毛女》,生动地表现出"旧社会把人逼成鬼,新社会把鬼变成人"这一深刻主题。后来又写了《回延安》《放声歌唱》等有名的诗篇。然而人们在普遍关注其文学成就的同时,却很容易忽视他对书法的热爱及其所取得的成就。他是一位典

---

① 刘增杰:《从左翼文艺到工农兵文艺》,《中国现代文学研究丛刊》,2006年第5期,第108页。

型的由延安"养大"的文人,他的书法,亦可谓是典型的文人书法,诗人气质极为显著。他的很多诗文都用书法形式表现出来,即使是其简单的题词,也多是龙飞凤舞,随意挥毫,潇洒不羁的。

又如1938年来到延安的周而复,也堪称是中国文坛的一颗璀璨之星。他不仅是著名的文学家、外交家,也是令人喜爱的书法家。他在近七十年的文艺生涯中,创作数以千万字的文艺作品,产生了广泛而深远的影响。同时也留下了大量的手稿和合乎书法艺术体式的作品。在文学创作方面,他的《白求恩大夫》成为爱国主义教育的红色经典,许多人通过他的作品,知晓了白求恩大夫这位国际主义战士;其长篇小说《上海的早晨》被翻译成英、法、日、朝鲜、意大利等多种文字,介绍给全世界,成为风靡海内外的作品,而作为一代文坛能手,他的书法文化实践也很值得关注。周而复的书法作品,除在国内外书画作品展览会展出外,还被一些博物馆、图书馆、纪念馆收藏。其书法作品有《周而复书琵琶行》《周而复书法作品选》等,奠定了他在作家文人书法史上的地位。正是鉴于他的书法成就和声望,在新中国成立后"中国书法协会"这样专业团体中,也曾出任中国书法协会副主席之要职。

还有艾青,其诗名远扬,书名却也颇为人知。有友人这样回忆:"多年来,我记不清从什么时候起读到艾青那充满对土地、人民与祖国真挚深沉的爱,朴素、单纯和浑厚,激人奋进、感人肺腑的诗了,却清楚地记得什么时候见到艾青同样显得别有风骨的墨迹——也就是他的书法……"[①]艾青书法,有时写得工整清秀,显示了一种难得的雅致和情韵;有时则写得挥洒不羁,仿佛他笔下的自由体诗。难得的是,他特别乐于通过诗歌及书法与他人进行心灵的沟通,他的不少书法作品被友人和一些纪念馆、图书馆及文学馆所珍藏。由此可见,著名诗人艾青的书法也有着不同寻常的艺术魅力。

在延安文人中,喜爱书法而且有其书法真迹传世至今并为人们珍藏的作家,还可以举出许多来。如方纪,即使到了晚年,他的右半个身子不能动了,也仍然坚持用左手写毛笔字,书法还是那样苍劲有力,写完字后,落款上还要规范地写上"方纪左手"几个字。甚至也有这样的"发烧友"表示,不仅喜欢读萧军先生的书,而且还喜欢他的书法,不惜高价购买萧军酣畅淋漓的书法作品……。抗战时期的延安文坛,可谓一派火热,处处洋溢着乐观、健康、热烈、向上的气息,在创作上取得了丰硕的成果。如何其芳、丁玲、吴伯箫、孙犁、峻青、艾青、田间、李季、草明、齐燕铭、萧三、邵子南、杨朔、周立波、马加、冯牧等人,不仅在文学创作方面收获颇丰,而且在书写留下的真迹墨迹方面已经相当珍稀,辄有发现,莫不令人感到弥足珍贵。这也是如今书画市场传达出的真实信息。

[①] 董宝瑞:《怀念艾青》,《秦皇岛晚报》,1996年7月9日第8版。

就"以文为辅"文人群而言,他们在延安时期往往有其较高的政治身份,这与"文人一面:现代政要的一个侧影"现象颇为吻合。从历史事实看,在延安文人用鲜血生命书写建构的书法文化世界中,最引人注意的也许并非"以文为主"文人的书法,而是"以文为辅"文人的书法。即如毛泽东的诸多书法题词及《沁园春·雪》手迹、朱德1942年的《悼念左权同志》诗稿、陈毅诗稿《题七大影集》、吴玉章等作《南泥杂咏》诗稿之类的翰墨,便是延安书法文化的瑰宝。而"延安五老"(吴玉章、林伯渠、董必武、徐特立、谢觉哉)①以及李鼎铭、罗烽、胡乔木、舒同等莫不兼善诗书,都以名人雅集或个人创作的方式对书法文化有所贡献。如果我们从广义的文人角度进入延安书法文化视域,看到的文化现象则是具有文人气质的领袖和军人,在纵横政坛或沙场的同时,也每每发挥其诗文书法之才,留下了不朽的"第三文本",其酣畅淋漓的书法和诗文结合而成的手迹也非常引人瞩目。如毛泽东的诗文书法就是如此。他将《沁园春·雪》抄赠柳亚子,引起了政坛和文坛的轰动,也让世人领略到了"毛体"书法的风采;他将《临江仙》词抄赠丁玲,也被传为文坛佳话,其笔墨飞动宜人,飘洒不群,横排书写,颇为别致。丁玲在"文革"后复出,在友人为其作的画像上题上了"依然故我"四字,也颇耐人寻味。②

延安时期的毛泽东,在一定意义上讲,其复合性形象中无疑也有文人的一面,大抵也可以归为"以文为辅"文人或兼顾型文人。③毛泽东的诗词人生即伴随着书法人生。据统计,毛泽东在延安时期书写了102篇文章,占《毛泽东选集》(四卷本)的70%,④其中有许多政论体散文,依照中国传统文论观点来看,也是经世致用的正宗文学。众所周知,毛泽东在延安生活工作了13年,在这里,他的主要工作是看书、思考、筹划、指挥及开会,但期间贯穿始终且经常持续的却是书写、书写、再书写,他甚至诙谐地说过要用文房四宝打败国民党的四大家族。⑤诚然,他的书写成就了一批名文名诗杰作佳构,但同时也成就了一位享誉中外的伟人和书法艺术家,他的私有遗产几乎为零,但他却给国家和人民留下了一批意义非凡的文物和遗墨。延安时期,当是毛泽东书法形成自己独特书风的关键时期。这一时期他的代表书作很多,如为延安出版的《中国妇女》杂志题词;为中共中央党校题词;悼念谢子长系列手稿;写给郭沫若、茅盾、范长江的信札;致傅斯年信及手书唐诗;为抗大二期毕业证的题词;手书《沁园春·雪》等等,

---

① 另有"延安十老"一说,包括朱德、董必武、林伯渠、徐特立、谢觉哉、吴玉章、钱来苏、续范亭、李木庵、熊瑾玎等人,曾积极参与延安时期的怀安诗社,以雅集形式写诗作书。朱德等:《十老诗选》,中国青年出版社1979年版。
② 高莽:《文人剪影》,武汉出版社2001年版,第222—223页。
③ 陈晋:《文人毛泽东》,上海人民出版社2005年版。
④ 阎伟东:《解读延安》,中国文化出版社2004年版,第56页。
⑤ 杨则:《毛泽东要用文房四宝打败"四大家族"》,《世纪桥》2005年第12期。

真是不胜枚举。尤其是毛泽东抄赠柳亚子先生的词稿《沁园春·雪》，这是毛泽东亲笔写过多遍的流传极广的杰作，既是杰出的文学文本，也是杰出的书法经典！① 其复合形态的"第三文本"即手稿原件乃为无价之宝。而毛泽东在《中国文化》创刊号头条推出的宏文《新民主主义的政治与新民主主义的文化》，也有学者认为"毛泽东手书的标题，令人有大气磅礴之感。"②但台湾却有人以为，毛泽东仅是一位喜欢胡涂乱抹的书写者，其蓄意诋毁的措辞相当低劣且明显存在某种偏见。因为在笔者看来，那种貌似坚持书法艺术标准的背后其实也是某种政治意识在作怪，并且有恪守前人窠臼之嫌。客观而言，毛泽东的书法尽管并非每一笔、每一幅都是成功的，但总的来看确是有根基、有创意的，尤其是他的行草书法，以其恢宏博大的气势和出神入化的笔意，超出百家而自成一体。其书法字体飘逸通达，宛若行云流水，且书风豪放雄逸，体现了其在书法艺术上的精深造诣。"毛体"之说大抵不谬。倘从大文化大文学视野来看，也许可以说毛泽东是别致的作家和书法家。事实上，在书法艺术领域，毛泽东的艺术成就可以说是具有自己鲜明个性和特色的。毛泽东本人一生对书法艺术并没有加以系统研究和理论阐述，但以其天才的创造性实践，使他的墨迹成了后世书法研究的重要对象。作为历史上最为独特的书法家和政治家，毛泽东的书法影响显然是非常巨大的。毛泽东的笔迹在延安时期具有强烈的政治鼓动作用，极大地介入到了具体政治事务和事件当中，同时也带动和影响到了周围人的书写习惯和书法审美情趣，甚至深刻影响到了其身后。无论从实用层面还是艺术层面看，毛泽东与书法文化都有许多可以言说的价值和意趣。由此也可以说，毛泽东与书法文化的广泛联系，应该成为学术界研究的一个重要课题。笔者以为，在毛笔书信基本告别国人的新世纪，重温毛泽东当年在延安频繁给他人尤其是文人写信的情形，便会感到别有一种温暖的情调和雅致的妙味，同时也要承认这些书札在延安人包括文人之间的交往过程中，经常起到了很好的沟通作用。比如众多作家都曾接到毛泽东、周恩来等的书札，他们既关注其内容，也常会叹赏其书法，而这些与延安文人相关的手迹一旦收集起来也必然非常可观；又如，据丁玲回忆，她原来曾和毛泽东多次交谈，毛泽东写过不少古人诗词和自己的诗词作品送给她，这样的故事在毛泽东秘书及交往密切者的回忆录里也时或可见。③ 难忘的记忆便透露了当年的感受深切。

在延安时期留下不朽墨迹的还有张闻天、周恩来、朱德、刘少奇、董必武、秦邦宪、任弼时、陈毅、王明、王若飞等很多军政领袖的书法诗文，大都堪称墨海中的瑰宝。比

---

① 汤应武：《中国共产党重大史实考证》，中国档案出版社 2001 年版，第 952 页。
② 杨义：《中国新文学图志》，人民文学出版社 1996 年版，第 619 页。
③ 艾克恩：《延安文艺回忆录》，中国社会科学出版社 1992 年版。

如周恩来1943年题写的"上下五千年,英雄万万千,人民的英雄,要数刘志丹"。以及著名的"千古奇冤,江南一叶。同室操戈,相煎何急?"题词,还有他亲笔写的《后方工作计划》等文件、《东征胜利与我们》等文章、《致李文楷、杨立三》等书信,都能见出他的书法功底极为深厚,面貌肃然,精到精彩,着实值得专门研究。还有被毛泽东赞许的舒同,军政工作之余,特别喜爱书法,并在延安时期将"舒体"发展到成熟阶段,与"毛体"书法并辉于延安文化界。尤其在他按照毛泽东指示题写了"中国抗日军政大学"校牌及"团结、紧张、严肃、活泼"八字校训之后,其书名就更加响亮。还有郭化若,也是一位毛泽东欣赏的书坛高手,甚至可以为毛泽东代笔题词。限于篇幅,对这些时代英杰的文人一面及其笔墨不再赘述了。总之,尽管他们的学历、经历不同,但他们的从文资质和诗书传世则是相似的,都是文武兼备、书法可观的"老延安"。

三

在延安时期,延安人包括延安文人不仅将政治文化引向新的境界,而且也将书法文化引向了一个新的境界。其中,文武双全的人们成为延安骄子,包括比较纯粹的作家文人在内,他们的文化追求、文化创造对延安文艺及书法文化的贡献堪称巨大,其所创造的红色书法文化具有多方面的启示和意义。

其一,延安书法文化是抗击苦难、济民救国的红色书法文化。红色书法文化作为延安革命文化的重要组成部分,有着绝对不可忽视的历史作用和地位。毛泽东强调要文武双全以拯救民族,要用笔墨纸砚打败四大家族,要通过积极的书写即为工农兵服务的文艺创作来确立革命文艺的价值,迄今也具有积极的文化建设的价值意义。以此也证明,延安革命文化并非是"破坏"文化的同义词。在前述的"以文为主"和"以文为辅"两类文人的推动下,以工农兵为主体的"人民本位"的延安文艺开始勃兴,群众性的习字活动逐渐演变为群众性的书法活动,期待中的学习氛围开始形成,墨海也在延安出现,连翻身后的证件、支前的民众团队队旗等,也往往是群众的书写,这为中国的群众书法开辟了前进的方向。中国书法文化,作为传统文化中具有活力、再生力的一个部分,也拥有着与语言文字一样的伟力和文化救赎的功能。延安人包括延安文人对此可谓心有灵犀,抓住书法运用书法,充分发挥书法文化的实用功能和审美作用,对革命事业的促进作用无疑是不可忽视的。著名学者刘梦溪说:"在中国文化的传承当中,书法的作用非常之大,有笔有工具,带有一定的工具理性成分在里面。往往,中国文化的精神在书法里面表现得最为集中,最为突出,好像中国文化的东西都装到书法里面了。"[①]

[①] 刘梦溪:《文化创造的原动力》,《解放日报》2011年12月30日。

书法文化涉及面广泛,功能和风格也多样,有的是狂欢的,有的是静雅的,有的是战斗的,有的是游戏的,有的是工稳的,有的是率意的,等等,不一而足,各有其妙,不可简单地否定和肯定。但在延安时期及各根据地,书法和其他文化艺术形式一样,主要是革命工作的武器,是参与战斗的。置身那个崇尚斗争也必须奋斗的大时代,阶级斗争、民族战争以及思想纷争交织着、纠结着,无法回避也不应回避,对此必须以历史的公正的态度来面对,出之以历史的同情和理解。对延安文人书法的内容和形式也应如此看待。不能因"时代特征"及时代局限而加以简单的否定,不能总用和平岁月的价值观审美观去反思和批判。倘如此,也许会蜕化为别一种隔靴搔痒式的"异元"的"错位"批评。

其二,延安书法文化拥有延续、延宕、延展的"影因"力量,在"后延安"时代仍具有传承创新的价值。延安文人与书法文化的关联体现在很多方面,而延安精神文化的持续影响在书法文化上也有体现,如以延安精神为主题的书画活动、以毛泽东延安时期诗词为内容的书法创作、延安作家对书法文化传统的继承发扬、"大延安"的文人书法现象以及"后延安"作家文人对热爱书法文化与对继承延安精神的结合等等,都值得我们继续关注和研究。也就是说,在延安书法文化实践中也生动而又真切地体现了延安精神。即使在"后延安"时期的延安文人,仍然会以书法作为弘扬延安精神的一种文化方式。贺敬之、田间、艾青、丁玲、齐燕铭等延安作家的许多题词手迹就是如此。即如晚年的欧阳山尊也依然怀念延安时期的峥嵘岁月,挥毫书写了自作诗,曰:"当年日寇侵疆土,慷慨悲歌赴战场。……如今世界不平静,烽火岁月不应忘。"其书作充盈沧桑之气,结体独特,人书俱老,沉雄老辣,颇为可观。还有延安时期习武习字的儿童团长王益三,后来通过持续努力成长为红色书法家。而在边远的密山北大荒书法碑石长廊中,也有具有"延安作家"身份的丁玲、艾青等书法作品。[①] 那位继承了传统文人爱好和延安文人传统的田家英,"爱书爱字不爱名",也在书法创作和收藏方面留下了珍贵的遗产。尤其是文人作家的自然生命往往跨代而来,能够超越"时代"或特定的时空局限。延安文人作家自然也不例外。即使在战火连绵之时,人文的追求,文化的力量仍然会创造出精神文明的果实,在延安,所留下的翰墨文本,特别是文人作家的文学性手稿,必将成为"第三文本"的宝贵案例。且延安文人遗墨大多具有复合性的文化价值,如中国现代文学馆及有关图书馆、档案馆中珍藏的延安作家手稿,汇集起来必将是集文学、书法和文物等价值于一体的文化宝藏;又如毛泽东书赠丁玲的《临江仙》手稿真迹,就是毛泽东诗词与书法结合的佳作,是诗、书及文物三合一的旷世珍品。即使是整人整风的干将、文人政治家康生,坦直敢言的悲情文人王实味等特别人物的墨

---

① 该长廊始建于 1985 年,距密山市区 10 公里,由碑林、碑廊和坐落在山间的石碑(2000 余块石碑、石刻)组建而成,集我国近现代作家、书法家丁玲、艾青、启功、萧克等佳作之大成,文化底蕴深厚,是我国碑林瑰宝。

迹遗存,也具有耐人寻味的历史价值和文化价值,不能毁弃灭绝,而应加以搜集整理和研究。

其三,为了切实弘扬延安精神和延安文人书法文化,有关方面应该进行一些策划,做好一些新的事情。正所谓峥嵘岁月久,盛世重晚晴。为了纪念延安的峥嵘岁月和弘扬延安精神,有心人创作的书画经常充当了重要角色。从而给观众留下了难忘的印象,且会同延安文人的诗文、悲喜与墨迹,一并充实着、装饰着历史的记忆。笔者曾预言,鲁迅会在"墨迹中永生",延安文人大抵也会如此。即使社会会发展,时代及环境会变化,但墨迹铸造的历史文物却是不朽的,都应该加以珍视和研究。而笔者以为,目前,我们无论在信仰信念层面还是知识建构,都要运用更多的方式包括书法文化活动,继承传扬延安精神、延安文化的优良传统。笔者郑重建议:1.广泛收集、整理延安革命时期与书法文化相关的作品、物品,从老延安人特别是延安文人处抢救相关文物,除了将这些作品、物品作为文物珍藏之外,应积极开展专题研究,并在此基础上花大力气搞好相应的专题展览;2.在条件比较成熟的时候建立以延安为中心的中国解放区书法文化博物馆,也应借鉴"西安碑林""川陕苏区将帅碑林"来精心策划并建立相当规模的"延安碑林",内容当以延安革命时期的书法、延安文人书法及弘扬延安精神的书法为主体,以此也可为先进文化建设、红色旅游文化建设做贡献;3.党政有关部门应立项支持上述提议的项目,且应组织相关人员在进行更为深入、系统研究的同时,高度重视宣传和交流工作,使延安精神、延安书法文化在国内外产生更为广泛的影响。

其四,对延安两类文人与书法文化的关联,都要实事求是地进行辩证分析。我们知道,中国象形文字起源及发展史,与书法发展史有着惊人的契合,其早期的刻字画符及其突出的实用特征,并未遮蔽其审美特性,尤其是后人在接受过程中,却将之视为上古书法,以为难能可贵,以为传播甚少更觉珍稀无价,尽管相关文献及实证材料有限却也不惜笔墨给予大书特书。窃以为,与此相仿佛,我们对延安时期的文人书法,也应特别顾及其时空环境,对其文化创造的具体条件和创作心境要有充分的了解。但如果从比较纯粹的书法艺术史角度看,也应该承认当年延安文人的书法自觉意识还明显不足,"书法的生存环境问题"确为书法史论者所重视,[①]在延安文人书法文化研究中也不能忽视这方面的因素;传承和运用书法文化较为充分,但在创新生发方面还存在不足,相应的艺术性书法展及书法专栏也很少见到,专门研讨书法的会议和文章更是付之阙如。所以整体而言,在书法文化传承和实践方面,延安人尤其是延安文人在作出重大贡献的同时,也在书法艺术的自觉追求和水平提升方面留下了一些遗憾。

作者:李继凯,陕西师范大学文学院教授,博士生导师。

---

① 陈振濂:《中国现代书法史》,人民美术出版社2009年版,第56页。

从苦难书写到被动翻身
——1942年后延安文学中的妇女解放

李 振

摘 要：相比延安文艺座谈会之前对女性现实问题的普遍观照和对陈旧性别观念、性别秩序的批判，整改之后出现的有关女性问题的文学创作出现了一些新的现象。在1942年后的延安文学创作中，一些作品中所表现的女性的苦难生活被符号化，女性的翻身被外来强力干扰而变为被动形态。

关键词：妇女解放；苦难；翻身

妇女解放是延安文学中长盛不衰的主题。但是，相比延安文艺座谈会之前对女性现实问题的普遍观照和对陈旧性别观念、性别秩序的批判，整改之后有关女性问题的文学创作出现了一些新的现象。在此期间的一系列有关妇女解放的书写当中，之前那种饱满的批评情绪有所减退，作家创作的目光也由对延安性别秩序和妇女现实生存状况的关注和追问转向妇女在家庭和革命工作中角色变化的方式与过程。那么这种变化是如何发生的？新的性别与文学话语是如何建构的？这是本文试图探讨的问题。

一、苦难书写中的政治逻辑

1942年之后，在延安有关妇女"翻身"的创作中，最具代表性的作品莫过于孔厥的《一个女人翻身的故事》[①]。小说的主人公折聚英是一个受尽磨难的乡村女子，荒年中，她被送给人家做童养媳，换回了让一家人糊口的两斗粗谷子。她在婆家受到公婆的虐待，被二流子丈夫打得死去活来。正当折聚英感到绝望的时候，村里来了红军的女宣传。女宣传教妇女们唱歌，召集她们开会，鼓励她们剪发、放脚。当女宣传离开的时候，折聚英不见了——她已追随女宣传走向革命队伍。小说的结尾，曾经受苦受难的折聚英有了翻天覆地的变化，她是"劳动的英雄"，是"抗日的战士"，是"妇女的先

---

① 孔厥：《一个女人翻身的故事》，《解放日报》1943年3月30日、31日。

锋",是"边区的参议员",昂着头,走进边区参议会的会场……她真的"翻身"进入了"新世界"。

所谓走入"新世界",也就意味着与之前充满苦难与压迫的"旧世界"决裂。作者在小说中用了大量的笔墨来描写折聚英经受的苦难。折聚英"三岁上殁了大",本是个苦命的孩子,又碰上年景不好,奶奶一狠心:"借粮不如减口",就把折聚英送了出去。自从做了童养媳,折聚英的厄运真正来临:公公脾气不好,"连小媳妇眉眼不对他劲儿,也算不孝顺的,他就要吹胡子,瞪眼睛,责打嘶骂起来";丈夫是个"流氓烟杆子","耍赌博,嫖女人",出去当兵又逃回来,回来之后更是不务正业,找个茬儿就把媳妇压在窑里打得"眉黑青,眼黑烂";婆婆本是一个"三棒打不出响屁的人"也在折聚英面前使尽了威风,没有一个好脸色。这些描写与后来折聚英光明、幸福的生活形成了强烈的对比。在小说的情感引导中,之前的苦难越深,后来的生活才更加光明与幸福。

无独有偶,康濯的《灾难的明天》[1]也遵循了同样的思路。小说中春妮子的婆婆本身就是个受难的女人。她二十岁嫁给了一个十三岁的小丈夫,除了不停地干活到深夜,还要遭公婆打骂,"下雨屋子漏也是她的过,湿柴火烧不着也是她的过,缴不起租挨了地主的骂,也拿她出气"。而且,在不通世事的丈夫那里,得不到任何的安慰。她曾半夜投井自杀,却被一个男人救下来。从此,她"就把夜半付托在那人身上,发泄自己受罪的青春",忍受着一切痛苦,"勇敢地干自己极不名誉极隐秘的勾当了"。然而,这个受过折磨的婆婆在给自己的儿子寻下童养媳之后,接受了自己婆婆那一套,把虐待儿媳当作了自己的本分,常常挑唆儿子:"买来的马,娶来的妻;愿打就打,愿骑就骑。"虽说春妮子的丈夫本也胆小憨厚,知道媳妇动辄挨打挨骂有些可怜,但他却怕他的娘,眼看媳妇挨打也不敢阻挡。因为母亲的霸道,"背着一世的怨气,又正是青春旺盛的年岁",儿子所有的不快又都在夜里撒到媳妇身上。可是,当时的春妮子只有十三岁,"儿子没本领也没胆量找姘头,儿子只是把自己的野性对着小女孩施放"。春妮子"正是走向发育的年龄,如果有慈母般的体贴和抚摸,她会在说不出的甜蜜里发育得健壮丰满的;可是,这个春妮子碰到的,不是体贴和抚摸,倒是横蛮和粗暴",到最后也是发育不完全的。如此的折磨让还是小女孩的春妮子有苦没处说,"只是从小就痛恨丈夫"。

通过小说情节的发展可以看到,"翻身"之前的苦难书写在小说情节的发展中起着至关重要的作用,它成为了"翻身"的起点与合法性所在,甚至构成了一种特定的苦难叙事模式。

---

[1] 康濯:《灾难的明天》,《解放日报》1946年1月18—22日。

在此需要注意的是，这些小说中的"苦难"具体地落实在家庭关系中。在家庭这样一种常常冠以温暖、庇护和依靠等字眼的社会细胞中，"苦难"从何而来？小说为我们做出的解答是："旧社会的人们，私心那样重，虽然公婆媳妇，婆姨汉，也到底是骑子驴子，两张皮，不亲的呵！"显然，这些小说在努力建构着这样一种逻辑——旧社会里，私心导致了公婆、丈夫因"两张皮"而对媳妇施暴。这不免让人生出疑问：首先，旧社会与私心的存在是否有着必然联系？其次，所谓公婆媳妇、婆姨汉"两张皮"是否又能与动辄打骂虐待构成可靠的逻辑关系？仅仅通过常识便可以想到，所谓"私心"是一种源于动物性而深入人性构成的元素。所谓旧社会并不是私心产生并存在的根本原因，私心本身也不会因为社会的新旧变化而消失。因此，小说中对旧社会与私心之间关系的指认显然难以成立。至于"两张皮"与动辄打骂虐待之间的关系更是可疑。必须承认，夫妻、婆媳之间固然存在着种种不易处理的矛盾，即便像小说中描述的那样，"两张皮"不会像"一张皮"那样亲密关爱，但从发自内心的亲密与关爱到虐待之间，还存在着一个宽大的中间地带。无论在现实生活中，还是在相关的文学叙述里，我们都能找到大量介于亲密与虐待之间的包容、和睦的例证。因此，"两张皮"的血缘关系与虐待的"苦难"之间不存在必然联系。

中国几千年来形成的对女性肉身摧残和精神控制的男性中心化的性别秩序与宗族伦理一样根深蒂固。当时的边区处于偏远地带，思想守旧、伦理关系等级森严，即使是崭新的政权也不可能迅速完成与旧观念、旧意识的完全决裂。正因为这样，才有了20世纪40年代初延安文艺界对新政权内部性别秩序的质疑之声。例如批判革命队伍中婚恋问题的《间隔》；谈延安残酷的保育条件对母亲心灵与肉体双重折磨的《孩子》；白霜反映延安女性在革命工作与家庭生活中艰难抉择的《回家庭？回社会？》；女作家草明在《创造自己的命运》中号召女性提高自我意识，成为掌控自己命运的主体；曾克针对延安普遍存在的保育问题以《救救母亲》发出的呐喊；还有丁玲的《"三八节"有感》和《我在霞村的时候》等系列创作。与这些直接关注女性问题的创作相比，《一个女人翻身的故事》等作品对女性"苦难"的描述明显不同，对女性受难的解析并没有真正围绕那些起决定性作用的因素，女性的苦难也不是作为一种现实的性别状态被叙述。在这样一种"苦难书写"中，作者更钟情于从政治上诉说女性的受难，把坏脾气的公婆和二流子丈夫当成旧社会的必然产物，将其塑造成政治上敌对势力的替身与符号。这些作品努力描绘之前妇女的苦难生活，甚至不顾现实生活的逻辑与常识，在家庭伦理与性别秩序中人为地建立起一种不可调和的矛盾。这种矛盾成为了女性必须"翻身"的有力证据，给予读者"翻身"的情感期待，赋予了女性"翻身"过程中某些有待商榷的方式以不容置疑的合法性，但其最终的指向却是"旧世界"必须打翻，新政权必将带来光明的政治逻辑。

较之五四新文学直至延安文艺座谈会之前,文学创作中以个性解放和人道主义为核心精神的女性观以及那些对女性本身的急切关注,延安文艺座谈会之后女性"翻身"的创作中的带有条件性的苦难书写,更多地代表着一种政治立场或是政权话语。它对于女性的受难缺乏足够的同情和认知,只是把它当作与新政权相对立的政治势力所造成的恶果,并以此为据在对比中建构起政治上新旧两重天的"翻身"逻辑。

二、她们如何"翻身"?

在《一个女人翻身的故事》等作品中,女性的"翻身"常常表现为被动的形态,女性命运的转变只有在一个被称为"公家人"的政治权威的强力干预下才能得以实现。在折聚英的生命中,首先出现的是刘云生,"那是一个白胖胖的小脚女人,个性可强的,婆姨汉不和,她就不害怕,那时候,她还结结实实跟汉斗了一次争,准备脱离家庭",她曾来拉折聚英投奔红军。刘云生走后,又来了红军的女宣传。女宣传对折聚英有着特别的关照。会开完,折聚英就跟女宣传走了。后来出现在陈家洼苏维埃区政府的是剪过短发、放了脚的、改过名字的折聚英。折聚英在苏区受教育,拼了命地识字、学算术,别人休息,她不休息,别人游戏,她还在自修,终于进了女大,成了"学习战线上的英雄"。在延安,折聚英恋爱了,对方是一个受过伤的红军老干部。在折聚英眼里,老干部身上作战留下的伤疤,是"革命的花,她爱呵"。

在《灾难的明天》中,原来任由婆婆打骂的春妮子命运的转变发生在边区成立之后:

> 媳妇觉得身子骨添上了一股甚么说不出的劲头,好象自己是该解放了:就跟着妇救会,学好学赖,光会啼哭的两片嘴唇,忽然觉得一天比一天硬,时不时嘴一噘,身子狠狠一扭,前转过身去,强嘴。婆婆呢?婆婆当然不怕媳妇强,只是也变了一些,变得有些心虚,也象有些怕媳妇;婆婆受过干部们的批评,也见过村里那虐待儿媳的婆婆在大会上挨全村人的批评、受全村人的制,婆婆也不知道从甚么时候起,只敢嚷一嚷,骂一骂,动手打儿媳是不敢了。

的确,当时边区政府动员妇女参加"翻心诉苦训练班",使妇女生存状况发生了显著变化。许多妇女当了干部,随即又联络更多的妇女参与进来。经过"翻心教育",对公婆、丈夫的斗争会一时风起云涌。从海伦·福斯特对陕北妇女运动领导人高孟珍、李坚真的采访中得知,当时苏区政府和边区各生产部门大约有30%是女性,13万妇女参加了群众组织和妇女团体,其中有八万人可以参加边区各级会议,这也就意味着占当时边区妇女总数15%的女性加入到革命工作中。那时的妇女分到了土地,在经济上相对独立,摆脱了长期受制于家庭和男性的境况。她们在管理家庭和社会方面有了自由发言权,可以参加各种会议、听讲座、看戏、随意地出现在公共场所,在此之前,她们是不准抛头露面的。妇女的教育程度也有了普遍的提高,农村妇女按户分组建立识字班和读报小组,很多人都能够读书写信。体育也得到了推广,大部分女性每天都参加户外运动,身体越来越健康。在婚姻问题上,更是改变了过去很多年轻女子被卖做童养媳的状况,结婚必须到地方政府登记,由双方自愿,他人不得干涉。与革命队伍中男方提出离婚比女方多的情况相反,边区妇女要求离婚多于男性,因为之前的婚姻经常是包办或是买卖促成,这些女性要求摆脱不幸福的状态,恢复自由。

由以上史料可见,早期边区妇女运动获得了显著的成效。这一过程本是值得作家去充分表现、详细描述的。但是,孔厥等人的小说对"翻身"过程的叙述让人感觉突兀,缺乏可靠的情感与逻辑支撑。"翻身"作为小说的主题,其本身的经过在小说中并没有得到充分的展开。《一个女人翻身的故事》中,一个会议就让软弱的折聚英发生了彻底的改变。听到一句"革命就是解放"的鼓动,她便脱离了家庭,去受训,分配工作,就连动不动吹胡子瞪眼的公公也觉悟了,甚至帮着媳妇跟无赖儿子作斗争。《灾难的明天》对于"翻身"过程的表述更是模糊:"好象自己是该解放了",跟着妇救会,原本逆来顺受的春妮子竟然就能把过去"心眼底下的痛恨,慢慢露出来","时刻想着要痛痛快快大闹一场,出出气",还想着"拿离婚威胁她丈夫"。这类小说中的"翻身"好似在瞬间发生,突如其来的转变带来了时间的断裂感。那些女宣传、妇救会从天而降,有如神助一般,在人群中发号施令,一呼百应,凭借政治话语的绝对权威,打破和改造旧思想、旧秩序,便将几千年来坚不可摧的性别秩序与伦理一扫而光。

那么,这样一个原本光辉而赋有戏剧性的过程为何在小说中被如此简单、草率地处理?

1943年2月26日,延安颁布了中央妇女委员会起草、毛泽东亲自修改的《中国共产党中央委员会关于各抗日根据地目前妇女工作方针的决定》(以下简称《决定》)。《决定》肯定了五年来边区妇女工作的成就,又对其中的不足提出了批评:"由于我们在妇女工作中缺少实事求是的精神,缺乏充分的群众观点,缺乏深入下层、埋头苦干、与群众打成一片的工作作风,没有深刻认识经济建设对于坚持抗战、建设根据地的重要意义,没有把经济工作看做妇女最适宜的工作,没有把握动员妇女参加生产是保护妇女切身利益最中心的环节,没有切实调查研究妇女的具体情况,不深知她们的情绪,不顾及她们家务的牵累、生理的限制与生活的困难,不考虑当时当地的妇女能做什么,必需做什么,就根据主观的意图去提出妇女运动的口号,规定计划,成立团体,要妇女经常出来开会,对她们作不必要的动员,浪费她们一些人力物力,致使工作一般化,组织形式化,缺乏真实的群众基础。这种脱离妇女群众的主观主义与形式主义的倾向,是使妇女工作停滞不能更进一步发展的基本原因。"①

紧接着,《解放日报》发表了蔡畅的《迎接妇女工作的新方向》,②相比之前的《决定》进行了更具体的、实际的表述:"特别是妇女工作领导机关的知识分子出身的女干部,有不少是只知道到处背诵'婚姻自由'、'经济独立'、'反对四重压迫'……等口号,从不想到根据地实际情形从何着手……当着为解决妇女家庭纠纷时,则偏袒妻子,重责丈夫,偏袒媳妇,重责公婆,致妇女工作不能得到社会舆论的同情,陷于孤立……甚至闲着无事时,却以片面的'妇女主义'的观点,以妇女工作的系统而向党闹独立性。"文章所透露出的延安妇女工作整改的原因有至关重要的两点,一是改变之前妇女工作过于重视并维护在家庭与社会结构中处于弱势地位的妇女权益而有损家庭、边区秩序稳定,二是杜绝所谓"妇女主义"与党的政策方针相抵触。

在孔厥等作家看来,妇女由"苦难"走向"翻身"无疑是展现新政权优越性的一个绝好题材,其中"婚姻自由""经济独立""反对四重压迫"无疑是长期以来女性"翻身"的核心内容。但是,1943年后延安妇女运动的新政策几乎否定了之前号召妇女走出家庭的工作思路,那些曾经发挥着巨大作用的妇女工作方式面临着根本的改变。这就使得小说创作中有关妇女的"翻身"方式的书写陷入了尴尬的局面:对之前妇女运动工作的描写变得不合时宜,而新政策引导妇女稳固现有家庭秩序的方法却不能带来妇女生活状况的突变,当然也就无法展现新政权"翻天覆地"的力量。因此,作家在创作中普遍地引入一个符号化、概念化的"公家人"引导妇女走向新生,而后参加革命工作或"生产自救"等社会活动,以一个简单而模糊的"翻身"过程,直接过渡到女性"翻身"之后的故事,致使有关"翻身"本体的书写缺乏逻辑与感情的支撑,显得简单而又尴尬。

三、"翻身"之后的女人们

那么,经由"公家人"引导的"翻身"是否真的带来了女性的解放和幸福呢?小说中,离开了家的折聚英跟着女宣传进了区政府,也成了"公家人"。她带领队伍接受检阅的时候,被延安县保卫大队长张吉厚注意到,最后嫁给了这个参加过长征,比她大十

---

① 《中国共产党中央委员会关于各抗日根据地目前妇女工作方针的决定》,《中共中央文件选集》(第12册),中共中央党校出版社1986年版,第185页。
② 蔡畅:《迎接妇女工作的新方向》,《解放日报》1943年3月8日。

岁,因为受伤流血过多面色苍白,一条腿还被敌人打瘸了的老干部。她又进了区党校,进了女大,努力地学习以致旧病复发。后来回到延安县做妇联会主任,"特别在后来整风的时期,她那样积极,曾经被刘县长在一次延安县党的扩大干部会议上,把她当作全县最积极整风的模范"。"她本来是一个文盲,可是她现在能精通22个文件,还密密麻麻作了好大十几万字的笔记,她的反省也是最彻底的"。在这样的结局中,当她仅仅作为革命者被肯定时,性别生存的真实体验又在哪里?

"翻身"虽然没有真切地为女性的变革欲求做出一个有效的答复,却实实在在地包含着话语权力与政治利益的更替。它通过对既有阶级矛盾、社会秩序的颠覆与重构,使一种新的权威意识获得了对社会话语的绝对掌握。我们从中看不到女性主体意识的存在。她们在"翻身"话语中只能充当一个被动的服从者,一个不显示性别特质与诉求的道具。这些从旧时代翻身过来的女性经历了脱胎换骨,但她们永远只是"党的女儿"而不是"女人"或"女性","因为政治父权的身份是凭借女儿的身份来界定、来确认的"。[①] 小说描写折聚英参加边区学校的文化考试时,有这样一个细节:

> 她忸忸怩怩的写了:"中国妇女折聚英"。考的人点了点头,叫她再在妇女上面加个新字。折聚英更忸怩了,她提起笔来,又加了一个新字;可是她却把它加在中国上面,就变成"新中国妇女折聚英"了。

当"中国新妇女"被写成"新中国妇女"时,一字的位置之差,表面上显示着作为革命队伍一分子的主人公的认识高度,实际上则生动体现了主人公对革命政治的认同以及对女性主体性的忽略。

与折聚英离开家庭投身革命不同,《灾难的明天》里春妮子的"翻身"则是投入了生产自救的大潮中。在此之前,参加了妇救会的春妮子并没有建立起女性的自觉,她所获得的只是依靠组织对抗婆婆的话语资源,婆媳之间的冲突也并没因此而改变。春妮子受到了区妇救会的批评,说她跟婆婆、丈夫闹不和气,嚷着离婚,动摇了人们对于新政权和抗战的信心。边区政府号召妇女纺线,开展生产自救时,婆媳矛盾逐渐化解。看着一心学习纺线的媳妇,婆婆开始心平气和地跟她说话了:"女人嘛,就得成天呆在家里,纺线啦,纳底子啦! 甚么成天开会呀,闹这闹那的,疯婆子一样,那可成甚么话呀?"后来,婆婆也加入了纺线的队伍。在婆婆丰富的经验和精湛的技艺面前,依靠妇救会想"出出气"的春妮子变得恭顺起来,开始主动帮着推碾,做饭,向婆婆讨教。看着婆婆的干劲和在农会干部带领下外出跑运输日趋出息的丈夫,春妮子既欢喜又厌

---

① 黄子平:《革命·性·长篇小说——以茅盾的创作为例》,《文艺理论研究》1996年第3期,第44页。

恶,因为她"实在感到自己的地位了",可是,"自己甚么离婚呀,斗争呀那些想法,都破灭了;她只有忍着闷气,真个好好干活,过个新光景了"。但她又着实不讨厌这个"新光景"。她和婆婆的关系越来越融洽,还消除了对"从小积下仇"的丈夫的恨,"好象他们的感情从来就是很好"一样。小说最后全然一片祥和的景象——恩爱的夫妻,盘算着应该抱孙子的慈祥婆婆,一个男女有别、长幼有序的传统家庭呈现在读者面前。

实际上,《灾难的明天》更像是作者在《决定》出台之后对边区妇女运动新方针的积极回应。《决定》对妇女工作提出了七点具体要求:一、各地妇联会妇救会要以研究组织农村妇女个体与集体的生产为首要工作,明确农村妇女生产工作的好坏,是测量妇女工作的尺度;二、农村妇女的生产计划要和她们家庭的生产计划结合起来;三、以生产合作及各种生产方式(如纺织小组等)组织妇女;四、减少对农村妇女不必要的动员、开会,使她们有更多的时间从事生产。五、对妨碍身体健康以致影响生产的行为要尽力纠正;六、妇女政治、文化教育活动要在生产中进行;七、妇女干部要消除轻视经济、生产工作的错误观点。这七点措施几乎处处围绕组织妇女生产展开,妇女生产的好坏成了衡量妇女工作的主要标准。根据妇女工作的新要求,康濯在写作中将"生产自救"当作春妮子"翻身"的重要途径和最终目的。但是,这样的"翻身"与"翻身"之后的生活是值得怀疑的。

在一系列的"翻身"叙事中,作者们确实意识到了"家庭"这一稳固的血缘、伦理关系对女性生命的禁锢,并以此塑造了婆婆、丈夫的虐待及其转变以展示妇女解放的伟大胜利。但是,作者简单化地将生产自救与妇女解放混淆起来,把和睦的家庭关系作为女性解放的目标,给读者造成了女性在家庭中的独自抗争必然失败,如若投身公共事业就能很自然地获得解放的印象。实际上,马克思主义的女性观固然正确地指出女性的不公处境根源于她们经济上的依赖性,妇女解放的首要条件是使她们重新回到公共劳动之中并参与分配,但这并不意味着参与公共劳动就可以安顿东方特有的家庭伦理秩序中女性之间等级悬殊所形成的复杂关系。由于旧式家庭结构决定了不平等关系不仅仅存在男性与女性之间,还普遍地发生在处于不同家庭地位的婆媳、母女之间,而边区妇女又是不分老幼均进入到了生产环节之中,所以,经由经济地位的提高实现妇女的解放在中国特定家庭、家族结构中实现起来并非预想的那么简单。正如进行华北革命研究的瑞典学者达格芬·嘉图所说:"老中农妇女却在生产运动中占据着领导地位。这是由于后者有熟练的纺织技术,纺织是她们主要的生产活动,她们是'劳动群众中仅有的有足够资金购买纺车、织机和其它设备以及原材料的人'。地主和富农出身的妇女也成为妇女协会的成员。"[①]所以,在提高妇女经济收益的生产中,处于旧

---

① 〔瑞典〕达格芬·嘉图著,杨建立等译:《走向革命——华北的战争、社会变革和中国共产党1937—1945》,中共党史资料出版社1987年版,第281页。

家庭关系高层,作为父权制家庭、家族权力结构和乡村伦理维护者的老、中年妇女成为了最大的受益人,处于家庭结构最底层的年轻女性,虽然经济收益有所提高,但在家庭、家族权力结构中的地位和受压迫的现实并没有发生根本的改变。正如小说里共同参加生产的婆婆纺出的线总是比春妮子纺的又好又多,让春妮子抬不起头来。动员妇女参与生产无疑是必要而具有重要意义的,但它尚不能彻底改善中国农村妇女在家庭中的不平等处境,更谈不上在整个社会权力关系范畴内女性的"翻身"了。因此,妇女工作变得只倾向于"从事生产","最早阶段的妇女运动所争取的一切社会解放,现在大部分被忽视了"。①

所以,《灾难的明天》对边区农村妇女"翻身"的书写与阐释以及其中流于表面的对女性解放道路的构想,其主要思想来源是边区政府妇女工作方式的转变,是基于传统性别形象和家庭伦理秩序对革命成果的赞颂以及对其意识形态的迎合或服从。小说无法显示出作者对女性现实处境与最终出路的辨析与思考;作品对男性中心的性别话语霸权和传统家庭伦理秩序也没有给予充分的反思和批判,没能深入探寻中国父权思想与宗族、家庭以及压迫者与被压迫者角色转换之间错综复杂的关系;对中国农村特殊的婆媳、夫妻关系更是缺乏文化、心理层面的必要观照。相反,作者在小说中依然遵循着男权思维下的性别角色预设和陈腐的性别观念,仅仅以边区政府大力倡导的生产自救作为女性解放的途径,以一项轰轰烈烈的、具有重要政治意义的群众运动掩盖了身处男权秩序和宗族伦理之中的女性的切身利益与真实诉求。

无论是折聚英的从事妇女工作还是春妮子的参加生产自救,这一类公共事业都涵盖于"革命"之中。正如《一个女人翻身的故事》中所说"革命就是解放","女人要解放,先要和男人一起闹革命"。在叙述女性"翻身"的话语体系中,"革命"一词是与阶级性紧密相连的。这些身处农村最底层的受难的女性首先被作为一个受压迫的群体看待,她们的解放之路必须服从于整个阶级政治、经济上的基本要求。所以,谋求基本的温饱、政治权利和经济独立,成了中国下层女性走向解放的必经之路。在这一层面上,边区妇女解放运动可谓是卓有成效。但是,阶级的"翻身"不可能涵盖并满足性别的全部诉求,经济上的独立、政治上的有力支持固然为两性平等提供了基本的前提,却不能将之视为女性解放的全部标志。更重要的是,这样的"翻身",这些被"解放"的妇女将走向何方？在小说中我们看到折聚英成了妇女参加革命工作的一个标杆,春妮子在"生产自救"中奋力地纺线,她们投身革命,汇入到抗战的滚滚洪流,依然左右不了自己的命运。

---

① 〔瑞典〕达格芬·嘉图著,杨建立等译:《走向革命——华北的战争、社会变革和中国共产党1937—1945》,中共党史资料出版社1987年版,第281页。

在不合理的性别秩序中，女性的"苦难"是其走向解放重要的情感和逻辑基础，"翻身"是女性解放的一个重要前提。但是，在1942年后的延安文学创作中，这些原本应该来自于女性自觉的诉求，产生于对女性悲惨处境关切与同情的话语，在表现新政权优越性与全民抗战的文学叙事中，一些作品表现的女性的苦难生活尚有被符号化的情况，女性的翻身被外来强力干扰而变为被动形态。

作者：李振，吉林大学文学院讲师。

由《高干大》看"延安文艺"的转型之路

梁向阳

摘　要：《高干大》是我国著名作家欧阳山在1946年创作的一部反映陕甘宁边区"供销合作社"成长发展的长篇小说。它是作者深入生活的产物,也是诠释《讲话》的典型文本,符合"民族化"与"大众化"的审美要求,具有较高的文学史研究价值。

关键词：《高干大》；欧阳山；延安文艺；转型

《高干大》是我国著名当代作家欧阳山在1946年创作的一部反映陕甘宁边区"供销合作社"成长发展的长篇小说。[①] 该书是欧阳山在"延安文艺座谈会"后主动进行"文艺下乡"深入工农兵生活的代表作,也是"延安文艺"的代表性成果之一。该书在1947年8月由华北新华书店首印。[②] 新中国成立后,该书入选人民文学出版社编辑的"中国人民文学丛书",先后多次刊印,甚至被翻译成日文,[③]产生了广泛的社会影响。

这部小说尽管在当下已经不为读者所注意了,但它仍有较高的文学史研究价值。在本文中,我以人民文学出版社1952年版的《高干大》[④]为例进行分析,研究它如何折射"延安文艺"的转型之路。

一、《高干大》是欧阳山深入生活的产物

原名杨凤岐的"左联"作家欧阳山,1941年4月由周恩来介绍来到延安,成为延安文艺大家庭中的一员。欧阳山来延安之前,已经颇有名气。他早年参加过北伐军,与鲁迅等人交往甚密,在1930年初在广州组织过"普罗作家同盟"、主编过《广州文艺》周刊,是中国左翼作家联盟的重要成员,1940年由周恩来与沙汀介绍加入中国共产

[①] 据欧阳山之女欧阳代娜在《多田正子与〈高干大〉的故事》(《新文学史料》2007年第3期)一文介绍,《高干大》手稿原件于1947年国民党军队进攻陕北时埋藏在陕北子长县瓦窑堡印刷厂附近农民家的地窖中,全国解放后被发现,现珍藏于延安革命纪念馆中。

[②] 据中国人民大学图书馆编辑的《解放区根据地图书目录》(1989年版)介绍,太岳新华书店、长春新中国书局、东北光华书店也均出版过《高干大》。

[③] 1984年,由日本女学者多田正子翻译的《高干大》在日本诚文堂新光社出版,并配有古元的插图。

[④] 该版《高干大》是人民文学出版社1952年版,1958年第5次印刷。

党;他创作过诸多文学作品,如长篇小说《玫瑰残了》、短篇小说集《七年忌》《生底烦忧》《青年男女》以及中篇小说《崩决》等多部文学作品。进入延安后,他得到毛泽东同志的赏识,担任中央文委常委、中央研究院文艺研究室主任。1942年,延安文艺座谈会召开前,毛泽东在广泛征求延安文艺界的意见时,也曾三次写信①征求已任中央研究院文艺研究室主任欧阳山的意见。"延安文艺座谈会"召开时,欧阳山应邀全程参加,聆听了毛泽东著名的《在延安文艺座谈会上的讲话》。

历史地看待延安文艺座谈会,它主要解决三方面的问题:一是在思想层面上彻底解决延安文艺界长期存在的自由主义、宗派主义等小资产阶级思想问题,使延安的文艺工作者真正形成了文化创造的合力;二是在制度层面确立革命文艺方针,确保了文艺真正为革命战争的主体工农兵服务;三是在文化层面上确立"民族的科学的大众的"文化的操作体系。

事实上,延安文艺座谈会之前,进入延安的文艺工作者,在充满革命热情的同时,存在着严重的自由主义、宗派主义,以及严重脱离实际、脱离群众等问题,广大文艺工作者的心还没有真正扑到工农兵那里,还没有形成有效的文化合力,还没有真正为工农兵服务。而作为政治家的毛泽东决心把文艺工作者打造成革命的"笔杆子"。这样,他在《讲话》中开宗明义地指出:要使文艺"很好地成为整个革命机器的一个组成部分,作为团结人民、教育人民、打击敌人、消灭敌人的有力的武器,帮助人民同心同德地和敌人作斗争"。②他斩钉截铁地指出:"我们的文学艺术都是为人民大众的,首先是为工农兵的,为工农兵而创作,为工农兵所利用的。"③他说这是个原则问题、根本问题。他再次号召,"中国的革命的文学家艺术家,有出息的文学家艺术家,必须到群众中去,必须长期地无条件地全心全意地到工农兵群众中去,到火热的斗争中去……"④

延安文艺座谈会以后,自然是如何实现延安文艺工作者思想转型的制度操作。一是延安文艺界当时有长达一年多的文艺整风学习。文艺工作者们对照"整风文件",进行自我反省与相互检讨,消除身上的"小资产阶级思想"。当时,欧阳山也进入中央党校三部,开始了长达一年多的学习。二是1943年3月,中共中央文委出台"文艺下乡"政策。当时《解放日报》连篇累牍地发表文章,号召延安文艺工作者,深入群众,改造自己,实现认识上的转变。"文艺下乡"逐步推开后,许多著名作家、诗人都纷纷选择深入工农兵生活。1944年4月,欧阳山从中央党校三部调到陕甘宁边区文协担任

---

① 第一次是1942年4月9日,给欧阳山的;第二次是1942年4月13日,给欧阳山、草明夫妇的;第三次是1942年4月17日,也是给欧阳山、草明夫妇的。《毛泽东文艺论集》,中央文献出版社2002年版。
② 毛泽东:《在延安文艺座谈会上的讲话》,《毛泽东文艺论集》,中央文献出版社2002年版,第49页。
③ 同上,第67页。
④ 同上,第63—64页。

理事,专门从事文学创作。他到边区文协后不久,就和调入边区文协的丁玲一起参加陕甘宁边区合作社模范工作者会议。之后,丁玲写作报告文学《田保霖》,记述陕北靖边县新城区民办合作社主任田保霖的先进事迹;欧阳山写作特写《活在新生活里》,记述延安"南区消费合作社"主任刘建章的事迹。这两篇文艺作品同时发表在1944年6月30日的《解放日报》上。这两篇作品发表后,受到毛泽东的高度赞赏,他亲笔写信祝贺,称"我替中国人民庆祝,替你们二位的新写作作风庆祝",[①]还在百忙中抽出宝贵时间约见他们。这种"新写作作风"的鼓励,自然对于欧阳山来说是莫大的荣幸。应该说,正因为有这个特殊契机,欧阳山下决心主动到当时陕甘宁边区互助合作的典型单位——延安"南区消费合作社"深入生活。

"南区消费合作社"是大生产运动的产物。1940年的"皖南事变"爆发后,国民党政府对陕甘宁边区采取军事与经济的双重封锁。为了打破经济封锁,陕甘宁边区掀起了声势浩大的"大生产运动"。到1942年以后,陕甘宁边区(尤其是延安老区)生产发展,经济繁荣,大大小小的"消费合作社"如雨后春笋般成立起来。1942年,在西北高干会议上,"南区消费合作社"被评为边区大生产运动的先进单位,社长刘建章被评为劳动英雄。毛泽东在会上热情赞扬这个合作社是"真正被群众所拥护的合作社的模范",指出"南区合作社的道路,就是边区合作社事业的道路。"[②]

到1944年,"南区消费合作社"更是红红火火,蒸蒸日上。欧阳山来到这里后,他担任合作社助理会计,全程参与合作社的日常工作,而不再是一位高高在上的著名作家。他经过一段时间的工作实践后发现,南区消费合作社身兼数职,功能很大:一是担负老百姓日常消费品的供需任务;二是要完成生产资料的采购与销售;三是组织社员从事诸如榨油、织布、食品加工等服务性工作,发展生产,增加社员收入。所有这一切,已经不能用简单的"消费"二字来概括。针对这一新情况,欧阳山在一次会议上提出把"消费合作社"改名为"供销合作社"的建议。合作社领导采纳了他的意见,正式改名为"南区供销合作社"。[③] 这样,一种集生产、生活、供销三位一体的新型群众性互助经济组织形式得到确认。这种形式,带动了整个陕甘宁边区合作事业的发展。新中国成立后,供销社更是成为我国城乡二元社会环境中一种满足广大群众经济需求的重要力量。

《高干大》这部小说中叫"任家沟合作社"的原型是"南区合作社";主人公"高生亮"的原型是"高海贵",它是作者在生活真实的基础上提炼创作而成的小说。作为作

---

① 毛泽东:《致丁玲、欧阳山》,《毛泽东文艺论集》,中央文献出版社2002年版,第285页。
② 郭必选等:《延安精神探源》,中共党史出版社、红旗出版社2004年版,第174页。
③ 靳尚君:《欧阳山在延安南区合作社》,《新文学史料》2004年第4期,第7页。

家的欧阳山,他在扎下身子深入生活的过程中,敏锐地注意到"南区合作社"呈现出的新生事物的典型性,高海贵是"组织起来"的代表,也是"移风易俗"的代表,通过对其成长史的叙述,可以很好地达到"为工农兵而创作,为工农兵所利用"的目的。因此,这部小说的成功创造才有合理的逻辑。

在深厚生活积淀的基础上,欧阳山在全国解放后,更是花费20多年的心血,创作出"岭南派文学"的代表作——五卷本长篇巨作《一代风流》。

二、《高干大》是诠释《讲话》的典型文本

毛泽东在《讲话》中突出强调文学艺术要成为"作为团结人民、教育人民、打击敌人、消灭敌人的有力的武器,帮助人民同心同德地和敌人作斗争",即强化它的工具性、实用性的功能,强调文艺工作者应该也必须成为革命"笔杆子"。这样,欧阳山这部小说的切入点,就在于诠释"任家沟合作社"这个革命的象征体如何由弱到强、由小到大的发展过程,诠释工农兵的代表性人物"高干大"的"先进事迹",以达到歌颂工农兵的目的。

这部小说从体量上来讲,充其量是一部小长篇。这部小说共有24章,包括这样一些内容:"人民的要求""幽会""争论""希腊神话""欢送会上""破裂""新的方向""发展""巫神的罪恶""再发展""苦斗""夹攻""动摇""嘲笑与安慰""纠纷""春耕时节""谣言""二流子""酒后""闹鬼""青蛇的故事""鬼的家庭""恶斗""胜利"。这部小说的故事情节非常简单,讲述延安附近的"任家沟合作社",原来经营不善、濒临倒闭。在懂经营、善管理同时又有事业心的"高干大"高生亮的带领下,搞得红红火火。这个合作社既开办医药合作社,保障百姓身体健康;又组织运输队到三边驮盐,满足群众的正常生活需求;还专门请河南籍逃难的纺织手艺人开办纺织厂,纺纱织布,支援前线;同时还以群众入股的形式,吸引群众游资,扩大经营规模,发展生产,给群众带来切切实实的实际利益。在合作社壮大的过程中,"高干大"不断地与落后势力作斗争,甚至到了殊死搏斗的地步。

从《高干大》文本来看,它很好地塑造了一心向着合作社的"高干大"高生亮形象。高生亮精明能干,他曾参军打仗,也做过小买卖,在任家沟合作社中担任副主任,成天担着货郎担走村串乡,了解乡情民意。这个合作社在原主任任常有主持时"半死不活",群众把这个只能提供针头线脑简单消费的合作社讽刺为"活捉社"。在群众的推动下,高生亮当了社长,他想方设法把合作社改造成了一个生龙活虎、朝气蓬勃的集售货、送医送药、纺织加工、运输等多位一体的新型群众性集体互助的经济形式。规模庞

大的合作社,发展了生产力,极大地满足了群众的需求。当然,这种改造不是一帆风顺,而是一路艰险。这里既有群众观念落后而形成的疑惑,也有上级部门领导(如区长程浩明、乡长罗升旺、合作社原主任任常有等)死板执行上级决定的教条式、机械式管理,同时还有被触及自身利益的黑恶势力千方百计的阻挠与破坏(如兴办合作医疗,伤害到巫神、神官、法师、梦仙等人的利益)。合作医疗开办前,豹子沟的育龄妇女因难产死亡,当地"梦仙"认为是"血腥鬼"缠身了,群众也就相信了,观念落后可见一斑。医疗合作社开办后,"高干大"不仅要同当地群众长期以来形成的落后观念作斗争,更要与当地的黑恶势力——巫神、神官、法师、梦仙等人作殊死斗争。巫神郝四儿治死产妇后散布谣言说合作社医生治死的;郝四儿等人在豹子沟大兴闹鬼之风,利用封建迷信吓唬愚昧落后的群众。而"高干大"为了煞住这股歪风,与他们进行了机智的斗争,他痛打郝四儿,专门设计"捉鬼"。在"捉鬼"的殊死搏斗中,他无所畏惧,和郝四儿一起滚下悬崖,把郝四儿摔死……就这样,在一重又一重的困难克服后,合作社发展了,芝麻开花节节高;"高干大"也被评为陕甘宁边区的"劳动模范"。这部小说的主旨非常明确,就是歌颂中国共产党组织领导下的新生事物的胜利,歌颂陕甘宁边区对广大农村地区"移风易俗"改造的胜利。

在"延安文艺座谈会"以后,延安的文艺工作者自觉完成了这样两方面的转型:一是延安文艺工作者自觉改造成为革命文艺机器中的"齿轮"和"螺丝钉";二是主动深入到火热的工农兵生活中,真诚地讴歌工农兵生活,并在文艺作品中诠释革命伦理。在《高干大》中,这两种转型非常明显。

而在解放区的前期小说中,小说中主人公更多是知识分子形象,如丁玲的《在医院中》、莫耶的《丽萍的烦恼》等。即使《讲话》后,代表解放区小说方向的赵树理短篇小说《小二黑结婚》中先进人物"小二黑"与"小芹",也写得非常简单、非常概念化,没有落后人物"二诸葛"与"三仙姑"那般生动。而到《高干大》这里,解放区工农兵典型人物"高干大"才真正成为一号人物,小说中的所有故事均是围绕他来展开。与此同时,小说不断用对比的方式,如新旧观念的对比、先进与落后的对比、正义与邪恶的对比,来强化革命伦理,表现文艺的"革命文艺机器"的功能。可以看出,这部小说具有诠释《讲话》的功能,它迎合了延安时期的文艺政策。

三、《高干大》符合"民族化"与"大众化"的审美要求

《讲话》后,"延安文艺"既然要体现"为工农兵服务"的目的,在审美选择上就一定会走与工农兵审美文化相适应的路子,即"民族化"与"大众化"的艺术形式。具体

而言,在陕甘宁边区中的文艺民族化,就是"陕北化"。

欧阳山同志到延安南区合作社深入生活,本身就说明他写作立场与写作姿态的转变,他心甘情愿地走与工农兵相结合的道路,真心实意地为工农兵写作。他是地地道道的湖北人,长时间在南方生活,在长期深入生活后,虽对陕北方言(尤其是延安附近的方言)有着敏锐的感受力与驾驭能力,但感知语言上也是下了一番苦功的。他在回忆文章《我的文学生活》中这样阐释当时的创作情况,"与此同时,我过去心爱的欧化语言和欧化风格也必须重新接受新的农民和新的干部的考验。很显然,由于他们的文化水平不能一下提高得很高,所以我的文学创作跟他们的阅读爱好就存在着很大的距离。这样子我就不得不面临着一种选择:是保持我原来的风格,使他们无法接受我的作品呢?还是改变自己的风格使我的作品尽量做到使他们喜闻乐见呢?结果我选择了后者。虽然文学语言和风格的改变是麻烦的并且是痛苦的,也是并非轻而易举的,但是为了把自己作品送到读者手里,我决心这样做了。"[1]因此,欧阳山对陕北方言的圆熟运用,丝毫不逊色于陕北籍的作家们。

在《高干大》中,"陕北化"是以这样几种状态呈现出来的:

第一,小说的标题本身就是用土得掉渣的陕北口语来命名。"大"是陕北方言中子女对父亲的称呼。"干大"即"干爸",即晚辈对父亲朋友的一种称谓,本身蕴含尊贤敬老之意。《高干大》这个小说名,充满陕北生活气息,本身对陕甘宁边区的人们来说具有一种无比的亲切感与认同感。事实上,这部小说一经问世,便声震解放区。

第二,小说中大量陕北方言的灵活运用,还原了一个生动的陕北生活画卷,增加了小说的生动性。主要表现在这样两个方面:

一是故事叙述中陕北方言的大量穿插使用。这部小说中陕北方言比比皆是,随处可见。如"庄户"(指庄稼人、受苦人)、"滚水"(指开水)、"鞍架"(指牲畜驮东西的工具)、"栏柜"(指柜台)、"烟锅"(指烟具)、"行门户"(指行礼)、"户家哥哥"(指同宗堂兄)、"言传"(指说话)、"熬"(指累了)、"恓惶"(指光景可怜)、"难缠"(指不好说话,难打交道)、"耽搁"(指耽误)、"眉眼"(指脸色)、"高就"(指高攀)、"半拉子"(指半截子)、"亏空"(指欠债)、"使唤"(指使用)、"利洒"(利落、麻利)、"卡榨"(指吝啬)、"拾掇"(指收拾)、"唇舌"(指嘴舌、语言)、"熬煎"(指愁眉苦脸)、"叫唤"(指叫嚷)、"撇脱"(指轻松)、"熟惯"(指很熟悉)、"捉定"(指捉住)、"田地"(指地步)、"尔个"(指现在、今天)、"庄子"(指村庄)、"撂完"(指丢掉了)、"日塌"(指坏了)、"胡述日鬼"(指瞎折腾)、"一达里"(指一块儿)、"二流打瓜"(二流子,不好好干活)、"三朝两日"(指三天两头)、"一满盛不定"(指闲得无聊,无事可干)、"倒灶"(指倒塌、散伙)、

---

[1] 欧阳山:《我的文学生活》,程远主编:《延安作家》,陕西人民教育出版社1992年版,第168页。

"另开"（指分家另过）、"毛鬼神"（陕北迷信中认为的一种鬼神）、"梦湖"（指陕北一种赌博工具）、"叩送"（陕北迷信的一种方法，类似叫魂）、"血迷"（陕北旧时因对妇女大出血认识不足，以为是血迷的症候）、"三山刀"（陕北旧时巫神跳神作法时使用的一种工具）、"巴郎鼓"（陕北串乡小贩们使用的叫卖工具）等等。这些陕北方言似乎是随手拈来，恰到好处地表现了陕北人的生活特点，增添了氛围，渲染了环境。

二是人物对话中陕北方言的大量运用，既生动刻画了人物形象，又给陕北读者增添了亲切感与认同感。这里举几例说明。

"高干大，你这回多不收，少也得收它一千几百回来开**饥荒**（指欠账）。再这样下去，合作社就要**述式**（泛指不行了）了。咱们饭也吃不上了。"（第7页）；

（高干大）"能行，咱们就**相跟**（指一块）上去看一看。你大，他不是清风崖的马老汉么？"（第12页）；

（王银发）"我们要搞医药社，就另外搞，跟你们那个**述寒**（指没有事干）社分开。**闹在一达**（陕北方言，指一块）是闹不好的。"（第40页）；

（任常有）"我浑身有病，病得**一满撑不定**（指没有一点儿支撑的能力了）了！"（第71页）；

（郝四儿）"哼！我不瞒你说，办合作社的人没有千里眼，顺风耳，骡子腿，神仙肚，他还用办合作社么？莫说你家有多少**响洋**（指银元）了，就是谁家**婆姨**（指妻子）养了娃，谁家驴儿下了驹，咱们都是清清楚楚的！"

（高生亮）"你**难活**（指生病）了？穿了棉衣，手还是冷冰冰的！"（第136页）；

"**拜识**（泛指好朋友），明儿赶身啦？"（第138页）；

（高栓儿）"豹子沟我不想**盛**（指住下）了，盛够了。"（第176页）；

"你也能在这儿**款款盛下**（指好好地待在这里）了。"（第221页）；

"你们爱种烂脏庄稼，你们种得去。我要**务艺**（指管理），倒不胜**务艺**它几棵杏树。"（第249页）；

"为了那个'**松**'（指不好的意思）合作社，咱们庄稼没有务好。"（第259页）；

"**老君爷叫蛇咬，法尽了**（陕北歇后语，指没有办法）。"（第265页）；

……

再仔细辨析，作者所圆熟地使用的陕北方言，具有延安附近地域方言的明显特征。当然，对于没有长期在这些地域长期生活经验的人而言，是无法准确辨析出这些特点的。作家的语言状态反映其思维状态与情感状态，早年，欧阳山善用"心爱的欧化语言"进行小说创作。到延安聆听《讲话》后，他的文学语言逐步向民族化与大众化过渡。具体到在这部小说中，欧阳山分明是位活用陕北方言的语言天才。这说明他在深入生活时，是下了一番工夫加以体味，并敏锐把握的。这样，其整体的小说语言具有浓厚的泥土味道，别有一种清新、自然的风格，也迎合了文化程度不高的"工农兵"的阅读与审美需求。

毛泽东同志《在延安文艺座谈会上的讲话》中批评延安文艺工作者时，特别强调："既然文艺的对象是工农兵及其干部，就发生一个了解他们熟悉他们的问题"、"我们的文艺工作者对于这些，以前是一种什么情形呢？我说以前是不熟，不懂，英雄无用武之地。什么是不熟？人不熟。文艺工作者同自己的描写对象和作用接受者不熟，或者简直生疏得很。我们的文艺工作者不熟悉工人，不熟悉农民，不熟悉士兵，也不熟悉他们的干部。什么是不懂？语言不懂，就是说，对于人民群众的丰富的生动的语言，缺乏充分的知识。"① 应该说，欧阳山在长期深入生活后，在创作《高干大》时，有效地解决了"不熟，不懂"的问题。

毋庸讳言，从文学审美的角度而言，《高干大》这部小说也存在诸多问题：一是这部小说有点类似于木刻版画的方式，叙述的线条与方式均较简单，仅限于传统的单一性讲故事的方式，而在环境渲染、人物刻画等方面均有明显不足。二是人物的内心刻画较为简单，不足以表现人物内在的性格逻辑。

任何文艺作品均有时代性，"文艺作品在根据地的接受者，是工农兵以及革命的干部"。② 对于一名革命文艺工作者的欧阳山来说，他在其小说《高干大》中传达革命理念，这无可厚非。应该说，《高干大》无论在题材的选择上、人物的塑造上，还是在叙述方式上，均突出地展现出《讲话》之后"延安文艺"所拥有的"新的人民的文艺"③的特征，它理应引起文学史研究者的高度注意。

作者：梁向阳，延安大学文学研究所所长、教授。

---

① 毛泽东：《在延安文艺座谈会上的讲话》，《毛泽东文艺论集》，中央文献出版社2002年版，第52页。
② 同上，第51页。
③ 周扬：《新的人民的文艺》，《周扬文集》（第一卷），人民文学出版社1985年版，第513页。

论延安文学的大众启蒙内涵

卢洪涛 杜 静

摘 要：大众化构成延安文学的本体性特征，大众启蒙思潮形成延安文学思潮的主流。从五四文学到左翼文学再到延安文学，大众化思潮流脉不绝，且愈显壮阔。毛泽东的《讲话》奠定和指出了延安文学大众启蒙思潮的理论根基和指导方向，在这一理论指导下的延安文艺界颇呈繁盛景象的创作实绩，有力地推动着大众启蒙思潮的全面深入。延安文学的大众启蒙思潮具有内在互动的特质，即作家既是启蒙者，又反过来成为启蒙对象。确定延安文学的大众启蒙这一内涵特质，梳理这一思潮流向，对进一步拓展和深化延安文学研究，或有一定的积极意义。

关键词：延安文学；《讲话》；大众启蒙

在整个20世纪中国文学发展演变的历史进程中，延安文学的大众化色彩无疑是最鲜明和彻底的。正因此，张器友在其主编的《20世纪中国文学思潮》一书中才对延安文学的性质界定为"大众文学"。[①] 的确，大众文学构成了延安文学的基本面貌和核心内容。

延安文学和以延安文学为代表的解放区文学，产生于战火纷扰的特殊年代，战争的紧迫性和根据地崭新的文化氛围，赋予其独特的美学风格和重要的史学意义，这便是对文学大众化和通俗化的全面提倡，并由此而涌动轰轰烈烈的大众启蒙文学思潮。它将晚清和五四以来的"文学启蒙"一以贯之，并结合新的历史条件和时代特色，进行了全新的阐释；同时，也将左翼时期倡导的文学大众化深入发展，并且取得了丰硕的成果。

"大众启蒙"作为以延安文学为代表的解放区文学思潮的核心，是与毛泽东《在延安文艺座谈会上的讲话》的发表密切相关的。《讲话》对文学的"普及与提高"问题的提出以及"工农兵方向"的确立，赋予了战时环境下文艺启蒙的新内涵。可以说，《讲话》对以延安文学为代表的解放区大众启蒙文学思潮的形成与发展，起了重要的理论奠基和方向指导作用；同时，广大的文艺工作者积极践行《讲话》的精神，创作了一批优秀的文学作品，亦有力地推动了这一思潮的全面深化。

---

① 张器友：《20世纪中国文学思潮》，安徽大学出版社2011年版，第134—135页。

一、理论指导：大众启蒙文学思潮的形成与发展

以延安文学为代表的解放区大众启蒙文学思潮是在毛泽东《讲话》的理论指导下形成和发展的；《讲话》作为解放区文学思潮的核心和纲领性理论，决定性地推进了解放区大众启蒙文学思潮的蓬勃发展。

作为延安文学理论纲领的《讲话》，是马克思主义文艺理论的中国化，它第一次从理论与实践的结合上总结了五四以来中国新文学的历史经验和教训，提出并解决了新的历史时期文艺界所面临的诸种问题。《讲话》分"引言"和"结论"两个部分，第一部分即引言部分是毛泽东在1942年5月2日的延安文艺座谈会第一次会议上讲的。他在充分肯定和强调文艺工作的重要性的同时，提出了当时延安文艺界所面临的一些问题，即"文艺工作者的立场问题，态度问题，工作对象问题，工作问题和学习问题"。当然首先和重要的是立场问题。他指出，"我们是站在无产阶级和人民大众的立场。"并强调"文艺作品在根据地的接受者，是工农兵以及革命的干部"，还进一步要求，文艺工作者必须深入到人民群众当中去"了解他们""熟悉他们"，要与工农兵大众的思想感情融合，用大众通俗易懂的文学形式表达大众熟悉的生活。其最终目的就是要实现文学的大众化，用文学来启蒙大众，激发他们的革命意识，并提高他们的文学素养。这就为大众启蒙文学思潮的形成提供了思想和理论上的准备，也为解放区文学"工农兵方向"的确立奠定了基础并指出了方向。

毛泽东在5月23日作了《讲话》结论部分的报告。这一部分主要阐述了五个问题，但核心问题是文艺"为什么人"和"如何为"的问题。他指出："在我们，文艺不是为上述种种人，而是为人民的。"即"最广大的人民，占全人口百分之九十以上的人民，是工人、农民、兵士和城市小资产阶级"。也就是说，我们的文艺应该站在无产阶级的立场上为以上四种人服务。其次是"如何为"的问题，即关于文艺的"普及"与"提高"问题。对这一问题的阐述，可以说是《讲话》的精髓所在，是其最有价值的地方。这一问题的提出和解决对五四以来文学与人民大众相隔膜的问题作出了回应和解答，同时对长期困扰中国文学的雅俗问题和大众化问题作出了理论上的阐述和解决。他还进一步明确指出：现阶段的战争状况决定了应该首先在工农兵中间开展一个"普遍的启蒙运动"，使他们"得到他们所急需的和容易接受的文化知识和文艺作品，去提高他们的斗争热情和胜利信心，加强他们的团结，便于他们同心同德地去和敌人作斗争"。结合战时的实际情况和工农兵群众的文化程度，毛泽东在《讲话》里强调了普及的重要性："在目前条件下，普及工作的任务更为迫切。"但他同时认为，"普及工作和提高工作是不能截然分开的"。"我们的提高，是在普及基础上的提高；我们的普及，是在提高指导下的普及。"从中可以看出，《讲话》对文艺的普及和提高问题的深刻理解。

《讲话》的结论部分还探讨了其他三个重要问题,分别是:关于文艺界的统一战线问题,文艺批评的标准问题以及关于开展整风运动的提议。《讲话》在中国 20 世纪文学史上所具有的划时代地位已经为众多学者所认可,这是一次意义非凡的讲话,它不仅对以往中国的文艺现状做了深刻的总结,同时也开创了文艺的新时代。

　　首先,《讲话》对五四以来的新文学实绩给予充分的肯定,这是其与左翼文学思潮最大的不同。五四启蒙文学思潮的主旨是启迪蒙昧,唤醒深受封建思想毒害的国民,找回做人的尊严,这是五四文学"立人"思想的核心。《讲话》对五四启蒙文学思潮的这种社会使命感给予强烈认同。应该指出,《讲话》主要是从五四文学反帝反封建的角度来对其进行肯定的。也就是说,《讲话》看到了文学的号召力和感染力,想进一步发挥文学的启蒙教化功能来发动人民大众加入到战争行列之中,这也是其与左翼文学思潮的相似之处。然而,左翼文学思潮割断了自己与五四文学的联系,对五四新文学基本上是采取全部否定的态度,"否定张扬'民主'与'科学'的思想启蒙运动的革命意义","否定'五四'白话文运动的积极意义"。[1] 这是《讲话》与左翼对待五四文学革命的不同的态度。《讲话》总结了五四以来的新文学的发展成果,并看到了解放区文学与以往文学成就的紧密联系。因此,以《讲话》为纲领的解放区大众启蒙文学思潮是在对五四启蒙文学思潮和左翼文学思潮的继承和借鉴中发展起来的,并在特定历史条件下结合实际的战争状况,进行了一定程度的创新。

　　其次,《讲话》以马克思主义文艺思想为指导,对客观现实的实际情况及社会存在十分重视。注重从实际出发来研究问题并解决问题。《讲话》正是在总结了以往优秀的文学传统并结合解放区的具体实际状况的基础上所形成的一种系统的且具有前瞻性的理论。因此,在《讲话》指导下发展起来的解放区大众启蒙文学思潮充分重视理论指导下的文学创作,从而使解放区大众启蒙文学在理论和创作两个方面都获得了大丰收。

　　再次,关于文学的创作来源问题。《讲话》对文学的创作来源问题进行了深入的阐述。它指出:"人民生活中本来存在着文学艺术原料的矿藏,这是自然形态的东西,是粗糙的东西,但也是最生动、最丰富、最基本的东西;在这点上说,它们使一切文学艺术相形见绌,它们是一切文学艺术的取之不尽、用之不竭的唯一的源泉。"其对人民生活中丰富的原生态的生活材料的肯定与其对文学大众化目标的提出是一脉相承的。与此同时,《讲话》还强调了关于文学遗产的批判性吸收问题,区分了"社会生活"和"文学遗产"的源流关系:"实际上,过去的文艺作品不是源而是流,是古人和外国人根据他们彼时彼地所得到的人民生活中的文学艺术原料创造出来的东西。"

---

[1] 林伟民:《中国左翼文学思潮》,华东师范大学出版社 2005 年版,第 240 页。

由此可见,《讲话》对文学创作来源问题的论述是深深的植根于文学与人民大众的密切联系之中的。

最后,是对文艺工作者与人民群众相互学习的观点的提出。《讲话》强调:"一切这些同志都应该和在群众中做文艺普及工作的同志们发生密切的联系,一方面帮助他们,指导他们,一方面又向他们学习,从他们吸收由群众中来的养料,把自己充实起来,丰富起来,使自己的专门不致成为脱离群众、脱离实际、毫无内容、毫无生气的空中楼阁。"这就使得文艺的启蒙不仅仅是知识分子对人民群众的启蒙,而是他们互相学习长处,互相启蒙的一个双向、互动的启蒙运动。① 从对二者相互学习的强调到对革命文艺社会现实性的重视,都充分体现了其与五四启蒙文学思潮核心观念的不同之处。

综上所述,毛泽东《在延安文艺座谈会上的讲话》对延安文学的意义无疑是十分重大的,尤其是对以延安文学为代表的解放区大众启蒙文学思潮的形成起了巨大的推动作用。但值得一提的是,在 20 世纪 40 年代的解放区,在《讲话》发表的前后,还有一些关于文学的理论性文章陆续产生,这些文章和《讲话》一起形成了阵容庞大的理论系统,它们共同带动了解放区文学思潮的蓬勃发展。其主要由两部分构成,一部分是毛泽东本人关于文艺的一些文章;另一部分是解放区其他文艺工作者的理论文章。

一、在延安文艺座谈会召开的前后一段时间,毛泽东还撰写了一系列有关文艺的文章,例如,《新民主主义的文化》《文化工作中的统一战线》《文化、教育、知识分子问题》等。《新民主主义的文化》是《新民主主义论》的最后五节,这篇文章主要论述了新民主主义文化的性质:所谓新民主主义的文化,一句话,就是无产阶级领导的人民大众的反帝反封建的文化。其次,还指出了文化革命的统一战线问题,将 20 年来的文化革命的统一战线分为四个时期:第一个时期以五四运动为标志,第二个时期以中共成立、五卅运动和北伐战争为标志,第三个时期是 1927 年至 1937 年的新的革命时期,第四个时期就是抗日战争时期。从这四个分期不难看出文化与政治以及历史的密切关系。文章的最后还重点论述了新民主主义文化的三大特点:首先指出新民主主义文化的民族性,文化的民族性是生生不息发展的基础,是其鲜活生命力的强大保障,尤其是在大敌当前,举国抗战的时期,民族士气的鼓舞就显得尤为重要,因此,强调文化的民族性,不仅对文化的繁荣发展十分重要,对民族尊严的树立也是意义深刻的。其次是新民主主义文化的科学性。这是对五四"民主与科学"精神的继承与发扬。最后是新民主主义文化的大众性:这种新民主主义的文化是大众的,因而即是民主的。它应

---

① 马力:《文学启蒙理念的升华——写在毛泽东〈在延安文艺座谈会上的讲话〉发表六十周年之际》,《鸭绿江》(上半月版),2002 年第 5 期。

为全民族中百分之九十以上的工农劳苦民众服务,并逐渐成为他们的文化。可以看出,这里已经指明了新民主主义文化的对象问题,这里对这一问题的探讨可以看作是《讲话》的准备,在《讲话》中,这一问题被更为深刻和具体地加以阐述。其他两篇文章分别论述了文化工作中统一战线的问题和知识分子与教育问题,其中谈到了统一战线中的两个原则:第一个是团结,第二个是批评、教育和改造。另外,指出了知识分子和文化对于中国人民解放事业所起的作用以及教育、旧文化工作者等问题。以上这些文章作为《讲话》的补充和发展,与《讲话》一起构成了延安文学的指导纲领,其对文艺大众化的强调与重视,十分有力地推动了战时解放区大众启蒙文学思潮的发展。

二、在自由民主的解放区,广大文艺工作者纷纷为文艺的发展献计献策,尤其是延安文艺座谈会的召开使讨论的气氛更加浓厚。下面列举一些有代表性的文章和观点:鲁藜的《目前的文艺工作者》充分重视文艺与革命实践的密切关系,强调深入革命实践对艺术工作的重要性。"一个伟大作家的产生是连接于他的时代,连接于他在这时代的革命实践的;革命的实践是一切艺术生命的源泉。"艾思奇的《抗战文艺的动向》集中表现了以下三点:第一,时代对文艺的影响;第二,强调对五四文学"平民的"和"写实的"文学精神的传承,同时对左翼文学进行总结,肯定它将文学关心的内容从个人方面转到社会现实方面对新文学的贡献。同时也指出了左翼文学大众化理论与实际的脱离。最后指出了抗战文艺的发展方向:民族的、大众的以及具有现实主义的基础。第三,总结了抗战文艺发展前途上的核心问题:组织上切实的广泛的开展,创作的适当的形式的探求,理论上的正确思想的建立。在其另一篇文章《两年来延安的文艺运动》中,艾思奇总结了抗战两年来,延安三种不同来源的文艺力量建立的各种文艺组织、团体以及编辑的刊物。周扬的《文学与生活漫谈》深入探讨了文学艺术与生活的关系问题,文章归结为以下两点:第一,文学艺术与生活的水乳交融,主观与客观的合二为一是文学的至高境界。第二,建议作者深入生活,感受生活,从而提炼新的题材。"如其你感觉现在没有东西可写,就让强烈的生活的欲望来代替创作的冲动吧。走出窑洞,到老百姓中间去跑一趟,去生活一下,是一定会有益处的。"①

以上这些文章都是在延安文艺座谈会召开之前文艺工作者对文学艺术问题的探讨,下面这几篇文章都是在座谈会召开之后展开的讨论文章。萧军的《对于当前文艺诸问题的我见》分别从以下几个方面表达了自己的见解:关于"立场"问题,萧军指出我们的立场很明显,第一个是为求得民族的解放;第二个是求得人类的解放。② 其次

---

① 刘增杰、赵明、王文金、王介平、王钦韶:《抗日战争时期延安及各抗日民主根据地文学运动资料》(上),山西人民出版社1983年版,第87页。
② 同上,第136页。

是态度问题,作者总结为"科学者的态度"和"现实主义的手法"。关于"给谁看"问题,萧军表达了自己与《讲话》一致的观点,且有所补充,分别从文学作品的内容和形式两个方面探讨了如何创作让读者层读得懂的作品,概括为四个字"深入浅出","在内容上我们可以尽可能深而又深,但在表现形式上却应该尽可能浅而又浅,所谓'深入浅出',使水准低的不厌其深,水准高的不薄其浅。还应该抱一部分文学上的'启蒙'目的。提高和普及一定要并行。"可以说,萧军是延安文艺工作者中较早将文学的启蒙与文学的提高和普及工作纳入到同一范畴的少数倡导者之一。文学的普及和提高问题是文学启蒙的具体化,在40年代风起云涌的中国大地上,文学的启蒙工作似乎比任何时代都更重要,然而,只有解放区相对自由宽松的环境可以给文学启蒙的深入发展提供条件,文学启蒙在新的历史条件之中,改变了面貌,深入到工农大众之中,感化了他们,使他们认识到了加入到抗战洪流之中的重要性。文学的大众启蒙思潮从此开始逐渐全面深化。萧军在这篇文章中还探讨了写人的"典型性"问题以及"如何搜集材料"和"学习"等问题。这些问题对于解放区文学的深入发展都起了一定的指导作用。艾思奇的《谈延安文艺工作的立场、态度和任务》一文批判了小资产阶级知识分子的个人清高的思想情绪以及个人主义意识,要求文艺工作者要站在马克思主义的立场上为人民大众服务,要"以全身心走入工农群众中,把自己的趣味情趣融合于工农兵群众。进行生活体验和意识锻炼。"[①]其他的还有刘白羽的《对当前文艺上诸问题的意见》和丁玲的《关于立场问题我见》都强调了文艺工作者的无产阶级立场的重要性,同时也就文学的大众化、写光明与写黑暗以及创作方法等问题进行了探讨。这些颇有见地的意见对解放区文学思潮的理论建设意义深远,它们与《讲话》一起引导了延安文学的发展,形成了解放区文学思潮大众化的创作倾向。

二、创作实绩:大众启蒙文学思潮的全面深化

以《讲话》为核心的延安文学指导思想和理论体系的形成,对于解放区文学思潮的日益发展壮大产生了不容忽视的作用。尤其是这一理论体系提出的文学的大众化、通俗化方向以及为工农兵服务的准则,为广大的文艺工作者指明了创作的方向和路径,而创作上的全面丰收又促使大众启蒙文学思潮全面深化,并形成波澜壮阔之势。

延安作为革命圣地,在民族解放战争史上的地位无疑是十分重要的,它是整个解放区的指挥中心和枢纽,充满自由和光明的氛围,吸引了来自全国各地的文艺工

---

① 刘增杰、赵明、王文金、王介平、王钦韶:《抗日战争时期延安及各抗日民主根据地文学运动资料》(上),山西人民出版社1983年版,第7页。

作者。他们在解放区良好气氛的感动和鼓舞下,结合《讲话》的精神,创作出了一批深受广大群众喜欢的大众文艺作品。与此同时,各类文艺社团组织、报纸、期刊也如雨后春笋般出现在延安。例如,在延安成立的陕甘宁特区文化界救亡协会以及各艺术门类的协会和各个解放区的分支组织;1938年,毛泽东等人倡导在延安成立了鲁迅艺术学院;丁玲等人发起成立了西北战地服务团等等。以上这些成就都有力地推动了延安文学的发展,同时也加强了延安文学和其他根据地文学的联系,使他们成为有机的统一体。

1. 社团组织及文艺期刊

陕甘宁边区文化界抗日救亡协会于1937年11月在延安成立,这是抗日战争爆发后解放区成立的第一个文学团体为骨干的抗日文化组织。[1] 边区文协是应抗战的形势应运而生的一个文化组织,其主要的任务是组织大量的文化工作者为抗战服务,团结边区的文化工作者推动边区战时的文化工作。同时提倡发挥文化的启蒙和教育功能,开发民智,号召更多的民众加入到抗战的洪流之中。组织各种文艺活动,借以加强抗战宣传。协会内设立了诗歌总会、《文艺突击》社、戏剧救亡协会、《文艺战线》社、讲演文学研究会、大众读物社、文艺顾问委员会、抗战文艺工作团等组织。[2]

1938年,在毛泽东等人的倡导下,鲁迅艺术学院在延安正式成立。鲁迅艺术学院是抗日战争时期,我们党培养抗战文艺干部和文艺工作者的摇篮。后来更名为鲁迅艺术文学院。"鲁艺"在战时的延安,为我党培养了大批的文化战士,很多文艺爱好者和青年经过在鲁艺的学习,对统一战线指导下文学艺术的使命和作用有了更清晰的认识,并且以其创作实绩为战争时期文化的发展增添了新的活力。

战歌社是由柯仲平等人发起成立的,这是抗战后在延安成立较早的一个诗歌结社组织[3]。其成立之后主要推动诗歌与民众的结合,并且大力倡导诗歌朗诵活动,并且积极主张街头诗运动,为诗歌的大众化作出了很大的贡献,同时也极大地发挥了诗歌的宣传作用。战歌社隶属于边区文协,后来并入到延安新诗歌会。其他在延安成立的文学社团还有山脉诗社、怀安诗社、草叶社、文学月会以及陕甘宁边区文化界抗战联合会、中华全国戏剧界协会陕甘宁边区分会等。

纵观在延安成立的各种文学社团,主要有以下几个特点:

---

[1] 刘增杰主编:《中国解放区文学史》,河南大学出版社1988年版,第27页。
[2] 同上。
[3] 刘增杰、赵明、王文金、王介平、王钦韶:《抗日战争时期延安及各抗日民主根据地文学运动资料》(上),山西人民出版社1983年版,第527页。

第一,时代性。这些文学社团都是应战争需要而产生的服务于民族解放战争的文化团体,因此,不可避免地打上了时代的烙印。一方面,他们要以描写战争为主要内容;另一方面,他们要在新的时代感召之下,适应战争需求,尽可能地使用短小、精悍的表现形式,比如诗歌,发挥其鼓舞性与号召性,使其广泛地深入到群众中去,号召群众起来抗战。

第二,联合性。这些文学社团大多都是在统一战线的基础上发动起来的,其尽可能地在最大的范围内联合广大的文化工作者,集思广益,共同为抗战服务,有的文化组织作为全国性文学组织的分支机构,起着连接解放区和其他地区的桥梁作用。

第三,宣传性。从成立的文学组织和社团的形式来看,诗歌社团的数量较多。诗歌和戏剧较其他的文学形式,更容易感染人,且其形式大多较为短小,加之文艺工作者对其形式的通俗化和大众化改造,使其更容易接近老百姓,更好地发挥其宣传效用,感化和启发人们的爱国热情,使之加入到抗战洪流之中。

另外,在文学社团的推动下,延安及陕甘宁边区的文艺期刊也大量出版,主要有创刊于1938年10月16日的《文艺突击》,1939年2月16日创刊的《文艺战线》,1940年4月15日创刊的《大众文艺》,1941年出版的《鲁迅研究丛刊》,1942年11月1日创刊的《草叶》等等。这些文学刊物对创作的繁荣和青年作家的培养都起了很大的推动作用。

2. 重要代表作家

延安作为民族解放战争时期的政治和文化中心,吸引了众多文艺工作者的到来,他们的到来为解放区文学艺术的发展注入了新鲜的活力,同时,解放区也为他们提供了良好的创作环境。解放区的文学园地顿时百花齐放,呈现了各具特色的创作风格。这里以两位较有代表性的作家为例来探讨延安作家的创作特色。

丁玲作为一位从国统区走到解放区的作家,她创作特色的改变最能体现延安及陕甘宁边区为中心的解放区和国统区的不同。同时,作为一位深受五四文学革命影响,成名于革命文学时期,又在左翼时期发挥巨大影响的著名作家,不同时期的时代烙印深深地刻在了她的一系列作品之中。丁玲在党组织的帮助下,于1936年辗转到达陕北,积极组织文学社团,创办文艺刊物,同时还创作了一批散文、通讯等,然而,丁玲主要的文学贡献还是小说创作,尤其在抗战初期,主要致力于短篇小说的创作。

丁玲是在五四文学革命的熏陶下成长起来的一代作家,五四文学对传统的反叛,对民众愚昧的揭露,对个性自由的呼唤等精神主旨都对丁玲的文学创作产生了深远的影响。丁玲早期文学创作中无不渗透着对女性命运的深刻思考和对个性自由的呼唤。更为重要的是,丁玲对这些问题的思考是始终贯穿在五四个性启蒙精神之中的。可以说,丁玲早期的作品中无时无刻都散发着个性启蒙的精神。然而随着文学思潮的总体转向,以及救亡压倒启蒙呼声的不断高涨,丁玲开始逐渐投入到轰轰烈烈的革命文学的大潮之中。革命文学倡导时期以及左翼文学思潮时期,文学的最显著特征即是对文学大众化的提倡,在救亡呼声不断高涨的形势下,大众启蒙文学思潮开始萌芽,并在解放区文学时期发展成熟。而作为亲身经历并参与这一系列变化的作家之一,丁玲的文学创作也经历了由个性启蒙到大众启蒙的转变,因此,丁玲在延安的创作,可以说是以大众启蒙为主要特色,同时,还渗透有早期个性启蒙的特点。这主要体现在以下几个方面:

首先,从作品的题材来看,主要将焦点聚集在和战争有关的方面,而且,往往以军队战士与老百姓的军民鱼水情作为重要的表现对象。丁玲在延安创作的短篇小说,大多是将其放在战争的背景之中的,描写的大多也是和战争有关的故事情节。例如,她在延安的重要代表作品《一颗未出膛的子弹》,这部短篇小说通过对一个十三岁孩子的感人事迹的描写,深刻地揭示了在大敌当前的时刻,全国人民团结起来一致抗战的重要性。小说讲述了这样一个故事,一个年仅十三岁的红军小战士掉队之后被一个善良的老婆婆收留,但是,不久,东北军来到这个村庄发现了这个红军小战士,在他们准备用一颗子弹结束这个红军小战士生命的时刻,小战士说出了十分震撼人心的话:"连长!还是留着一颗枪弹吧,留着去打日本!你可以用刀杀掉我!"[①]这一席话感动了东北军连长,激起了连长内心深处的爱国情感。这部小说独特的艺术魅力即在于抓住具有时代敏感性的题材。在抗日战争的关键时刻,中华民族团结一致抵抗外侮的侵略,是每个中华儿女义不容辞的责任和义务。丁玲以其敏锐的艺术直觉抓住了这一题材加以表现,是极具时代性的。这篇作品是丁玲到达陕北后创作的第一篇小说,作品发表于抗日民族统一战线建立前夕,其表现出来的民族气节以及全民抗战的历史趋势,是极具历史发展眼光的。作品所体现的深层文化意义,即在于启发人民大众的爱国热情,和红军战士共同作战,争取民族的解放。作品中对小村庄百姓的描写就极微妙地体现了这点。红军小战士被老婆婆带回去休养以后,村子里的百姓都对他表现出了极大的热情,看到小战士拘谨的样子,他们关切地对他说:"同志!你放心,尽管说吧,咱都是一家人!"文中处处流露出老百姓对红军战士的热爱和敬仰。可以看出,这些描写都集中在对广大民众参与抗战的积极性的歌颂与赞扬之中。因此,对启发更多的民众参与抗战起到了很好的典范作用。

---

① 丁玲著,王荣编:《丁玲集》,花城出版社2006年版,第132页。

其次，从作品的人物形象来看，丁玲从早期的关注个人命运的一己情怀转变到了关注投身于战争的普通百姓的命运，这其中尤为关注女性命运。丁玲这一时期的作品有的是表现知识分子在改变环境之后的苦闷和彷徨，如《在医院中》，然而，她已经不仅仅将笔触停留在这一领域，她开始关注为战争作出贡献但又得不到人们理解的女性的悲壮情怀和悲惨命运，如《我在霞村的时候》。《在医院中》讲述的是，一个从上海来到革命根据地的女医生陆萍，怀着满心欢喜来到了陕北，然而，这里的实际状况与她想象中的相差甚远，但她依然以满腔的热情投入到工作之中，而随着工作的逐渐深入，她发现医院有很多不合理的地方，甚至不能满足基本的治疗条件，面对这一切，她只有独自苦恼，最后，在一位有着特殊经历的病人的启发下才开始逐渐醒悟。这部小说的主题很明显，知识分子的苦闷和彷徨，以及与新环境的不和谐相处，在一位经历过战争的病人的启发之下，其思想开始朝着积极的方向转变。《我在霞村的时候》塑造了一个生长于闭塞的小乡村却极具叛逆色彩的女性形象——贞贞。她虽然受尽屈辱，却没有因此而消沉下去，而是将满腔的仇恨化为顽强的生命力，忍辱负重，为我们的民族解放事业极尽所能地作贡献。这种崇高的使命感和强烈的爱国热情在一个只有18岁的少女身上体现得淋漓尽致。作者在这个人物身上倾注了满腔的热情和深深的敬意。然而，贞贞的行为并没有赢得乡亲们的敬佩，相反的是，人们向她投来了白眼和冷嘲热讽，贞贞就像一个孤独作战的战士一样，这使人不难联想到鲁迅先生在五四时期所描写的孤独的战士的形象。中国几千年的封建传统在人们心中留下的烙印太深了，正是他们愚昧的封建意识使得贞贞得不到理解。因此，启蒙的任务依然任重而道远，丁玲深刻地意识到了这一点，她想通过自己的作品让更多的人从封建的桎梏中走出来，加入到民族解放战争的大潮流之中去。

最后，从作品的语言特色来看，人物语言已经开始逐渐向大众化靠拢。对大众进行启蒙的意识不仅仅要体现在作品的题材和人物形象的塑造上，对作品表达方式的转变也是尤为重要的。丁玲延安时期的作品在表达方式上的最大改变体现在其作品的语言特色上。在丁玲的延安时期的一系列短篇小说之中，其作品的语言呈现出两种特色，即作品叙述语言的精致化和人物语言的通俗化。丁玲的这些作品在对故事情节的叙述以及环境的描写上依然体现出文人化的创作倾向，其中也渗透着对延安当地颇具特色的风俗描写，例如对陕北独具特色的窑洞的描写。但是，人物语言则呈现出方言化的特色。丁玲作品中的这种语言特色对其作品走向大众化然而又保持应有的高雅特色是有很大的意义的。

柳青作为一名陕北籍作家，其创作自然而然地打上了黄土地的烙印，柳青对陕北文化的谙熟十分清晰地体现在其文学创作与延安精神的契合之中。一方面，《讲话》指引了柳青文学创作不断地贴近"工农兵方向"，另一方面，其自身的成长经历和生活环境使得这种契合更为自然,其间散发着一种天然的气息。柳青解放区时期的文学创作,大致可以分为两个部分,分别是以《地雷》结集出版的短篇小说集和长篇小说《种谷记》。柳青早期的短篇小说创作是其走上文学道路的奠基石,是形成柳青整体文学创作风格的起点和雏形,其中对陕北农村和农民的描写和表现是十分细致入微的,同时,也触及了农民思想转变的艰难和对其进行思想启蒙的重要性和复杂性。纵观柳青延安时期的短篇小说创作,在主题思想上主要表现为以下两点:第一,揭示了中国农民传统的保守心理,其中有朴实的一面,但也有落后、自私的一面,主要体现为老一代农民的明哲保身和因循守旧思想。例如在《地雷》中,李树元老头对自己儿子参与抗日的态度:"起身的时候我给他们嘱咐了又嘱咐,抗日,那是要像人家军队说的一样,是全中国的事情,指望咱一家不济事,反正,这世道,把自己的身子保护住,是正经办法。他们还不懂? 又不是实憨子……"[①]这段描写十分真实,中国老一代农民保守、落后的心理跃然纸上。《在故乡》《喜事》等作品中"老父亲"的形象也很有代表性,"父亲"看待新事物的抗拒心理以及对旧社会传统礼法的留恋等,都是中国农民落后心理的表现。作者对这一问题的提出,揭示了对他们进行思想启蒙的必要性和迫切性,可以说,底层农民是中国大众启蒙的主体,因此,对农民的思想启蒙是中国革命胜利和文化进步的关键和核心,这对我们的时代发展是有很大的社会意义的,而柳青在其文学作品中及时且恰当地捕捉到了这一主题,其意义是十分深远的。第二,揭示中国农民深深的土地情怀,热情歌颂新政权对农民利益的保护。例如,作品《土地的儿子》中对李老三得到土地之后的喜悦之情和感激之情的表现,通过李老三的这一翻身农民的心理和言语,将农民和土地之间深深的情感淋漓尽致地表现出来。这里体现的不仅仅是农民的真实生活,更为重要的是蕴含了作者柳青对农村和农民生活的真挚情感。

颇具时代特色和生活气息的长篇小说《种谷记》是柳青早期文学创作的典型代表,这是一部在《讲话》推动下,以描写在党的领导下组织广大农民群众变工种谷的艰难过程为主要内容的长篇小说。孔范今和徐文斗在其《柳青创作论》中论述《种谷记》一节的题目十分之醒目,将这部小说的时代特色概括得十分贴切:贯彻工农兵文艺方向的硕果——《种谷记》。[②] 由此可见,《种谷记》与《讲话》的密切关系。柳青在1942年延安整风运动和《讲话》之中体悟到了新的气息,之后深入到陕北农村进行创作,在这个时期,理论学习和工作实践,加之于其自身的文化底蕴,柳青创作出了我国现代文学史上反映老解放区农村变工互助活动的第一部长篇小说[③]——《种谷记》。这部作

---

① 柳青:《柳青文集》(4),人民文学出版社2005年版,第35页。
② 孔范今、徐文斗:《柳青创作论》,陕西人民出版社1983年版,第21页。
③ 同上。

品以其对当时农村生活的生动反映和对农民以及党的基层工作的真实描写,对《讲话》的核心精神作了较为深刻的诠释。主要体现在以下几个方面:

第一,质朴的乡土抒写。这一点十分明显地体现在作品的主题思想之中。这是一部描写农村生活的作品,在当时的解放区,农民以及他们的生产生活是颇受关注的,柳青捕捉到了这一最具现实意义的时代前沿话题,以变工互助为其作品的主题,是其深入农民,深入大众的最重要的表现。抒写与农民的切身利益十分之密切的内容才会引起农民的关注,通过反映在变工互助活动中所出现的诸多问题,才能引起农民的反思和不断改进,从而认识到党的这一政策的合理性和进步性,这是柳青《种谷记》中所折射的大众启蒙意义之一。作者以质朴的手法对这一主题进行了深入的阐释,作品以陕北农村"王家沟"为例,对"王家沟"组织变工种谷的具体过程进行了一一展示,其中的复杂性和艰难性无不体现出农民思想的转变之艰难,然而,作者并没有过多的批评与无奈,而是以十分亲切和质朴的笔触,描绘了一幅在变工种谷过程中群众观望和犹豫不定的画面,这对于启发当时在农村开展的变工互助活动抱有动摇心态的农民是很有启发意义的。

第二,零距离的农民视角。柳青在《种谷记》中的视角是十分独特的,他没有站在作品之外去远观王家沟农民在变工种谷之中纷扰的争吵,而是以农民的视角去做零距离的观察。这一点最为明显地体现在作品没有过多的评论,而只是将人物、事件呈现在读者面前。作品虽然没有以一个参与这一事件的过程的农民口吻叙写,然而,其在作品中所呈现的这种不加过多评论的客观陈述,正体现了其感同身受地零距离视角,因为这一视角的运用才使得他不能跳出这个事件而对其做理论意义上的概括和政治意义上的评判,他是完全站在农民的立场上来创作这部小说的,对变工种谷这一过程的过于投入,促使作者的创作角度发生了重大的转变。他不仅仅是在写农民的生活,更重要的是以一个农民的视角来进行零距离的创作。深受传统思想影响的中国农民接受新生事物的过程自然是十分缓慢的,同时也是十分复杂和艰巨的。然而,柳青没有过多地批判农民的保守、落后,也没有过于乐观地表现事情的进展程度,作品中只有客观的陈述,包括对富裕中农王克俭——这一在变工种谷活动中屡次退却颇受"受苦人"非议的形象,作者也没有进行过多的批评和指摘,而是将王克俭破坏变工种谷的事情呈现出来,交给众人和读者去评判,我们完全可以从作品中受苦人王克俭的态度中看出作者对这一人物形象的感情色彩。同时,对于参加变工种谷活动的其他抱有观望态度的受苦人,柳青更是带着理解的情感去描写他们,更多的是寄希望于他们的逐渐转变,这是一种带有启蒙色彩的描写视角,解放区的农民可以在这部作品中看到自己的影子,从而更好地转变自己的思想,改变较为落后的生产现状,更快地融入到新的生产方式之中,进而有效地改变解放区的生产和生活状态,这是柳青《种谷记》所体现的深刻的社会意义和启蒙意义。

第三,原生态的乡村特色。乡土抒写与农民视角赋予了柳青《种谷记》鲜明的乡村特色,这是一种原生态的陕北乡村特色,其对陕北特有的民风民俗的描写,对陕北农民劳动场面的描绘,对陕北乡村生态环境的表现,尤其是充溢于作品中的陕北方言,都是倾注着陕北农民情感的地域特色的体现。最能体现陕北乡村原生态特点的是作品中的时间概念,《种谷记》中几乎没有对具体时间概念的表现,而是用以下几种方式来进行表达的"约莫过了没吃两三锅烟的工夫",[1]"早晨,天刚一亮,钟声便响了。"[2]"信是六老汉刚打过做晌午饭的钟不大一会儿,送到学校的。"[3]这些表达时间的手法很有特色,将陕北乡村原始、古老的气息十分传神地体现了出来。这种贴近农民生活的描写更容易赢得农民的青睐,从而使解放区文学的受众层面不断扩大,为解放区文学的大众化作出应有的贡献。

以柳青为代表的延安本土作家和以丁玲为代表的来自国统区的作家,在40年代的解放区,以各自的创作视角和创作风格,共同践行毛泽东在《讲话》中所提出的文艺方向,他们以自身的不同经历,共同理解熠熠发光的延安精神,围绕着文学的大众化,在文艺园地里辛勤耕耘,有力地推动了以延安文学为代表的解放区文学大众化的前进步伐。

综上所述,延安文学的启蒙特征是在战争文化背景之中隐性存在的,然而,其对文学的民族化和大众化努力却是有目共睹的,其最显著的启蒙特征即是文学的民族化和大众化。在国家面临危亡的关键时刻,唤醒国民的民族自尊心和坚定的家园意识,成为文学最重要的表达主题。文学开始向内转,一改五四时期学习西方的面貌,坚定地在民族内部寻找文学的根,这就是让炎黄子孙引以为荣的几千年的华夏文明。顷刻间,传统的文学表达形式为文艺工作者纷纷借鉴,文学的表现主题也开始逐渐转为对劳动人民的赞美和歌颂,充分发掘劳动人民身上质朴的感情和优良的传统。在革命圣地延安,文学的民族化和大众化已经成为主流意识形态的文艺纲领,广大文艺工作者纷纷践行这一纲领,积极推动着文学的民族化和大众化。总之,延安文学以其丰富的思想内容和独特的表现形式在中国文学大众化的道路上不断地前行,坚定地担负起了文学大众启蒙的历史使命,其意义是十分深远的。

作者:卢洪涛,陕西师范大学文学院教授。

---

[1] 柳青:《柳青文集》(1),人民文学出版社2005年版,第34页。
[2] 同上,第54页。
[3] 同上,第145页。

如何着手研读赵树理
——以《邪不压正》为例

倪文尖

摘　要：在被一轮已然完成的经典化所遗忘之后，赵树理研究近来有些复兴之势。本文认为，坦诚地面对研究者自己作为"普通读者"进入赵树理小说文本的困难，是真正展开研究的前提，而研读赵树理的压力和魅力正在于，要拿一个"靠不住"的自己同一个"未完成"的对象去对话。作为一种"如何着手"的初步尝试，本文以赵树理颇具争议的小说《邪不压正》为例，在文本细致的阅读和引用的基础上，透过"主体""阶级"及"乡村民主"等视角，阐释赵树理的乡土理解同中国革命的话语和实践"重而不合"的丰富性，并力图为左翼文学研究的进一步深化提供某些方法论的启示。

关键词：赵树理；《邪不压正》

在 2005 年北大版的《中国现当代文学学科概要》这本有意成为全国研究生专业教材的书里，专章讨论"鲁迅研究的历史与现状"之外，还有两章"重要作家研究述评"：一章是传统的"郭（沫若）茅（盾）巴（金）老（舍）曹（禺）"，另有一章基本属于 20 世纪 80 年代以来越来越热的作家——沈从文、张爱玲、艾青、穆旦、胡适、周作人、胡风。[1] 这差不多已然完成的一轮经典化中，赵树理的名字再也看不到了，这是事情的主要方面；另一方面是最近几年来，随着左翼文学传统被重新强调，延安和十七年文学的研究渐趋复兴，赵树理作为代表性乃至方向性作家的重要性，又不时见之于论述。亦不难想见，在当下的学术语境中，"赵树理"和"现代性"之类关键词的连接，也开始诉诸笔端了。在我看来，无论如何评价、定位赵树理，作家赵树理首先是要拿来读的、是在阅读之中存在的；然而，也恰恰在此基础性问题上，赵树理研究已经不那么"自然"，面临着诸多困难，从而有必要提出"如何着手研读赵树理"的问题。也许，只有真正对此了然于心了，高度肯定赵树理的价值，从赵树理那里获得启示，等等，才能比较的牢靠。

阅读赵树理小说的主要困难在于，我们一般的阅读图式似乎都不太适用。那几个笼统但有用的"读法"——故事、人物、环境、主题，大体能够说明这一点。先用"读故

---

[1] 温儒敏等：《中国现当代文学学科概要》，北京大学出版社 2005 年版。

事"的读法试读《邪不压正》,你会发现它当然是有故事的,但却不像通常所以为的赵树理那样,直接按故事情节的起承转合来展开,也很难说有什么"曲折"或"奇观"的故事,倒是显得比较缓慢甚至啰嗦。其次,"读人物",那着实应验了竹内好的看法,[①]赵树理和惯常的西洋小说很不相同,小说"第一主人公"有点难找。那些阅读现代小说所形成的习惯与定见:故事为人物服务,人物性格的丰富和成长越充分越曲折才越好,等等,假如被你拿来作为阅读尺度的话,那么,这部作品的格格不入是显然的,让你不适应以致不喜欢也很自然。问题是:这些年的研究对于我们的"不适应""不喜欢"也已有了一些结论,像瓦特的《小说的兴起》和黄梅的《推敲"自我"》等都颇具说服力地证明,西洋小说的兴起与个人主义的兴起密切相关、相互激发,如果没有资本主义对"私我"的重视,也许笛福的小说就不会产生,而文学在"私我"的生产史上所起的作用怎么估量都不过分,因为人们往往在小说的阅读之中才充分体验到"自我"之重要性。[②] 更不用说现代主义小说对于"深度自我"的迷恋,我们 20 世纪 80 年代的文学比如"向内转""性格组合论",矛盾、痛苦的"心灵的辩证法"之类,都是由此产生的一系列观念。这意味着,我们习以为常的阅读趣味,是与现代西式小说的阅读经验密切相关的。沿用那些标准来读《邪不压正》里的人物,你就会发现,人物性格是如此的单一,确实很是"扁平人物"。这就是赵树理的小说人物的一个特点,你往往可用一两个绰号似乎就把他们概括掉了。——于是"人物",也没什么特别的了。

还有一个路数的读法,是"读环境"。可是,你很快就会发现《邪不压正》里的小说"环境"、乡村的空间尽管非常重要,却相当缺乏具象式的描写——"风景描写"非常之少,或者说,形象上的具体性太不充分了。既然"故事情节""人物""环境"都不行,那剩下的看来就是"读主题"了:这是我们阅读文学作品时总要落实的一个环节。而有关赵树理小说的主题,已经有了许多论述和结论,仿佛不需要怎么具体细致地阅读文本就可以抵达。——事实上,无论是多么肯定赵树理的,还是怎样轻视赵树理的,很多人、很多评论,多半是根据已有的、外在于小说文本的东西来推断的,这大概也不妨说是我粗浅阅读赵树理研究史的基本感受。简言之,我们读赵树理,却没有读赵树理的"读法",这样的状况,实际上已经存在不少年头了;或者,我们有一些"读法",但是,一般的小说读法在阅读赵树理时意义不大,甚至所起的作用正好相反。这当然不是说赵树理的小说读不懂、读不通,而是人们总是觉得自己读出来的东西,对于阐明赵树理的价值和贡献而言,效用相当有限。

---

① 〔日〕竹内好著,晓洁译:《新颖的赵树理文学》,中国赵树理研究会编:《赵树理研究文集(下)——外国学者论赵树理》,中国文联出版公司 1998 年版。
② 〔美〕伊恩.P.瓦特著,高原等译:《小说的兴起》,三联书店 1992 年版;黄梅:《推敲"自我"》,三联书店 2003 年版。

对此,当然要反省我们的阅读方式。为什么只有西洋小说般对"深度自我"的迷恋,我们才觉得有意义?那是因为我们自己的审美感受已经非常西洋化了。所以,和赵树理的小说接不上榫头,也是很自然的事。这样,一种双面性的态度显得尤其必要:一方面,坦承我们"不适应"、自己"不喜欢",总要比"鸵鸟政策"强;另一方面,不能对"不适应""不喜欢"听之任之,需要对我们的"自己"有真切反省。因此,我们要通过赵树理的阅读来测试自己阅读趣味的边界,并由此反省这背后的艺术观和价值观——为什么今天又激发起重新阅读赵树理的热情?那是因为我们对"自己"的"今天"不满足、不满意,我们希望从中国革命和左翼文学实践里寻找到一些潜在的可能性。同时,假如左翼文学和中国革命把什么问题都解决了的话,我们今天还怎么可能有不满呢?所以,这"反省"又不是兜底转的"照单全收",不是"理解的要执行,不理解的也要执行",以为赵树理那里什么都有、什么都好,而是在阅读赵树理的过程中,借机发现"可能性"与"不可能性"的因素,而且多半可能是零散化的、碎片式的因素。就此而言,阅读其实变成了非常艰难的事情:要拿一个"靠不住"的自己来面对一个"未完成"的对象,这在我看来,既是阅读赵树理的根本困难,也是阅读赵树理的基本态度。在这个意义上,阅读赵树理可能并不很愉快,因为阅读态度和方式很难是欣赏式的,而往往是研究式的。

话说回来,我还是相信,中国的特别是当时的农民还是会喜欢赵树理小说的。日本学者千野拓政曾经撰文指出,《狂人日记》之所以是中国现代小说的开山之作,是因为鲁迅写作《狂人日记》时所预设的阅读氛围发生了重大变化,《狂人日记》想象它的读者是在一个幽闭空间里独自阅读。[①] 由此而论,如果说赵树理和现代西式小说又有巨大转变的话,那他对于那种文学的阅读预设不满是头等重要的。赵树理有意识地把小说写成现在这个样子,因为他希望自己的小说能进"文摊",[②]他对于读者的期待、尤其是阅读方式的期待,确实有重大的调整。按赵树理的说法,他的小说是给农村里识字的人读的;更重要的是,他希望识字的人读了之后说给那些不识字的人听。因此,赵树理小说和"书面文学"传统是一个若即若离的关系,他希望自己的作品可以口传。所以,语言问题一直是赵树理研究的重要方面。周扬曾经指出,赵树理的语言不仅在对话、而且在叙述中也符合农民的习惯;并且,他并不用标签式的方言,而是用标准的现代汉语,通过某种独特的组合方式来表现出"本色"意味。[③] 问题是,其一,我们今天的相关论述能比周扬推进多少?其二,赵树理的语言是不是今天文学语言的方向,现

---

① 〔日〕千野拓政:《文学感受现代的瞬间——现代文学在中国的诞生》,陈子善等编选:《丽娃河畔论文学》,华东师范大学出版社 2006 年版。
② 李普:《赵树理印象记》,《长江文艺》第 1 卷第 1 期,1949 年 6 月。
③ 周扬:《论赵树理的创作》,《解放日报》,1946 年 8 月 26 日。

在的小说是否需要采用这样的语言？类似的问题都还有待讨论。另一方面，在某种意义上，《邪不压正》似乎还提供了某种反例，文本中还是使用了一些方言的，比如第一章里"顾住顾不住"后马上用一个括号说明"就是说能顾了家不能"。① 这个括号比较明显地看出叙述者的存在了，同时也表明，赵树理的预设读者未必都是他所说的农民。

这就说到了叙述的层面。我们知道，某种程度上，叙述学的发达是为了现代实验小说提供合法性，当然，从技术角度看，叙述学也为小说的阅读提供了重要手段和方法。不过，赵树理的小说好像就是要打破叙述学所概括的复杂流程：作者—隐含作者—叙述者—文本—隐含读者—读者，赵树理的小说简洁明快：他试图把"作者"和"隐含作者"，"隐含读者"和"读者"合一。但这并不意味着他的小说没有叙述方面的讲究。例如，现代小说关于"故事"和"情节"的区分，在《邪不压正》中还是比较显著的。赵树理自己对于这篇小说有过一个创作谈，为了回应《人民日报》上的六篇批评文章。其中说到，他写《邪不压正》的意图是"想写出当时当地的土改全部过程中的经验教训，使土改中的干部和群众读了知所趋避"。② 这段话非常重要："土改中的干部和群众"是赵树理的预设读者，并且，他是要写出土改"全部"过程中的"经验教训"，这个野心还是很大的。那么，《邪不压正》的客观效果与主观愿望相差多远？赵树理对此是否自觉？我个人的看法是，他略有所知。赵树理自觉不自觉地以"配合"这样的概念，标明了自己的小说和官方文件之间的关系：他希望他的小说比"文件"更清楚更具体，但他又知道小说无法取代"文件"。也正是对自己作品和文件之间差别的认识，造就了赵树理作为一个叙述者的态度选择：他的主体位置类似于"翻译者"，一方面他很自觉地配合"文件"，另一方面，赵树理又自信自己更容易为农民接受。

赵树理回应《邪不压正》的批评里还有一段重要的话。当时有论者批评说，既然小宝和软英是主要人物，就应该让人物更清晰地"站出来"，而小说中软英的"阶级代表性"却是可疑的。依我个人的观点，"阶级"在赵树理小说里恰恰是一个暧昧的问题，这个下文细说，还是先回到赵树理自己的答辩。他说之所以套进去个恋爱故事，"是因为想在行文上讨一点巧"，防止公式化，用一个恋爱故事把一系列政治事件和土改工作连串起来，"使我预期中的重要读者对象，从读这一恋爱故事中，对那个阶段的土改工作和参加工作的人都给以应有的爱憎"。小宝和软英并非《邪不压正》的主人公，赵树理故意没有给这两个人以"社会代表性"，软英"除与小宝有恋爱关系外，我没

---

① 《邪不压正》，《人民日报》1948 年 10 月 13、16、19、22 日，同年由冀南和太岳新华书店出版单行本。本文引用版本为《赵树理全集》(第 1 卷)，北岳文艺出版社 1986 年版。以下皆不注。
② 赵树理：《关于〈邪不压正〉》，洪子诚编：《二十世纪中国小说理论资料》(第五卷)，北京大学出版社 1997 年版。

有准备叫她代表任何一方面"。

事实上,我阅读的一点突破正是从这个任何方面也不代表的软英那里起步的。请注意下面这段:

> 软英这时候,已经是二十岁的大闺女,遇事已经有点拿得稳了。她听她舅舅说明小旦的来意之后,就翻来覆去研究。

这是在小说的第三节,这里颇为重要的是强调软英"已经是二十岁的大闺女"。绝大多数土改小说有"公式化"倾向,赵树理对此有很大的警惕。因此,赵树理特别以自然年龄的增长作为人物性格变化的基本理由,这非常像贺桂梅在比较《李家庄的变迁》和《红旗谱》所观察到的,"赵树理将农民的革命思想表现为乡村内部的引爆",而很少是"一种现代思想的'外来'输入"。[①] 小说结尾处又写道:

> 软英说:"不用问我舅舅了,这话半句也不差,可惜没有从头说起,让我补一补吧:就是斗争了我爹那天晚上,小旦叔,不,小旦!我再不叫他叔叔了!小旦叫上我舅舅到了我家,先叫我舅舅跟我爹说人家主任要叫你软英嫁给人家孩子。说是要从下还可以要求回几亩地,不从的话,就要说我爹受了人家刘家的金镯子。没收了刘家的金镯子主任拿回去了——后来卖到银行谁不知道?那时候跟我爹要起来,我爹给人家什么?我怕我爹吃亏,才给小旦倒了一盅水,跟他说了那么一大堆诡话,大家说这算不算自愿?他小旦天天哄人啦,也上我一回当吧!"

比较小说第一节软英和小宝的一处对话,那可真是天壤之别:

> 软英说:"我说怎么样!你说怎么样?"小宝没法答应。两个人脸对脸看了一大会,谁也不说什么。忽然软英跟唱歌一样低低唱道:"宝哥呀!还有二十七天呀!"唱着唱着,眼泪骨碌碌就流下来了!小宝一直劝,软英只是哭。就在这时候,金生在外边喊叫"小宝!小宝!"小宝这时才觉着自己脸上也有热热的两道泪,赶紧擦,赶紧擦,可是越擦越流,擦了很大一会,也不知擦干了没有,因为外边叫得紧,也只得往外跑。

这个情境很像中国乡村的旧戏中的场景,也是小说中最抒情、最感伤的段

[①] 贺桂梅:《赵树理文学的现代性问题》,唐小兵编:《再解读——大众文艺与意识形态》(增订本),北京大学出版社 2007 年版。

落。——顺便一说,赵树理这样写,让人很不"过瘾",但他认为这样才"真实"。而聚焦于软英,谁都不难发现软英的变化,为什么有这么大的变化?自然年龄的增长以外,小说第四节的标题"这真是个说理的地方"道出了这个秘密。

特别关键的一点是,"说理"。而有关于此,小说第一节中并非偶然地有这么一段:

> 小昌说:"谁给他住长工还讨得了他的便宜?反正账是由人家算啦!金生你记得吧,那年我给他赶骡,骡子吃了三块钱药,不是还硬扣了我三块工钱?说什么理?势力就是理!"

"势力就是理"这最后一句,怎么重读都不过分:你可以衍生出诸如正义、政治的合法性、统治和治理的问题,等等。可惜这里无法展开这些主题。我想说的是,类似的段落,比如下面的:

> 二姨说:"我早就想问又不好开口。我左思右想,大姐为甚么给软英找下刘忠那么个男人?人家前房的孩子已经十二三了,可该叫咱软英个甚么?难道光攀好家就不论人?听大姐夫这么一说,原来是强逼成的,那还说甚么?"

在小说文本中还真是很不少。贺桂梅认为,"空间"是赵树理小说的主体;而我读赵树理的《邪不压正》有一个直感,那就是人物在不断地说话,仿佛小说叙述者所起的最大作用就是把人物的话给串起来:通过人物的一系列言谈,小说叙述了下河村时间跨度长达三四年的土改运动,也是在许多人的许多话里,软英的变化及其场景、语境实实在在地呈现出来了。我觉得,这正是赵树理小说有意无意间表露的深刻主题,并且与丁玲的小说作品如《夜》等有着惊人的对应性:中国革命的介入使得乡土中很多人的精神面貌、尤其是对自己未来的预期,都发生了巨大改变——从怨命、得过且过,转变到去"说理的地方"伸张自己的权利。在这个意义上,赵树理试图正面处理的问题与小说实际效果之间的差距,恰恰就是"文件"与"文学"之间的差距:"文件"要把土改搞好,侧重的是经济、制度等层面问题的解决,而赵树理看起来是要配合"文件",意图也是为了写出经验教训,但是反对"公式化"的自觉,实际上使他有意无意地更多偏向于群众精神状态的关注,而这正是"文学"大显身手的着力点。

回到赵树理的创作谈,比较有意思的一点是,他说这个恋爱故事是"当作一条绳子来用",把"要说明的事情挂在它身上,可又不把它作为主要部分"。看来作家技术性、工具性的考虑,在文本实际中所起的效用,往往是作家无法意料更无法掌控的。《邪不压正》的特别之处在于,赵树理并不希望"软英"这个形象非常突出,而削弱了人们对小说人物"群像"的注意力。竹内好对此有很多精当的论述：赵树理小说强调的是一种氛围，一方面可以表现人物的成长，另一方面又不能让人物脱离他生长的环境。事实上，在当代中国主流作品中，正面主人公如何避免个人英雄主义，一直是相当困难的问题，既要让主人公成为"英雄"，又要使之成为"群众"之一员。赵树理这里的方式很彻底：不以核心人物的塑造为着力点；他的操作方式是以故事为核心；而其作品的效果则是，故事之外更有"环境"的存在；"环境"，在赵树理手里既是"空"的，又是"实"的。所谓"空"，是指赵树理的小说很少直接描写环境。柄谷行人告诉我们，农民是不会感觉到自己家乡有"风景"的，同样，赵树理笔下的"自然村"里也很少有西洋小说中的"肖像描写"。但是，小说中的"话"却使得环境"实"起来：通过这些话语，带出村庄的每一个时刻的"情境"；"话"的背后又总是存在着说话人，这样，"人"的存在也通过言说被揭示出来了。因此我要说，是"话"，是言谈，构成了赵树理小说的主体，是赵树理小说的"主角"。这也就不难理解，赵树理的小说存在着一种舞台感——这与他所受的旧戏的影响和传统小说的影响，分不开。

现在，就要读到赵树理的小说中"阶级"等问题了。一方面，如前所述，赵树理显然站在中国革命一边，因为革命不仅进行了让底层百姓获得土地的改革，而且带来了他们精神面貌的变化。同时，阶级话语带来的是对"为非作歹"者的惩治，这一点也是赵树理非常认同的。然而，赵树理的作品又隐约让我们感觉到其乡土社会的理解和逻辑，同"阶级"话语之间又并不完全重合。这里牵涉一个非常复杂的问题。简单地说，阶级话语是发动革命的核心话语。但是，革命成功了之后，后果却是两方面的：一是"恶人"倒霉，二是"老实人"仍然吃亏。在这个意义上，赵树理的立场带着"乡土本分人"的色彩，这一立场恰恰是中国农民的绝大多数。然而，还是有个问题没有解决：革命靠这批老实本分人又很难搞起来。因此，赵树理的小说并没有避讳"暴力"的问题：

> 二姨说："我这三个多月没有来，下河变成个什么样子了？"大家都说"好多了"。安发说："总不受鬼子的气了！"金生说："刘锡元也再不得厉害了！"二姨的丈夫接着说："你舅舅也不住窑窿房子了！"二姨问："刘锡元是怎么死的？是不是大家把他打死了？"金生说："打倒没人打他，区上高工作员不叫打，倒是气死了的！"

根据后面的文本，终究也还是"打"了的：

> "那老家伙发了急，说'不凭账本就是不说理！'一个'不说理'把大家顶火了，不知道谁说了声打，大家一轰就把老家伙拖倒。小昌给他抹了一嘴屎，高工作员上去抱住他不让打，大家才算拉倒。会场又稳下来，小昌指着老家伙的鼻子说：

'刘锡元！这理非叫你说清不可！你逼着人家大家卖了房、卖了地、饿死了人、卖了孩子……如今跟你算算账，你还说大家不说理。到底是谁不说理？'……没想到开了斗争会以后，第三天他就死了！有人说是气死的，有人说是喝土死的。"安发说："不论是怎么死的吧，反正是死了，再不得厉害了！"

这里，起码有三点值得注意。第一，《邪不压正》虽不讳言暴力，但与《暴风骤雨》的正面渲染不同，赵树理是有意无意地在众人"话"来"话"去之间涉及的，而党的领导"不叫打"、"不让打"，是小昌这样的人（颇值得讨论，下详）"给他抹了一嘴屎"，况且最关键的，刘锡元怎么死的？众说纷纭，却肯定不是直接被打死。第二，逼着大家卖房卖孩子的刘锡元死了，"再不得厉害了！"让安分守己的老实人重复着、兴奋着，这表明，即使有暴力，也是"以革命的暴力对抗反革命的暴力"，暴力的正当性很有铺垫，无可置疑。第三，即使有暴力，暴力也不是革命的主角，刘锡元恰恰因为一句"不说理"才招致暴力，那是咎由自取，由此也足以表明，土改整个还是一"说理"的事：首先要有"理"，关键还得"说"。请看这一段：

安发说："那老家伙真有两下子！要不是元孩跟小昌，我看谁也说不住他。"……金生说："……刘锡元那老家伙，谁也说不过他，有五六个先发言都叫他说得没有话说。后来元孩急了，就说：'说我的吧？'刘锡元说：'说你的就说你的，我只凭良心说话！你是我二十年的老伙计，你使钱我让利，你借粮我让价，年年的工钱只有长支没有短欠！翻开账叫大家看，看看是谁沾谁的光？我跟你有什么问题？……'元孩说：'我也不懂良心，我也认不得账本，我是个雇汉，只会说个老直理：这二十年我没有下过工，我每天做是甚？你每天做是甚？我吃是甚？你吃是甚？我落了些甚？你落些甚？我给你打下粮食叫你吃，叫你吃上算我的账，年年把我算光！这就是我沾你的光！凭你的良心！我给你当这二十年老牛，就该落一笔祖祖辈辈还不起的账？呸！把你的良心收起！照你那样说我还得补你……'他这么一说，才给大家点开路，……"

地主、资本家也是"说理"的，算"小账"你还算不过他们。元孩们的厉害在于，从"结果"算起，不纠缠于细枝末节，算"大账"。麻烦的是，听完了这番话，二姨却还是执着于"小账"地问"那账怎么算？"——没有阶级意识啊！与老实本分的二姨们不同，小昌这些乡土社会中的"能干人"，能说会道，是革命发起阶段的积极参与者，我们不能简单地说他们"混进"了革命，相反，"阶级"意识最先能够询唤的正是他们。赵树理对此有深刻的认识。中国乡土原本有"礼"，尽管只是形式上的伦理，所以刘锡元才敢说"理";但是,中国革命之所以会在乡土发生,乃是由于传统的乡土伦理已经是表面文章。问题在于,革命发动尤其是成功了之后,也还是小昌这些人获利最多,如果他们私心大、流氓气重、人数多的话,那么就形成了既得利益集团,构成革命后的新的压迫。这虽然是中国历代乡土变革的自然结果和逻辑事实,但是,这显然违背了中国革命的庄严承诺,也是赵树理当然不能接受的。一句话,这就是赵树理问题小说的核心问题:他承认学徒环境的变化和农民精神面貌的擢升,然而,他更纠结于新的局面。

另一方面,赵树理在《邪不压正》里并没有把"本分人"理想化。赵树理选择王聚财这个中农作为视角的出发点,而不是典型的"本分人":聚财也有一个小算盘,总想"看看再说"——就如软英说的,前怕狼后怕虎,不忍心失去苦心得来的田地。在这个意义上,赵树理还是认同毛泽东的那句名言,重要的还是教育农民。在这个关键的问题上,即使农民是为了自己的利益,也需要加强自我教育。接下来的一个问题是"乡村民主"。可能已经有人注意到了这一段:

> 第二天开了群众大会,是小昌的主席。开会以后,先讲了一遍挤封建和填平补齐的话,接着就叫大家提户。村里群众早有经验,知道已经是布置好了的,来大会上提出不过是个样子,因此都等着积极分子提,自己都不说话。

而且据此准备批判所谓的"假民主"。这当然也不无道理,但是,我的读法是还得继续看赵树理接着怎么写,尤其不能忘记第四节的标题"这真是个说理的地方"。

> 小宝还没有坐下,小昌就又站起来抢着说:"明明是'自愿',怎么能说我是'强迫'?"元孩指着小昌说:"你怎么一直不守规矩?该你说啦?等软英说了你再说!坐下!"小昌又坐下了。聚财悄悄跟安发说:"这个会倒有点规矩!"安发点了点头。……他(聚财)说:"我活了五十四岁了,才算见小旦说过这么一回老实话!这真是个说理的地方!"他说了这么两句话,一肚子闷气都散了,就舒舒服服坐下去休息,也再没有想到怕他们报复。

在这里,连聚财这样的人"也再没有想到怕他们报复",赵树理略带揶揄的善意是非常明白的,而且由王聚财的嘴说出了"这真是个说理的地方"!我觉得,聚财的变化和软英等的成长叠加在一起,极大地深化了中国乡土新的主体诞生的主题;你与其忙着去甄别民主的真假,还不如看赵树理从土改的乡村民主中发现了什么。

固然,这些个"什么",如我前文所述,既有"可能性",也有"不可能性",而且都是零散化的、碎片式的存在。如果说本文选择《邪不压正》为例作为起始,多半是出于偶然,那么这一番研读之后,自己的收获却还颇为实在:

  如何着手研读赵树理?——拿"靠不住"的自己真实地面对"未完成"的赵树理,一句句、一篇篇,认真地、扎实地读;为什么研读出来的既是些"大问题"又是些"小碎片"?这是赵树理写法的问题,还是我们的读法的问题?——答案,在继续不断地认真扎实的研读之中。

  作者:倪文尖,华东师范大学中文系副教授。

延安文艺传统与鲁艺知识分子

徐明君

摘　要:五四时期,"走向民间"促进了现代知识分子的角色转变,但启蒙立场最终没能发展其工农阶级意识。《讲话》以后,鲁艺"学习民间"的"文化反哺"完成了其知识分子的阶级意识革命。而在乡土中国中,随着"农村包围城市,最后夺取城市"革命道路的胜利,农民阶级文化逐步处于"失语"状态。因此,应继承延安文艺传统,从阶级属性上培育农民阶级知识分子。

关键词:延安文艺传统;鲁艺知识分子

五四时期,中国现代知识分子扮演了启蒙者的角色。延安时期,毛泽东等中国共产党领导人通过创办鲁迅艺术学院,召开延安文艺座谈会,开展文艺队伍的整风运动,组织群众性的文艺活动等来努力争取无产阶级在文化领域的领导权。知识分子也在"学习民间"的过程中,促进了其工农阶级意识的形成。而革命胜利后,应培养农民阶级的知识分子,实现"乡土中国"中文化发展的自觉意识。葛兰西的无产阶级文化领导权的实现即是通过知识分子正确处理同农民阶级的关系而完成的。

一、文化反哺与知识分子的阶级意识

在五四时期,为了解决知识分子与工农群众的隔阂,实现知识分子的人生价值,一部分接受马克思主义的共产主义知识分子如李大钊等提出了知识分子"走向民间"的号召。"走向民间"思潮对中国现代知识分子转型起到了积极作用。虽然"走向民间"和俄国民粹派有联系,但并不完全相同。俄国民粹主义者所认可的"民间"就是农村,并且他们认为俄国农民天生就是共产主义者,从而以一种崇拜心理去"走进农村"。而中国现代知识分子的"民间"认识则经历了从城市到乡村的过程,他们到农村也是抱有知识精英的姿态去帮助和教育农民。晏阳初等"海归"知识分子也是此社会思潮影响下开展乡村建设运动的,并进行定县秧歌调查。可见,"走进农村"的中国现代知识分子思维里还有着传统儒家的"修身、齐家、治国、平天下"的政治理想。

在历史上,有着启蒙思维的乡村建设派的知识分子很乐意为民众代言,但实际上并未实现自身的转型。抗战爆发后,很多奔赴延安的爱国知识分子也一样带着小资产阶级情调,他们在延安"演大戏"、揭露"阴暗面",形成了与工农阶级相对立的情绪。但形势对知识分子提出了时代的要求,毛泽东认为,"只有代表群众才能教育群众,只有做群众的学生才能做群众的先生。如果把自己看作群众的主人,看作高踞于'下等人'头上的贵族,那末,不管他们有多大的才能,也是群众所不需要的,他们的工作是没有前途的。"[1]《在延安文艺座谈会上的讲话》后,虽然知识分子也承担着教育民众的任务,但他们必须首先学习民间。也就是说,"我们的文艺人,一方面是民众的教育者;而另一方面却又要同时向民众学习,学习他们的生活、思想,以及言谈。"[2]延安知识分子由此开始了自己的阶级意识革命。所以,在文艺上,"共产党号召文艺工作者下乡搜集、整理民歌、秧歌等民间形式的目的是要解决文艺家与实际结合、文艺与工农兵结合这两个大问题。这是与乡村建设运动工作人员'到民间去'的目的主要在于启蒙群众有所区别。"[3]在二战期间,流亡美国的西方马克思主义者阿多诺在《启蒙辩证法》中,对现代艺术的"否定之否定"的批判精神表示了热烈赞许。而毛泽东对知识分子的启蒙功能的阐释也有一种"否定之否定"的辩证思维。

中国共产党的知识分子观的形成根源在于毛泽东继承了马克思主义阶级分析的观点,认为知识分子是一个特殊的人群,其本身并不构成一个阶级,也不属于某个特定的阶级,而总是与不同的阶级结合在一起,这就决定了其妥协性。毛泽东认为:"知识分子在其未和群众的革命斗争打成一片,在其未下决心为群众利益服务并与群众相结合的时候",他们往往是"动摇的。"[4]因此,不是所有这些知识分子都能革命到底的。毛泽东把知识分子是否"与工农民众相结合",看作是判定知识分子是"革命"或"不革命"的标准,强调:"知识分子如果不和工农民众相结合,则将一事无成,革命或不革命的或反革命的知识分子最后的分界,看其是否愿意并且实行与工农相结合。"[5]在延安整风期间,丁玲、王实味、萧军等作家因其作品揭露了"阴暗面"而受到批判,就是上升到这样的世界观高度来看待的文艺问题。

在知识分子工农化的过程中,召开延安文艺座谈会是一个重要节点。毛泽东曾谈到他当时的思路:党中央关于知识分子的政策已经有了,但是对于文学艺术工作,还没有一个统一的很好的决定。要让文艺家与在党政军经工作的同志相结合。[6] 可见,延

---

[1] 毛泽东:《毛泽东选集》(第三卷),人民出版社1967年版,第821页。
[2] 艾思奇:《旧形式运用的基本原则》,《延安文艺丛书·文艺理论卷》,湖南人民出版社1984年版,第608页。
[3] 安荣银:《"到民间去"——从定县秧歌调查、整理到新秧歌运动》,《北京大学研究生学志》2005年第2期,第105—107页。
[4] 毛泽东:《毛泽东选集》(第二卷),人民出版社1991年版,第641页。
[5] 同上,第559页。
[6] 陈晋:《文人毛泽东》,上海人民出版社2005年版,第225页。

安文艺运动解决的是知识分子倾向于革命后的问题。除了毛泽东和瞿秋白以外,陈独秀是在文艺问题上最有发言权的领袖。1938年,陈独秀发表《五四运动过去了吗?》一文,指出启蒙仍未结束。而在延安时期,工农已取代知识分子成为革命的主力军。但中国现代文化是在新式知识分子引领下发展起来的,不利于中国精神秩序的重建。这样,"歌颂"必然要取代"批判",所以解决这个问题的所在正是毛泽东《讲话》的出发点。

侧重在历史领域研究工人阶级的英国马克思主义文化理论家汤普森曾区分了阶级经验和阶级意识。他认为阶级经验主要是由生产关系决定,而阶级意识是把阶级经历用文化的方式加以处理,它体现在传统习惯、价值体系、思想观念和组织形式中。阶级经验可以预先确定,阶级意识却不然。因此,知识分子其工农化过程中实现了情感与立场的转变,就是具有了阶级意识。这种阶级意识是建立在阶级经验基础之上的,并体现在实际的言行中。首先,是接受和学习群众的语言。毛泽东指出:"许多同志爱说'大众化',但是什么叫大众化呢? 就是我们的文艺工作者的思想感情和工农兵大众的思想感情打成一片。而打成一片,就应当认真学习群众的语言。"[①] 其次,要尊重群众,向大众学习。对人民群众的态度问题,可以反映出个体的情感和政治倾向,因此,知识分子应该认识到"群众是真正的英雄,而我们往往是幼稚可笑",只有"放下臭架子","甘当小学生",才能学到"起码的知识"。[②] 在《讲话》精神的感召下,鲁艺知识分子"到民间去""甘当小学生",而在这个过程中,农民阶级的"文化反哺"也帮助延安知识分子实现了其阶级意识的转型。

二、阶级属性与知识分子的文化自觉

随着革命形势的发展,知识分子的使命也发生着变化。1945年4月24日,毛泽东在"七大"政治报告《论联合政府》中提到了知识分子应在革命中引导民众,认为中国广大的革命知识分子应该觉悟到将自己和农民结合起来的必要。因为农民正需要知识分子,等待他们的援助。知识分子应该热情地跑到农村中去,脱下学生装,穿起粗布衣,不惜从任何小事情做起,在那里了解农民的要求,帮助农民觉悟起来,组织起来,为着完成中国民主革命中一项极其重要的工作即农村民主革命而奋斗。但在革命胜利后,除了教育民众外,知识分子更重要的功能是传承和创新文化。而在国外,大众文化研究已经成为了知识分子转变角色的重要条件。

---

① 毛泽东:《毛泽东选集》(第三卷),人民出版社1991年版,第851页。
② 同上,第790页。

在20世纪30年代,中国共产党就提倡"文艺大众化"运动,虽然大众文化在不同的社会语境具有不同的内在含义,但在促进知识分子转型这一点上是有着相通性的。在当代中国,大众文化兴起的20世纪90年代,"大众"首先是以社会阶层,而非社会阶级的身份出现的。在此语境下,国外"文化研究"学派知识分子观的一个基本理念就是,知识分子不仅是文人,也不仅仅是思想的生产者与传播者,同时也是仲裁者、立法者和社会实践者,他们天生就起着非常重要的政治作用。这种看法过高估计了知识分子,因为西方国家里的所谓自由知识分子是不存在的。在上世纪早期,意大利西方马克思主义者安东尼奥·葛兰西的知识分子观就有力批判了今天文化研究领域中长期占统治地位的精英主义立场。葛兰西将属下阶层即农民阶级问题列为无产阶级文化霸权的首要问题。在现代意大利历史境遇中,无产阶级霸权就是无产阶级在获取国家权力之前,通过知识分子对属下阶层进行的道德和政治教化,自觉地代表属下阶层,熔铸新的革命团体和团体意识。新中国成立前的中国共产党的文化建设思路和葛兰西的论述有相似之处,这导致了农民阶级文化的表达缺失。

葛兰西的著作《论南方问题》和《狱中札记》中涉及的属下阶层再现问题就是无产阶级、知识分子与南方农民的文化关系问题,主要探讨了南方农民的团体意识及南方知识分子在文化霸权统治中的作用。从葛兰西的理论来看,农民的属下阶层特征决定了农民群体却没有生产出代表自己"团体"的知识分子,只能在历史舞台上表演无声的哑剧。诚然,其他社会团体从农民中吸纳它们的知识分子。相当部分传统知识分子也出身农民,如牧师、法官等知识分子都来自农民,但却是主流社会的传声筒和吹鼓手。因此,代表其他团体利益的知识分子成了农民的代言人,尤其是与城市小资产阶级联手的农村知识分子成了农民与土地所有者阶层的中介。因此,农民成为其他团体意识形态召唤的产物,形成典型的依附型意识形态实践。这种现象在中国这个有农业传统的国家里是普遍存在的,也和中国"农村包围城市"的独特革命道路有着内在联系。

知识分子的教育和组织作用主要涉及的是知识分子和人民大众的关系,而如何看待这二者的关系,是不同的知识分子理论的根本分歧所在。中国知识分子教育不是民粹派的完全向农民学习,因为中国共产党人最初创立革命根据地,是依据中国的基本国情,并不是追随民粹派"到民间去",也不具有"反城市倾向"。中国的特殊国情,决定了从1927年到1949年,中国革命的重心必须放在农村。毛泽东是农村包围城市道路理论的创始人,但在抗日战争即将取得胜利之时,他也及时提醒人们,现在的农村是暂时的根据地,不是也不能是整个中国民主社会的主要基础。由农业基础到工业基础,才是革命的任务。到了解放战争时期,中国革命已经逐步进入城市工作阶段。1949年3月,在党的七届二中全会(西柏坡会议)上,毛泽东郑重宣告党的工作重心由乡村移到城市。因此，对知识分子的教育与作用发挥要利用城市大学培养农民阶级知识分子，培育农民阶级的文化代言人，实现红色文化的传承与发展。

鲁艺是中国共产党的文艺党校，鲁艺在战争年代招收的农民学员毕业后多数在城市工作，其阶级属性主要还是倾向于作为领导阶级的工人阶级。虽然中国革命的阶级基础是工农联盟，但在中国这个农业国家，"乡土中国"是不能改变的文化国情，来源于乡土的知识分子，更应该隶属于农民阶级，这样才能促进文化自觉意识的产生。有着鲁艺传统的沈阳音乐学院南校区的艺术希望工程是一种有益的实践探索。2006年沈阳音乐学院南校区启动了艺术希望工程，以偏远山区特困农民和乡镇贫困职工子女为招生对象，每年招收二十人，学制四年，免收学费及住宿费。学生毕业后到指定的农村、乡镇小学义务教学两年。2010年7月，首期二十二名学生毕业，返回辽宁省边远的建昌、凌源、法库的家乡，去帮助更多的孩子圆艺术梦。2011年6月13日，沈阳音乐学院南校区开始对首批"艺术教育希望工程"毕业生进行回访。结果是，这22名学生毕业后，除一人参与了的国家的"三支一扶"，其余二十一人到了辽宁省内九个城市的农村中小学支教，无一人掉队。因此，要总结这个有益经验，在更多艺术院校实施"面向农村、回到农村"的定向培养，把延安艺术教育传统发扬光大。

另一方面，农民阶级知识分子不仅对先进的红色文化的形成发挥作用，也对这种文化的发展产生很大影响。中国现代知识分子，无论是做先生，还是"先做学生，后做先生"都免不了是一种启蒙者的角色，而在当今文化大发展大繁荣的时代环境下，更需要农民阶级知识分子以文化创新来实现报国理想。在2010年第十八届世界美学大会上，上海交通大学王杰教授在讲座中提出培养少数民族知识分子，作为其文化代言人的主张。这个观点在当今是有深刻意义的，中国已到了需要以知识分子角色转型来促进先进文化传承与创意产业发展的时代了。这也将适应当前非物质文化遗产保护的国际大趋势和实现十七届六中全会确定的文化大发展大繁荣的战略目标。

作者：徐明君，中国传媒大学文艺学专业博士生，辽宁社会科学院哲学所副研究员。

空间视域中的20世纪延安文学的再认识

杨洪承

摘　要：文学史的叙述和书写可以不拘一格，前提是文学史的时空界限必须规约，依据的文学材料构造要完整细致。选取20世纪40年代中国文学中的"延安文学"个案，旨在反省它一度被政治化、理想化、简单化的文学史叙事，贴近历史现场，还原其内部完整构形。空间视域下"延安文学"既是一般性普通的地域文学又是非常态下的特殊时段的文学。重要的是它有自己独有的核心文化元素和一整套规约的思想体系。她在"文化军队"下聚结的文学队伍，外部文化身份多层次，内在精神取向丰富而复杂。其始终处于行进的历史和人与事纠结过程的不断调适，这是延安文学的基本生存形态。为此，其历史的理解："延安文学"现代性特征是对五四"人的文学"历史阶段性的延伸和其文化空间的拓展；无法脱离时代的作家追求文学精神的向度，决定了延安文学空间构形的内在认知和行为；作为一个独立的区域，"延安文学"本质上是知识分子话语与工农兵话语同构中时空对接、交叉、重构的文学史过程。

关键词：延安文学；文学史叙述；空间视域；内在构形；交叉重构

一

　　文学的历史是史家笔下的历史和文学的记录，客观性和主观性、史实与史识孰重孰轻争论已久。文学史有多种多样的叙述方式，文学史也有一定时代社会的基本诉求。重要的是，文学史在多元和统一之间应该有规约文学和历史表述的时间空间意识。20世纪中国文学中的"延安文学"，在今天似乎已经成为一个约定俗成的文学史概念。她是中国革命文学从奠基到成熟的标志性文学，她是现代文学的一座里程碑，新中国文学的源头。在毛泽东的《在延安文艺座谈会上的讲话》（以下简称"讲话"）[①]发表70周年的隆重纪念中，今天这一高度统一的价值判断达到了历史与时代、社会与政治的共识。然而，从文学史的叙事和文学自身结构来考辨，将"延安文学"纳入空间视域下，文学历史的叙事和现实文学观念、文学现象是有联系又有区别的。空

---

① 毛泽东《在延安文艺座谈会上的讲话》演讲时间为1942年5月2日和23日，全文正式发表时间1943年10月19日《解放日报》。

间的虚实观整合文学与历史,那么,看似没有异议的文学史认知共识,实际多有对概念、现象或文学史的政治化、理想化、简单化的叙述,需要亟待回归其文学自身的深化研究。

"延安文学"是 20 世纪 40 年代中国文学中,既平常普通的地域文学又非常态特殊时段的文学。"空间视域"是实指发生在抗战时期延安乡村等陕甘宁边区为主体的文艺。如陕北戏剧(秧歌剧)运动,有普及性的集中于这些区域的演出独幕剧、救亡歌曲、街头诗、朗诵诗等活动;有提高性的在该地区学院式的话剧、歌剧、戏曲的排练表演、散文、杂文、报告文学、短篇小说的创作发表等。还有大家熟悉的典型地域意象,如纺车、黄河、窑洞和堡垒、黄土坡、延河水、宝塔山等,这是延安文学主要依赖的"形象"。当然,空间视域又是一种象征性建构起来"想象的"延安文学话语:"几回回梦里回延安"(贺敬之诗)、"赵树理方向"、"窑洞风景"(吴伯箫散文)、"陕北风光"(丁玲书名)。她是在历史进程中的城市与乡村、文学与政治、知识分子与工农兵同构的现代性形态。由此,文学史的叙述应该回归历史现场和清理历史原貌的构形细节。

将历史时间起止期的规范,对于文学史叙事不仅仅是寻踪研究对象的起源,而且重要的是明确辨析其探讨问题的疆界和可能性范围。1936 年 11 月,苏区首府保安,"中国文艺协会"成立。这能否追溯为"延安文学"酝酿形成时间的节点。将她作为一个地域文学的开端,自然可以讨论。在"中国文艺协会"成立大会上,毛泽东说:"中华苏维埃成立已很久……,中国文艺协会的成立,这是近十年来苏维埃运动的创举。"并提出,文协的同志要"发扬苏维埃的工农大众文艺,发扬民族革命战争的抗日文艺"。[①]随后抗战爆发,1938 年大批文化人涌入延安,先后成立了陕甘宁边区文化协会(简称"文协")、西北战地服务团、文化俱乐部的文艺界抗敌协会延安分会(简称"文抗")等团体组织,并且延安逐渐成为中国共产党的政治经济文化的中心,相继有了与文学密切联系的抗日军政大学、鲁迅艺术学院、马列学院等高等院校,及《解放日报·文艺副刊》《文艺突击》《文艺战线》《大众文艺》《草叶》《文艺月报》等报刊文艺宣传阵地。显然,延安文学从个体到群体有了自己的组织团体,人才培养的学校和文化传播媒体的建制,即形成了一个可供各方面相互交流对话的文化平台。这应该标志着文学史中的主体作家队伍、文学公共空间的基础条件完形。1945 年 8 月 24 日(9 月 2 日日本帝国主义无条件投降正式签字)延安文艺界集会,欢送"延安文艺工作团"前往解放区工作。丁玲到会致辞,周恩来、林伯渠等讲话。该团系"文抗"发起和组织,共百余人,

---

① 丁玲:《丁玲写作生涯》,百花文艺出版社 1984 年版,第 248 页。

两个团,分别由舒群和艾青率领。10月份周恩来到重庆谈到延安文艺活动时说"现在又是一个新的时期到了,延安作家,又大批的到收复区去,去深入生活。我到重庆来以前,就送走了一百多位文艺工作者,……在目前也是在新的时期中,求得更大的发展,驰骋的地方也多了,今后一定会有更大的成绩的"。① 我认为,这个"新的时期"的开始,恰恰标志了抗战以来地域性的"延安文学"由此结束。之后,应该是广义的延安文学,或者称由延安文艺精神放射的在共产党领导下的解放区文艺、新中国文艺了。

"延安文学"作为独立形态的文学,具有完整的文学史意义,正在于她在这个特定时限中和按照周恩来的话说,"延安虽然是一个城市,但性质上还是农村环境,社会活动比较少……"②在这样独立的区域里,发生发展了的延安文艺完全不同于30年代大都市生长的左翼文学内容和形态。"延安文艺"的中心任务,是直接与抗战的现实需求相联系的。她在表述文学和政治关系上有十分简洁明了的要求。当时艾思奇概括为两点:一是动员一切文化力量,推动全国人民参加抗战;二是建立中华民族自己的新文艺。③到了1942年党的思想整风和延安文艺座谈会的召开,这时期前后的文学内部形态和外部语境更为纷繁复杂。毛泽东发表具有纲领性的文艺"讲话",延安作家对"讲话"精神的认同,有着空间的必然,当文学创作实践在小说诗歌散文戏剧各个领域出现了一批突出的创作成果时,又有了自然的创作主体认同。"延安文学"作为特定的时空形态,取决于抗日战争民族革命的大背景和中国共产党集中居住地政治中心的延安等陕甘宁边区地域。这是一个经济文化相对独立封闭的贫瘠区域环境,又在不长的时间里聚合了来自全国各地热血的革命青年,理想的文艺青年,与本土边区农民和武装起来的农民干部士兵。这些构成了延安文学基本的也是主体的文学场域和队伍阵营。一切文学史的叙述不能够脱离这个历史空间前提,史家和后来的评述者宗旨还原可能与不可能的时空元素,而非青睐有色眼镜的价值判断。

二

文学史叙事的目标,旨在"一个时期就是一个由文学的规范、标准和惯例的体系

---

① 刘增杰等编:《抗日战争时期延安及各抗日民主根据地文学运动资料》(上),山西人民出版社1983年版,第330—331页。
② 同上。
③ 艾思奇:《两年来的延安的文艺运动》,《群众》1939年7月16日,第3卷第8、9期。

所支配的时间的横断面,这些规范、标准和惯例的被采用、传播、变化、综合以及消失是能够探索的。"①对历史空间"延安文学"的探索,必须规约在1936至1945年的时间里,需要贴近历史现场的重新认知。她既是一个时期乡村符号的规范体系,又是衍生放大的延安文艺中的延安文学,中国革命视野中的延安文学。

"延安文学"地域构形中陕北乡村空间独有宝塔山、延河、"鲁艺"的洋教堂、枣园、杨家岭的窑洞、群山环绕的南泥湾等地标,也有聚合人与事的大生产运动、春节秧歌群众艺术节、关于民族形式讨论、延安整风运动和"讲话"、赵树理的通俗读物等文化景观。他们规范了在1937至1945年的延安地域文学,也建构了独特的政治思想文化文学体系。从时空的地域性来说,"延安文学"有几个核心的文化元素:1.抗战中的延安特殊的生存条件:经济文化的贫瘠、资源的匮乏和黄土地的寒冷。2.军事封锁下的延安,政治思想要求的高度统一。军事政治的最高统帅毛泽东完整思想体系的建立,其重要组成部分之一的文艺思想决定了延安文学的方向和内容。3.一大批都市的青年满怀革命的理想,克服重重困难从西安到延安。延安一时间相当可观的知识文化人,与战争聚结的部队,以及本地的民众,构成了特殊的社会群体力量。

文学史的叙事应该关注特定时空中重要核心的文化因素,寻求他们构形演变整合的规律。1942年前后的延安经济军事封锁的实际处境,此时此刻经济贫困的壁垒,严重地威胁着这里每个人的生存。当时,陕甘宁边区的财政和经济的困难,正如毛泽东指出的:"我们曾经弄的几乎没有衣穿,没有油吃,没有纸,没有菜,战士们没有鞋袜,工作人员在冬天没有被盖。"②这与生活其中的作家丁玲此时小说《在医院中》所描述的情景大致相同,刚到延安某医院报到的陆萍,指导员"告诉她这里的困难。第一,没有钱,第二,刚搬来,群众工作还不好,动员难,第三,医生少……"。而陆萍亲眼目睹医院状况更为直观更细节,"只要有人一走进产科室,她便会指点着:你看,家具是这样的坏。这根唯一的注射针已经弯了,医生和院长都说要学会使用弯针;橡皮手套破了不讲它,不容易补,可是多用两三斤炭不是不可以的。这房子这样的冷,怎能适合于产妇和落生的婴儿……"③这个时期毛泽东及时倡导"自力更生、丰衣足食"的大生产运动,打破敌人的经济封锁,自己动手,克服困难。三五九旅部队带头种地开荒,作为南泥湾精神的样板,使得边区局面逐渐有所改观。此刻,经济自救的生产运动与以配合政治环境需要高度统一的思想整风运动,在延安几乎是同时展开的。毛泽东从1939至1940年间写作的《新民主主义论》就十分关注在中国革命历史进程中思考外来马克思主义如

---

① 〔美〕韦勒克、沃伦著,刘象愚等译:《文学理论》,人民文学出版社1984年版,第306页。
② 《延安大学校史》,人民出版社2008年版,第89页。
③ 丁玲:《中国现代小说精品·丁玲卷》,陕西人民出版社1995年版,第428、432页。

何中国化问题。针对延安思想整风,1942年前后毛泽东的《反对党八股》《反对自由主义》《改造我们的学习》等系列文献写作,既坚持扩大了马克思主义与中国革命实际相结合的理论视野,又更加针对了当时延安的政治思想经济文化的现实语境。这已经有很多文章论述了,这里不赘。作为思想整风文献之一的"讲话",这一重要文本建立在政治革命的阐释与文学史的叙述之间,就其空间视域,应该注意到当时环境下毛泽东正积极对中国革命理论问题的思考,其思想观念必然对文学史叙述具有渗透性。

通过文学艺术的形式传达人的精神需求审美取向,是需要立足时空地域和实际情境的。从本土陕北群众性的秧歌运动,到"民族形式的中心源泉""中国老百姓所喜闻乐见的中国作风与中国气派"等文艺理论的论争,再到延安文艺座谈会上毛泽东对知识分子作家的转变思想、深入生活的规约,要求文艺对政治的服从,文学为工农兵服务等,即确定了延安文艺思想的内核和延安文学史的构形。关于文艺的普及与提高、批判地继承、政治标准与艺术标准等"讲话"核心理论观点,实际是毛泽东对其《矛盾论》《实践论》哲学思想的理论运用之案例,成为他探索中国革命如何与马克思主义相结合,建构毛泽东思想精髓的重要依据。

回到历史的现场,文学主体的作家队伍与革命队伍有重合又有独立。"延安文学"在独特地域构形中有一套规范的思想体系:"明朗的天"、党政文化、工农兵文艺、文学政策与文艺制度。同时,也有文学自觉与不自觉的生成演变理路。1942年5月前后发生种种的人与事,是延安文学完成历史形态的关键节点。2月丁玲在《中国文艺》第1期发表《什么样的问题在文艺小组中》一文中说:"文艺不是赶时髦的东西,这里没有教条,没有定律,没有关于要些自己要写的东西吧,放胆的去想,放胆的写,让那些时髦'教育意义','合乎什么主义'的绳索飞开去,更不要把这些东西往孩子身上去套了,否则文艺没有办法生长,会窒息死的!"后来3月至4月间在《解放日报·文艺副刊》上有了丁玲的《"三八节"有感》、艾青的《了解作家,尊重作家》、罗烽的《还是杂文的时代》、萧军的《论同志之"爱"与"耐"》、王实味的《野百合花》《政治家·艺术家》等文章,代表着都市知识文化青年作家进入延安以后一次集中真实思想的倾诉。因为情感的真实,他们更贴近了文学本质自由精神的书写。从而这时出现丁玲的《夜》《一颗未出膛的枪弹》《我在霞村的时候》《在医院中》等小说的美学诉求也就很自然了。而"讲话"的酝酿与及时诞生,之所以能够迅速规约作家,"点石成金":一是此文本源于延安艺术界实际状况的调研,有明确的人与事的针对性;二是毛泽东思想有对文学本质问题高屋建瓴思考的穿透力;三是毛泽东文学观点鲜明地针对了大延安的中国革命和小延安地域封锁实际;四是身在工农兵为主体的延安环境中的作家们,确实面临着种种的精神困惑,面临着文学家自由民主与农民士兵政治统一、精神理想与物质贫困等矛盾冲突。"讲话"之后,周立波《思想,生活和形式》、艾思奇《谈延安文艺工作的立场、态度和任务》,刘白羽《对当前文艺的诸问题的意见》等部队的文艺家迅速撰文表态,响应毛泽东要求文艺工作者转变立场、态度、工作对象、思想感情,加强马列主义学习和投身社会生活,以及对王实味的文艺思想大批判。来自都市的知识文化人艾青、萧军也有了明显的变化。1942年9月27日假《街头诗》创刊,艾青写道:"诗必须成为大众的精神教育的工具,成为革命事业里的宣传与鼓动的武器。""只有诗面向大众,大众才会面向诗。"①丁玲也有同样一篇认同"讲话"的文章《关于立场问题我见》1942年9月15日《谷雨》第5期。"文艺应该服从于政治,文艺是政治的一个环节,我们的文艺事业只是整个无产阶级事业中的一个组成部分"。关于写光明还是写黑暗,"表面上属于取材的问题,但实际上是立场方法问题"。应该说,延安文艺的作家们思想迅速的统一,除了延安现阶段党的组织领导和政治要求文艺思想、政策、方式方法的绝对依规之外,文学队伍的本身和文学创作实践的走向,也是文学史客观叙述的历史元素,重要的还是细致分析他们基本的文化文学构形内容。

三

毛泽东在"讲话"中说,延安此刻有两支队伍:即"手里拿枪的军队"和"文化的军队"。以往中国现代文学史的叙述多从毛泽东肯定、重视文化工作的重要性为着重点,文艺工作者和作家们也以此感到身上责任的重要。由此可见,历史地还原"延安文学"面貌,只有在"军队"思维和视野中,才能够准确理解前述军事包围下的延安的特殊存在,受经济封锁影响的"文化军队"需要文学以光明向上的主题和大众易于接受的形式给予精神鼓舞。期间,文艺整风与思想整风的一致性,以及作家们能够如此迅速地转变、自觉地接受改造,其历史的合理性自然不容否定,这是一个民族抗战的大时代的必然选择。但文学历史的叙述还需要条分缕析找寻自身的相关细节。比如,在抗战历史的空间中,毛泽东所说的这支"文化军队"完整的构造形态是什么?确定她的基本原则、目标方向、内容任务等,也需要细致地清理前因后果。

无论从战争的政治背景而言还是就文学自身发展的规律说,1938年前后,应该是现代中国文学发生重大转折的关键性历史节点。其中应运而生具有重要标志的"延安文学",呈现了一个较为完整的有特色的独立文学形态。她具备了作家群体与个体、文学组织与创作主体在一个特定区域相对完整性,能够自我掌控有机协调彼此间的各种相互关系,自觉接续了20世纪30年代左翼革命文学向民族大众的文学方向发

---

① 艾青:《展开街头诗运动——为"街头诗"创刊而写》,《解放日报》1942年9月27日。

展,并且也建构了一定规模的文学团体组织,作家群体性活动相当活跃。在延安,前期就有与全国中华文艺界抗敌协会相联系的"文协分会",本地的"文抗"等,1940年前后就有"文学月会"、①"延安新诗歌会"、②"鲁艺",③1942年以后,还有一个当时并不自觉又有区域色彩的"山药蛋"④文学流派。这些文学文艺团体群体或在历史的进程中,或在延安相对稳定的乡村区域里,呈现了这支"军队"最具规模的组织机构形态。其既是民族战争外力下的推动和特定政治环境的需求,又是延安文艺界自身的集体无意识。20世纪20年代初中期,以北平为中心的新文化新文学运动活跃的文学社团作家群体,30年代以上海都市为中心的无产阶级文学运动的"左联"团体的巨大辐射,就区域的集中而言在一定范围具有相似度。1938至1945年间的延安,作家群体形态和具有社会化的文学组织可以说超过了同时期的任何一个文化场域和行政地区。我们既要强调延安文学与"文化军队"的整体联系性,又要特别注意这些文学社团作家群体自身的独立形态和文学追求。

如果,再细化分解这些文学组织团体、作家群体人员内部构成,更可见延安特殊区域文学体制的构形。

首先,由党内领导人毛泽东、周恩来、陈云等和文化文学部门领导人凯丰、周扬、艾思奇等直接体现了与延安文学体制的密切的领导关系。如"鲁艺"就是在毛泽东、周恩来亲自带头,并有林伯渠、徐特立、成仿吾、艾思奇、周扬等人联名发起"成立缘起"下诞生的,并且随后毛泽东出席开学典礼讲话、亲笔题写学院校训,为学院周年纪念题词等。在中国共产党的领导视野里,在延安特定的环境中,用毛泽东1939年5月10日为"鲁艺"成立一周年题词"抗日的现实主义,革命的浪漫主义",表述现行延安文学体制的核心观念最为准确。这是政党对文学组织团体思想观念的诉求,也是以此引领和协调延安文学队伍中两个作家群体的准则。延安文学中这部分领导者组织团体在文学之外,但其阐发的思想主张无不直接影响着作家聚合行为取向。这与20年代五四作家们聚合的文学社团和地缘关系或地域生成的作家群体完全不同,也与30年代党领导下的"左联"革命团体阶级对立结构有区别。政治的参与性对"延安文学"更注

---

① 该会1940年10月9日,由丁玲、萧军在延安发起成立。会刊《文艺月报》,重要作家还有王实味、艾青、罗烽等人。
② 该会1940年12月8日,由肖三、柯仲平等诗人在延安发起成立。会刊《新诗歌》,重要诗人还有鲁藜、公木、郭小川、塞克等。
③ 1938年春在延安创办,全称"鲁迅文艺学院"。1940年改称"鲁迅艺术文学院",1943年又更名为"鲁迅艺术学院",简称"鲁艺"。1941年7月才有"鲁艺"设文学系,系主任周扬兼任,有综合文艺刊物《文艺战线》,后又成立文学社团草叶社,1942年11月创刊《草叶》,主要作者有丁玲、周立波等作家。
④ 该流派形成于40年代初山西晋察鲁豫边区和晋绥边区,奠基人赵树理成长于太行山,他的代表作《小二黑结婚》(1943年)形成了通俗化、大众化的独有风格,并作为1942年后毛泽东在延安座谈会上讲话精神实践的典范,影响了一个文学史上宽泛概念的流派。

意精神的渗透和引导。

其次,由丁玲、艾青、萧军、王实味、何其芳、罗烽、周文、萧三等从大城市来到延安的知识分子作家群,与刘白羽、周立波、郭小川、吴伯箫、严文井、师田手、雷加、康濯等来自部队的,或本地的作家群。这两支作家群体进入延安,一方面是1939年中共中央的《关于吸收知识分子的决定》巨大感召力。"决定"明确提出这场民族的抗战"没有知识分子的参加,革命的胜利是不可能的";另一方面是"抗战进行曲和战斗鼓声同时响彻大地,它和卢沟桥的炮声,联袂而来"。① 这就决定了文学群体的构成已经不是单纯的文学本身了,就其精神追求在作家群中也各不相同。比如,前者我更认为出自现代知识分子精神本源,永远充满着理想和使命意识,崇尚自由是他们确立自我、获得知识的前提,面对自我放逐精神、面向社会思想独立,在多变的大时代常态的流亡漂泊。生逢其时的萧军萧红,这对苦难时代短暂的患难夫妻,他们一度同在山西临汾民族革命大学任教,同样壮怀革命,有六年的情感基础,但是也没有改变本质的现代知识分子自我独立性格。一个桀骜不驯、粗犷尚武,一个多愁善感、细腻自尊。在时代和生活的冲突中,彼此分道扬镳,一个去了延安一个到西安。大批都市知识青年就是像萧军一样满怀着"革命浪漫主义"的热情,向着自己心中精神理想的延安奔去的。1938年11月16日夜何其芳写的《我歌唱延安》开篇就是这样描述的"延安的城门成天开着,成天有从各方向走来的青年,背着行李,燃烧着希望,走进这城门"。

而后者是随着抗日的烽火,参加八路军投身激烈的战斗,从前线战场、游击队、在马背上,过封锁线,一路枪林弹雨、出生入死来到延安的文化人革命战士。他们写下了《前线一日》(肖华)、《潼关之夜》(杨朔)、《三颗手榴弹》(刘白羽)、《前线故事——敌后行》(雷加)、《马上的思想》(吴伯箫)、《中条山的小战士》(白朗)、《捉放俘虏记》(康濯)等一系列散发着"抗日现实主义"时代芬芳的篇章。他们既是随着部队在战斗间隙中的短暂休整,又是迫切需要学习文化、提高思想来到了延安。他们从五湖四海、四面八方追随革命理想、胸怀远大抱负来到延安。1939年师田手到达延安后是这样描述的,"南方人,北方人,外国人,多穿起灰色的军衣,汇成了一个可钦的巨人";"延安的空间每日震荡起各地的方言土语是,各种的声调腔音。延安,仿佛一块巨大的吸铁石,把一切坚硬强壮勇敢如钢铁的人们吸引来了。"②

显然,上述这样基本队伍构形的"延安文学",旨在围绕"大众的民族抗日"这个政治中心,其本质上强调作家聚合,文学社团建构,以坚持革命现实主义和革命浪漫主义的相结合为前提。因为延安文学不可能脱离大时代的历史情境,即抗战初的国共合

---

① 师田手:《延安文艺丛书·散文卷·前言》,湖南人民出版社1984年版,第1页。
② 师田手:《延安》,《延安文艺丛书·散文卷》,湖南人民出版社1984年版,第158页。

作,抗战中期的国共两党的破裂、抗战处于相持阶段,1945年的抗战胜利。这一革命政治历史发展的轨迹,始终又与参与者地域空间的人文精神价值取向、此时此地人与事的纠结(作家个体自由、理想精神、批判意识与现实环境的冲突)的知识文化发展线索相交织。"延安"实地的军事封锁和精神理想的象征地,恰恰促成了独有文化空间的交汇地。而文学的情景,最初是"一个人初到延安,……见到延安最多的还是那些唱着歌的年轻人的队伍,热烈的群众集会,游行时的火把、旗手、手拿红缨枪的自卫军等等;对那些真正的边区人民的生活,八路军各种艰苦奋斗的情形还是不太清楚,顶多只有一个朦朦胧胧的印象。所以他没有办法歌颂得更深刻,歌唱得更具体,更丰富的东西,而只有唱着一些自己感激的,快活的情绪,和一点对于将来的幻想。"[1]随后,在1942年之前,一度坚持文学精神的作家旨在表述军事封锁和经济贫困环境下的个体诉求。再后,以1943年《小二黑结婚》为标志,一个适应延安文化空间的"赵树理方向"的确立,服从接受者的大众化通俗化的需求,文学的现实性与政治的美学性获得了统一。在行进的历史和不断调适的人与事纠结的过程中,延安文学完成了自己的基本形态,包括突破地域空间的文学内外因素的培育。

四

在多重文化历史语境中,在动态和静态的时空变动调节过程中,"延安文学"既是永恒凝固的20世纪40年代中国革命历史和陕甘宁边区地缘的文学,又是跨越时空和文化疆界,承载政治风云,属于作家精神体验记忆的文学。当文学史叙述"延安文学"的完整构形时,一是延安地域地理描述的实地形象,一是由延安唤起的感知、情感记忆、话语元素等诸多复杂层面。两者不可孤立论之,也不可混为一谈。今天阐释"延安文学"的历史和现实意义,应该注意建构文学完整构形的内在脉络。

1. 五四以来"人的文学",进入抗战和延安特定的时空,形成了自己外部与内部的延伸,与特有文化构形,即文学中人的完整形态(自我与社会)的形成和丰满,受惠于中国革命自身问题和规律的探索和寻找过程。延安首先是中国革命的发源地,毛泽东思想完成体系建构的发祥地。其次才是延安文学的奠基地,五四以来中国现代文学的一个地域文学的生长地。由此,延安文学的基本内容和美学诉求,及其意义的阐释和理解,虽然是一个地域性阶段性规范明确的文学形态,但是也有文学史承传的规律和

---

[1] 严文井:《评过去四期〈草叶〉上的创作》,《草叶》1942年7月1日第5期。这段文字是评论白原《五月的太阳》、林沫《晨光》等诗歌创作的话。

文学特有的精神情感元素,以及文化复杂层面的纠缠新质。五四以来的"人的文学"经历20世纪40年代延安时空究竟出现了哪些历史延续中的裂变?毛泽东思想中的文艺阐释与延安文学建构之间的联系和区别是什么呢?当毛泽东在集中思考中国革命的现实如何与外来马克思主义相结合时,中国现代文学人的解放和思想启蒙的核心命题,同样面临着阶级、民族急变而来的新挑战。许多现代作家们在身不由己中进入"延安"的地域与政治化的语境,迫使他们要重新认识文学的本质和使命,既是体现对毛泽东政治革命的顺势,又是文学功能价值全面认知的必然。当以"救亡压倒启蒙说",文学性的偏执和失衡说,"政治决定论"等评价40年代文学、延安文学时,有失空间视域下文学史叙述的"完形"考察,多少有着思想史、纯文学、政治史认知思维的侧重,这必然左右了文学一定程度合理性的价值判断。自然,"延安文学"在中国文学中现代性特征的准确把握,也要受到大大的削弱。

2. 延安文学的中心内容是文艺为工农兵。工农兵是抗战时期社会的主力军,时代的代表,文学的自觉和精神不可能脱离这个重要的对象。其文学主体的作家自觉,文学精神的向度,决定延安文学空间构形的内在认知和行为。进入40年代中国革命的语境和延安地理范围,文学的"民族形式"讨论、文学的陕北农村文化认同、文学的传统与本土经验、文学的救亡与启蒙、文学创作者角色转换与调整的等等问题,实际都在被重新建构和用新话语再阐释,也是经受历史和时代的考验逐渐明朗的。最初延安文学在"文章下乡,文章入伍"的引导下,是文艺突击社、戏剧救亡协会、文艺战线社、讲演文学研究会、大众读物社等团体的宣传活动占据主要内容,文学的散文、朗诵诗、街头剧等轻型通俗形式为主。中间相对稳定阶段,大批城市来的文学作者对延安现实生活的书写,面临高扬的精神期盼和实际存在的距离,《解放日报·文艺副刊》、《文艺月报》、鲁艺的《草叶》、《谷雨》等文艺文学阵地,成为他们坚守五四人的文学个性主义、启蒙批判、灵魂改造的主要表达通道,传播自由民主意愿的集散地。"讲话"之后从1943年开始,春节农闲全民秧歌剧运动、鲁艺的"演大戏"、赵树理《小二黑结婚》为代表的通俗读物小说和《王贵与李香香》长篇叙事诗、《白毛女》歌剧等的大众化民族化自觉追求。这一系列文艺活动过程和其创作实践的成果,折射着延安作家一次巨大的精神砥砺,代表着"延安"地域文化包孕着的积极向上、歌颂光明对困惑矛盾、暴露黑暗的精神反拨。五四文学创作者的心路,因此而蜿蜒曲折,文学本身也就呈现出色彩斑斓。延安文学完整构形(时空观)考辨不是要否定这个对象,而是要找寻切合对象的认知、感觉、观念、表达的各种复杂层面。经历人生大起大落遭际的女作家丁玲自觉去写《太阳照在桑干河上》这一至今仍然有阅读空间的文本,就是最典型的案例。文学史的叙述是一种尊重历史、理解作家、体验人生的重写。中国现代文学在"延安"空间被重新建构的价值,延安文学形态真正意义上的解读,只有从真诚理解作家精神层面获得途径。

3.延安文学作为一个独立的话语形态,本质上是知识分子话语与工农兵话语同构中时空对接、交叉、重构的文学史过程。文学的理想与欲望、人性的思索和表现,是知识者的深度自我独立、自由追求,最典型的现代性意识,大都市空间环境更有他们生存的土壤。但现代知识者走进民族抗战的行列和进入延安的乡村后,首先发生了从未有过的政治高扬、地理环境的巨大落差,甚至其物质经济因素也在被迫改变,这就有了文学现代性错位的重构。在文学与政治的直接冲突中精神道德的反省、文学本质的美学诉求,相对成为了"弱势群体",文学精神人性直接面对战争面对生与死的考验。革命家军事家的毛泽东恢宏视野,其辩证务实的思想体系的建立,从根本上改变了现代中国的政治结构,即二元的城市与乡村转为单一的乡村中心。文学也受到一次强烈时代政治光源的透视,文学与政治的话语重构,即调整了五四以来新文学侧重知识分子主体的角色。毛泽东重写中国城乡问题,也就定位了延安文学的核心问题。当中国文学经历了一次乡村社会化和政治强化的现代性调整。(决定于毛泽东军事战略"农村包围城市")。适时,要求文学家到农村、工农兵中间去,老百姓喜闻乐见的大众化的民族形式,必须走先"普及"后"提高"的文学传播路线。这些都决定于"延安"文化空间的存在。文学现代性是一个动态的不断调整的过程,同时,文学滋生的源泉永远来自生活。工农兵营造了丰腴生活的土壤,革命理想和追求,正义对邪恶的反抗决定了战争中的人性和欲望又有新的提升。在延安文学中"现代性的重构"正是一次作家贴近现实的精神涅槃,即表现为集体无意识地排斥乡村牧歌式表达,个人心灵哀悯的流露,反对模糊的形象塑造、自觉抵制语言的书面化知识腔。为此,讲故事章回体、评话本、"信天游"、秧歌剧、长篇叙事诗等通俗形式也是文学的内容,更是成为"延安文学"的精神象征物。

最后,真正意义上的还原一个有特殊地域文化内涵和复杂经验世界的"延安文学",远远不是本文篇幅所能够完成的。围绕"讲话"的延安文学虽然70年历史中也有几轮文学史叙事的反反复复,但是今天仍然未到对这一文学对象或曰地域文学现象终结评价的时候。文学史叙事没有模式也没有终点,历史是时间和空间的过程,文学是立足人向内向外不断反思的过程。我试图在这样的过程中找寻心中理解的延安文学,上述零散的片段真诚求教关心此话题的同仁。

作者:杨洪承,南京师范大学文学院教授、博士生导师。

延安时期纪实文学:记录历史现场的新闻文学文本

杨 琳

摘 要:报纸文体与文学文本在战争背景下交融而成的纪实文学的繁荣成为媒体、受众以及主流意识形态共同的要求。可以说,革命战争促动了纪实文学,使这种文体成为延安文学的重要组成部分。而表现政治化的现实内容以及极具宣传鼓动性的传播效果,使其能够最直接、真实地反映具有历史性的重大现实事件和重要的人物,在这个意义上,纪实文学实现着新闻文学文体作为历史文本、历史文献的价值。

关键词:延安时期;纪实文学;历史现场;记录

一

传播媒体在历史事件发生的当时记录着其产生、演变的原始历史过程,也是文学、文化流变的原初载体。媒体是回到历史现场,考察当时文学演变历程、传播与接受历程的"活化石"。十九世纪三四十年代的报纸作为当时最重要的大众传媒,其最大的特征就在于其强大的时效性、现实性和较大的信息容量,这也决定了报纸媒体文本的现实性。处于战争环境中的延安的报纸,这一点表现得更为突出。如果说"华北之大,已经安放不得一张平静的课桌"。[①] 那么,中国之大何处又是作家们潜心创作长篇文学作品的所在? 同时,如果从受众的角度来讲,硝烟战火中,事态瞬息万变,对国家前途命运的思考,对战况的关注,对自身生存的担忧都决定了人们前所未有地关注那些最真实地反映现实和生活的作品。因此,报纸文体与文学文本在战争背景下的交融的纪实文学的繁荣就成为媒体、受众以及主流意识形态共同的要求。正如周立波在《谈谈报告文学》中所描述的"中国现在的一切作家,都是在烽火之旁写作,他们的读者也是在烽火之旁的。用怎样简单明了而有力的文学形式来反映并批判现实,是每个作家应当考虑而且也有人考虑了的事情。"[②]以群在分析抗战文艺活动时认为:"抗战

---

① 1935 年 12 月 9 日,清华大学救国会散发的《告全国民众书》喊出了爱国学生的共同呼声:"现在,一切幻想,都给铁的事实粉碎了!'安心读书'吗? 华北之大,已经安放不得一张平静的书桌了!"这句话像是长了翅膀一样,在青年学生中间不胫而走。《华北之大,已经安放不得一张平静的书桌——档案里的"一二·九"爱国民主运动》,《北京日报》2011 年 6 月 29 日。
② 周立波:《谈谈报告文学》,《周立波选集》(第六卷),湖南人民出版社 1983 年版,第 62 页。

发动以来,社会现实的演变供给了作家们以异常丰富的材料,然而那变动却太急剧、太迅速,竟使作家们没有余裕去综合和概括那复杂丰富的材料。而且作家生活的繁忙(他们除了写作外,大都还要担负许多实际的救亡工作),和出版条件的恶劣(部分出版业停顿,纸张缺乏,发行困难)也限制了作家写较长的作品。适应着这些客观条件,作家们不能不采取短小轻捷的形式——速写、报告、通讯之类,以把握剧变的现实的断片。自1937年到1940年,报告文学成为许多作家的首选文体,特别是1938年前后,一切的文艺刊物都以最大的地位(十分之七八)发表报告文学。读者以最大的热忱期待着每一篇新的报告文学的刊布。既成的作家(不论小说家或诗人或散文家或评论家),十分之八九都写过几篇报告。在这样的情形之下,报告文学就成为中国文学的主流了。而且那些并非专业文艺的青年,几年来却成为报告文学的主力。"[1]当年《新民报》的主笔赵超构访问延安时发现,在延安的文坛上"报告、速写一类的作品却相当丰富,过去写小说的作家,现在多在这方面写作。这些报告文学的内容,都是歌颂边区人民各方面的英雄人物或者褒扬边区建设事迹的。"[2]作家雷加回忆道:"三十到四十年代的抗日战争和解放战争中,在前线上同子弹同样多的是通讯特写,它代替了军事文学。"[3]事实上,这种简明纪实的作品也成为作家们自觉的创作实践,延安时期《文艺突击》《大众文艺》《谷雨》《文艺战线》《八路军军政杂志》等刊物和《解放日报》发表的作品中,报告文学占了其中很大的比重。可以说,革命战争促动了纪实文学,使这种文体成为延安文学的重要组成部分。

报告文学是兼有文学与新闻两种文体优秀基因,普遍运用于大众传媒的文体形式,它一方面站在大众传媒的最前沿充分展现出作为新闻文体对现实的快速反应能力,尤其能够密切关注、敏捷记录激变的历史时期中不断涌现的新人物、新事件、新变化,满足受众了解社会热点的需求;同时又兼取吸收文学创作的艺术审美特征,并且以文学的叙述、描写笔调和情感抒发方式,从情感层面唤起受众的共鸣。新闻文学的文体形式历史悠久,中国古代文学里的笔记文学已是纪实、文学与传播互动的雏形之一。十九世纪末,报告文学的诞生便是大众传播与文学互动加速的发端,1937年,茅盾在《关于报告文学》中对这种文体就有很好的说明:"'报告'的主要性质是将生活中发生的某一件事立即报告给读者大众,题材既是发生的某一件事,所谓'报告'有浓厚的新闻性,但它跟报章新闻不同,因为它必须充分的形象化,必须将'事件'发生的环境和

---

[1] 以群:《抗战以来的报告文学》,《中苏文化》,1941年第9期,后收入以群:《战斗的素绘》,《作家书屋》1943年版,第2页。
[2] 赵超构:《延安一月》,上海书店出版社,1992年版,第103页。
[3] 雷加,程远主编:《延安作家·序》,陕西人民出版社1992年版。

人物活生生地描写着,读者便就同亲自经验,而且从这具体的生活图画中明白了作者所要表达的思想。"①而 1936 年,茅盾依照高尔基主编《世界一日》的体例,主编刊印的《中国一日》,正是在民族危难关头所进行的我国现代文学史上一次群众性的报告文学创作运动,也标志着我国报告文学进入成熟阶段。与纪实文学文体本身所显示的时代意义相比,无论是文学研究还是传媒研究,尤其是在三四十年代,对尚处于新兴阶段的这种文学体裁仍存在认识的局限性。而其中延安文学研究中的纪实文学研究更嫌不足,报告文学作为延安文学中重要的一支,长期的研究过程中尚未引起重视。但笔者坚信但凡较详细地浏览过《解放日报》的研究者,都不会不对其纪实作品留下深刻的印象,并激起浓厚的研究兴趣。如果将其放置到其产生的历史现场中去,越发会体现出其价值。

二

延安时期的纪实文学是以《红军长征记》的征文拉开序幕的。1937 年 5 月 10 日,中央军委主席毛泽东、总司令朱德签署颁发《军委关于征集红军历史材料的通知》:"今年'八一'是中国红军诞生的十周年。为纪念这个有特殊意义的红军诞辰,特决定大规模的编辑十年来全国的红军战史。"②毛泽东和杨尚昆亲自为出版《长征记》征稿,在发给各部队的电报和参加长征同志的信中说:

> 现因进行国际宣传,及在国际国内进行大规模的募捐活动,需要出版《长征记》,所以特发集体创作,各人就自己所经历的战斗、行军、地方及部队的工作,择其精彩有趣的写上若干片断。文字只求清通达意,不求钻研甚深奥,写上一段既是为红军做了募捐宣传,为红军扩大了政治影响。来函请于九月五日以前寄到总政治部。备有薄酬聊表谢意。③

"中国文艺协会"承担了编选任务,经过三个月的紧张工作,共选出 110 篇共 38 万字的作品。这一活动的直接成果是徐梦秋主编的《二万五千里》,肖锋(肖忠渭)、童

---

① 茅盾:《关于报告文学》,《中流》1937 年第 2 期。
② 《军委关于征集红军历史材料的通知》,《新中华报》1937 年 5 月 10 日。
③ 丁玲:《延安文艺丛书·文学史料卷前言》,湖南文艺出版社 1983 年版,第 2 页。

小朋、陈伯钧、任云南、张子意等人写的长征日记和当时发表在《新中华报》上的雨田的《彭团长炮攻大来圩》、①尊心的《渡金沙江》、②铁命的《南渡乌江》、③天明的《草鞋》、④洪水的《先缴炮后打胜仗》⑤与《耳环》⑥等表现长征中重要的战斗片断、历尽艰难困苦的红军故事、通讯报告。此次征文不仅是一次成功的集体写作的尝试,也出色地达到了其宣传红军、宣传根据地、宣传抗日的目的。拿锄头和枪杆子的手拿起笔头,并且发挥了枪头所没有达到的作用,这无疑对这些写作者来讲是一次鼓舞。《长征记》征稿"到十月底,收到的稿子有二百篇以上,以字数计,约五十余万。写稿者有三分之一是素来从事文化工作的,其余是'赳赳武夫'和从'红角'的墙报上学会写字作文的战士"。⑦ 1936年春上海《字林西报》评价《红军长征记》时所说的:"红军经过了半个中国的远征,这是一部伟大诗史,然而只有这部书被写出后,它才有价值。"⑧

纪实文学首先是延安时期特殊的革命战争环境的产物。1938年,周扬曾提出:"散见在各报章刊物上的尽是战时随笔前线通讯,报告文学,墙头小说,街头剧等等。这些作品都是急就章,没有经过多少艺术上的斟酌和推敲,却具有一种宣传鼓动的性质,它们能够很迅速地反映抗战救亡运动中的每个事件,而且极有效地把民族革命的精神和思想穿插在读者大众的脑中。……这类作品的形式为目前文学的潮流所趋,为抗战环境之所需要,为抗战文学的正当发展的方向。"⑨黄钢在《延安文艺丛书·报告文学卷》前言中分析了延安时期的革命战争背景后说:"延安时期的报告文学是在这血与火之中诞生。毛泽东同志1939年向文艺工作者指出:'我们需要战斗的作品。'⑩而最能够迅速、直接地反映伟大抗日斗争的文学形式,首先就是报告文学。斗争的形势需要报告文学,报告文学适应了革命斗争的需要。这是延安时期报告文学蓬勃发展的重要原因。"⑪毛泽东为召开延安文艺座谈会,曾于1942年4月下旬,邀请鲁艺的几

---

① 雨田:《彭团长炮攻大来圩》,《新中华报》1937年3月3日。
② 尊心:《渡金沙江》,《新中华报》1937年3月16日。
③ 铁命:《南渡乌江》,《新中华报》1937年3月26日。
④ 天明:《草鞋》,《新中华报》1937年4月6日。
⑤ 洪水:《先缴炮后打胜仗》,《新中华报》1937年3月23日。
⑥ 洪水:《耳环》,《新中华报》1937年4月9日。
⑦ 艾克恩:《理想·信念·意志的力量》,《文艺报》1989年11月18日。
⑧ 何季民:《解谜〈红军长征记〉》,《中华读书报》2005年11月16日。
⑨ 周扬:《抗战时期的文学》,《自由中国》1938年第1期。
⑩ 萧三在1939年5月间曾给毛泽东一份自己的诗本(手抄本),毛泽东看后写信给萧三,说:"大作看了,感觉在战斗,现在需要战斗的作品,现在的生活也全部是战斗,盼望你更多作些。"中共中央文献研究室编:《毛泽东年谱(一八九三——一九四九)》中卷,第128页。
⑪ 黄钢:《延安文艺丛书 报告文学卷·前言》,湖南人民出版社1984年版,第1页。

个党员教师到他的住地谈话。在谈话中毛泽东指出:写当前的斗争也可以写得很好。《解放日报》上最近有一篇黄钢的作品,叫《雨》,写得很好,就是写当前的抗日战争的。"①1938年11月,鲁艺文学系代理主任沙汀、教师何其芳带领学员跟随贺龙到前线实习,归来后,沙汀创作了报告文学作品《我所见之H将军》,②陈荒煤写了《陈赓将军印象记》《刘伯承将军会见记》,黄钢根据他随陈赓任旅长的三五八旅在晋中作战的经历,写出了报告文学《我看见了八路军》《树林里——陈赓的兵团是怎样作战的之一》和《雨——陈赓的兵团是怎样作战的之二》,表现了八路军对日作战的艰辛和困难,所向披靡的战斗意志以及官兵一致、同甘共苦的优良作风。受到毛泽东表扬的《雨》,记述了在连绵不绝的阴雨中陈赓旅与敌人进行的一场战斗,但作者并未正面描写激烈的战斗场面,而是把笔墨集中于旅长、开小差的旅政治部饲养员和地主贾芸生等人物身上。通过描写在战斗进行过程中,几位人物的表现和转化,突出表现了八路军的强大精神凝聚力和感召力。而在此前的1937年9月,曾创作了《彭德怀速写》的丁玲和吴奚如一起率西北战地服务团一行三十余人,徒步到山西抗日前线采访和宣传抗日,半年内写下了二十余篇速写。1942年5月10日,八路军总政治部发出《总政治部关于为供给〈解放日报〉稿件的指示》:"在部队中建立通讯工作,组织同志写稿",稿件的内容"主要应为我军的英勇战斗,在战斗中我指战员的英雄事迹,部队中各种有意义之活动等通讯。"③

延安文艺座谈会之后的1943年11月8日,《解放日报》发表了中共中央宣传部《关于执行党的文艺政策的决定》,对报告文学作为宣传工作的中心更是从政权的高度予以重视:

> 在目前时期,由于根据地的战争环境和农村环境,文艺工作各部分中以戏剧工作与新闻通讯工作为最有发展的必要与可能。其他部门的工作虽不能放弃和忽视,但一般地应以这两项上作为中心。"要求"新闻通讯工作者及一般文学工作者的主要精力,都应当放在培养工农通讯员,帮助鼓励工农与工农干部练习写作,使成为一种群众运动。④

新的文艺方向对延安作家创作的影响在创作方面的表现就是向纪实文学的转向。

---

① 何其芳:《毛泽东之歌》,《何其芳文集》(第三卷),人民文学出版社1983年版,第52页。
② 又名《随军散记》,新中国成立后改名《记贺龙》。
③ 中国社会科学院新闻研究所:《中国共产党新闻工作文件汇编》(上),新华出版社1987年版,第130页。
④ 中共中央宣传部:《关于执行党的文艺政策的决定》,《解放日报》1943年11月8日。

张闻天在鲁艺成立纪念特刊上写道:"认识大时代,描写大时代,在大时代中生活奋斗,站在大时代的前卫为大时代服务——这就是现在文艺家的使命。"①丁玲可谓其中典型的代表。经历了整风之后,丁玲进一步深入到最基层去了解熟悉群众,同时以老百姓所熟悉的手法,去描写和表现新的人物,创作了《田保霖》。这部作品和欧阳山的《活在新社会里》一起受到毛泽东的大力表扬。毛泽东在给丁玲和欧阳山的信中写道:"快要天亮了,你们的文章引得我在洗澡后睡觉前一口气读完,我替中国人民庆祝,替你们两位的新写作作风庆祝!"②此后,丁玲又创作了《袁广发》《民间艺人李卜》等纪实文学作品。茅盾分析报告文学时认为:"'报告'是我们这匆忙而多变的时代产生的特殊的文学样式。读者大众急不可耐地要求知道生活在昨天所起的变化,作家迫切地要将社会上最新发生的现象(而这是差不多天天有的)解剖给读者大众看,刊物要有敏锐的时代感——这都是'报告'所由产生而且风靡的原因。"而延安时期这些"报告"性作品更以其报告现实、表现政治化的现实内容以及极具宣传鼓动性的传播效果,使得报告文学能够最直接、真实地反映具有历史性的重大现实事件和重要的人物,这也正是今天我们研究新闻文体作为历史文本、历史文献的价值和意义。

三

也许从一篇或几篇作品中我们很难分析出究竟是哪些因素决定了媒体生态与传播对文学的选择与取舍,但当我们对媒体所传播的作品进行整体考察时,尤其是针对某一时期某一具体媒体及其历史语境进行考察时,我们则能够很清晰地就其立场和标准得出结论。值得研究的是延安时期引起关注的纪实文学作品,比较集中地刊登在《解放日报》上,包括丁玲的《田保霖》、刘白羽的《同志》、黄钢的《我看见了八路军》、欧阳山的《活在新社会》《人山人海》、廖承志的《遥献》、穆青的《雁翎队》、雷加的《请求》、严辰的《战斗的一天》、魏巍的《晋察冀,英雄多》等著名作品。《解放日报》的媒体特质不仅为纪实文学提供了重要的媒体平台,而且也使新闻文体与文学文体在特殊的时空背景下相会融合,共同成就了延安文学中这一不可忽视的文学样式。与以虚构见长的小说体裁相比,通讯和报告文学均属于纪实性文本。若对《解放日报》的纪实性文本加以分析可以发现,这类体裁的作品往往介于新闻文体与文学文体之间,甚至某种程度上还偏重于新闻文体的纪实性而忽视文学文体的艺术审美性。许多篇目是

---

① 曲士培:《抗日战争时期解放区高等教育》,北京大学出版社2005年版,第67页。
② 毛泽东:《致丁玲、欧阳山的信》,《毛泽东书信选集》,人民出版社1983年版,第233页。

以通讯的面目见诸报端的。尽管后来通常被研究界认定为报告文学或纪实文学,但实际上这些作品在处理人物事件和作者个人意识之间的关系方面,和文学写作又有很多不同。常采用第一人称的写法,"我"既是叙述者又是亲历者、目击者,这些作品往往以事件和场景的现场感、细节的真实再现而见长。简言之,作者的个人意识在这里不再独立于作品所报告的人物事件之外,而是融入其中,不仅仅是作为一种烘云托月的情绪底色而出现,而是成为其中的一员,与主人公共同经历,情感交融。事实证明,也只有这么做,才能使当时以至后来的作者在作为新闻性概念的通讯文学和作为文学艺术唯一源泉的社会现实生活之间找到稳妥的立足点。就这个意义而言,《解放日报》刊载的纪实文学作品可以视为《讲话》以后文学创作的重要实绩。

报纸的大众化媒体特征不仅充分张扬了报告文学的时效性的新闻文体特性,而且成功地将之转化为一种真正具有大众化意义的文学样式。大众化在这里不仅是指描述的对象是人民大众,表现大众的思想和情感,为大众容易理解,更为重要的是大众被组织起来成为报告文学的写作主体,以革命历史亲历者的身份参与到有关革命历史话语的叙述中来,这样,文学原本作为个体化活动就被成功置换为一种群体写作的活动。周扬在《抗战时期的文学》中说:"在战时文艺家的一切活动中,集体创作的活动应当占一个地位。创作只能造个人,不能是集团的,这种陈腐的传统观念是应当抛弃了,……集体创作也并不一定要用专门的作家,而可以由非作家的作家来写。已出版的《中国一日》便是例子。抗战中巨大的多方面的经验需要大批有这些经验的人们集体地来记录。即使这些人不都是专门的作家,写出来的都是片鳞半爪,在艺术上不完整的粗糙的东西,也将会比对于这些经验生疏的作家所写的含有更多的生活的意义。"① 茅盾在主编《上海一日》序中也写道:"用血用肉来写一部亚洲大陆上空前的'集体创作'。"② 的确,抗战爆发后,炮火硝烟容不得作家按照正常的创作程序进行创作。"集体创作"的概念一时间成为他们的共识和自觉行动。③ 这种创作形式不仅仅是作家们在特定的环境下思想高度一致的一种联合,同时,还逐渐走向战时文学的生产者和接受者一体化的融合。当传播者的传播标的更加明确一致时,体现在文化运作

---

① 周扬:《抗战时期的文学》,《自由中国》1938 年第 1 期。
② "上海一日"编委会:《编辑〈上海一日〉的经过》,《文艺》1938 年第 5 期。
③ 1937 年,卢沟桥事变爆发,"中国剧作者协会"在成立当天讨论以最快的速度创作一部三幕话剧《保卫卢沟桥》,约定在"第三天下午四时,要把写出来的初稿交齐;交齐后的两天之内整理好",并加紧排练,尽快上演。参加《保卫卢沟桥》的创作人员,仅剧本中显示的作家,艺术家就有 20 余位,集中了当时文艺界的精英。每一幕分一批人马流水作业,按初稿撰述、执笔、整理,乃至配音曲艺和歌曲作品严格分工,最后由专人校阅,再交付印刷,形成一条繁忙的创作流水线。结果如期做到,剧本在几天后即出版发行。这种绝无仅有的写作、出版速度开创了文学史和出版史上一个真实的神话。于玲:《回忆"中国剧作者协会"和集体创作、联合公演〈保卫卢沟桥〉》,《中国话剧运动五十年史料集》(第 2 辑)。

之中的写作相对而言才能够趋于融合和互动,表现在传播过程之中就是延安时期文学传播主体与接受主体的融合与互动,解放区集体创作的大量出现正是如此。"仿造《世界一日》和《中国一日》办法",中国文艺协会编辑了《苏区的一日》,把1937年2月1日这一天的"战斗、群众生活、个人的见闻和感想,全地方的或一个机关的或个人的,种种现实,用各种的方式写出来",从而"全面表现苏区的生活和斗争"。① 以《苏区的一日》为先导,在解放区出现了书写"一日"的热潮。1938年5月,陕甘宁边区文化界救亡协会组织了《五月的延安》征文,要求以5月中最有意义的一天为视点来反映延安全新的生活、战斗的场景。此后,在各个解放区又陆续发起了《新四军一日》(1940)、《冀中一日》(1941)、《边区抗战一日》(1946)、《渡江一日》(1949)等征文活动。在这些活动中,《冀中一日》是一次规模较大的报告文学集体写作运动,活动事先经过党、政、军郑重动员、布置和示范,参加者甚众,共收到作品五万多篇。跟各种中心工作相似,写作运动宣传动员得相当深入。王林回忆说:"记得当时的'街头识字牌'上都写着'冀中一日'四个字。站岗放哨的儿童、妇女见行人来往时,查清了'通行证',还得叫你念念'冀中一日'四个字:念完'冀中一日'之后还得问问'冀中一日'指的是哪一天,并且提醒你在那一天要写一篇'一日'的文章。所以到了那一天有不少不识字的老太太拿着早已经准备好的纸张去找人'代笔'。"②"这是最典型的民众写作事件,5月27日几乎成了每个群众、每个干部、每个战士都热烈地等待的日子。征文中《冀中一日》编委会集中了四十多位宣传、文教干部用了八九个月的工夫,做了两次编审,从五万篇稿子中选了两百多篇选编成册。"③同时,类似冀中地区1941年开展的颇有声势的"冀中一日"报告文学创作运动的群众性文艺运动热潮在延安以及各解放区轰轰烈烈地不断展开。

从报告文学写作的作者群体来看,首先有身先士卒的将领们,如:"战斗在苏皖的新四军领导人陈毅、杨成武、韩先楚等同志,不仅鼓励作家写通讯报告,而且自己在戎马倥偬中执笔写下了出色的报告文学作品。"④同时也有丁玲、何其芳、萧三、周立波、柳青、吴伯箫、欧阳山、刘白羽等知名作家。"当时,好像作家和记者无所区分,作家奔赴前线比记者还认真,后来许多著名诗人作家,好多是由当年记者锻炼出来的。"⑤还有来自印刷厂、部队和乡村的普通劳动者。他们的创作活动的深层意义远远超出了文学创作的范畴而成为一种政治宣传鼓动活动,也超出了传统的对传播者的界定而成为

---

① 《"苏区的一日"征文启事》,《新中华报·红中副刊》1936年12月28日。
② 王林:《回忆"冀中一日"写作运动》,《河北文学》1962年第9期。
③ 远千里:《关于〈冀中一日〉》,《中国报告文学丛书》(第1辑第4分册),长江文艺出版社1983年版。
④ 黄钢:《延安文艺丛书 报告文学卷前言》,湖南人民出版社1992年版,第2页。
⑤ 雷加,程远主编:《延安作家·序》,陕西人民出版社1992年版,第2页。

历史亲历者的共同记忆。正如埃德加·斯诺所言:"从最实际的意义来讲,这些故事却是中国革命青年们所创造、所写下的。"从这些活的历史记录中,"读者可以约略窥知使他们成为不可征服的那种精神,那种力量,那种欲望,那种热情。——凡是这些,断不是一个作家所能创造出来的。那些是人类历史本身的丰富而灿烂的精华。"[①]当中国现代知识分子在"大众化"与"化大众"之间寻找契合点时,延安纪实文学大众创作的群众性文艺运动带来的无疑是一种不可忽视的触动和值得放置在传播研究和文学研究的历史坐标上深刻探讨的现象。

四

陈思和曾指出,30年代到40年代的战争形成了新的文化规范:战争文化规范,它的特点是:"实用理性与狂热的非理性的奇特结合,民族主义情绪的高度发扬,对外来文化的本能排斥,以及因战争的胜利而陶醉于军事生活、把战时军队生活方式视作最完美的理想境界等等。"战争文化的"明确的目的性和功利性"以及"二分法思维"对当代文学有着深刻的影响。[②] 的确,在今天看来,由于报纸本身的时效性和大众化受众的要求,以及战争所造成的血与火的写作环境,《解放日报》的纪实文学作品普遍存在强调宣传功能的同时缺乏较高艺术水准的问题。实际上在纪实文学和小说的新闻性影响的背后,是整个大众传播机制和文学乃至文化的关系,是政治文化对文学叙事的成功的运用。从文学的制度机制而言,其突出的表征是权力机制以及媒体对这种文学形式的褒扬与肯定,如党的领袖毛泽东亲自写信给丁玲等,盛赞其纪实文学作品,进一步促成了这一形式的滥觞;就文化关系而言,充分满足了广大工农兵的接受需要和接受特点,成为压倒一切的文化价值自身实现的方式选择。从媒体传播角度来看,当媒体传播以新闻的方式向文学渗透时,文学的主体性及其本身的审美价值、语言体系、文本形式等在媒体特定的话语氛围中,在大众传媒为实现其目标对文学资源进行重新编码中渐渐被消解了。这种情形及其中所蕴含的有关作品主题、审美、文本形式等追求,在相当程度上影响和规约了建国至少30年的小说文体的总体风貌。如《巍巍昆仑》《保卫延安》等一系列革命战争题材的作品,都不可避免地打上纪实文学写作中的新闻性的烙印。这种战争时期广泛适用的文学新闻化的现象在某种程度上遮蔽了一

---

① 〔美〕埃德加·斯诺:《〈西行漫记〉1938年中译本作者序》,黄钢《延安文艺丛书·报告文学卷·前言》,湖南人民出版社1992年版,第6页。
② 陈思和:《文学观念中的战争文化心理——当代文学与文学论纲之一》,《鸡鸣风雨》,学林出版社1996年版,第9页。

味的以宣传为目标所导致的文学性的丧失和文学的文体意识的淡化,使文学话语大有在媒体上和政治话语合流的趋势。大众传播媒体作品中刻板印象的形成机制以及大众媒体的特征,也成为促使这些作品形成刻板印象的原因。其问题在于突出群体共性特征,便于人们认识各种社会范畴,来突出各种群体的典型特征,刻画各种社会成员,因此,主动强化了刻板的群体特征,但是媒介在利用刻板印象塑造形象和传播时,容易忽略该群体中其他成员的特点,而使得刻画的形象存在单一和简单化的问题。分析那些在同一媒体平台上与纪实文学相映相伴的新闻,包括党的文件,会很自然地从中看到"互文性"的现象,这也进一步显示了文学作为延安时期社会政治、生活的一个重要组成部分,作为党的宣传部门的一部分的事实,也进一步使我们明确了当时文学存在的社会空间定位。至此,新闻报纸为了增强自身的魅力去争取读者,扩大影响和达到目的,除了加大报道新近发生的事实的主要功能外,逐步增添了文学色彩的作品、知识性文章,甚至仅仅使读者消遣一下的娱乐性、趣味性东西。基于这个前提,国际上不少优秀的新闻记者同时又是杰出的作家,如美国的马克·吐温、杰克·伦敦、斯诺、捷克的基希和前苏联的波列伏依等。另一方面不少作家也是积极、热情的报刊撰稿人。这些记者型作家,或作家型记者,正是往返于大众传媒领域和文学园地的两栖人。

可以说,革命战争促动了纪实文学,使这种文体成为延安文学的重要组成部分。报纸文体与文学文本在战争背景下交融而成的纪实文学的繁荣成为媒体、受众以及主流意识形态共同的要求。而表现政治化的现实内容以及极具宣传鼓动性的传播效果,使其能够最直接、真实地反映具有历史性的重大现实事件和重要的人物,实现着文体作为历史文本、历史文献的价值。因此,当我们试图回到历史现场研究延安文学的整体风貌时,不应该忽视记录历史现场的新闻文学文本——延安时期纪实文学。

作者:杨琳,西安交通大学人文学院教授,博士生导师。

延安文艺对马克思主义文艺思想中国化的影响[①]

谭诗民　李西建

摘　要：延安文艺在马克思主义文艺思想的译介与研究、文艺队伍的建设与文艺创作以及马克文艺思想的探讨与创新等方面对马克思主义文艺思想中国化作出了巨大贡献。同时,也对马克思主义文艺思想中国化产生了深远的影响。主要体现在：文化领导权的建立和文艺政策的制定与实施,中国文艺思想的理论基础和核心问题的确定以及新的文化生产机制的建立三个方面。

关键词：延安文艺；马列文论；中国化；影响

在我国现当代文艺发展史上,马克思主义文艺思想中国化问题一直是学界的热点。探寻马克思主义文艺思想中国化的规律,坚持和发展马克思主义文艺思想,从而建设具有中国特色的文艺思想体系,一直是学界关注的重点,也是难点问题。一大批学者在对马克思主义文艺思想本身的综合研究、马克思主义文艺思想中国化的历史成果和历史经验以及马克思主义文艺思想当代形态等问题的研究中取得了丰硕的成果。但对某些关键问题仍研究不足,这其中就包括"延安文艺对马克思主义文艺思想中国化的影响"这一问题。目前,除1987年《延安文艺丛书》编委会主编的《延安文艺丛书·文艺理论卷》和艾克恩编撰的《延安文艺运动纪盛》等一些资料汇编,以及国内相关马克思主义文艺思想发展史的简要论述以外,只有张正光、宋建林等学者相关的、且为数不多的直接论述延安文艺与马克思主义文艺思想中国化问题的论文。可见,延安文艺对马克思主义文艺思想中国化的影响问题还缺乏全面而深入的研究。本文力图从马克思主义文艺思想在中国的传播及其成因、延安文艺对马克思主义文艺思想中国化的贡献和延安文艺对马克思主义文艺思想中国化的影响三个方面对这一问题作一个较为系统的阐述。

一、马克思主义文艺思想在中国的传播及其原因

马克思恩格斯没有系统的文艺思想论著,其文艺思想都是采用散论、专论和兼论

[①] 基金项目：2011年国家社会科学基金重大项目"延安文艺与20世纪中国文学"(11&ZD113)。

的形式,分布于马克思主义哲学、政治经济学以及科学社会主义等著作中。因此,马克思主义著作的传播,也是马克思主义文艺思想的传播。

马克思主义是在20世纪初,随着"西学东渐"和留学运动热潮传入中国的。中文中第一次出现马克思和恩格斯的名字是在1899年2月《万国公报》第122号刊载的《大同学》上。1900年12月,中国留日学生在东京创办的《译书汇编》创刊号上,刊登了"坂崎斌"译的日本著名法学者贺长雄著的《近世政治史》。介绍了马克思流亡伦敦,创建第一国际的情形。这是中文最早的介绍马克思主义的翻译著作。此后,1902年4月,上海广智书局出版了村井知至著、罗大维译的《社会主义》,对马克思的生平及其学说进行了比较系统的介绍。1905年《民报》第2号上发表了蛰伸(朱执信)的《德意志社会革命家小传》,不但介绍了马克思恩格斯的生平及思想,还概述了《共产党宣言》和《资本论》的部分内容,并参考日文摘译了《共产党宣言》的部分内容。这是早期马克思主义在中国传播的情况。

我国最早翻译传播马克思主义文艺思想的是李大钊。1919年李大钊发表了著名的《我的马克思主义观》一文,书中有从日文转译的马克思《〈经济学批评〉序文》(现译《〈政治经济学批判〉序言》)中关于唯物史观的概述部分,其中就包括作为意识形态部门之一的艺术的观点。李大钊之后,鲁迅、冯雪峰等也从日文转译和翻译了许多马克思主义的文艺思想著作。主要是普列汉诺夫、卢那察尔斯基等苏俄的一些文艺思想著作和日本的有关无产阶级文学思想的著作:如鲁迅翻译的普列汉诺夫的《艺术论》(即《没有地址的信》)、卢那察尔斯基的《艺术论》,冯雪峰翻译的普列汉诺夫的《艺术与社会生活》、伏洛夫斯基(今译沃罗夫斯基)的《作家论》(又名《社会的作家论》)。[①]

随后,马克思主义著作在我国的翻译出版出现了高潮,这也带动了马克思主义文艺思想著作的翻译出版。仅就1930《萌芽月刊》上刊载的关于马克思主义文艺思想著作的翻译就有:洛扬(冯雪峰)翻译的《艺术形成之社会的前提条件》,致平从日文转译的《在马克思葬式上的演讲》(现译《在马克思墓前的讲话》),冯雪峰从日文转译的《马克思论出版底自由与检阅》等。

马克思主义文艺思想之所以能够在中国得到传播和发展,并且能够很快适应中国的社会环境,指导中国的文艺实践,首先是因为马克思主义文艺思想具有普遍性和包容性。马克思主义是在批判继承德国古典哲学、英国古典政治经济学和英法空想社会主义等人类优秀文化遗产的基础上产生的,是科学的世界观和方法论。马克思主义文艺思想作为马克思主义思想中重要的一环,也具有这种特性。马克思主义文艺思想对

---

① 刘庆福:《马克思恩格斯文艺论著在中国翻译出版情况简介》,《北京师范大学学报》(社会科学版)1983年第2期。

文艺与生活、文艺与社会、创作与欣赏、生产与消费都有相关的论述,具有普遍性;马克思主义文艺思想将文学艺术的发展放在人类的整个社会实践进程之中,运用历史唯物主义和辩证唯物主义的观点,全面、综合、科学地分析文学艺术活动,正确对待传统以及外来文艺思潮,具有包容性。

其次,马克思主义文艺思想具有实践性。马克思主义是在大量的社会实践中产生的,是马克思主义创始人在亲自参与和指导工人运动,总结吸收社会实践经验,结合人类优秀文化成果的前提下产生的理论体系,它的实践性品质在俄国十月革命中得到了充分的认证。马克思主义文艺思想作为马克思主义的一个部分,也具有较强的实践性。十九世纪末20世纪初,积贫积弱、内忧外患的中国,弗洛伊德主义、白璧德主义和马克思主义等思想先后传入到中国。最后只有马克思主义迅速地和中国的无产阶级运动相结合,只有马克思主义文艺思想在中国生根发芽,正是因为其具有实践性品质。

最后,马克思主义文艺思想和中国传统文化具有共通性。以儒家文化为主导的中国传统文化,主张以人为本,注重对现实的关怀,倡导"大同社会"的美好理想。马克思主义文艺思想作为马克思主义学说中的重要部分,体现了马克思主义的基本精神。马克思主义认为人民群众是历史的创造者,猛烈抨击资本主义社会对人造成的异化,提出人的全面的解放,坚持文艺人民化、大众化方向,积极倡导现实主义的文风,鼓励"现实主义的伟大胜利"。这就暗含了中国传统文化的要求。

二、延安文艺对马克思主义文艺思想中国化的贡献

延安文艺系统地总结和继承了马克思主义文艺思想的观点和方法,并自觉地将马克思主义文艺思想同中国革命实践相结合,形成了具有中国特色的马克思主义文艺思想,在文艺创作和理论探讨上取得了丰硕的成果,对20世纪中国文艺发展产生了重大的影响。具体说来,延安文艺对马克思主义文艺思想中国化的贡献体现在以下几个方面:

(一)对马克思主义文艺思想的译介和研究

延安时期对马克思主义文艺思想的译介分两个部分:一是国统区的文艺工作者的翻译和研究,二是延安抗日革命根据地的翻译和研究。

延安抗日革命根据地的翻译和研究主要有:1939年萧三发表的《高尔基逝世三周年纪念》《高尔基底社会主义底美学观》和《列宁论文化与艺术》;1940年曹葆华、兰天翻译

的《马克思恩格斯列宁论艺术》;1942年鲁迅艺术文学院整风学委会办公室刊印的《论党的组织和党的文学》(现译《论党的组织和党的出版物》)、高尔基的《论年轻的文学及其任务》和拉法格的《论作家与生活》;1944年周扬编辑出版的《马克思主义与文艺》等。国统区主要出版了两本马克思主义文艺思想著作:一本是1939年11月欧阳凡海主编的《马恩科学的文学论》,收编了马恩的四封文艺书信(马克思致拉萨尔的信、恩格斯致拉萨尔的信、恩格斯致玛·哈克奈斯的信和恩格斯致保·恩斯特的信);另一本是1940年10月楼适夷由日文转译过来的《科学的艺术论》,原书由苏联共产主义学院文艺研究所编,由里夫希茨和希莱尔编辑,经卢那察尔斯基审定。

这一时期的译介和研究展现了从混乱模糊走向清晰的总体发展态势。译介与传播重心由阐释性文本向经典性文本转换,注重对经典作家的理论资源进行整理和研究,在翻译的时候注重对国外研究者理论成果的借鉴。如《马克思恩格斯列宁论艺术》收录了苏联学者的马列艺术研究论文两篇。在周扬写的《后记》中还对马克思主义文艺思想作了较为准确的评价。他说马克思恩格斯列宁对于艺术的见解,用历史唯物主义的眼光来分析文艺现象,在建立马克思主义的文艺思想与批评上有极重大的意义。而在1944年编辑出版的《马克思主义与文艺》,周扬将全书分为五个专题:一、意识形态的文艺,二、文艺的特质,三、文艺与阶级,四、无产阶级文艺,五、作家、批评家。专题的划分,显示了马克思主义文艺思想的内在联系,同时作为译者编辑整理后的产物,显示了这一时期我国学者对马恩文艺思想的理解。

(二)延安文艺队伍的建设及其成果

延安时期对马克思主义文艺思想中国化伟大贡献的另一个重要方面就是形成了规模庞大且文化素质较高的知识分子群体。

随着党的"左"倾错误思想路线的克服和中共中央《大量吸收知识分子的决定》等相关重视知识分子、吸收知识分子的政策的颁布与实施,以及知识分子渴望承担起救亡图存、振兴中华的历史责任的内在要求的作用,20世纪30年代国内形成了一股知识分子奔向延安的"圣地潮流"。一批重要的作家和艺术家,如丁玲、周扬、李初梨、何其芳、卞之琳、冼星海、萧三等,先后到达延安。据统计,在1937年6月20日中国文协召开高尔基逝世周年纪念会上,参加者大约有六百至七百人;而在1938年6月18日高尔基逝世两周年纪念会上,参加者大约有一千多人。[①] 1943年12月底,中央书记处

---

① 艾克恩:《延安文艺史》(下),河北教育出版社2009年版。

工作会议上,任弼时说,抗战后到延安的知识分子总数共四万余人,就文化程度而言,初中以上71%,初中以下约30%。[①]

延安知识分子来源广泛,社会背景复杂,具有较高的知识水平,在同群众、同工农兵的不断结合中,改变了自己的小资产阶级落后思想,学习和接受了马克思主义文艺思想,成为无产阶级的革命战士。他们团结一起,用马克思主义文艺思想指导文学艺术创作,在克服物质、技术、资料等种种条件的限制下,在文学、戏剧、音乐、美术等文学艺术领域取得了令世人瞩目的成绩。

首先,建立了一批重要的抗日文艺团体。如中国文艺协会、特区文化协会(后称"陕甘宁边区文化界救亡协会",简称"边区文协")、边区文艺界抗战联合会(简称"边区文联")等。其次,创办了一批优秀的文学刊物和报纸。如刊物有《红中副刊》《解放》《文艺突击》《文艺战线》《大众文艺》等。报纸有《新中华报》《文艺月报》《解放日报》文艺专栏等。再次,创作了一批优秀的文学艺术作品。如小说有赵树理的《小二黑结婚》《李有才板话》、欧阳山《高干大》、刘白羽《龙烟村纪事》等;诗歌有艾青的《人民的狂欢节》、何其芳的《夜歌》、李季的《王贵与李香香》等;报告文学和散文有刘白羽的《延安生活》、丁玲的《一二九师与晋察鲁豫边区》、吴伯箫的《南泥湾》、孙犁的《荷花淀》等。戏剧方面有歌剧《白毛女》《刘胡兰》等,平剧《三打祝家庄》《岳飞》等,秧歌剧《兄妹开荒》《夫妻识字》等。音乐方面有:《黄河大合唱》《延安颂》《游击队歌》等。美术方面也有一大批连环画、木刻,雕塑。

这一时期的各类作品继承和发扬了五四及左翼革命文学的优良传统,继承和坚持了文艺的大众化倾向,并且能够自觉地将马克思主义文艺思想同中国具体的革命实践相结合,正确地处理文学艺术中的传统与现代,国外经验与国内经验,民族形式与革命内容,普及与提高等关系,主题明确。它们大多是反映根据地的抗战情景和老百姓的日常生活,形式多样,通俗易懂。实现了由理论话语到现实实践,由抽象的"化大众"到现实的"大众化",极大地丰富了中国化的马克思主义文艺思想的内容,为我们积累了宝贵的经验。

(三)文艺思想的争论及其理论建设

中国共产党很早就重视文艺队伍的建设,重视文艺理论的建设,并亲自参与其中。延安时期,随着国内革命斗争形势的转变,以及我党对知识分子在革命战争中的重要作用的认识加深和延安抗日革命根据地文学艺术创作不断繁荣的刺激,建立统一的文艺战线,作为和军事战线相辅相成的战线,激励和鼓动广大人民群众争取抗战胜利,显得尤为

---

① 胡乔木:《胡乔木回忆毛泽东》,人民出版社2004年版,第277页。

重要。这一时期,我党鼓励各种文艺讨论,并且直接参与和领导对文艺思想的讨论。

延安时期在党的领导下对文艺方向和文艺政策的讨论,比较有影响的有:1937年5月,中国文艺协会召开两次会员座谈会,讨论上海时期左翼文艺运动中"两个口号"的论争问题;1939年8月3日,中共中央邀请延安文艺界人士开座谈会,讨论"民族形式"问题;1942年5月,开展延安文艺座谈会等。除了集体的文艺座谈会外,党的领导人还采取作家约谈、亲自参与等方式直接对文艺问题提出看法。如1938年4月28日,毛泽东到鲁艺讲话,谈怎样做艺术家;1939年6月17日,毛泽东致函萧三,说:"现在需要战斗的作品,现在的生活也全部是战斗";1940年7月24日,朱德到鲁艺作《三年来华北战中的艺术工作》报告等。

这一时期的讨论主要集中在文学艺术与生活的关系、文学艺术的形式与内容、文学艺术的普及与提高问题,文学艺术的继承与创新问题,文学艺术的吸收借鉴与全盘西化问题以及文学艺术为什么人和怎样为的问题上。而对这一系列问题作出全面而系统回答的是毛泽东《在延安文艺座谈会上的讲话》。

《讲话》回答了文艺为什么人的问题,并运用历史唯物主义对这一问题作了回答:"文学艺术都是为人民大众的,首先是为工农兵的",突出工农兵的主体地位。《讲话》回答了文艺的来源问题。指出"作为观念形态的文艺作品,都是一定的社会生活在人类头脑中的反映的产物。革命的文艺,则是人民生活在革命作家头脑中的反应的产物"。要求作家要深入广大的劳动群众之中,不断地学习和改造,自觉地创造更高、更强烈、更有集中性、更典型、更理想、更带普遍性的作品。《讲话》还指出"我们必须继承一切优秀的文学艺术遗产,批判的吸收其中一切有益的东西","取其精华,去其糟粕"。同时要做到普及与提高的结合,在普及的基础上提高,在提高的指导下普及。最后文艺批评要坚持"两个标准,一是政治的标准,一是艺术的标准"。[①]

《讲话》是马克思主义文艺思想中具有完整体系的著作,是马克思主义文艺思想中国化、民族化、通俗化的典范。同时,也代表了中国化的马克思主义文艺思想的最终形成。

三、延安文艺对马克思主义文艺思想中国化的影响

(一)文化领导权的建立与文艺政策的制定和实施

"文化领导权"是由意大利无产阶级革命家葛兰西提出来的,属于观念的范畴。

---

① 毛泽东:《在延安文艺座谈会上的讲话》,《毛泽东选集》(第三卷),人民出版社1991年版,第847—879。

指一切在市民社会中获得了领导权的世界观和价值观,主导这种世界观和价值观的阶级或社会集团也就获得了统治的合法性。因而,建立文化领导权是意识形态统治和巩固政权统治的方式。

实际上,19世纪末20世纪初中国社会一直处于文化领导权的悬置状态。新文化运动对中国传统文化,特别是儒家文化进行了彻底的清算。在开放国人思维,加快中国社会现代化步伐的同时也矫枉过正,造成了中国知识分子无根的状态。另一方面,中国的知识分子不断地引进国外思想,也对中国传统文化造成了重大的冲击。中国传统文化在这种内外夹击下逐渐失去了其原有的主导地位。辛亥革命虽然建立了资产阶级民主政府,但由于严峻的政治军事斗争环境,以及领导者对文化领导权的重视不够,加之其存在时间的短暂,没有能够建立起文化的领导权。而真正的重视文化领导权,并把文化领导权的建立作为国家建设的重要部分是从中国共产党开始的。

党的文化领导权的建立始于"左联"的筹备和建立,最终建立和形成则是在延安整风运动以后。整风运动一方面是延安知识分子积极改造思想,自觉地按照党的文艺政策,审慎严肃地创作;另一方面则是党的文化领导权的巩固与规范。首先是文艺作品种类齐全,新闻、戏剧、小说、报告文学、音乐、舞蹈等应有尽有;其次是组织健全,各类文艺工作者都有相应的组织管理,形成党的文艺工作者队伍;其三是文艺创作方法和批评原则的统一,坚持"文艺为大众""为工农兵服务"的方针,把文艺批评的政治原则与艺术原则相结合。

党的文艺政策的制订和实施也分前后两个不同时期。前期由于"估计到中央文化运动(文艺运动在内)在革命中的重要性",重视知识分子的创造性,对作家写作的内容限制较少,对作家的生活习惯和工作方式比较宽容。[①] 这一时期继承了五四及左翼文学的传统,进一步鼓励通俗化、大众化的文艺,也强调"文艺战线"的建立。然而由于战时环境,中共中央并没有就问题达成统一的共识,还没有能够形成较为统一的文艺政策。作家们往往各持己见,争论不休。

党的系统的文艺政策的制订和实施是在延安文艺座谈会召开以后。《讲话》和其后毛泽东在整风高级学习组上的讲话《文艺工作者要同工农兵结合》,直接地影响到后期文艺政策的制订与实施。后期延安文艺政策要求作家为工农兵服务,主要是歌颂而不是暴露。强调文学的"党性"原则,文学家应该成为革命事业中的"齿轮和螺丝

---

① 张闻天:《中央宣传部中央文化工作委员会关于各抗日根据地文化人与文化团体的指示》,收入《张闻天选集》为《关于各抗日根据地文化人与文化人团体的问题》,张闻天《张闻天选集》,人民出版社1985年版,第290页。

钉",不应该站在工农兵之外说话。强调对知识分子的改造,知识分子要自觉地和工农兵结合,要接受他们的"批评",主动"学习",改造思想,自觉摆脱"脱离群众并妨害群众斗争的偏向"。文艺同政治的结合较为紧密。

(二)中国文艺思想的理论基础和核心问题的确定

延安文艺确定了中国文艺思想的理论基础,即坚持马克思主义的普遍真理,自觉地将马克思主义文艺思想同中国革命具体实践相结合,系统地总结我国文艺领域的历史经验,并以此来指导中国的文学艺术实践。

这一时期也形成了中国文艺思想的核心问题,主要是文艺为什么人,以及如何为的问题。而对这一核心问题的集中回答就是毛泽东的《讲话》。

早在19世纪,恩格斯就热切期望"一个新的但丁来宣告这个无产阶级新纪元的诞生",[①]列宁发展了马克思、恩格斯的文艺学思想,明确提出"艺术属于人民"的原则,左联时期鲁迅也提出了文学"是革命的劳苦大众的文学"的观点。然而,五四以来,"为人民大众服务"只是一个空洞的口号,没有能够真正地做到"大众化"。《讲话》继承了马克思主义文艺思想的基本原理,总结了五四以来文艺运动的历史经验,指出文艺都是为人民大众的,而首先是为工农兵的,艺术家要表现"新的人物,新的世界"。所谓新的人物是以下层劳动者为主的人民,新的世界就是人民当家做主的社会,在当时就是革命根据地的工农兵的斗争生活。

文艺为人民大众服务,就要求作家描写人民群众,要真实地反映生活。"作为观念形态的文艺作品,都是一定的社会生活在人类头脑中的反应的产物。革命的文艺,则是人民生活在革命作家头脑中的反应的产物"。在文艺创作方法上,要根据人民群众不断发展变化的欣赏能力和需要,坚持普及与提高相结合,在普及的基础上提高,在提高的指导下普及。要创造"更强烈,更有集中性,更典型,更理想,因此更带普遍性"的形象。首先是人物的典型化,既能概括某一类人的某些共同特征,又要突出人物形象的鲜明而独特的个性特点,使共性和个性达到完美结合和高度统一;其次是矛盾和斗争的典型化,作家、艺术家必须着眼于生活中的矛盾冲突,着力矛盾冲突的典型化,形成典型环境典型情节。要批判地继承一切优秀的文学艺术遗产,一方面我们要给遗产一定的历史地位,另一方面我们也要注意到遗产在当前条件下的作用。要本着"古为今用"的原则,对古今中外优秀文学遗产"取其精华,去其糟粕"。对待文艺批评要

---

① 〔德〕马克思、恩格斯:《马克思恩格斯论艺术(一)》,人民出版社1960年版,第137页。

认识到其批判斗争的功能,文艺批评要坚持政治标准和艺术标准,文艺批评家不仅要具备较高的政治思想修养,而且要具备较高的艺术修养。艺术作品要达到革命的政治内容和尽可能完美的艺术形式的统一。

(三)新的文化生产机制的建立

延安文艺后期,严格的文化生产机制得以建立。主要可以概括为三个方面:一是对于文艺作品在作家群体的批评,如对何其芳1942年4月在《解放日报》发表的《叹息三章》和《诗三首》的批评。在何其芳诗发表后,《解放日报》相继发表了吴时韵、金灿然以及贾芝的三篇文章,对何其芳的诗歌作了或肯定或否定的评价。贾芝在评价中把何其芳对个人情怀的抒发定性为"是字里行间的小资产阶级知识分子的幻想,情感和激动底流露。"[①]吴时韵认为这是无益的歌声,并且"劝何其芳同志立即停止这种歌声",[②]金灿然更说"他与工农之间却有着一个间隔,不能融成一片,他是个在河边徘徊的诗人。"[③]

第二种方式是作家开展自觉的自我批评。一是针对作家群体对别的文艺作品的评价,反思自身的文艺作品,乃至思想态度。在对何其芳的诗歌评价过后,吴时韵说:"我们的同志们,不需要诗人'一起来叹息'。他们也不要'悲哀的歌'";[④]二是作家自觉地自我反省。在1943年4月3日的《改造自己,改造艺术》中,何其芳明显地改变了自己的态度和认识。坦然承认"要严格的说来,我自己就是一个文艺还没有真正成为我的行的人。我一直还没有用正确的态度搞文艺"。指出了过去文艺上的毛病,"内容上的小资产阶级情感与形式上的欧化"。[⑤] 与之相似的还有刊于1943年4月3日《解放日报》的周立波的《后悔与前瞻》。在这篇反思性的文章中,周立波检讨了自己"没有好好地反应我所热爱的陕甘宁边区",并分析了原因。

第三是形成了一系列的制度层面的文化措施,政治介入文学活动,群众批评同制度领导有机结合。这一表现集中体现在对"王实味事件"的处理上。在王实味的《野百合花》和《政治家·艺术家》发表之后,很快就出现了对王实味的一系列批评文章。范文澜《论王实味同志的思想意识》说,"王实味是一个共产党员,可是他的思想意识却集合了小资产阶级一切劣根性之大成。"[⑥]陈伯达认为王实味正像水里的蚂蟥一样,

---

[①] 贾芝:《略谈何其芳同志的六首诗——由吴时韵同志的批评谈起》,《解放日报》1942年7月18日,第4版。
[②] 吴时韵:《〈叹息三章〉与〈诗三首〉读后》,《解放日报》1942年6月19日,第4版。
[③] 金灿然:《间隔——何诗与吴评》,《解放日报》1942年7月2日,第4版。
[④] 吴时韵:《〈叹息三章〉与〈诗三首〉读后》,《解放日报》1942年6月19日,第4版。
[⑤] 何其芳:《改造自己,改造艺术》,《解放日报》1943年4月3日。
[⑥] 范文澜:《论王实味同志的思想意识》,《解放日报》1943年6月9日。

是没有骨头的东西。艾青说"王实味的行为,本质上反革命的行为,是破坏中国革命阵营的行为"。[①] 在群众和知识分子群体评价的同时,对王实味还进行了组织处理。1942年6月,延安文艺作家四十余人及"文抗"理事会成员举行座谈会,"痛斥托派王实味反动思想","建议文抗开除其会籍"。10月,中央研究院通过了《关于开除王实味党籍的决定》。进而,1943年4月1日对王实味实行逮捕。

总之,延安时期是我国革命战争的关键时期,那么,延安文艺必然带上战争时代的特色,具有较强的意识形态色彩。另一方面,延安文艺也是马克思主义文艺思想中国化的探索时期,必然会带着很多的不成熟因素。但是我们不应该就此否定延安文艺的意义和价值,应该客观地、辩证地看待延安文艺对中国现当代文学的影响。

作者:谭诗民,陕西师范大学文学院博士生。李西建,陕西师范大学文学院教授、博士生导师。

---

① 艾青:《现实不容许歪曲》,《解放日报》1942年6月24日。

艰难的"脱胎换骨"
——丁玲《关于〈在医院中〉》(草稿)的细读

徐仲佳

摘　要：丁玲的《关于〈在医院中〉》是一篇写于延安文艺整风时期，未发表的检讨稿。它是丁玲对燎荧的《人在艰苦中成长——评丁玲同志的〈在医院中〉》一文的回应。作为一篇检讨，从内容到形式它都不符合检讨这一思想改造方式的要求。其内容主要是对《在医院中》的"错误"的自白，其修辞则以双重否定句或者让步假设复句等句式来肯定"错误事实"出现的合理性。与《关于〈在医院中〉》同时出现的《关于立场问题我见》《文艺界对王实味应有的态度及反省》两文也都显示出1942年丁玲在整风运动的双重身份，因此，我们不应该把后者看作是丁玲转变的标志。丁玲真正的转变是发生在1943年7月进入中央党校一部审干、抢救之后，这才是她真正的脱胎换骨。

关键词：丁玲；毛泽东文体；转变

丁玲的《关于〈在医院中〉》(草稿)最初是2006年夏由王增如在陈明收存的旧物中发现的。后来，此稿由王增如以《一份未发表的检讨——读丁玲〈关于《在医院中》〉的草稿》为题在2007年召开的"第十届丁玲国际学术研讨会"披露。同年，此稿先后在《书城》第11期和《中国现代文学研究丛刊》第6期上发表。此稿面世之后并没有受到研究界的足够重视。目前仅见王增如的上文和根据上文加以增饰的《读丁玲〈关于《在医院中》(草稿)〉》[1]和吴福辉先生的《透过解说与检讨的表层——丁玲〈关于《在医院中》〉的阅读札记》[2]两篇专文对此稿进行了较为详细的分析。另有郭冰茹、秦林芳、李振、孙红震、李秀荣、张丽英等为数不多的论文涉及此稿。[3] 这篇未发表的"作家检讨残稿"是"可以切入进去，深入研究解放区文学的"，但是，却并没有学术界的应

---

[1] 王增如、李向东：《一份未发表的检讨——读丁玲〈关于《在医院中》〉的草稿》，《中国现代文学研究丛刊》2007年第6期。
[2] 《汉语言文学研究》2011年第2卷第2期。
[3] 郭冰茹：《丁玲与中国当代文学的发生和转型》，《文学评论》2010年第4期；秦林芳：《书写"内心的战斗历史"——论陕北前期丁玲的个性化写作》，《江苏社会科学》2010年第4期；李振：《延安〈解放日报〉中的性别与文学》，南开大学博士论文；张丽英：《旋涡里的生存》，南京师范大学硕士论文；李荣秀《走进新时代——试论若干现代作家建国后的心路历程》，山东大学硕士论文；孙红震：《解放区文学的革命伦理阐释》，华中师范大学硕士论文。

有重视,这是十分可惜的。①

根据王增如的推测,此稿的"写作时间,大约是 1942 年的下半年,而且极有可能是在 8 月重庆《文艺阵地》转载了《在医院中》之后。"关于这篇草稿的性质,王增如、李向东在《读丁玲〈关于《在医院中》(草稿)〉》中认为,"是丁玲对于自己的小说《在医院中》的说明和检讨。""丁玲在这篇文章里,作了一些说明和解释,更多的是作了检讨。"②吴福辉先生也认为它是丁玲在一定压力下无奈的检讨。不过,吴福辉先生的判断与王增如先生的判断稍有不同,他认为,丁玲的此稿,一直存在着"两种声音:作为一个共产党员会用要革命、求进步的真心实意去检查;作为一个天才作家会倾吐创作的真实思路,不加掩饰地袒露内心。"这两种声音在丁玲的这份草稿中是矛盾的。这篇草稿是一个"多声部未完的'检讨'"。③ 我的看法与吴福辉先生的看法相近。我所关注的是,这个检讨中的多声部的关系是怎样的?为什么会有这样一个检讨?这样一个多声部的检讨能否给我们提供延安文艺整风过程中对丁玲转变的新理解?

一、不合格的检讨

按照商昌宝的考察,"检讨"这一"党内民主的方式""知识分子思想改造的最鲜明的标志"是从延安整风,也就是丁玲的这个草稿写作的时期出现的。在延安整风过程中,检讨成为了"整风的固定程序"。④ 不过,丁玲写作这个检讨时,检讨八股还未完全成型,⑤虽然,丁玲的此稿是在一定的压力之下写成的,其中也有检讨的成分,但是,丁玲的这一检讨无论从内容还是形式上看,都是虽有检讨之皮,但缺少检讨之实,或者说,这只是一篇并不合格的检讨。

一份合格的检讨,首先要承认"错误事实"。丁玲的"错误事实"是由燎荧 1942 年

---

① 吴福辉先生在《透过解说与检讨的表层——丁玲〈关于《在医院中》〉的阅读札记》一文中曾经对这种状况深感惋惜。"(此稿)发表以来,反响要比预期的小。这是我替编者悬测的,非常可惜。也显示出我们学术界如今的浮躁。"
② 王增如:《一份未发表的检讨——读丁玲〈关于《在医院中》〉的草稿》,《新气象 新开拓——第十次丁玲国际学术研讨会文集》,2007 年。
③ 吴福辉:《透过解说与检讨的表层——丁玲〈关于《在医院中》〉的阅读札记》,载《汉语言文学研究》2011 年第 2 卷第 2 期。
④ 商昌宝:《作家检讨与文学转型》,新星出版社 2011 年版,第 7、5、6 页。
⑤ 沙叶新把检讨书的基本模式归结为八条,恰如科举时代的八股:错误事实、性质分析、历史根源、社会根源、思想根源、阶级根源、努力方向和改正措施。(商昌宝《作家检讨与文学转型》,第 29 页)。商昌宝则把检讨书的主要特征归结为错误事实、上纲上线、追根溯源、思想参照、整改举措、总结展望六点。他认为,"八股文风作为检讨书在实践中的结晶,已成为其显著的标志和最重要的特点。"(商昌宝《作家检讨与文学转型》,第 30—42 页)。

6月10发表于《解放日报》上的《人……在艰苦中成长——评丁玲同志的〈在医院中时〉》一文所揭发出来的。这一方式,是商昌宝所认为的"错误事实"公开方式的第三种:"上级领导、'帮助者'或批判者根据部分事实推测、演绎、指派的"。① 燎荧的文章在某种程度上是以毛泽东的《在延安文艺座谈会上的讲话》为理论基础的,是典型的毛泽东文体。燎荧以为,《在医院中》的主要错误是作家没有按照"新现实主义"的规范去描写"对象的本质,区别其主要的与部分的,把握它的过去与未来",而是"将个别代替了一般,将现象代替了本质"。因此,"作者在小说里面的环境的安排,便是不正确的","作者为了表现她的人物,她是过分地使这个医院黑暗起来。……作者显然忘记了一个事实,忘记了她是在描写一个党的事业的医院,……作者是在描写出了一个比以牟利为目的的旧式医院还要坏的医院。"另外,燎荧认为,丁玲对陆萍这个小资产阶级知识分子的形象,"是同情的,无批判的",而对于她"周围的人物,是责备的,否定的",没有写出"陆萍从非无产阶级走进无产阶级的队伍"的"改造过程"。丁玲对陆萍跨过荆棘,在艰苦中成长的描写,"是反集体主义的,是在思想上宣传个人主义","而新现实主义的方法,则是:与旧现实主义不同,强调个人与集体的不可分离的"。基于上述理由,他将《在医院中》的错误归结为"是在于主题的不明确上,是在于对主人公的周围环境的静止描写上,是在于对于主人公的性格的无批判上,而这结果,是在思想上不自觉的宣传了个人主义,在实际上使同志间隔膜"。这些错误的产生是由于"《在医院中》的作者,是被部分的现实(现象)所俘虏了,是被和她自己相同的人所俘虏了。她是站在小资产阶级知识分子的立场上,像陆萍就只有和她自己相同的朋友,带着陈腐的阶级的偏见,对和自己出身不同的人作不正确的观察,甚至否定"。②

燎荧文章的"毛泽东文体"色彩是那个时代刚刚建构起来的具有巨大穿透力的文体。他的上述判断在延安文艺整风的氛围中,对于丁玲的压力应该说是很大的。加之之前,对《"三八节"有感》的批评使得这种压力更形明显。丁玲写作此稿的目的,我想,主要是回应燎荧的这篇文章。不过,从她对"错误事实"的认识态度上还没有达到老老实实全盘接受的地步这一点来看,丁玲对当时新兴的毛泽东文体还并不熟悉。检讨中的承认"错误事实"关键不在"错误事实"的真假,而是检讨者的态度应该"老老实实"。从丁玲稿子的修辞方式来看,丁玲显然还没有完全熟悉检讨这一后来成为知识分子思想改造最普遍方式的真正用意:是要通过在"群众中洗洗澡,受受自我批评的锻炼,(使检讨者——引者)拿掉架子,清醒谦虚过来"。③ 她在

---

① 商昌宝:《作家检讨与文学转型》,新星出版社2011年版,第31页。
② 《丁玲研究资料》,第274—281页。
③ 《关于宣传文教部门应无例外地进行"三反运动的指示"》(1952年1月22日),中央文献出版社1992年版,第49页。

此稿中的主要目的是自白——是解释、说明,也是驳难。稿子原本有"自白之一"的字样,这是能够说明此稿本意的证据之一。在稿子的七节中,自白的声音也远远高过检讨的声音。在《小说的产生》和《所谓理想》两节中,丁玲一再强调《在医院中》出现的"积极性的企图",是"企图在一群进步的知识分子的女孩子里面,放一点客观进去,使她们的感情在理智之下滤过,比较现实和坚强,这个企图是有它的积极性的。""这个人物的任务便是以它的历史使同时代的青年女子同情她,以她的欢乐为欢乐,以她的悲愁为悲愁,而且她不只要夺取她们的爱,还要为她们的模范,她们要拿她做为自己的勉励,愿与她同化。"虽然,她也在稿子中承认,她因"不够具备"对"人物的环境,对(现实的认识)和对环境所采取的态度(立场)"的认识而不能"攫取扼要的例子""来烘托人物",因此使小说的"企图落空"。但是,丁玲又认为,燎荧所要求的作家作为生活的"裁判者","站在他的阶级的尖端,来否定与肯定",也必须顾及到文学的独特性——即要以生动的文学形象来打动读者——"作者要在这样一个拟想的人物身上,达到所规定的任务时,首先他要把这个人物写成一个活的人,有血肉,有感情,能被读者了解,与读者相亲切,气息相通。"从后面的自白中,我们可以看到,在丁玲看来,陆萍就是这样的一个具有生活逻辑的形象。在《所谓理想》一节的最后,丁玲用了一个假设句来表达了对燎荧关于她的责难——"《在医院中》的作者,是被部分的现实(现象)所俘虏了"——的拒绝:"假如我硬幻想出一些动人情景也可以做到的(即通过所谓的攫取扼要的例子来烘托人物——引者),但人物一定是死"。这句话的潜意味就是:她不能脱离自己的体验来生造一个符合政治上正确的人物。在《我的打算和安排》《陆萍与我》这两节中,丁玲更清楚地表达了这样的意思:"假设完全由我凭空创作,没有一点事实做根据,也许可以写出一个人物,或几件特别的事,但那一定会流于伪装的英雄,可佩服不可亲近,但这样的写法在比较写了一点东西的人都是不取的,我曾说我是把两个欲念纠缠在一起,而随便使用了那个产科助手,其实也是事实不得不叫我先拿定一个模特儿,然后加上许多东西去较为容易。也许我因为别的机会,舍弃了产科助手而取了另外的人,但总之这个模特儿决不会是我完全不熟悉的,精神上不通来往的人,从这里也可以看见,我的生活,我的思想意识还没有接触到我的理想人物。……我还是在依照着我的打算安排我的人物和事件。"(着重号为引者所加,下同)这里加了着重号的部分可以让我们看出,丁玲对于自己的文学经验和所塑造的陆萍这个形象是充满自信,她毫不掩饰自己作为一个"比较写了一点东西的人"的自豪。她也毫不掩饰自己对于陆萍这个形象的喜爱:虽然陆萍仍是小资产阶级的一员,"她始终缺乏马克思主义,她的情绪是个人的,她的斗争是唯心的,孤孤另另的。……但我却不能不承认我是爱陆萍的,虽说也的确觉得有些不合我的打算,但却只能照我的思维与意志去安排。陆萍正是在我的逻辑里生长出来的人物。"在草稿关于此节的一种开头中，丁玲删去了曾经更露骨的对于陆萍的认同："陆萍与我是分不开的。她是我的代言人，我以我的思想给她以生命。"《陆萍与我》这一节现存三个开头，我们虽然已经无法辨别哪一个开头是当时丁玲最真实的意思的表达，但是，在现有的三个开头中，至少有两个是表达了对于陆萍的认同的。这也足以说明作者对陆萍这一形象的自信。对于其中一个开头把陆萍判定为"还是一个十足的小资产阶级"，我想，丁玲也许该有很多的不情愿吧。

关于燎荧所指责的《在医院中》的"静止的""不正确"的环境安排，丁玲认为，陆萍周围那个冷漠的、阴暗的环境正是适合陆萍这个"钢铁的人物"的安排："她（陆萍）不应该浅薄，也不应该感伤。她对生活是严肃而正视的。她不能连有一点点小资产阶级的幻想都没有，或是幽闲的有时又是热烈的情愫，但她却应该有坚定的信心和方向，而且有思想，有批判自己的勇气。经过许多内心的斗争，直到很健康的站立着。因此她的生活最好是比较差些，工作的岗位比较艰苦而不适宜于发展。环境不大能了解她。那末当我要烘托这样一个人物时，我便不得不把环境写得不利于她，……当我写这一段环境（第二节）时，我曾费了上百页的纸张，涂了又改，改了又毁。"丁玲强调自己在描写陆萍所生活的环境时的艰难选择，正是要说明自己在做出这样的选择时的慎重：是她文学经验中的基本规范在要求着这样的环境出现。在《关于环境》一节中，丁玲认为，《在医院中》的环境是与陆萍这一人物水乳交融的，除非对陆萍这一人物进行杀戮——即彻底否定这个人物，而这又是丁玲所难以做到的——否则无法割裂陆萍与环境之间的联系："去年夏天我曾花了三个晚上企图修改这篇小说而不可能，我才看出并非那一件事写得不对，那一段文章写得不好，除了尾巴以外，完全是一种气氛的，这个气氛在全篇行文中是很自然发展着下去的，[修改是没有办法的，除非我所曾体会到的要杀戮这人物，用什么方法杀戮她，得把整个环——此为原稿划掉的两行。抄录者注] 只修改一部分简直是不可能。"在后面的《失败的原因》中，她把造成《在医院中》的失败归结为"个人主义"。而她所以为的个人主义实际上是对艺术规则的重视超出了对于政治上正确的重视："我在动笔之后我似乎已把最初的企图完全忘记了，只注意在一点，即主人公典型的完成。而这个典型又脱离原来的理想，只是就我的趣味而完成的。为着要完成这一个人物，不惜歪曲现实。"这里所谓的被歪曲"现实"实际上是指燎荧所要求的那个所谓的抓住"对象的本质"的现实，而这也正是1929年就存在的"唯物辩证法的创作方法"所要求的现实。作为左联时期的亲历者，丁玲不可能不熟悉这些理论。当然，她也知道此时的文学环境与彼时的文学环境并不相同。因此，她一方面承认自己失败的原因是没有把"延安的环境与过去的环境"分开来看，只从对人物的自我体验出发设计环境,是"不顾历史,只看一段,不顾全面,只取一点,不为大众,只图一己";另一方面,她又强调自己对陆萍所处环境的描写是她这个创作主体真实的一面:"所以我老实说,假如我真的把环境改了,我心里一定会不痛快的,一个人连在[写作上——原稿划掉。抄录者注]对自己创作的领域里还在说假话是最困难的。所以环境之所以写得那末灰色,是因为我心里有灰色,我用了这灰色的眼镜看世界,世界就跟着我这灰色所起的吸受与反射作用而全换了颜色。"而她的"错误事实"主要是没有认识到这种"个人主义"的写法可以给很多人以坏的影响。这也是吴福辉先生所读出来的两种声音的矛盾。这使得她的这一自白完全背离了检讨所需要的"洗洗澡""打掉架子"的目的。她的架子端得还是很足。

丁玲此稿作为检讨的不合格还表现在,她没有按照帮助者所提供的纲、线来深刻认识自己的"错误事实"。"拿头找帽子",即将"错误事实"定性、归位,是一个合格的检讨必不可少的部分。① 燎荧给《在医院中》的定性是个人主义的(反集体主义的)、小资产阶级的、旧现实主义的。丁玲对于这些送来的帽子并没有照单全收。如上所引述,她虽接受了"个人主义"的帽子,但却把这顶帽子与其对文学经验的自信结合在一起。在《失败的原因》中,丁玲曾经写下"我的立场,是个人主义的"一句,随后划掉,而改为"我想我写这篇小说的确还是从个人主义出发"这样一句相对含糊的说法。这一相对含糊的说法,把她身上"个人主义"错误的程度减低了很多。其后,她又从小说创作动机的积极性上对之加以辩解。在失败的原因分析中的第二部分,丁玲又更进一步,"我的思想方法,假如我完全以黑当白,歪曲了现实,去写我的人物,那是不会的"。显然,她对"个人主义"这顶帽子欲迎还拒,或者说以迎代拒。对于她"是被部分的现实(现象)所俘虏了,是被和她自己相同的人所俘虏了"的小资产阶级立场这顶帽子,丁玲通过自己对陆萍以及《我在霞村的时候》中的贞贞的认同在一定程度上给予了认可,但这认可并不是对"错误事实"的上纲上线,而是对燎荧的指责带有自信的拒绝。丁玲对于自己"错误事实"的上纲上线也仅止于"党八股"这一顶帽子。关于燎荧所指责的《在医院中》没有写出"陆萍从非无产阶级走进无产阶级的队伍"的"改造过程"这一点,丁玲承认自己"没有写出她的转变过程","只拿了一个空旧的人和几则教条来纠正了陆萍"。这个"不自然的尾巴""完全是一个党八股"。很显然,对于这一"错误事实"的承认,丁玲还是很痛快的,而且帽子戴得很痛快。因为一方面,小说中的确存在着这样的问题;另一方面,小资产阶级知识分子改造也是毛泽东《讲话》的中心思想,她不会不知道其重要性。因此,她不吝啬地拣了一个"党八股"的帽子给自己戴。她自觉选择这个"党八股"的帽子也许是因为这个帽子在一定程度上对自己有利:她

---

① 商昌宝:《作家检讨与文学转型》,新星出版社2011年版,第32页。

辩解自己在小说中试图用"比较辩证"的方式来使陆萍得到改造,党八股的表现只是在小说实际处理这一改造过程时,"很生硬而勉强"。因此,丁玲此稿自白的性质在某种程度上掩盖了她的检讨性质。

另外,从此稿中自白与检讨的修辞上,我们也可以看出丁玲的态度。与她的自白的肯定性表达不同,她在检查自己的"错误事实"时常常以双重否定句或者让步假设复句等句式来肯定这些"错误事实"出现的合理性。例如,上述所举例子中,在强调陆萍与环境的关系时,丁玲就用了双重否定句来表达二者的水乳交融关系:"因此她的生活最好是比较差些,工作的岗位比较艰苦而不适宜于发展。环境不大能了解她。那末当我要烘托这样一个人物时,我便不得不把环境写得不利于她"。在表达她与陆萍的同一性时,也用了双重否定句:"她始终缺乏马克思主义,她的情绪是个人的,她的斗争是唯心的,孤孤另另的。……但我却不能不承认我是爱陆萍的。"在表达陆萍这一人物的真实性时,她使用了让步假设复句:"假设完全由我凭空创作,没有一点事实做根据,也许可以写出一个人物,或几件特别的事,但那一定会流于伪装的英雄,可佩服不可亲近,但这样的写法在比较写了一点东西的人都是不取的。"这里的两个偏句分别陈述了两个事实:没有生活逻辑的"现实"是没有读者的,也是有艺术经验的作家所不取的。而这也潜含着对燎荧在文章中所谓的写本质的新现实主义的一种拒绝。这样的例子在此稿中还可以找出一些来。

在检查到自己的"错误事实"的后果时,丁玲还曾经用"可能""似乎"这类表示可能性和商量语气的副词来修饰之,以显示出她对于这些后果的怀疑与反感。例如,在《失败的原因》一节中有"可能有的不良后果"一段,此段后来被丁玲划掉,也许就是因为她感觉到了这一带有商量语气副词修饰的定语可以泄漏出自己的反感和怀疑。另外一个例子是,她在检讨阴郁的环境使陆萍在读者中产生坏影响时,也用了这样副词修饰之:"所以陆萍本身不特不能说服人,反而可能引起怀疑。"而在检讨自己"错误事实"中的"个人主义"时,她也两次用了"似乎"这一副词。一次是在《失败的原因》中:"我想,从我的打算看来,似乎还比较好,但在我的安排之中,我想我写这篇小说的确还是从个人主义出发,因为我在动笔之后我似乎已把最初的企图完全忘记了,只注意在一点,即主人公典型的完成。"这段话中的前一个"似乎"是在为自己的"积极性"动机进行辩护,后一个则带有自己对于艺术经验的忠实的自信。另一次是在《关于环境》中也以这一方式表达了相同的意思:"我在写这篇小说时,似乎是只注意一点,即女主人公典型的完成。"

这些与检讨相悖的修辞虽然在稿子中出现的频率并不高,但是,它们的存在还是显示出丁玲这一检讨者当时更为隐秘的内心:她并没有完全认同帮助者,也没有完全认同正在形成的"毛泽东文体"。那么,为什么此时的丁玲没有完全认同正在形成的"毛泽东文体"？她又是在何时、什么情况下真正认同并自觉地成为"毛泽东文体"的生产者呢？

二、怎样"脱胎换骨"？

丁玲在参加延安文艺整风过程中曾经写下了两本学习心得：《革面洗心》《脱胎换骨》。① 虽然这两本心得没能留下来，不过从它们的名字也可以推测出丁玲在整风中巨大的变化。按照李陀的说法，丁玲在整风过程中完成了从毛泽东文体的冒犯者、抵抗者迅速转变成一个毛泽东文体的热情、积极的宣传者、生产者和捍卫者。②

从上述对于《关于〈在医院中〉》的解读中，我们看到，丁玲在写作此稿时虽然已经开始感觉到当时正在形成的毛泽东文体，但并未完全认同，应该还没有成为一个真正的毛泽东文体的生产者。说到正在形成的毛泽东文体对丁玲产生的影响，主要来自于本年稍早发表的《"三八节"有感》以及她作为《解放日报》文艺栏的主编签发王实味的《野百合花》。对《"三八节"有感》的批判在文艺座谈会开始之前就已经开始了。1942年4月初，在毛泽东主持的高级干部会议上，丁玲的《"三八节"有感》和王实味的《野百合花》成为批判的主要对象，绝大多数发言者（八个发言人中有七个）都对其进行了批判。③ 当时的这些影响没有使丁玲彻底认同毛泽东文体。这其中的原因，恐怕还是丁玲此时还没有真正地被纳入到毛泽东文体的熔炉中加以锻炼。李陀在《丁玲不简单——革命时期知识分子在话语生产中的复杂角色》和《汪曾祺与现代汉语写作——兼谈毛泽东文体》两篇文章中详细地论述了毛泽东文体在1942年整风运动中的产生及其现代性特征对于知识分子的影响力。④ 李陀曾经将丁玲《关于立场问题我见》《文艺界对王实味应有的态度及反省》两篇文章放在一起对读。他发现，二者在"文风上"有"明显的变化"：前一篇文章中"仍然能够找到一些与毛泽东文体不兼容的语词"，而后一篇则显示出："已经是一个进入毛泽东文体并且被毛泽东文体改造过的丁玲"。他感叹"丁玲为什么能够这么快地完成了她的语言的'转向'？"⑤高华先生有相同的看法，把后者看作是丁玲"脱胎换骨"的标志。

---

① 陈明：《丁玲在延安——她不是主张暴露黑暗派的代表人物》，《新文学史料》1993年第2期。陈明没有说明这两篇学习心得写作的具体时间，我推测也有可能写作于1943年在中央党校一部时。王增如、李向东，《丁玲年谱长编1904—1986》上卷中《革面洗心》为《洗心革面》。
② 李陀：《丁玲不简单——革命时期知识分子在话语生产中的复杂角色》，《北京文学》1998年第7期。
③ 丁玲：《延安文艺座谈会的前前后后》，《新文学史料》1982年第2期。
④ 前文发表于《北京文学》1998年第7期，原是1993年"当代中国人心目中的国家、社会、个人"学术研讨会的论文；后文发表于《花城》1998年第5期。
⑤ 李陀：《丁玲不简单——革命时期知识分子在话语生产中的复杂角色》，《北京文学》1998年第7期。

李陀把《关于立场问题我见》的写作时间判定为1942年5月,其理由恐怕是丁玲在《〈跨到新的时代来〉后记》中的记述。① 李陀认为"此时丁玲显然还没有完全学会夹起尾巴做人。"他把《文艺界对王实味应有的态度及反省》的写作时间判定为1942年6月11日,以此来显示丁玲变化的轨迹。② 王增如、李向东的《丁玲年谱长编1904—1986》则把《关于立场问题我见》的写作时间判定为1942年6月,认为它是丁玲"根据在文艺座谈会上的发言整理成"的,其证据恐怕是因为此篇初刊于1942年6月15日《谷雨》1卷5期以及陈明的回忆。③ 我的看法是,虽然延安整风是对所有参与者人格的一次重新熔铸。丁玲当年也处在这样一个大熔炉中,但是,至少在写《关于〈在医院中〉》的时候,她还没有被熔铸成型。《关于立场问题我见》、《文艺界对王实味应有的态度及反省》两篇文章在文风上虽有不同,但这并不一定反映出丁玲此时新的人格熔铸已经完成。把这两篇文章与《关于〈在医院中〉》放在一起对读,我们发现丁玲此时对毛泽东文体的态度其实没有什么根本性的变化:《关于〈在医院中〉》与《关于立场问题我见》有着鲜明的互文性。而《关于立场问题我见》与《文艺界对王实味应有的态度及反省》的文风差别是来自丁玲在写作时的自居身份的不同。

在1942年的文艺整风过程中,丁玲的身份是十分值得玩味的:一方面,作为犯错误的同志受到严厉批判,另一方面,又作为批判者参与并领导文艺界的整风。当时,毛泽东、贺龙等高层领导人先后单独与丁玲谈其问题,毛泽东更是在公开场合宣布丁玲的错误与王实味的错误不同。高华认为,毛泽东的这一区别对待是为了避免对丁玲的打击在国统区造成大的震动。由此,1942年丁玲在整风中获得一种特殊的双重身份。从《丁玲年谱长编1904—1986》中,我们可以看到作为批判者的丁玲:她是中宣部指定的"文抗整风学习委员会的主任",④主持文抗的整风学习;这年5月当选为陕甘宁边区文委成立临时工作委员会委员;6月9日作为主席团成员,出席延安文艺界批评王实味座谈会;6月11日,在中央研究院召开的"党的民主与纪律"座谈会上第一个发言,即《文艺界对王实味应有的态度及反省》;6月15日至18日,主持在"文抗"作家俱乐部召开的延安文艺界座谈会,批判王实味的错误思想;8月21日,在文抗举行学风总结大会上作总结;10月中旬末,作为大会主席团成员主持延安各界纪念鲁迅逝世六周年大会,会上舌战萧军。⑤ 这些活动可以看出1942年的丁玲虽不能说是春风得意,但至少没有像王实味那样狼狈到"跪在中央组织部磕头求饶",成为"活死人"。正是

---

① 丁玲说:"《关于立场问题我见》,是1942年延安文艺座谈会时写的,是我在那个会上的发言。"张炯主编,《丁玲全集》第9卷,第82页。
② 李陀:《丁玲不简单——革命时期知识分子在话语生产中的复杂角色》,《北京文学》1998年第7期。
③ 王增如、李向东:《丁玲年谱长编1904—1986》(上卷),第175页。陈明在《丁玲在延安——她不是主张暴露黑暗派的代表人物》(《新文学史料》1993年第2期)中谈到,这篇文章写于1942年6月。
④ 丁玲:《延安文艺座谈会的前前后后》,《新文学史料》1982年第2期。
⑤ 王增如、李向东:《丁玲年谱长编1904—1986》(上卷),第166—178页。

这种双重身份，使得丁玲在《关于立场问题我见》《关于〈在医院中〉》与《文艺界对王实味应有的态度及反省》这三篇文章中显示出不同的文风和话语。

《关于立场问题我见》是丁玲双重身份的典型产品。也就是说，在这篇文章中，丁玲一方面以受批判者的身份对毛泽东文体输诚，一方面又从被改造者的小资产阶级知识分子角度对毛泽东文体的复制（改造）过程提出异议。丁玲说："改造，首先是缴纳一切武装的问题。既然是一个投降者，从那一个阶级投降到这一个阶级来，就必须信任、看重新的阶级，而把自己的甲胄缴纳，即使有等身的著作，也要视为无物，要抹去这些自尊心自傲心，要谦虚地学习新阶级的语言，生活习惯；学习他们的长处，帮助他们工作，不要要求别人看重你，了解你，自己在工作中去建立新的信仰，取得新的尊敬和友情。"在这一段输诚性的文字中，前半段是标准的毛泽东文体，但后半段不自觉地回到了小资产阶级知识分子的立场，把"自己"（小资产阶级知识分子）与"他们"（新阶级）置于对立的方面。从这一立场滑下来，接下来的两段文字则完全是站在小资产阶级知识分子的立场来谈论毛泽东文体复制（小资产阶级知识分子改造）应该对小资产阶级知识分子有所宽容和理解："这里一定会有个别落后的人，和不合理的事情，宽容些看待他们，同情他们，因为这都是几千年统治者所给予的压迫而得来的。而且要帮助他们解决问题。""这里一定也会有对你的误解，损伤你的情感的地方，错误也不会完全在你，但耐心些，相信他们，相信事业，慢慢会弄明白的。"①后面所引的这两段文字，如果把它们置于《关于〈在医院中〉》这一文本氛围中，我们分明可以将它看作是对受到《人……在艰苦中成长——评丁玲同志的〈在医院中〉》一文指责的作者的安慰，是对其受到的误解的排解。在《关于〈在医院中〉》中存在着的对小资产阶级知识分子的理解与同情，同样也存在于《关于立场问题我见》中。后者一方面极力强调在学习过程中，学习"马列主义、学习科学的文艺理论"②（值得注意的是，丁玲在这里根本没有提到要学习毛泽东的理论，而当时边区总学委编的《整顿三风二十二个文件》（1942）中有毛泽东的六篇文章），端正立场、方法的重要性，强调"共产党员作家，马克思主义作家，只有无产阶级的立场，党的立场，中央的立场"③。另一方面，对小资产阶级知识分子思想、情绪、欣赏趣味，丁玲也抱有深深的理解，认为是其"出身所限定"的，是"复杂的"。他们也可能有"一些崇高的感情"，"或许却是唯心的"。他们的文章中也许有"十分好的主观愿望"，"也难免流露一些""旧有的情绪"。这就是李陀所认为的"一些与毛泽东文体不兼容的语词"。这篇文章的修辞体现出丁玲写作时的双重身份：作为毛泽东文体的生产者，她具有居高临下的道德优势；作为被批判者、被改造者，她对"旧我"又不乏同情之理解。

---

① 丁玲：《关于立场问题我见》，《丁玲全集》（第7卷），第69页。
② 同上，第68页。
③ 同上，第65页。

《文艺界对王实味应有的态度及反省》实际上也体现着丁玲双重身份的写作。其主要是针对王实味这个对象:"王实味的思想问题,……已经不是一个思想方法的问题,立场或态度的失当,而是一个动机的问题,是反党的思想和反党的行为,已经是政治的问题。因此,文艺界比对一切事都更须要有明确而肯定的态度,不是赞成便是反对,不准许有含糊或中立的态度。……打击王实味这人(自然我们还须要指出他最后的改正的道路)。并且反对一切对王实味还可能有的小资产阶级的温情,人道主义,失去原则的,抽象的自以为是的'正义感'……(文艺界——引者)全要打击他,而且要打落水狗。……而王实味则为人卑劣、小气、反复无常、复杂而阴暗,是'善于纵横捭阖'阴谋诡计破坏革命的流氓。"[1]这些部分也是李陀认为这篇文章是丁玲完全接受毛泽东文体的标志。

但是,李陀没有注意到当丁玲在谈到文艺界应有的反省(包括她对自己的反省)时,她的文风又恢复到了与毛泽东文体不相容的立场上来,其对小资产阶级知识分子的同情和理解又流露出来了。丁玲对当时文化氛围的判断仍然是:"应该开展自由论争,还是杂文的时代"。这显然是丁玲对上述整风运动提倡"放"的政策的回应。她认为,文艺界在王实味事件上应该反省的是"政治的钝感和浓厚的自由主义",而不是小资产阶级的世界观。在检讨签发《野百合花》的错误时,她固然提到了这是她的"耻辱和罪恶",但她又强调这一错误的出现与当时《解放日报》文艺栏的希望自由论争的编辑方针有密切关系。她对自己的这一错误的定性是:"只站在一个普通的编者的立场(非党报或党员)去决定稿件的取舍,而对于自由论争的理解不够,和政治的幼稚。"在检讨《"三八节"有感》的错误时,丁玲固然承认这"是篇坏文章",要求那些与《"三八节"有感》"有同感者"不要受它的影响而去读文件,但她对"错误事实"的认识仍是多强调文章的"立场和思想方法"的"不对",看问题片面却不肯承认是自己动机不对;认为这篇文章她"贯注了血泪",安置了她"多年的苦痛","寄予了热切的希望"。[2] 因此,丁玲对涉及自己的这些"错误事实"的认识与《关于〈在医院中〉》的认识一样,基本上还是一种自白。虽然丁玲在这篇文章中,以唐三藏脱胎换骨的比喻来表达自己在整风运动中的情感变化,但就如她随后所说的:"前边还有九九八十一难在等着呢。"事实证明,丁玲的这一预感是准确的。丁玲在1942年的经历和变化实在不能算是真正的"革面洗心""脱胎换骨",这一变化发生在1943年。

1943年7月,在延安"抢救运动"形成高潮的时候,丁玲被纳入中央党校一部进行审查、抢救。中央党校一部当时集中了一大批20年代或红军时期入党的中共高级干部。作为来自上海并被国民党秘密逮捕过的丁玲在这里进入了真正的炼狱。其审查的主要内容是丁玲在被国民党秘密关押期间是否有自首情节。我们无法知道丁玲是否受

---

[1] 丁玲:《文艺界对王实味应有的态度及反省》,《丁玲全集》(第7卷),第71—72页。
[2] 同上,第73—75页。

到了肉体的折磨,但是,精神的折磨则显而易见。这一年也被称为是"她在延安期间最难熬的一年。"①在目前披露的几页1943年在中央党校一部时的日记中,我们可以看到丁玲当年所受到的煎熬:她失眠、激动、焦躁,经常"感到无希望"。她甚至给曾经欣赏过自己的毛泽东和当时中央党校的副校长彭真写信,请他们相信自己。② 当时,在中央党校一部,丁玲也被干部们有意地孤立起来。在这种煎熬下,她终于在1943年9月14日(中秋节)按照审查者的要求承认自己是"复兴(社)的特务"。这样荒谬绝伦的供述在持续一年多的抢救运动中比比皆是,我们从这几页难得的日记中看一下当年丁玲的供述:"我已经向党承认我是复兴的特务了,我向党说事实是的,我就该认清,我就该承认,我说我作极力努力靠近党,用无级(无产阶级——录者加)的立场思想方法来检查我的历史,我对这种研究是有兴趣的,我说了我的反党的罪行,历数了,把我的什么都说成是有意反党的阴谋,我把我认识的人都供了,把我同这些人都说成了特务工作的联系,支部书记答复我说'问题'解决了一部分,现在还须要我反省出国民党使用我的方法,和我的工作方法,因为他说我是很高明的!"③李向东在谈到这一节时,感叹道:"真是一出悲喜剧,再高明的剧作家恐怕都编写不出这样典型的情节。"④丁玲此时"心情太乱,情绪太坏"。这种心境从这则日记中混乱的逻辑和用词中可以清楚地看出来。丁玲把1943年7月到9月的这两个多月的时间称为"噩梦似的时日",而且这种时日直至1943年9月"还未过去"。⑤ 1950年在《〈陕北风光〉校后记所感》中丁玲还颇有感触地谈到她在陕北"曾经经历过很多的自我战斗的痛苦。"⑥但是,即使是这样,丁玲也并没有得到彻底的解脱,1944年她离开中央党校时没有获得一个正式的结论。⑦ 我想,正是这一段炼狱生活才真正使得丁玲"革面洗心""脱胎换骨",成为一个真正的毛泽东文体的复制者、捍卫者。这一点从1944年6月中外记者访问团访问延安时丁玲与赵超构的访谈中可以比较清楚地看出来:此时的丁玲在谈话中对自己,对个人主义,对小资产阶级知识分子世界观,对向群众学习等问题的回答已经完全符合毛泽东文体的要求。⑧

作者:徐仲佳,海南师范大学文学院教授。

---

① 李向东:《最难挨的一年——关于丁玲1943年的几则日记》,《新文学史料》2007年第6期。
② 丁玲:《在中央党校一部的日记(1943年)》,《新文学史料》2007年第6期。丁玲写给毛泽东、彭真的信的原文是:"毛主席,彭副校长:相信我,我请求你们,当我的问题到了现在的时候,我是没有胆子来向着我们党的领袖来胡扯,来开玩笑的。"
③ 丁玲:《在中央党校一部的日记(1943年)》,《新文学史料》2007年第6期。
④ 李向东:《最难挨的一年——关于丁玲1943年的几则日记》,《新文学史料》2007年第6期。
⑤ 丁玲:《在中央党校一部的日记(1943年)》,《新文学史料》2007年第6期。
⑥ 丁玲:《〈陕北风光〉校后记所感》,《人民文学》1950年第6期。
⑦ 丁玲:《忆弼时》,《丁玲全集》(第6卷),第330页。
⑧ 赵超构:《端午节访丁玲》,《延安一月》,上海书店出版社1996年版,第132—140页。

论延安文艺代表作品的经典化历程
——以《王贵与李香香》为例[①]

张永东　汪　洁

摘　要：长篇叙事诗《王贵与李香香》作为延安文艺的代表作品，参与了中国现代文学的经典建构和对当代文学秩序的建构过程，对当代诗歌创作产生了重要而深远的影响。通过对长诗经典化过程的梳理，可以看到其实质是作家与主流意识形态、文化权威、编辑出版、批评家以及文学史家等多种因素合谋的结果，也正是这种合力共同推动了延安文艺代表作品的经典化历程。

关键词：延安文艺；《王贵与李香香》；经典化

20世纪40年代，延安文艺在小说、戏剧和诗歌方面都取得了巨大的成就，《小二黑结婚》《白毛女》和《王贵与李香香》(以下简称《王》)堪称代表延安文艺的经典作品，它们积极参与了中国现代文学经典建构过程和当代人民文艺的建构，并对当代文学创作产生了重要而深远的影响。因此，探究《王》的经典化历程，对探究延安文艺代表作品的经典化历程有着深远的历史意义和重要的现实意义。

一、经典的确认

《王》是诗人践行《讲话》精神所孕育的结晶，也是诗人自觉汲取民间资源建构民族化、大众化诗歌创作的一个成功实践。1946年9月在《解放日报》连载后，《王》以其特有的内容和形式实现了诗歌大众化、民族化、革命化有机的融合，长诗创造性地运用陕北民歌"信天游"的形式塑造了性格鲜明的人物形象，表现了深刻的主题，引起了读者广泛的注意和好评。1946年9月28日，《解放日报》总编辑、时任中共中央宣传部部长的陆定一在《解放日报》的显要位置发表文章《读了一首诗》，认为自"文艺座谈会"以来"比较来得迟的，就是诗了"，"《王贵与李香香》诗歌内容形式都好，在外面有袁水拍先生，现在我们这里也有了"。他还从意识形态的角度及其建构出发，认为李

[①] 基金项目：国家社会科学基金重大项目"延安文艺与20世纪文学研究"子课题(11&ZD113)。

季是"新文艺的开路先锋",认为《王》的出现是"新文化在一个一个的夺取旧的文化的堡垒"。① 陆定一的评价代表着解放区主流意识对代表延安文艺诗歌作品的呼唤与期待,也奠定了《王》在延安文艺中的重要地位。

1947年,随着周而复在上海主编的旨在向全国介绍传播"解放区文艺"的"北方文丛"出版,《王》便被正式介绍到解放区以外地区。郭沫若在《序》中从社会历史的角度指出:"中国的目前是人民翻身的时候,同时也就是文艺翻身的时候。这儿的这首诗,便是响亮的信号。"②第二年,茅盾也给予了《王》诗高度的评价,认为这首诗"是一个卓绝的创造,就是说它是'民族形式的史诗'似乎也不算过分"。③

尽管以上评价难免有溢美之嫌,但是通过主流意识形态领导和权威人物的认定,《王》已经被认为是新诗民族化、大众化的重大收获,他们从不同的角度阐释和强化了这首长诗所体现的经典价值。在新中国尚未成立初,周扬便开始勾画社会主义文艺的蓝图,在总结解放区文艺经验基础之上,推出了包括《王》诗在内的"人民文艺丛书"。至此,李季被确认为《讲话》的践行者和代表性作家。

1949年7月第一次"文代会"召开,由郭沫若、茅盾、周扬等全国两千多名文艺界代表与毛泽东、周恩来等中共领导人一起在北京为新中国文艺举行隆重的奠基,会议确立了以毛泽东的《讲话》为新中国文艺工作的总体方针,确立了文艺为人民大众服务为总方向。会上周扬以不容置疑的语气指出:解放区文艺是"真正新的人民的文艺",是"毛主席的'文艺座谈会讲话'规定了新中国的文艺的方向,解放区文艺工作者自觉地坚决地实践了这个方向,并以自己的全部经验证明了这个方向的完全正确,深信除此之外再没有第二个方向了,如果有,那就是错误的方向。"④周扬从全面肯定解放区文艺所取得的巨大成就入手,指出新型的革命文学的历史起源和方向的唯一性。周扬在报告中曾多次提到《王》,认为它是建立"新的人民的文艺"的典范。于是,处于特殊时空背景下的《王》,自然而然被裹挟进历史的进程之中,以一种特殊的方式想象并建构着历史,并且参与到新文学秩序的构建过程当中。在此次"文代会"上,《王》与小说《小二黑结婚》、歌剧《白毛女》等一同被确立为经典作品。

第一次"文代会"开创了确立文艺经典作品的新模式,改变了现代文学经典认定相对松散和权威性不强的局面。政治、文化权力核心通过召开全国会议的方式认定文学经典,代表了主流意识形态对文艺作品的评判标准和价值取向,具有很强的官方色

---

① 陆定一:《读了一首诗》,《解放日报》(延安)1949年9月28日,第4版。
② 郭沫若:《王贵与李香香》序一,香港海洋书屋出版社1947年版。
③ 茅盾:《茅盾文艺杂论集》,上海文艺出版社1981年版,第1219页。
④ 周扬:《新的人民的文艺》,《人民文学》1949年第1期,第21页。

彩和权威性，为新中国文艺建设提供了强有力的政治保障，并对当代文学秩序的建构产生了重要而深远的影响。

二、《文心雕龙》经典的学本体推广

随着中国共产党逐步掌握了国家机器，同时也获得了意识形态的领导权。在《王》不断被主流意识形态认同和确立为典范并加以推广的过程中，其传播也明确地指向建构"革命经典"的目的，成为一种典范，并把它纳入主流意识形态当中加以推广，以此来巩固《王》的经典地位，扩大经典的影响。这个过程既是把经典作品所体现出的与主流意识形态相吻合的人物形象、主题思想、创作原则、艺术成就等推而广之，也强化了经典背后的主流意识形态的权威性。其经典的推广主要表现为再版、改编和文学批评以及入选教科书等方面。

（一）《文心》再版和改编

对于一部文学作品来说，是否广泛传播，是其能否成为经典的一个重要因素。再版和改编是推广经典的重要方式，这样可以使经典文本被不断地回忆和再认。

新中国成立以后，《王》的版权一度属于国家权威级别的人民文学出版社所有，主要有 1952 年 9 月出版的《王》"中国人民文艺丛书"重排本，1959 年 5 月由人民文学出版社编辑出版的"文学小丛书"版；1961 年 10 月人民文学出版社的插图本；1963 年 10 月出版发行的作家出版社版，此后多次再版；1982 年的《李季文集》，以及由人民文学出版社编辑出版的"百年百种优秀中国文学图书"2000 年版和"新文学碑林"2001 年版。先后被外文出版社以英文、德文、法文、印尼文、阿尔巴尼亚文、世界语等多种版本，向世界广为介绍。

除了诗歌的文本外，《王》被改编成歌剧、沪剧、淮剧、舞剧、平剧、曲子戏等十几个剧种，甚至还有木刻本、陕北说书本等版本。这些改编的版本基本上是经典作品通俗化的传播过程，它们对《王》的经典化过程也有着重要的作用，正是通过各种方式的改编，《王》走向更广泛的民间，成为家喻户晓、妇孺皆知的经典作品，它的经典性也被更多的读者所接受和认可。

（二）文学批评

经典的生成不能脱离读者和批评家的阅读。文学批评也对《王》的经典推广起到了推波助澜的作用。一部作品,只有被读者不断地阅读和批评才能最终成为经典。否则,无论发表的时候获得过多高的荣誉,如果过后就被束之高阁的话,那么这部作品就不可能成为经典。

如前文所述,郭沫若以诗坛泰斗的身份评价《王》是"文艺的大翻身"的代表,并从新诗发展的角度肯定以《王》为代表的人民文艺,"正是今天和明天的文艺"。① 在其他评论家眼中,《王》被认为"是人民诗篇的第一座里程碑"。② 在内容和形式等方面,"创立了一个诗歌的新范型"。③ 随着新的国家政治权力确立,李季以《讲话》精神卓有成效的践行者身份进入诗坛,从黄土高坡走向新中国,被确立为"文学新方向"。④ 五六十年代对《王》的研究基本上延续了40年代的模式。《王》被认为是"诗与劳动人民相结合的榜样",⑤成为建构当代中国叙事诗歌艺术的一个重要组成部分。这一时期,邵荃麟、钟敬文、小全、刘守华、余之、冯牧、马铁、孙克恒、俞元桂、贾芝等都从不同角度肯定了《王》的艺术特色和创作成就。

新时期以来对李季及《王》的研究进入了一个新的阶段。这一时期《王》及李季的批评逐渐摆脱了政治化、模式化的社会历史批评格局和研究思路,除了对李季创作多角度、系统化的研究以外,研究方法的创新和视野扩展,特别是对"新民歌派"、李季与其他作家比较研究、李季生平研究以及《王》的版本挖掘等方面有了新的成果,显示了李季及《王》的研究从意识形态化走向多学科化研究的趋势。

在肯定《王》的经典地位的同时,也有对《王》的不足予以评价,主要认为作品存在瑕疵,认为"信天游"具有鲜明地方特点的同时,也有不利于表现丰富多彩的生活,偏于直露的不足。⑥ 我们看到,对《王》的不足之处的评价,基本上属于瑕不掩瑜的评价情形,并不会对它的经典性产生多少解构作用,反而引起读者对经典文本更加广泛的关注。

(三)入选教科书

教科书也是推广经典作品的一种有效方式,中学语文教科书的课文遴选向来被看作对有重要成就作品的确认,它承担着培育青年一代的重任,因此也成为宣传作品业

---

① 郭沫若:《王贵与李香香》序一,香港海洋书屋出版社1947年版。
② 周而复:《李季·王贵与李香香》后记,香港海洋书屋出版社1947年版。
③ 钟敬文:《从民谣角度看王贵与李香香》,周韦编:《论王贵与李香香》上海杂志公司1950版。
④ 洪子诚:《中国当代文学史》,北京大学出版社2000年版,第14页。
⑤ 安旗:《沿着和劳动人民结合的道路探索前进》,《文艺报》1960年第5期。
⑥ 黄修己:《中国现代文学发展史》,中国青年出版社1988年版,第547页。

绩的重要阵地。也就是说，入选教科书也成为推广经典作品的一个重要途径。从20世纪50年代开始，《王》就被选入中学语文教材，如1956年初中第四册选入了《王贵与李香香》（节选），使其成为中学生耳熟能详的作品。七十年代末尽管高中四册总共选取三首新诗，但是《王》依然成为被遴选诗作之一。八九十年代在强化新诗教育的情况下，《王》再次被选入中学教科书。《王》的经典价值在不同时期的教科书中得到进一步确认。

三、经典的"固化"

一部作品，除了被主流意识形态确立为经典和加以推广外，在传播中还需要两个途径才能最终完成经典的"固化"。一个是经典选本的传播，另一个就是进入文学史，进而成为历史传统的一部分，作为一种历史性的存在而流传后世。如此经典就进入历时性的层面，融入了文学历史的长河中。

（一）经典选本

《王》诗自诞生以来，经典化的选本主要集中在新的国家意识形态确立伊始和世纪之交两个阶段。这是因为前一阶段急需推出一种文学范本，引领文学发展的方向，《王》诗因为其天然的优势而入选。世纪之交，随着政治意识进一步淡化，人们在回眸历史，总结百年文学成就的大背景下，再一次遴选经典文本以传后世。在这两个阶段，《王》都以其独特的价值先后入选。

建国前后，从1949年5月起，经周扬等人推出《人民文艺丛书》55种，由新华书店陆续刊出，其中收录《王》等诗歌5种。这是解放区文艺最早的也是最权威的一个选集版本。作为"解放区文艺的代表作"之一，《王》自然入选其列。这是新中国确立"文学新方向"之初，通过编辑出版的方式，为解放区文学在全国的文化地位造势、助威。因此，所有入选作品几乎都有一种"典范"、"规范"的意义和作用。叙事诗《王》也借"丛书"的出版，得到进一步的传播，经典性也得以强化。

世纪之交，为了回眸百年中国文学的发展历程，推出代表百年文学成就的杰出作品，并为新世纪文学事业的发展提供一个新的参照。因此，总结遴选百年优秀文学作品成为文学界一件重要的工作。这一时期经典选本众多，影响较大的版本主要有两种：

一种是谢冕、钱理群主编的《百年中国文学经典》，由北京大学出版社1996年出版,该书采用全文收录、节选和存目等方式对百年优秀中国文学进行一次认真的总结。该书的编选者有着强烈而庄严的经典意识。钱理群在《序》中宣告:"编选《百年中国文学经典》是不能不怀着庄严的历史感的。""显示的是中国文学在本世纪已经达到的高度。我们把它编辑成册,是为了以此作为进一步普及的基础,也是为新文学的变革提供一个起点式的参照。"在八卷本的选本中,第四卷中用35个页面全文收录了长篇叙事诗《王》,其在诗歌类作品中所占的篇幅最大。这一方面由于《王》诗本身是长诗,更重要的是编选者认为该诗在新诗史上有着重要的地位。比较而言,一向被认为是经典作品的《创业史》却没有被选入,这本身就说明选者对《王》诗的经典地位的高度认可。

另一种是"百年百种优秀中国文学图书"。这是一个由出版社发起、著名文学家、学者、教授和资深编辑在回眸20世纪时共同评选推出的文学经典。从1999年7、8月间开始梳理百年来出版的大量图书,经过反复筛选、投票,最后选定优秀中国文学图书100种。入选的图书以思想情趣健康、艺术特点突出为主,兼顾作品的开拓价值及影响面等。由人民文学出版社、中国青年出版社、作家出版社等六家出版单位以"百年百家优秀中国文学图书"丛书于2000年7月共同出版。《王》也入选其列。

不同时期的经典选本的选入,说明《王》得到了历时性的认可,并加以固化。比较而言,建国初的选本在明显的意识形态主导下确立了《王》的经典地位,20世纪末的选本则是在文学与政治关系正常化的背景下重新对《王》的确认。

(二)载入史册

文学史叙事是一种对文学发生、发展历史的呈现,是其构建经典的积极尝试,也是经典固化的一种重要方式。作为特定历史语境,文学史告诉人们哪些作品是"经典",作品进入文学史就成了"经典"的重要标志之一。也就是说,对于一部作品而言,进入文学史是作品经典化过程中必不可少的环节,也只有进入文学史,一部作品的经典化才能巩固下来。"一个时期文学经典的秩序,最终需要在文学教育和撰写中加以体现和'固化',以实现其'合法性'"。[①]《王》进入现代文学史,也就是它的经典地位得到了"固化"。

在《王》发表后的几年里,由于处在战争环境下,文学史的撰写被暂时搁置。新中国成立后,为了论证和巩固国家政权的合法性,重新"修史"成为一项重要的工作。于是,有关新文学史的撰写便被提上议事日程。为了更好地贯彻毛泽东的文艺思想和第

---

① 洪子诚:《中国当代的"文学经典"问题》,《中国比较文学》2003年第3期。

一次文代会的精神,1951 年 5 月,教育部颁发了《〈中国新文学史〉教学大纲》,指出:学习新文学史的目的是"了解新文学运动与新民主主义革命的关系","总结经验教训,接受新文学的优良遗产"。

在大纲的指导下,王瑶的《中国新文学史稿》用马克思主义文艺和毛泽东文艺思想新观点、新方法观照五四时期到新中国建立的中国新文学发展史,在各章节的具体分析中对各种创作方法和流派的作品都给予了较为客观公正的评价。在第 17 章《人民翻身的歌唱》中指出:《王》"故事生动曲折,用很美的民间口语和形象描绘出了陕甘宁边区土地革命时代的农民斗争的图画。它是劳动人民自己的生活故事,又用劳动人民所喜闻乐见的形式表现的,因此受到广大人民的热烈欢迎。"在夺取旧文化堡垒和学习劳动人民所喜闻乐见的民族形式这两点上,《王》的成就无疑是空前的胜利。并总结出"好些有成就的诗人都是从学习人民生活和民间文艺的形式中吸收到丰富养料的"。①

王瑶站在新政权的立场上,自觉接受国家规范,延续解放区文艺界,特别是文化权威对《王》的评价,甚至直接引用权威观点展开论述,对《王》评价的肯定性因素是不容置疑的,这样在新中国最初的文学史中,史稿第一次将《王》写入历史,标志着其历史化的开始,《王》的文学经典地位就被延续和固定了下来。此后的一段时间内,文学史如雨后春笋般层出不穷,他们无一例外地将《王》置入文学史中,所不同的是通过变化赞美的词语来"固化"《王》的经典地位。

新时期以来,文学史的编撰有一个明显的淡化政治性,强化学术性的趋势。

1988 年,黄修己将 1984 年出版的《中国现代文学简史》修订为《中国现代文学发展史》(以下简称《发展史》),是继往开来的一部文学史。《发展史》实质性的突破不仅在于它删除了许多非文学章节,更主要的是著者以文学的眼光,用文学的标尺来写文学史。黄修己在《序》中认为:"在编历史著作时,入史的标准还是严格一点为好。"著者秉持史家应有的客观态度,在第 15 章《在"为工农兵服务"方向下的解放区作品》中用 3 页半的篇幅叙述评价《王》的得失。黄本充分肯定了《王》诗的价值,延续了茅盾的观点,把农民的解放和整个社会的解放联系起来,《王》诗被冠以"史诗"的称号,被认为"在一定程度上,带有史诗的特征"。②

钱理群、吴福辉等人合著的《中国现代文学三十年》(修订本),是一部独具特色的小范围学者合著史,初步奠定了学者型现代文学史高峰的地位。该书对李季及《王》的论述尽管只有一页半的篇幅,但是并不影响对《王》的评价。该书着重从对民间资源的吸收和创造方面,指出"堪称这一时期歌谣体新诗创作代表作的是李季的《王》"。认为作

---

① 王瑶:《中国新文学史稿》,开明书店出版社 1953 年版。
② 黄修己:《中国现代文学发展史》,中国青年出版社 1988 年版,第 592 页。

者在追求陕北民间说书的叙述语调,在传统的情歌体式中注入了阶级矛盾与斗争的新观念,将民间传统歌谣戏曲"情人历难而团圆"的模式创造性地转化为"在革命(与爱情)的考验中成长为新人"①的革命诗歌的新模式。并认为"《王》一方面可以看作是民间文学与农民文化对现代新诗的一种渗透与改造,另一方面,则是利用民间形式进行革命宣传、启蒙教育的一个尝试;而这两方面都对以后的新诗的发展产生了广泛的影响。"由于篇幅较少,钱本没有对《王》的不足进行论述,更多的是肯定它的价值。

21世纪初,文学史写作的学理化进一步加强,更强调学术原创性和前沿性。2010年,严家炎主编的《二十世纪中国文学史》(上中下三册)由国内学界有影响的专家学者和学术界带头编写,是集大成之作。该书认为《王》诗"比兴精彩贴切,节奏流畅明快、自然和谐,活泼优美的民间语言在朴素中具有形象美、音乐美的特点"。②并认同茅盾对《王》诗"民族形式的史诗"的评价。

由此可见,《王》的经典"固化"经历了从主流意识形态的推行到文学精英的遴选的过程。比较而言,50年代的选本和文学史"主旋律"的意识要浓一些,而新时期以来文学精英则更多的是一种学术行为,学理性自然要强一些。自王瑶的《中国新文学史稿》开始,诸文学史家对《王》的经典性的认知评价基本没有大的改变。他们都对《王》持以积极肯定的评价,进一步巩固了《王》的经典地位。比较而言,文学精英以传播文明为己任,他们在文化领域苦苦耕耘,以传承文明作为学术研究的旨归,较少有政治力的功利性和实用性,因此也更长久、更稳固。

从《王》的经典化历程,可以看到延安文艺的经典化运作模式,作品往往在毛泽东文艺思想的指导下,创造性的运用民间性元素,写出具有"中国作风"和"中国气派"、为老百姓喜闻乐见的作品。作品一般在级别较高的报刊上刊登,通过重要的会议予以肯定和倡导,凭借舆论优势向全国推广,并通过读者的阅读强化其经典性。从《王》的发表到被确定为经典,并被进一步推广和固化的过程中,我们看到《王》的经典化是作家和主流意识形态、文化权威、编辑出版以及批评家合力的结果,正是这种合力的契合共同推动了延安文艺代表作品的经典化历程。这种契合力推动了延安文艺的创作繁荣,提高了延安文艺的文化实力,建构了延安文艺经典,并对中国当代文学的建构产生了重要的影响。因此,在亟须提升中国文化软实力的当下,回顾延安文艺代表作品经典的历程,借鉴延安文艺的成功经验对繁荣中华文化,构建文化强国有着重要而深远的意义。

作者:张永东,延安大学文学院讲师。

---

① 钱理群、温儒敏、吴福辉:《中国现代文学三十年》(修订本),北京大学出版社1998年版。
② 严家炎:《二十世纪中国文学史》(中),高等教育出版社2010年版,第341页。

延安整风与"启蒙"

钱章胜

摘　要：关于延安整风与启蒙到底是继承还是背离的问题，一直以来争论不休，这个问题直接关涉如何判定延安时期的现代价值问题，本文分析了目前发表的毛泽东的文章和讲话中的"启蒙"一词，认为左翼文化中的启蒙规划，其内质符合现代以来的启蒙精神。

关键词：延安整风；启蒙；批判

关于延安整风与启蒙之间的关系，学界争论不休，一种意见认为延安整风就是一场由毛泽东发起的新的启蒙运动，一种认为延安整风是对启蒙的背离，[①]两种争辩显示出的歧义，构成了现代话语情境的元素。而对争执的内容的意义，有必要辨析出前提是否在同一个话语结构中，否则争辩在既定的意义上丧失了思考的立场。

一

整风运动中，毛泽东在几次发言中都提到要在党内发起一场"启蒙运动"。以启蒙运动来表述整风运动，乍一看很怪异。在现有的知识结构中，启蒙显然代表着人的理性自觉，而整风运动，无论是从历史角度看，还是从字面意义上看，都代表着一种制约和规则。以启蒙来表述规约，看起来存在着明显的悖论。实际上，在毛泽东的很多文章和讲话中，这种表述上看起来相互矛盾的地方还有很多，类似罗伯斯庇尔的"民主专政"的话语，如"人民民主专政"等。如果我们同意罗尔斯所说的，我们在面对研究对象的时候，应该假设其在某些程度上是理性的，对那些我们所明白的东西，应该假设他也是知道的，[②]那我们自然不能非常简单以荒诞等结论处理掉这

[①] 李杨等认为应该从人民的立场去理解毛泽东的文艺政策。李杨：《文学史写作中的现代性问题》，山西教育出版社2005年版；李欧梵在《剑桥中华民国史》中就认为《讲话》颠覆了五四以来知识分子的现代性追求；《剑桥中华民国史》（下），中国社会科学出版社1994年版，543页；李慎之以为毛泽东的延安思想替换了五四的启蒙追求，李慎之：《不能忘记的新启蒙》，《炎黄春秋》2003年第3期。下文所提李慎之的观点，均出自这篇文章，不再一一标注。

[②] 〔美〕罗尔斯著，杨通进等译：《政治哲学史讲义》，中国社会科学出版社2011年版，编者的话，第5—6页。

种悖论式的表述,那对我们来说,需要理解的就是,对于毛泽东来说,"启蒙"这个概念到底意味着什么?

在已经出版的毛泽东的著作和谈话中,明确提到启蒙这个概念的地方共有六处,全部都在延安时期。

在《新民主主义论》中一处:"……各资本主义国家启蒙时代的文化……"①

在《整顿党的作风》中两处:"……还有不少人,把马克思列宁主义书本上的某些个别字句看作现成的灵丹圣药……我们对这些人应该作启蒙运动。""我们要在党内发动一个启蒙运动……"②

在《延安文艺座谈会上的讲话》中一处:"……工农兵……他们迫切要求一个普遍的启蒙运动"。③

在《中国共产党第七次全国代表大会的工作方针》中一处:"我说陈独秀在某几点上,好像俄国的普列汉诺夫,做了启蒙运动的工作,创造了党,但他在思想上不如普列汉诺夫……"④

在有记载的党内谈话一处:1942年3月2日"中国有两个教条,一是旧教条,一是洋教条,都是思想上的奴隶。五四运动打破了旧教条的奴役,是一个重大的启蒙运动。大革命失败后,我们党犯了洋教条的毛病,现在开展反主观主义、宗派主义和党八股的整风运动,同样是一个重大的启蒙运动,许多干部中毒很深,需要做启蒙工作。"⑤

毛泽东是经过五四的人,据他自己回忆,那时候深受从康梁到陈独秀的影响,⑥中国近代早期的"启发明智"到无政府主义再到后来的科学民主的提倡,五四时期所传播的启蒙理念比较庞杂,但在基本的个人解放和国家的强盛这些点上大约是相通的,对科学与民主的想象虽然不同,但对科学和民主的价值判断也没有大的区别。那毛泽东在延安时期所提出的这个启蒙,和五四启蒙之间有什么联系呢?

在我能找到的文献中,发现一个很有意思的现象,在30年代以前,五四运动虽然在传播西方现代以来的思想上做了大量的启蒙工作,但启蒙的概念在30年代以前还是作为传统的蒙学的意思在使用,如1892年在《万国公报》第47期上登载的《洋务启

---

① 毛泽东:《新民主主义论》,华东新华书店1948年版,第51页。在1939年版的《毛泽东文选》中还提到"启蒙学者孟德斯鸠",因为表述和前面一致,故并作一处。毛泽东:《毛泽东文选》,山东新华书店1939年版,第61页。
② 毛泽东:《毛泽东选集》(第三卷),人民出版社1990年版,第778页、第785页。
③ 同上,第818页。
④ 中共中央文献研究室编:《毛泽东在七大的报告和讲话集1945年4月—6月》,中央文献出版社1995年版,第9页。
⑤ 中共中央文献研究室编:《毛泽东年谱1893—1949(中)》,中央文献出版社2005年第2版,第367页。
⑥ 中国社会科学院近代史研究所编:《五四运动回忆录》(上),中国社会科学出版社1979年版,第7页。

蒙学堂试办章程》里说:"创设启蒙学堂拟专选渝城内外官商绅庶十六岁以下听颖子弟入堂学习外国语言文字及天文地理算法等事,欲通西学者应以此为门径,娴熟之后,果能确有心得则测量之学格致之理制器尚象之法轮船火器之用皆可兼综条贯由此阶梯故拟其名曰洋务启蒙学堂。"这里的启蒙多取蒙学中的字面之意,类似入门这种。康梁以来一直到30年代,启蒙在字面上依然延续这种理解,虽然在实际的思想运动中,已经大量地传播了西方法国大革命以来的各种思想,具体的将启蒙的概念与思想解放这一内容结合,还是30年代的新启蒙运动。也就是说在30年代以前,启蒙这个词在中国的使用,基本上还是字面的意思,到30年代,对五四进行反思的时候,才开始提及五四运动的思想启蒙性质,虽说张申府他们使用了新启蒙这样一个概念来表述他们和五四启蒙的继承与区别,但对于接受者们来说,启蒙这个概念与它所包含的思想内容之间建立联系,很容易将启蒙这个概念结合新启蒙所提出的理念,特别是在国家存在危机的时候,人们自发的危机感很容易接受新启蒙所提出的观点。这使得在启蒙概念的一般意义上,与我们现在将启蒙与西方现代性相连的理解是有区别的。

二

正如前面提到,毛泽东是接受新文化运动影响的,而仔细观察新文化运动,如果要有什么可以归纳的话,在众多的西方的声音里,从思想、文学到政治,其实没有一个理论能够占主导,西方现代化过程中出现的各种理念都或多或少传到中国来,也许是传入的太多,中国人太急于使自己赶上世界的步伐,所以没有时间来慢慢消化,寻求和构造一个适合中国的理论,这使得整个五四启蒙只是在一些概念上得以认同:个人主义、科学、民主、自由……或者说在面对西方现代化之路上有一个基本的认同。[1] 毛泽东后来就回忆说:"在这个时候,我的思想成了自由主义,民主改良主义,乌托邦社会主义的一种奇怪混合物。关于'十九世纪的民主主义',乌托邦主义,和旧式的自由主义等,我有一些模糊的情感,但是我是确定地反军阀反帝国主义的。"[2]

李慎之认为毛泽东延安时期思想的来源,不能忽略30年代的新启蒙运动,他认为新启蒙运动对毛泽东思想的影响很大,理由是毛在延安时期才有时间开始阅读,而且

---

[1] 汪晖:《"赛先生"在中国的命运——中国近现代思想中的科学概念及其使用》,《学人》第一辑,江苏文艺出版社1991年版。
[2] 中国社会科学院近代史研究所编:《五四运动回忆录》(上),中国社会科学出版社1979年版,第7页。

阅读了艾思奇、何干之的著作,这二者正是30年代新启蒙运动的积极参与者。我以为是有道理的。30年代由张申府、陈伯达、何干之等倡导的新启蒙运动,其中主要的观点就是中国早期的启蒙运动没有真正解决中国民众的启蒙问题,所以在面对国家危机的时候,需要重新发动一次启蒙运动,这个启蒙是面对国家危机和人民的,其实目的和五四时期没有什么大的不同,但区别是,新启蒙运动试图解决五四启蒙运动的范围只是知识界的人士参与的局限。马克思主义在此提供了一个理论基础。五四时期马克思主义虽然也有传播,但只是作为众声喧哗中的一种声音。李慎之说毛泽东在接受了新启蒙运动的观点后,就整个以马克思主义否定了五四的旧启蒙,我以为是缺乏说服力的。启蒙的概念虽然在五四的时候没有确切提出,但在后来的新启蒙的追溯下,五四的启蒙精神是一种认同,对现代精神的一种认同,这使得在毛泽东的话语中,五四启蒙是打破"旧的教条"的一种解放思想。[①] 而后来毛泽东所提出的启蒙是打破"洋教条"的解放思想,虽然在具体的思想内容上有所区别,但在这个解放的层面上,毛泽东并没有以一个压倒另一个。

结合每篇文章的具体内容,从这些表述中看,启蒙这个概念在毛泽东的话语中,其意思并不是很明显的一致,大多数和我们通常所理解的来自法国大革命后的西方现代启蒙观念有些不同。在《整顿党的作风》以及相关的谈话中,启蒙运动指的是理论联系实际的反教条和解放思想;在《延安文艺座谈会上的讲话》中的启蒙运动,意思表述相对含混,工农兵需要的启蒙,既可以指中国传统概念中的启蒙即文化的扫盲与提高,也可以指用马克思主义理论教育他们;在《中国共产党第七次全国代表大会的工作方针》的文章中启蒙运动指的是开始传播马克思主义,创造了马克思主义政党;而在《新民主主义论》中所谈及的"资本主义启蒙时代",其意思基本类似于我们现在对于这个概念的理解。除了加了修饰成分的"资本主义的启蒙时代"的表述外,如果我们把毛泽东的启蒙的概念理解为"用马克思主义来解放思想",大约可以解释得通的,但问题在此又出现了,李慎之所言的用马克思主义代替了西方启蒙思想,那不就是新启蒙压倒了旧启蒙吗?

三

启蒙这个词,在现在的学术界,几乎不可逃避地与康德的那篇广为人知的文章《回答这个问题:什么是启蒙?》[②]联系在一起。可什么是启蒙的问题,学术界基本上就

---

① 毛泽东:《新民主主义论》,华东新华书店1948年版,第51页。
② 〔德〕康德(Immanuel Kant)著,李明辉译:《康德历史哲学论文集》,台湾联经出版事业公司2002年版。

是理解为康德关于启蒙的那句口号:"敢于运用自己的知性。"这种简单直接的理解,使得启蒙在某种层面上就直接等同于理性。这种几乎未加反省的认同,使得康德在启蒙问题上所提出的那些困惑之处,几乎都被忽略了,比如,康德所划分的私人领域与公共领域的问题,涉及的显然是一个非常复杂的现实问题,通俗地说,就是一个社会是需要制度的,而制度在有效的范围内,是需要维系其权威性的,而康德因此划分除了理性的私人运用和公开运用,私人运用,意味着个体在维系其私人的存有所需要的,和社会维系其运转所需要的制度一样,这些类似于限制的东西;而理性的公开运用,就是福柯所理解的"批判"——摆脱所有控制人的东西。[1] 这会面临着一个风险:损坏既有的社会秩序。而康德在论述法国大革命的时候,也明确说过,革命只是显示了人类有寻求逐渐完善的趋向,但在法国大革命之后,人们再也不会认为革命是一个解决问题的办法。[2] 以至于他最后只好求助于一个统治者的貌似悖论般的话:"可以说,随便说,但是要听话。"这句看上去悖论性的话,不考虑康德所诉求的反宗教因素外,表面上好像只能看成康德解决现实与启蒙问题的一个策略:对一般人而言,什么都能讨论的时候,最后怎么可能会听话?而如果我们把这个看起来悖论的话语与启蒙本身所存在的困境相结合,抛去康德的所有解决方式的思考,其背后就是一个很清晰的问题,就是启蒙的现实困境问题。换一种表达,启蒙所主张的理性,应该在其自身的层面上是有自我批判能力的,这点康德在《纯粹理性批判》中已经做了证明,这种理性的自我批判功能,其实也是在现实和批判之间寻找一个方案,这个方案不是既定的,而应该是一个理念性的,它包含着对任何试图给出的答案本身的批判。这是一个实践的难题,它求助于一个动态而不是静态的方案。

带着这样的困境,我们回到毛泽东的启蒙语境,我们惊讶地发现,两个同样看起来悖论的表述,有如此多的复合之处。同样以消极的办法来面对启蒙,康德期待摆脱宗教的控制,而毛泽东期待着摆脱教条。在谁是启蒙者的问题上,两人同样表现了复杂的一面。康德在启蒙者的问题上,一直纠结于作为已经启蒙的人如何摆脱作为"他人"的陷阱,换句话说,启蒙者只能是自己。没有人有权力扮演启蒙者的角色。[3] 毛泽东在《讲话》中对知识分子的表述也体现了这复杂的一面,一方面,他把知识分子定义为"人民"的一部分,所以在启蒙的问题上,人民需要启蒙,那作为"人民"一部分的知识分子,自身也需要启蒙,只是启蒙的内容上有所差异,工农和战士,有生活的积累,需要启蒙的是知识层面的,而领导和知识分子,需要启蒙的是对马克思主义的非教条化,

---

[1] 〔法〕福柯:《何为批判》,〔美〕詹姆斯·施密特(James Schmidt)编,徐向东、卢华萍译:《启蒙运动与现代性 18世纪与20世纪的对话》,上海人民出版社2005年版。
[2] 〔德〕康德(Immanuel Kant)著,李明辉译:《康德历史哲学论文集》,台湾联经出版事业公司2002年版,第85页。
[3] 邓晓芒:《20世纪中国启蒙的缺陷——再读康德〈回答这个问题:什么是启蒙〉》,《中国文化》2007年第1期。

所以对待生活的态度上有很多需要转变,作为五四的启蒙者的知识分子,在对待人的平等的观念上,需要改变观念。这在作为自身启蒙的知识人和工农战士,和作为西方启蒙运动的参与者没有太多的不同。①

在整风与启蒙的悖论表象下,其实也是一个康德所面对的问题:启蒙是一个漫长的规划,而不是一个可以迅速完成的任务。康德论述听话的时候,他所思考的一定不是一个只是知道听话的人,那很明显是一个"未成年"状态。他所理解的"听话",是从法国大革命的经验或者说教训中得出的,法国大革命让我们看到人类期待进步的动力,也让我们看到人类逐渐趋向于善的因子,但进步不能依赖于一种恶来完成。换句话说,"听话"是理性的结果,只有在"听话"的前提下,"随便说什么"才不至于造成恶的后果。对于毛泽东来说,整风所需要的是一种类似于听话的结果,以一种马克思主义这种结合着实践与思考的理论,结合着具体的中国抗战的实际,其期待的整风中的启蒙,自然也不是一个不可想象的规划。与关注五四的解放精神类似,毛泽东在对待马克思主义的问题上,一直也没有非常细致的规划,而着眼于马克思主义浓厚的"行动"(阿伦特语)和"批判"(柄谷行人)立场。在《整顿党的作风》中有一段话非常明确地表现了这种态度(虽然这儿无法排除实用主义的嫌疑):"对于马克思主义的理论,要能够精通它、应用它,精通的目的全在于应用。如果你能应用马克思列宁主义的观点,说明一个两个实际问题,那就要受到称赞,就算有了几分成绩。被你说明的东西越多,越普遍,越深刻,你的成绩就越大。"②在《讲话》中,毛泽东非常明确地说出了一个短期与长期的问题,如果说前面所解释的整风与启蒙所依赖的是马克思主义理论本身的自我批判色彩(摆脱马克思主义的教条化),后者与康德所规划的启蒙就有相似之处,在康德那儿,听话是短期行为,只是在消极的层面上,可以减少监护人的干涉和避免一些错误的观念产生后果,最终的目的是为了人的最终摆脱"未成年状态"。毛泽东在文艺的发展问题上,甚至在很多问题上,如在《湖南农民运动调查报告》中所提出的口号的短期性与思想传播的长期性上,都有清醒的认识。

同样,在自由民主等启蒙运动以来的人类的观念,理性也同样应该给予一个审视的态度而不是简单的接受,而那些在人类历史的实践中其他的观念,也不应该弃如敝屣,马克思主义作为在启蒙的感召下发展起来的批判精神的一个产物,在全球共产主义运动遭遇冷遇的时代,对马克思主义简单地抛弃同样不合启蒙的精神。事实上,在

---

① 在启蒙这一问题上,国内学界还预设了一个错误的前提,认为拥有西方现有民主制度的国家,人民是已经启蒙的,而这一点,福柯在《何为启蒙》里明确以康德的标准得出结论,在福柯写那篇文章的80年代,仍然是一个待启蒙的时代。也就是说,即使是代表着现代社会主流的国家,启蒙仍然是一个未完成的规划。所以以没有启蒙来证明毛泽东的社会规划的错误,显然是一种缺乏思考的表现。
② 毛泽东:《毛泽东选集》(第三卷),人民出版社1990年版,第773页。

马克思的理论中,有一个非常明确的解决问题的思路,那就是历史唯物主义与辩证法,如果不是僵化的理解马克思,会发现他与康德在理解这一困境上是相通的,这点柄谷行人已经作了证明。[①] 即使不过多阐释毛泽东在启蒙问题上与西方启蒙思想家(卢梭等)的共同之处,以一种比较中性的态度来看,在强调多元价值的今天,忽略毛泽东为代表的左翼资源显然也是不合康德所言的"批判"的启蒙精神。

作者:钱章胜,陕西师范大学文学院讲师。

[①] 柄谷行人用一本著作论述了康德与马克思的相通之处。〔日〕柄谷行人著,赵京华译:《跨越性批判康德与马克思》,中央编译出版社 2011 年版。

大众化问题:从左联到延安

王贵禄

摘　要:大众化问题的缘起基于新文学作家力图释放和化解新文学的接受困扰,从左联到"文协",再到延安,形成了一条清晰的大众化的发展轨迹。左联时期的历史贡献主要是对大众化理论的讨论,但未能出现真正意义上的大众化作品;文协期间沿承了左联的讨论,其理论贡献主要在于"民族形式"的研究;延安时期是左联以来的大众化运动的收获期,这其中有两个至关重要的条件不容忽视:一是《讲话》对大众化问题的空前深入而系统的阐发,《讲话》是对左联以来有关大众化问题讨论的集大成和全面提升,有效弥补和修复了左联时期理论上的不足与缺陷,其阐发的理论针对性强而便于作家操作,对指导作家实践具有重大的意义;二是延安文艺借助于政治的力量,使大众化运动在文艺的各个层面得以全方位的展开,这种自上而下的政治力量的支持,是延安文艺的大众化运动能取得巨大功绩的必要条件。

关键词:大众化;《讲话》;左联;文协;延安文艺

通常认为,延安文艺最重要的历史功绩之一,就是对新文学大众化问题的讨论、完型及实践,大众化问题只有到了延安时期才得以真正的解决。这样的结论无疑是正确的,而值得追问的是,延安时期对大众化问题的研讨并不是猝发的,它有着一个逐渐演进的过程,它是对"左联"以来大众化问题讨论的深化与提升,换言之,延安时期讨论大众化问题所倚重的理论资源主要来自于左联。尽管这样的观点人尽皆知,但一个不容漠视的事实是,学术界对这个至关重要的环节却研究得很不深入,譬如,大众化问题从左联到延安到底发生了哪些变化?左联提出的哪些主张被延安时期进一步深化、延展和提升?哪些主张被忽略甚至放弃?延安时期在左联的基础上又补充了哪些内容?从正本清源的意义上讲,诸如此类的疑问的澄清都关涉对延安文艺的深层认知,但遗憾的是,并没有多少研究者对其予以关注。鉴于此,本文力图追本溯源,尽可能描述出大众化问题从左联到延安所发生的种种变化,从而为我们把握延安文艺的历史动机提供可资借鉴的理论参照系。

---

① 国家社科重大基金项目(11&ZD113)阶段性成果。

一、大众化问题的提出及其发展线索

中国新文学的发生,是基于内忧外患的国家形势和救亡图存的民族大义,从晚清的"新民文学"开始,先驱者就将文学活动看作是参与社会改造、推动历史前行的有效途径。晚清文学先驱的这种对文学活动的预设,深刻影响了新文学的基本走向。从五四"启蒙文学"到 20 年代的"革命文学",早期的中国现代作家都深感新文学社会影响力的微弱,这不能不引起他们的痛思。他们所面临的共同困惑,就是如何使新文学与大众发生联系,如何使新文学被大众广泛地接受,进而使新文学最大程度地影响大众,以改变历史的进程。在新文学的这些问题谱系中,"接受"问题显得日益突出。这是因为,新文学如果不被大众所接受,其存在的理由都将受到质疑,更遑论文学的社会意义了。因此,对于 30 年代的左翼作家来说,反思新文学创生以来的接受状况,是他们真正可能介入和化解新文学困惑的关节点,而对新文学接受状况反思的结果,则是大众化问题的被提出和被讨论。正如郑伯奇所言,"新兴文学的初期,生硬的直译体的西洋化的文体是流行过一时。这使读者——就是智识阶级的读者——也感觉到非常的困难。启蒙运动的本身,不用说,蒙着很大的不利。于是大众化的口号自然提出了"。[①] 五四作家的本意虽是要启蒙大众,但因为立足于知识分子的精英立场,远没有沉入到大众的实际生活中去,所以说他们其实并不了解大众,在他们的作品中,大众的形象是模糊的,是被想象化了的,加上叙述语言的欧化与拟古,读起来生硬艰涩,故五四启蒙文学不可避免地遭到了大众的冷眼与拒绝。茅盾曾怀着沉痛的心情,这样评价启蒙文学的接受状况,"六七年来的'新文艺'运动虽然产生了若干作品,然而并未走进群众里去,还只是青年学生的读物;因为'新文艺'没有广大的群众基础为地盘。"[②] 启蒙文学因为脱离大众,尤其是脱离广大的底层,最终也只是在知识分子的圈子里传来传去,而与大众并没有构成关系,当然也就谈不上对大众的启蒙了。初期的革命文学尽管在政治立场上比启蒙文学要明确得多,也坚决得多,但因为与启蒙作家一样,革命作家摆出的也是一副高高在上的姿态,没有去充分了解大众的生活样态,更没有自觉地反映大众的人生期待和愿望心声,况且其所使用的文学语言与启蒙文学如出一辙,故初期的革命文学遭遇了与启蒙文学相似的接受困境,而其接受者也不过是为数不多的青年知识分子。在瞿秋白看来,无论是启蒙文学还是初期的革命文学都是新式的"绅士文学",并不是大众的文学,"'五四'的新文化运动,对于民众仿佛是白费了似的。五四式的新文言(所谓白话)的文学,以及纯粹从这种文学的基础上产生出来的

---

① 郑伯奇:《关于文学大众化的问题》,《大众文艺》第 2 卷第 3 期,1930 年 3 月 1 日。
② 茅盾:《从牯岭到东京》,《小说月报》第 19 卷第 10 号,1928 年 10 月 10 日。

初期革命文学和普罗文学,只是替欧化的绅士换换胃口的'鱼翅酒席',劳动民众是没有福气吃的",①瞿秋白道出了这两种文学共同的弊病。

对五四启蒙文学和初期的革命文学的全面而冷峻的反思,是左翼作家提出大众化问题的基本依据,这是我们在追溯大众化问题的时刻必须准确把握的,其后左翼作家的文学活动均与这种反思相关。还应该清楚,左翼作家绝不是为文学而文学的作家,如果说五四启蒙作家和初期的革命作家都将文学活动看作是参与社会事务、推动历史进程和改造国家形象的有效手段的话,那么,左翼作家的这种文学预设则更为迫切。也是在这样的意义上,随着左翼作家的社会认识的提高,大众(而不是数量有限的知识分子)的启蒙、觉醒及行动就显示出其重要性来了,因为只有将广大的底层大众真正发动起来,才有可能使满目疮痍的旧中国发生实质性的变革,这是左翼作家在认识上不同于启蒙作家和初期革命作家的地方;但是,要发动大众,就必须创作出那种为大众喜欢看且看得懂的作品,一切工作都需要围绕这个主题而展开,缘于此,文艺的大众化便势在必行。1930年3月2日,中国左翼作家联盟(简称左联)在上海成立。左联成立后的中心工作之一,就是对文艺的大众化问题进行研讨,特别设立了"文艺大众化研究会",依托《北斗》《拓荒者》《萌芽月刊》《文学周报》《文学导报》《文学》《大众文艺》《现代小说》《文艺新闻》等左翼刊物,大量刊发了讨论大众化问题的文章,这种讨论差不多贯穿于左联的整个存在时期。围绕大众化问题所展开的话题,涉及文学语言、创作题材、文体形式、精神品格、旧形式的利用等,这既是对新文学经验的系统总结,也是对新文学存在问题的集中检讨。毫不夸张地说,正是通过大众化问题的广泛而深入的研讨,中国现代文学才找到了正确的发展方向,才真正走向了自觉与自立,也逐渐摆脱了欧化与拟古的双重焦虑。左联之后,"大众化"成为新文学的核心关键词。诚如胡风所论,"八九年来,文学运动每推进一段,大众化问题就必定被提出一次。这表现了什么呢?这表现了文学运动始终不能不在这问题上面努力,这更表现了文学运动始终是在这问题里面苦闷。"②胡风的话无疑传达了一个中国现代文学思潮的亲历者的深切体验。

抗日战争的爆发,不仅改变了国内阶级矛盾的地图,而且也迅速改变了新文学的地图。在国难当头的历史时刻,"救亡"焕发出了强大的民族凝聚力,过去那些因政见和文学观念不同而势若水火的作家在"救亡"的旗帜下走在了一起,曾云集于北京、上海等大城市的作家,都纷纷走出"亭子间"和书斋,参加战地的群众性的工作。当这些作家实际接触和真切体验了大众的现实生活,他们的审美情感和创作观念才发生了较

---

① 瞿秋白:《大众文艺的问题》,《文学月报》创刊号,1932年6月10日。
② 胡风:《大众化问题在今天》,《胡风全集》,湖北人民出版社1999年版,第504页。

大的变化,他们才创作出了为大众可接受的作品,他们也才有可能在实践的层面尝试走向大众化。而我们要提醒的是,战时背景下作家的大众化实践,其实是在"文协"的倡导下进行的。1938 年 3 月 27 日,中华全国文艺界抗敌协会(简称"文协")在武汉成立,这是一个既包括政界要员,也包括左翼作家、自由主义作家乃至国民党右翼作家在内的空前复杂的文学团体。但尽管如此,文协却达成了统一的认识,这种认识尤其表现在对大众化问题的重视上,在《新华日报》发表的《全国文艺界抗敌协会成立大会》(社论)中,就有这样的说法,"文艺更应该是人民大众的日常生活的一部分,而不是几个专门家以及少数知识分子的私有品,恰如一切社会,自然的知识,是人人应该享有一样,文艺的修养也必须成为每一个大众的所有","因此文艺的大众化,应该是全国文艺界抗敌协会的最主要的任务"。[①] 如果我们将文协的这篇社论与左联执委会于 1931 年 11 月颁发的决议《中国无产阶级革命文学的新任务》进行比较,会发现两者之间的共同处,即都将文艺的大众化看作是"最主要的任务"。文协时期关于大众化问题的讨论,与左联关于大众化问题的讨论一脉相承,虽然文协关于大众化问题讨论的广度不及左联,但却有它自身的理论深度,文协特别探讨了大众化策略的可行性,再就是对文艺的"民族形式"问题的广泛研讨。不难发现,抗战初期文协关于大众化问题的讨论,一方面是对左联理论成果的深化,另一方面,则又为延安文艺的再讨论提供了实践层面的经验。

中国共产党领导下的以陕甘宁边区为中心的抗日根据地(在解放战争期间则被扩大为解放区),是相对独立和完整的"红色政权"。在这里,封建土地制度被废除,地主阶级的政治力量被摧毁,一种新民主主义性质的社会制度诞生了。新的社会制度的诞生,为大众化运动的大规模推进提供了政治上的保障。鲁迅早在左联成立前夕就说过,"多作或一程度的大众化的文艺,也固然是现今的急务。若是大规模的设施,就必须政治之力的帮助"。[②] 对于延安和各抗日根据地而言,文艺的大众化更是党所极力倡导的,因而能够给大众化运动以"政治之力的帮助"。而数千万在政治上翻了身的农民,渴望拥有自己的文化,在文化上也翻个身,这是大众化运动得以蓬勃展开的群众基础。众多来自大城市的作家奔赴延安和各抗日根据地,与当地的文艺工作者和大众性的文艺活动相结合,使大众化运动全面、深入地开展了起来。在整风运动之前,创办的实践大众化路线的文艺刊物就有《文艺战线》《文艺突击》《文艺月报》《草叶》《谷雨》《诗建设》等。随着大众化运动的长足推进,涌现出了一批来自于社会底层的诗人和作家,他们用纯粹的民间文艺形式来写作或演唱,为学习运用民间文艺形式来创作作出了示范。除以文艺作品的形式推动大众化运动外,在延安和各抗日根据地崛起了

---

① 《全国文艺界抗敌协会成立大会》,《新华日报》,1938 年 3 月 27 日。
② 鲁迅:《文艺的大众化》,《大众文艺》第 2 卷第 3 期,1930 年 3 月 1 日。

相当数量的文化工作团体,像西北战地服务团、太行山剧团、冀中火线社等,它们在鼓动和引导大众反帝、反封建方面起到了积极的作用,也大大丰富了农村的文化生活。在延安文艺座谈会召开之前,延安和各抗日根据地的大众化运动就表现出鲜明的实践性特征,尤其是在利用旧形式方面作出了可贵的探索。整风运动之后,特别是《在延安文艺座谈会上的讲话》发表之后,文艺工作者关于大众化逐渐产生了新的、更为深刻的认识,在思想意识方面得到了高度的统一,大众化成为了他们自觉实践和主动探索的创作之路,并取得了巨大的成功。《讲话》后文学的一个突出症候,就是"大众"真正成为了文学的主体,他们不仅变身为作品的主人公,他们深层的思想动机和鲜明的行为特征都得到了立体的呈现,而且他们的历史能动性与阶级主体性被一再确认和肯定,他们推动历史、改造历史的壮举得到了丰富的表现;大众的政治生活和日常生活也得到了全方位的再现。作为延安文艺的大众化成果的另一个标志,就是作家在充分吸收和改造民间艺术形式的基础上,所形成的一些新的文体,比如新章回体小说、新评书体小说、新秧歌剧等,赵树理、阮章竞、李季、贺敬之等都是新文体的代表性作家。延安文艺从实践的维度将大众化推向了新的高度。

　　从上述论证不难看出,自左联提出大众化问题之后,大众化就成了新文学发展的一条极为重要的内在线索,倘若脱离了这条内在线索来谈20世纪中国文学的演进,则它只能变成一堆难以理解的历史碎片。作为一个"思想着"和"行动着"的作家群,左翼作家能以历史的辨析眼光,从新文学发展的可能的理论流向中去伪存真地发掘出大众化的文学观念来,并怀着极大的热情进行大众化理论的探讨,这是他们的历史贡献。虽然左翼作家在文学实践层面还没有完全展开,但他们关于大众化理论所作出的探讨,所提出的种种命题,却为后来的理论深化和文学实践提供了资源。文协的构成尽管复杂,但即使是自由主义作家,抑或是右翼作家都认同大众化,并且在实践层面作出了探索。文协对左联的大众化理论有继承也有发展,其关于民族形式问题的探讨对延安文艺的影响甚大,而其注重大众化实践的态势也使延安文艺多受启发。延安文艺是大众化理论的集大成,这里既有对左联以来大众化理论的创造性的继承,也有在新的语境下顺应历史的拓展,而以毛泽东的《讲话》为代表,延安文艺对大众化理论作了全面系统的总结、提高和升华。延安文艺之所以不同于此前的大众化运动,在于自上而下都有着统一的认识,统一的行动,正是借助于政治力量,使大众化运动在文艺的各个层面得以全方位的展开,这是延安文艺的大众化之路能获得成功的必要条件。

二、《讲话》对大众化理论的集成与提升

　　有人认为,"《讲话》是毛泽东为数不多的奠定了国家秩序的文本之一,这是其价

值的由来。六十多年来它始终被赋予极端的重要性,中国的文学艺术的发展始终不可能绕过它,从专业的角度看,并不是由于它在文艺理论上做出了空前绝后的贡献","然而,在某个方面,就中国而言,历史上没有任何其他的文艺理论著作能与之相比,因为它制订、规定了未来数十年一个国家的文学艺术的秩序、标准和原则——这是它真正的权威性之所在"。① 这是从国家文化秩序形成的角度对《讲话》作出的评价,极言其重要性与权威性。从左联提出大众化问题到延安文艺座谈会的召开,已十多年过去了,在这个时段中,大众化问题的讨论一直在持续,虽然出现了众多实践大众化策略的作品,但很多作家对大众化之路到底该怎么走下去还不是很清楚。在这样的历史时刻,亟待有人能够从至高的视点上对大众化问题前瞻性地予以澄清,这里所谓"至高的视点",就是指国家文化秩序,而这样的人也只能是以毛泽东为代表的执政党。抗战之后,在延安和各抗日根据地,中国共产党已由过去的单纯的革命党,取得了实质性的执政党的地位,过去可以不考虑的文化建设问题、经济建设问题和国家意识形态建设问题,都成了边区执政党必须思考的问题。毛泽东所构想的国家文化秩序,其根据是马克思主义的国家学说和社会结构理论。在延安和各抗日根据地,经济基础是什么呢?当然是工农联盟,而工农也就是大众。按照这个逻辑来推理,延安文艺作为一种文艺,要适应作为经济基础的工农联盟,因此,延安文艺就必须大众化,而延安文艺大众化的目的又在于巩固工农联盟。如果理清了延安文艺的这个内在逻辑,当然也就能够理解《讲话》提出的观点具有不容置疑的合法性与前瞻性,也就能够明白《讲话》看待大众化问题已不同于纯粹的文艺理论家,其对大众化问题的理论成果能够集大成和有所提升是必然的了。

尽管《讲话》涉及文学活动的所有层面,但对几个关键性问题的分析与论证却是纲领性的,起着提纲挈领的作用,所以说,只要把握住了这几个关键性的问题,也就能够把握住《讲话》的精神结构。我们拟对这几个问题的渊源进行追溯,以求深度了解《讲话》关于大众化问题的集成与提升。这几个关键性的问题,有知识分子改造的问题、文艺的意识形态问题、文艺的民族形式问题、普及与提高的问题、文艺批评的问题、文艺的源流问题等。

知识分子改造的问题并不是延安最早提出的,应该说它是大众化问题谱系中的一个老问题,在左联时期已多有涉及。瞿秋白曾尖锐批评普罗文艺的某些作家,把自己看作是大众的"先生""导师"之类,这种优越感和高高在上的做法使作家与大众之间形成了"一堵万里长城"。② 周扬也主张作家要向大众学习,经过大众的洗礼,才能够创作出好的作品来,如其所言,"只有到大众中去,从大众去学习,产生健全的大众作品。"③ 郑伯奇则认为,革命的大众文学的创作者最好从大众中来,从大众中产生,"惟

---

① 杨匡汉:《20 世纪中国文学经验》,东方出版中心 2006 年版,第 180 页。
② 瞿秋白:《普洛大众文艺的现实问题》,《文学》第 1 卷第 1 期,1932 年 4 月 25 日。
③ 周扬:《关于文学大众化》,《北斗》第 2 卷第 3、4 合刊,1932 年 7 月。

其由大众出身的作家,才能具有大众的意识,大众的生活感情;所以也只有他们才能表现大众所欲表现的东西",但现实的情况却是,大众并没有相应的写作能力,大众的表达愿望只能由"智识阶级的作家"来完成,对这些作家来说这就意味着某种"改造",郑伯奇从两个维度上阐述了改造的途径,"他们先要克服他们环境所养成的种种,而获得大众的意识,大众的生活感情。其次他们应该抛却自己的洁癖,而学习大众的言语,大众的表现方法。"①不难看出,《讲话》关于知识分子改造问题的阐发是建立在左联的理论成果基础上的,但《讲话》分析得更为透彻、更有章可循,其改造的途径也讲得更具体。《讲话》在"引言"中这样自设问答,"什么叫做大众化呢?就是我们的文艺工作者的思想感情和工农兵大众的思想感情打成一片",②这种思想感情的变化,其实是"由一个阶级变到另一个阶级",也就是知识分子的非知识分子化和最终的大众化。《讲话》把知识分子的改造看作是大众化的首要条件,"我们知识分子出身的文艺工作者,要使自己的作品为群众所欢迎,就得把自己的思想感情来一个变化,来一番改造。没有这个变化,没有这个改造,什么事情都是做不好的,都是格格不入的。"《讲话》所提出的改造途径,一个关涉符号学问题,一个关涉深层的灵魂状态。毛泽东以"衣服"的干净与灵魂的"脏"做了这样的隐喻,未经改造的知识分子虽然衣服是干净的,但灵魂是肮脏的,反之,大众虽然衣服是肮脏的,但灵魂是干净的。关于如何改造知识分子灵魂的问题,《讲话》提出,"我们的文艺工作者一定要完成这个任务,一定要把立足点移过来,一定要在深入工农兵群众、深入实际斗争的过程中,在学习马克思主义和学习社会的过程中,逐渐地移过来,移到工农兵这方面来,移到无产阶级这方面来。只有这样,我们才能有真正为工农兵的文艺,真正无产阶级的文艺。"这就是说,一方面要强化实践,不但要深入大众的现实生活,而且还要在大众的实际斗争中深度了解大众;另一方面,要提高理论认知,知识分子只有领会了马克思主义的真谛,只有洞悉旧中国的阶级分布,也才能彻底解构小资产阶级的精神世界,而形成无产阶级的思想情感。从知识分子改造的理论阐发来看,《讲话》显然要高于左联时期的理论探讨,它提出的知识分子改造的途径具体可行而又有理论高度,既注重当下的改造,也重视长远的改造。没有幻想,没有激情化,也没有空洞的说教。诚如其所言,"要彻底地解决这个问题(指知识分子改造——笔者注),非有十年八年的长时间不可。"

文艺的意识形态问题在左联时期也多有涉及,在关于左联成立的一篇报道中,就

---

① 郑伯奇:《关于文学大众化的问题》,《大众文艺》第 2 卷第 3 期,1930 年 3 月 1 日。
② 毛泽东:《在延安文艺座谈会上的讲话》(第四卷),《中国现代文学史参考资料·文学运动史料选》,上海教育出版社 1979 年版,第 518—546 页。

有这样的说法,"我们的艺术是反封建阶级的,反资产阶级的,又反对'稳固社会地位'的小资产阶级的倾向。我们不能不援助而且从事无产阶级艺术的产生",①表明了左联的意识形态倾向。左联关于文艺的意识形态问题的研讨,归纳起来有这样几点:无论什么样的文艺都是意识形态(政治)的表现,因为大众的文学(大众化的文学)是与大众的命运联系在一起的,大众化的文学是革命斗争的一个组成部分。《讲话》在文艺的大众化的论述中,明显吸收了左联有关文艺的意识形态问题的观点,只不过表述得更为集中、更为深刻和更为醒目,因而影响也更为深远。《讲话》如是说:"在现在世界上,一切文化或文学艺术都是属于一定的阶级,属于一定的政治路线的。为艺术的艺术,超阶级的艺术,和政治并行或互相独立的艺术,实际上是不存在的。无产阶级的文学艺术是无产阶级整个革命事业的一部分,如同列宁所说,是整个革命机器中的'齿轮和螺丝钉'。"毛泽东的这个表述,不同于鲁迅、冯乃超等左联作家的地方,就在于从国家文化秩序建构的高度阐释了文学艺术在整个意识形态体系中的极端重要性,在其后的表述中,他继续强调说:"如果连最广义最普通的文学艺术也没有,那革命运动就不能进行,就不能胜利。"倘若将毛泽东的这个表述单独来看极容易引起人们的误读,特别是"文艺服从于政治"的说法,但在随后的表述中《讲话》对"政治"的内涵做了界定,"我们所说的文艺服从于政治,这政治是指阶级的政治、群众的政治,不是所谓少数政治家的政治","革命的思想斗争和艺术斗争,必须服从于政治的斗争,因为只有政治,阶级和群众的需要才能集中地表现出来"。这里所谓"政治",指的是无产阶级工农大众的政治,是体现大众的阶级利益、人生期待和国家理想的政治,这就不仅从深层次上将政治与大众化联系了起来,而且也使人认识到大众化是与一个国家的命运联系在一起的。

关于文艺的民族形式问题,无论是左联还是文协,都谈论得比较多,也相对深入。不过左联时期还没有"民族形式"这样的提法,当时称作"文艺的旧形式"。瞿秋白较早注意到文艺的旧形式对大众的适应性,因此提出了如何利用旧形式的问题,他认为左翼作家"必须去研究大众现在读着的是些什么,大众现在对于生活和社会的认识是什么样的,大众现在读得懂的并且读惯的是什么东西,大众在社会斗争之中需要什么样的文艺作品"。②周扬则认为,左翼文学采用和改造一些旧形式是一种过渡性的策略,当大众的文化水准大幅提高之后,要逐渐将大众引向"伟大的艺术","我们要暂时利用根深蒂固的盘踞在大众文艺生活里的小调,唱本,说书等等的旧形式,来迅速地组织和鼓动大众,同时要提高教育和文化的一般水准,使劳苦大众一步一步地接近真正的伟大的艺术"。③毛泽东于1938年在《中国共产党在民族战争中的地位》中提出的

---

① 《中国左翼作家联盟的成立》,《拓荒者》第1卷第3期,1930年3月10日。
② 瞿秋白:《大众文艺的问题》,《文学月报》创刊号,1932年6月10日。
③ 周扬:《关于文学大众化》,《北斗》第2卷第3、4期合刊,1932年7月。

"中国作风和中国气派",激发了人们探讨"文艺的旧形式"(民族形式)的热情,故周扬说,"旧形式利用问题,成了抗战以来文艺界讨论最多的一个题目"。艾思奇的《旧形式运用的基本原则》是一篇系统讨论民族形式的颇有深度的文章,从"问题提起的必然性""运用旧形式的中心目标""旧形式的根本规律"和"运用旧形式的基本方法"等四个方面进行了论证。他认为:"直到今天,我们有新的文艺,然而极缺少民族的新文艺,我们民族的东西,主要地都是旧形式的东西。"[①]既然这样,旧形式的利用就是必然的,但旧形式也有好有坏,故应有所鉴别、有所选择,"旧形式能成为民众的东西,不在于它的格律化的方面,而在于它的强调现实的手法"。艾思奇还对新文学展开了瞭望,认为最好的出路是将新形式与旧形式兼容并蓄。另外,茅盾的《旧形式·民间形式·与民族形式》、周扬的《对旧形式利用在文学上的一个看法》、向林冰的《论"民族形式"的中心源泉》、何其芳的《论文学上的民族形式》、郭沫若的《"民族形式"商兑》等文章也产生了相当大的影响。文协期间因为大众化问题而引发的民族形式的讨论,较大程度地解构了新文学的西方体式,使文学形式开始由外向内转移,这种讨论在左联和延安之间的确起到了桥梁作用。关于旧形式的利用和改造问题,因为左联和文协探讨得非常深入,故《讲话》没有过多地进行阐释,而是提出了一个原则性的意见,即"对于中国和外国过去时代所遗留下来的丰富的文学艺术遗产和优良的文学艺术传统,我们是要继承的,但是目的仍然是为了人民大众。对于过去时代的文艺形式,我们也并不拒绝利用,但这些旧形式到了我们手里,给了改造,加进了新内容,也就变成革命的为人民服务的东西了"。一切都从大众可接受的限度出发,无论是中国的还是外国的文艺形式,只要能被大众接受和喜爱就都应该是延安文艺所利用和改造的,但前提是这些旧形式要能表现"新内容"。值得注意的是,虽然《讲话》格外重视文艺的民族形式,但它并没有表现出"排外"的倾向,而是对外国优秀的文学遗产主张吸收、继承和利用,这是在民族形式的讨论中没有被理论家所提及的。这对于遏制新文学从一个极端(崇尚欧美的表达范式),滑向另一个极端(唯民族形式是举)具有重要的指导性价值,在这样的意义上,《讲话》体现了对民族形式讨论的提升。

相对于上述几个问题而言,《讲话》提出的"普及与提高"的问题更具原创性,它用相当大的篇幅来阐述这个问题,足见其在毛泽东文艺观念中的地位。在普及与提高问题的阐述上,更多地体现了毛泽东的战略性的思考。在毛泽东看来,未来的无产阶级的大众文学应该是成熟的、高级形态的文学,但当前大众中的绝大多数却"不识字,无文化",这就有一个普及的问题,即通过那些比较通俗易懂的文学对大众进行"普遍的启蒙",这样的工作是当务之急。普及却不能永远停留在同一个水平上,而是在普及

---

① 艾思奇:《旧形式运用的基本原则》,《文艺战线》第 1 卷第 3 号,1939 年 4 月 16 日。

的基础上有提高,但不管是普及还是提高,都不能偏离大众化这个主线,正如《讲话》所论,"在这里,普及是人民的普及,提高也是人民的提高。"这就是说,作家应该以辩证的、发展的眼光看待动态的普及工作与提高工作,一切都从大众的实际出发,从大众可接受的限度出发,既有普及性的东西,又有提高性的东西,只有这样,才能将大众化运动可持续地进行下去。普及与提高问题的阐发,显示了毛泽东对大众化运动的着眼于全局的战略性思考,这种眼光和气度当然不同于纯粹的文艺理论家,故更能给人以理论上的冲击与警觉,它给延安作家形成的是政策性的导向。这个问题的阐发,至少蕴含着这样几种信息:大众化运动是一项长期的工作,非一朝一夕之功可成,因此,作家要有足够的耐心和充分的思想准备做好这项工作;大众化运动可以有步骤地展开,由初级的形态向高级的形态逐渐过渡,是一个动态的不断提高的过程;在大众化运动中,作家首先要以虚怀若谷的态度做大众的学生,这就有可能超越大众,成为大众的先生,并站在一定的历史高度引领和教育大众。普及与提高问题的阐发,使延安作家对大众化运动产生了层次感和节奏感,有利于调整延安作家的心态和理性地把握大众化的进程。

左联时期就非常重视文学批评活动,以1931年11月左联执委会通过的决议《中国无产阶级革命文学的新任务》而言,专门就"理论斗争和批评"单列一节,可见其重视程度。左联所倡导的批评是一种全方位的批评,其批评对象有三个,即大众、敌对派作家和左翼作家自身。对大众的批评,其目的在于引导大众走向适合自己的文学,对敌对派作家的批评是为了减弱甚至消除其在大众中已经或可能造成的影响,对左翼作家的批评则是为了寻找到更有可能在大众中形成影响的途径,而所有批评活动的展开,总体上看也无非是为了有效地推进大众化的进程。毋庸置疑的是,左联关于文学批评问题的探讨,对《讲话》的批评问题的阐发是具有启示意义的,例如,通过批评活动以连接大众、作家和创作之间的关系,批评活动中应体现出高度的意识形态指向,通过批评活动以促进大众化运动等。但在左联的讨论中,却没有涉及在具体的批评活动中应把握什么样的尺度,执行什么样的标准等问题,这就有可能使批评家的批评活动产生某种随机性与随意性,不利于批评活动的深入展开。这样,批评标准的阐发便成了《讲话》关于批评活动的思考的出发点,而"两个批评标准"的提出,既可以看作是毛泽东对左联以来文艺批评经验反思的结果,也可以看作是其站在执政党的立场试图将文学活动纳入国家文化秩序的一种努力。无论如何,毛泽东不是专业的文艺理论家,但这更有可能使他甩开文艺自身产生的太多的是是非非的羁绊,而能从宏阔的视域中把握住问题的实质。既然文学的大众化和大众化的文学都是为了大众,而大众的政治又是大众意志的集中体现,故"政治标准"自然就成了衡量文学的一个重要尺度。在对作品的意识形态指向做出基本的判断之后,才能谈得上艺术批评的问题,《讲话》同样重视作品的艺术性,认为真正有价值的文艺,是"政治和艺术的统一,内容和形式的统一,革命的政治内容和尽可能完美的艺术形式的统一",而"缺乏艺术性的艺术品,无论政治上怎样进步,也是没有力量的"。通过比较我们不难发现,在文学批评问题上,《讲话》对左联的讨论进行了较大的补充,一是批评标准的提出,二是提出对大众化文学的艺术性进行必要的检视。这些补充显然有利于批评活动的有序进行,并逐渐形成了一种既注重大众接受又注重艺术美的批评范式。

在左联的大众化问题的讨论中,尽管关于左翼作家的"写什么"多有提及,但还没有从认识论的高度澄清"为什么写这些",但这样说并不意味着左联关于大众化的题材形态的讨论就没有价值,相反,它对《讲话》关于大众化的题材形态的阐发颇富启示意义,应该说正是左联的讨论奠定了《讲话》的话题基础。同样是在左联执委会的决议《中国无产阶级革命文学的新任务》中,设有"创作问题——题材,方法及形式"的专节,指出左翼作家要着力发掘关涉大众化的题材形态。虽然这些题材形态都与大众的关系极为密切,但大众的现实生活在丰富性和复杂性上却不是能被这几种题材形态所能穷尽的,故《讲话》主张作家应该进入大众生活的原生态,进而把捉文学题材的本源,方可进入大众化文学的创作阶段。这就是说,一个作家要创作出真正意义上的大众化的文学,就要对文学的本源有清醒的认知,而要切实把捉文学的本源,非具备四个条件不可,这就是:"到工农兵群众中去",这是前提;要保持良好的心态,即"全心全意地";要有时间长度,即"长期地";要有充分的理性思维的参与,即"观察、体验、研究、分析"。有了第一手的文学素材,却并不表示作家一定能写出艺术质量高的作品来,将素材转化为题材还有一定的方法,这就是典型化。在毛泽东看来,"文艺作品中反映出来的生活却可以而且应该比普通的实际生活更高,更强烈,更有集中性,更典型,更理想,因此就更带普遍性。"现实主义的创作方法在左联时期曾有过研讨,涌现过一些颇具代表性的论著,如瞿秋白的《马克斯、恩格斯和文学上的现实主义》、周扬的《现实主义试论》、《关于"社会主义的现实主义与革命的浪漫主义"》,应该说《讲话》的此类观点正是对左联理论成果的再阐发,譬如,毛泽东的典型化的观点就与周扬曾阐释的典型化的观点极为相近,周扬就认为,"艺术作品不是事实的盲目的罗列,而是在杂多的人生事实之中选出共同的,特征的,典型的东西来,由这些东西使人可以明确窥见人生的全体。这种概括化典型化的能力就正是艺术的力量。"[1]从中不难发现两者的相似性。

作为延安文艺的理论奠基之作《讲话》,是毛泽东代表边区执政党对左联以来的大众化理论的集成与提升,我们在上文对此已作了追本溯源的讨论,《讲话》所涉及的所有重要问题,诸如知识分子改造的问题、文艺的意识形态问题、文艺的民族形式问题、普及与提高的问题、文艺批评的问题和文艺的源流问题等,都可以找到其理论原型。这当然不是说《讲话》的原创性不强,而是说有继承所以也就有原创,是在继承基

---

[1] 周扬:《现实主义试论》,《文学》第 6 卷第 1 号,1936 年 1 月 1 日。

础上的集大成,在集大成的基础上的再提升,这正是《讲话》所阐发的理论能够被延安作家迅速认同并积极实践的原因,也是《讲话》发表半个多世纪以来其文学史地位从未动摇的原因。

三、《讲话》与延安文艺的大众化运动

在大众化问题的研究中,有几个现象是始终都无法回避的,譬如,左联对大众化理论讨论最着力,却未见得有真正意义上的大众化作品问世,这是为什么？延安时期关于大众化理论的讨论主要集中在《讲话》,但大众化运动的实践却是硕果累累,这又是为什么？左联不是不重视实践,却难有作品与理论相对应,茅盾后来也曾进行过反思,并作过这样的总结,"在三十年代我们都热心于文艺大众化的宣传和讨论,但所花的力气与所收的效果很不相称。究其原因,也就是一条腿走路的缘故——政治环境太恶劣,而作家们又麇集上海一隅","在中国现代文学史上,文艺大众化冲出'文人的聊以自慰'的圈子而真正成为'运动',还是在抗日战争爆发后。那时,政治上的束缚放松了一些,作家艺术家们也走出了上海的亭子间,投入到大众的海洋;而在广大的敌后根据地中,'在政治之力'的帮助下,大众文艺已不再一条腿走路了"。① 茅盾所反思的主要还是外部原因,对理论本身却缺乏反思。理论能否指导实践,除了理论的科学性和前瞻性之外,其可操作性是一个硬性指标,而这却是掣肘左联大众化实践的一个很重要的因素。左联的讨论应该说已涉及大众化的所有方面,有些地方甚至探讨得非常深入,但整体上看还是流于分散,系统性弱所以也就难于形成理论的完整形象,并因此弱化了对作家的指导作用,终于使其理论想象落空。这同时也说明,虽然《讲话》主要是对左联以来大众化理论的集成,但在"提升"的意义上却弥补与修复了左联大众化理论的不足与缺陷,其理论体系完备,实践性强而便于操作。

在以毛泽东为代表的边区执政党看来,要彻底战胜敌人并创构一个崭新的中国,就必须在两个领域同时展开作战,这两个领域就是战争和文化,前者靠的是"枪杆子",后者靠的是"笔杆子"。因此,毛泽东认为作家的文学活动远不是个人的事情,而是与一个国家的命运联系在一起的,是一种革命工作。在《讲话》的"引言"中,毛泽东就开宗明义地指出了召开延安文艺座谈会的目的:"今天邀集大家来开座谈会,目的是要和大家交换意见,研究文艺工作和一般革命工作的关系,求得革命文艺的正确发

---

① 茅盾:《回顾文艺大众化的讨论》,文振庭编:《文艺大众化问题讨论资料》,上海文艺出版社1987年版,第421—422页。

展,求得革命文艺对其他革命工作的更好的协助,借以打倒我们民族的敌人,完成民族解放的任务。"既然作家的文学活动是一种革命工作,就有一个工作对象的问题,即作家创作的文学作品给谁看的问题,那么,作家的工作对象是什么人呢?《讲话》认为:"文艺作品在根据地的接受者,是工农兵以及革命的干部。"既然作家清楚了其工作性质和工作对象,接下来的事情就是通过自己的工作能使对象发生改变,要使对象发生什么样的变化呢?对此,《讲话》有清楚地阐述:"一方面是人们受饿、受冻、受压迫,一方面是人剥削人、人压迫人,这个事实到处存在着,人们也看得很平淡;文艺就把这种日常的现象集中起来,把其中的矛盾和斗争典型化,造成文学作品或艺术作品,就能使人民群众惊醒起来,感奋起来,推动人民群众走向团结和斗争,实行改造自己的环境。"作家创作的作品在接受者中间如果真要产生这样的接受效应,就非使其创作先进行彻底的大众化不可,而要彻底的大众化,就非理清知识分子改造的问题、文艺的意识形态问题、文艺的民族形式问题、普及与提高的问题、文艺批评的问题和文艺的源流问题等不可。我们看到,《讲话》所阐述的问题既有高瞻远瞩的恢宏气度,又有紧密联系文学实际与社会现实的例证相辅,论证环环相扣,滴水不漏,逻辑性极其严密,难怪使参加座谈会的作家都折服,并诚心接受其意见。丁玲曾经讲过,参加座谈会之后,知识分子纷纷"丢盔弃甲","缴纳一切武装"了,"即使有等身的著作"也"视为无物"了,彻底"拔去这些自尊心、自傲心"。① 这证实了《讲话》是靠自身的理论力量来说服作家的。

毛泽东是一个唯物主义者,因此他对延安文艺大众化运动的预设都是从事实出发的,在实践的维度上给予了更多的思考,这是其不同于左联的地方。就以上述提及的五个重要问题而言,整体看来也是浑然一体,而各个问题又都有章可循,便于作家实践。文艺的源流问题关涉什么是文学的本源,如何认识文学的本源的问题,这就从根本上解构了知识分子重视知识而不重视实践的做法,这是认识的第一步;既然现实生活(这里指大众的生活)才是文学的本源,就涉及如何把握文学的本源的问题,而由如何把握文学的本源问题自然过渡到知识分子改造的问题,改造问题是讨论如何使作家深入大众生活、解读大众生活和深层次地把握大众生活,这是"入乎其内";文艺的意识形态问题是讨论已经体验、了解和熟悉了大众生活的作家如何对大众和大众的生活进行判断,如何从大众身上和大众生活中发掘出"革命的因素"来,这可视为"出乎其外";文艺的民族形式问题是讨论已获得第一手文学素材的作家,如何采用大众可接受的文学形式,并通过典型化的方法,以使创作出的作品在大众中间形成最大的影响;随着大众的阅读接受能力的提高,他们会对作品提出新的要求,因此作家要及时调整自己的创作思路,以不断刺激与升华大众的接受诉求,这就是"普及与提高"所关涉的

---

① 丁玲:《关于立场问题我见》,《谷雨》第 1 卷第 5 期,1942 年 6 月 15 日。

问题；文艺活动还需要人来管理、监督和指导，这便引出了文艺批评的问题。

正因为《讲话》蕴含着无可辩驳的理论冲击力，其在延安作家中造成的震惊体验可想而知，它的确具有改写作家的文学观、人生观和世界观的可能性。座谈会之后，大众化运动才蓬蓬勃勃地开展了起来，宣告了一个文艺大众化时代的到来。当然，延安文艺大众化运动之所以取得成功，正如茅盾所反思的——还有赖于"政治之力"的帮助，我们从当年党的几份文件便不难看出这种力量的巨大存在。在座谈会召开后一年多，大家对《讲话》都耳熟能详的情况下，1943年10月19日的党报《解放日报》仍将《讲话》全文再次发表，次日，中央总学委又在《解放日报》追加了一个通知，指出刚刚发表的《讲话》，是"中国共产党在思想建设、理论建设事业上最重要的文献之一"，其价值意义所在"决不是单纯的文艺理论问题"，要求"各地党组织收到这一文章后，必须当作整风必读的文件"，"并尽量印成小册子发送到广大的学生群众和文化界的党内外人士中去。"时隔不久，中宣部又发布了一项决定，更确认了《讲话》作为"党的文艺政策"的性质。① 将《讲话》经典化其实是将大众化经典化，这种自上而下的政治力量的存在，为大众化运动的推进开辟了广阔的空间。

半个多世纪以前如火如荼的延安文艺的大众化运动已渐渐走进了历史的烟尘，但它给我们留下了太多值得记忆的永恒的经典——《白毛女》《李家庄的变迁》《漳河水》《王贵与李香香》《暴风骤雨》《太阳照在桑干河上》等。重读这些经典，总是使人眼前浮现出一个处于急剧上升时期的中华民族的伟岸形象，那是一个真正属于文学的年代，那也是一个文学与大众的存在水乳交融的年代。延安文艺也给我们留下了太多值得反复研究的文学课题，譬如，文学到底是一种文化消费品呢，还是一种与民族的命运联系在一起的精神活动？文学活动到底是作家的个体性的事件，还是一种与更多的人（大众）的命运联系在一起的事件？到底是作家的文学才华重要，还是体验、观察和分析原生态的生活重要？到底是大众的接受重要，还是在叙事上、句式上、语言上花样翻新、别出心裁重要？这些问题都关乎文学存在的根基，因为有延安文艺作为一种切实的历史存在，对这些问题也就有了不同的解读。

作者：王贵禄，天水师范学院文史学院副教授。

---

① 《中央宣传部关于执行党的文艺政策的决定》，《解放日报》1943年11月18日。

延安文艺与中国当代文学研究

一"定"一"出"之间

——柳青《种谷记》与《创业史》的接受研究

陈思广

摘 要:《种谷记》与《创业史》分别是柳青实践毛泽东《在延安文艺座谈会上的讲话》的起点之作与标高之作,对其创作得失,接受者曾出现不同的分野,即:写什么与怎样写?柳青认同接受者的判断,成为柳青《创业史》写作实现突破的思想起点;在写得怎样与为什么这样写上,柳青等与严家炎的视界明显分歧,严家炎的着力点是"写得怎样",柳青回答的是"怎样写"和"为什么这样写",这一度成为十七年时期一桩重要的公案。在 20 世纪 80 年代后,严家炎的视野生成为既定视野,柳青的维护悄然淡出。实际上,《种谷记》与《创业史》接受视野间的"定"与"出"是十七年文学接受中极为普遍的现象,它反映出特定历史时期文学接受所遭遇的尴尬与历史的沉重,也彰显出朴素的文学道理。

关键词:种谷记;创业史;接受研究

之所以选择柳青的长篇小说《种谷记》与《创业史》作为接受研究的文本有两个理由:一是《种谷记》是毛泽东《讲话》发表之后出版的第一部长篇小说,无论在创作实践上还是接受观念上都带有鲜明的转型特征,它所生成的期待视野曾为柳青所认定,并在之后的《创业史》写作中倾力践行,但 30 年后这一视野悄然淡出;二是随后出版的《创业史》是十七年文学的标志性作品,一度引发的关于其艺术得失的争鸣是十七年时期一次难能可贵的在正常的文学视域内进行的文学批评,因严家炎的"偏离"与柳青等的维护成为当代文学接受史上一桩引人注目的公案,直至 20 世纪 80 年代后才以严家炎的视野为既定视野,柳青的维护淡出了结。为什么会产生这一现象?它们所生成的接受阈值在"定"与"出"之间带给我们怎样的思考?重新审视《种谷记》与《创业史》的接受现象,对于探讨新文学的接受问题不无裨益。

一、写什么与怎样写

1947 年 7 月,柳青的《种谷记》由光华书店出版,这部以陕北农村王家沟集体变工种谷为中心事件的长篇小说,因首次真实地展示了中国共产党领导下的农村各阶层在面对党的农业政策时所应有的生活样态,被视为实践毛泽东《讲话》精神的起点性长篇而受到文艺界的高度重视。雪苇就敏锐地对此做出了肯定:"这是一部比较成功的杰出的作品,是实践了文学工农兵方向的作品,而且,就艺术上说来,是目下实践这一方向作品中的最好成就。"他进而指出:"作者的注意力,显然主要不是在想给我们讲这一个简单的故事,而是在借这个故事给我们介绍初步的新民主主义社会建设里农村阶级力量的变化,给我们介绍农村中各农民阶层的人物及其复杂的斗争。作者以他深入的丰富的生活体验,纯熟的农民语言的掌握,细腻的、淋漓尽致的描写,胜利达到了这一目的","给《在延安文艺座谈会上的讲话》立下了一座实践的丰碑。"①随后,方成等在香港《大公报》上撰文,对作家的创作立场、态度及方法等方面进行了具体的阐述。上海也在许杰、以群等的主持下召开了《种谷记》座谈会。会上,巴金、李健吾、周而复、冯雪峰等人就《种谷记》的得失谈了各自的阅读感受。在1950—1954年间,仍陆续有接受者撰文展示了自己的视野,但大致而言,对于《种谷记》的艺术得失,接受者形成了两类不同的分野:

1. 成功之处。方成等认为:(1)在立场上,"作者柳青站在新民主主义的观点,正确地刻画一个新时代的旧课题,他不是'把自己的作品当作小资产阶级的自我表现在创作的'。他是诚心诚意为工农兵而写作。"(2)在生活态度上,作者"是储蓄了一段真实的生活经验,他甚至了解了熟习了那生活的最细微的小节,所以在他写作的辰光,他能够使一件极平凡的事件,生动活泼而又有趣的呈现在读者面前;他把这件事情中的错综复杂的线索,曲折迷离的来龙去脉,写得很细腻,很透彻,而又有条不紊。这就是我们要首先指出来的,生活怎样给予一个作家以无穷的力量的地方。"(3)在描写语言上,"人民的语言,贯穿着全书的发展,语言在这里,不再是属于技巧的范畴里的东西,也不复是单纯的思维的代表符号,而是和形象与故事取得血肉的关系,一切都是拆不开,完整而具体凸现出艺术的形象来。"(4)在人物刻画上,"在作者笔下,人物是从生活的活的联结里面刻画出来的,朴素而实在,人物没有和每个生活细节孤立起来或是游离起来,生活在这里活现出人物来,而人物又在创造着生活。这点可以说最值得我们首先来指出的。"(5)在艺术表现上,"在作者笔下,群众的场面也处理得很好,毫不夸张,而生动有致,每条线路都很清楚,而集体的气味,又十分浓厚。""在作者的笔下,我们看见了陕北那一幅饱满而富有生命力的乡村画面。""在作者笔下,写景占了极少的分量。但是景致都和人物,情节配合得很融洽,很自然,好像王家沟的景致也有了灵魂,在配合着人民跳跃着。"总之,"《种谷记》优良的成就,是他能够把人物的刻画,融合在故事的发展里,而故事发展又都合情合理,有着他的必然的脉络,作者处处用景物和生活上的细节故事生动而真切的交织出来,因而加强了艺术的实感,紧紧的抓着每

---

① 雪苇:《读〈种谷记〉》,《论文学的工农兵方向》,大连光华书店1948年版,第157—199页。

一个读者,使他不得不激情的顺着这鲜明的主题一口气追寻下去。在每个不同的场面,我们看来就如身临其境一样。"这五方面的成就与雪苇所首肯的方向性突破及之后叶崴耕对其创作态度的具化:"作者站在人民的和党的立场来描写农村中正在进行着的复杂阶级斗争。这里面分清了'敌'与'我'的界限。作者十分明显地表示了自己爱憎的态度,他所热爱的和他所憎恶的是什么",①成为50年代《种谷记》接受的认同视野。

2. 不足之处。相比于《种谷记》多方面的成就,接受者认为作品的不足主要集中在三点:(1)没有写出党的作用,没有写出作为农村活动核心的农村支部的作用。雪苇首先就指出这一点。② 周而复表示认可:"我认为这书有一个基本弱点,是没有把党的领导贯穿在整个作品中。这由于作者熟悉生活,熟悉农村,偏重写作所熟习的一时一地的情形,没把整个边区在党领导下组织变工队的运动中所发生的变化更高地概括起来,造成典型性不够的弱点。"③日木也深有同感:"这作品的主要缺点,却在于政治思想上还不够成熟,并没有完善而正确地来描写这个群众生产运动,这个运动的领导力量——中国共产党的力量,也没有深切刻画出来,同时也缺乏大生产运动中的典型故事,通过这典型故事来描写出生产运动的发展。"④不过,竹可羽并不认同没有写出党的领导是缺点,而是呼应了雪峰所说的"平面化"的视野,⑤由于作者的思想认识水平的平面化导致作者没有写出"应该的"样子,而只写出"现实的"样子视为文本的不足。⑥ 这与日木的期待相互交融:"要更好地使读者较明确地来看到这个群众生产运动的本质方向,看到在共产党领导下发展农业生产的正确路线与美丽远景,在这作品中是嫌不够的。"⑦(2)农民的阶级面貌还处理得有些模糊,作者在这一问题上的思想认识不够。这一视野自雪苇提出后,在方成等处得到共鸣:"我们觉得《种谷记》里面对于变工队所要克服的困难过程不够突出。那就是说作者对于阻碍群众力量发展的反动力量,概括的不够具体,批判的不够清楚。""这就是作者对于不利于群众方面发展的一些事物,缺乏适度的清晰的批判力量。"(3)有些沉闷,故事情节缺乏起伏,人物性格也不突出。这是李健吾、程造之、许杰等接受者的视野。⑧

由此我们看到,接受者多方面剖析了《种谷记》的艺术得失,这其中,对"得"的肯定主要集中在"写什么"与"写得怎样"上,其中,选材、立场、方向、态度等是毛泽东《讲话》精神的新视野,其意义正如叶崴耕所说:"五四以来的新文艺创作中,也产生了一

---

① 叶崴耕:《种谷记》,《进步青年》1954年241期,第15—18页。
② 雪苇:《读〈种谷记〉》,《论文学的工农兵方向》,大连光华书店1948年版,第157—199页。
③ 《〈种谷记〉座谈会》,孟广来、牛运清编:《柳青专集》,福建人民出版社1982年版,第131页。
④ 日木:评柳青的《种谷记》,《文艺》1950年第4期,第69页。
⑤ 《〈种谷记〉座谈会》,孟广来、牛运清编:《柳青专集》,福建人民出版社1982年版,第128页。
⑥ 竹可羽:《评柳青的〈种谷记〉》,《文汇报》1950年6月9日、16日。
⑦ 日木:评柳青的《种谷记》,《文艺》1950年第4期,第69页。
⑧ 《〈种谷记〉座谈会》,孟广来、牛运清编:《柳青专集》,福建人民出版社1982年版,第121—131页。

些写农村问题的作品。可是这些作品的内容大多是描绘封建落后的农村破产的图景,只是指出了农村如何在封建的与帝国主义的双重压力下崩溃中的一面,而柳青的《种谷记》在这一点上是完全和那些作品不同的。在这部作品里写出的却是在中国现代社会民主革命过程中生长壮大起来的一个新农村的面影。"① 对于"失"的批评主要集中在"怎样写"上,即:是应该以"现实的"代替"理想的",还是以"平面的"深化"立体的"?因为"对于一个党的文艺工作者,这个要求还是有提出的必要"。② 面对这"得"与"失"之间的接受分野,特别是"失"的视野,谦虚而又壮志雄心的柳青很快作出了决断,他直言《种谷记》是失败之作,③自己要从中汲取教训,以避免在将来的厚重之作中重蹈历史的覆辙。柳青为什么会全盘否定自己的心血之作呢?

《种谷记》是一部具有转型意义的起点性作品,它的成功与否对于柳青的未来至关重要,接受者的视野特别是"失"的视野对于柳青而言更是举足轻重。通过《种谷记》的创作,柳青知道,以丰富的生活积累写出优秀的作品固然在于"写什么"和"写得怎样",但更在于"怎样写"和"为什么这样写",即:用什么样的思想反映什么样的生活,表达什么样的精神,也就是说,用什么样的世界观指导什么样的创作对于党员作家柳青而言尤为重要,这是克服不足取得突破的创作法宝。显然,在柳青看来,"写什么"和"写得怎样"已不是问题,"怎样写"和"为什么这样写"才是未来应该把握的方向。直言之,当下迫切需要解决的问题是用什么样的思想指导"怎样写"而不是"写什么",明了"为什么这样写"而不是"写得怎样"。对此,《讲话》已确立了明确的方针,而自己所作的即是:以《讲话》的精神为指针,通过典型化的艺术手法展现中国农村"应该的"和"理想的"现实与未来。《种谷记》没有写出党的领导,应该克服;没有"立体地"透视农民的思想,应该予以提升;没有展示正确的路线与美丽的远景,必须予以弥补……可以说,《种谷记》得与失的接受与反思,成为柳青《创业史》写作实现突破的思想起点。只是令人遗憾的是,当年柳青"恶补"的"失"在短暂地成为"得"之后不幸成为真正的"失",而轻视的"得"短暂地成为"失"之后被公认为真正的"得"。得兮?失兮?福兮?祸兮?谁曾预料!

二、"写得怎样"与"为什么这样写"

1960年6月,《创业史》(第一部)由中国青年出版社出版,这部展示中国农村未

---

① 叶竞耕:《种谷记》,《进步青年》1954年241期,第16页。
② 日木:评柳青的《种谷记》,《文艺》1950年第4期,第69页。
③ 柳青:《转弯路上》,孟广来、牛运清编:《柳青专集》,福建人民出版社1982年版,第9页。

来想象的文学史诗以尽所能有的文学元素不失时机地满足了人们的阅读期待,迅速形成接受浪潮。的确,《创业史》拥有那个时代所应有的文学元素,契合了接受者的群体期待:鲜明而带有指向性的文学主题,高大而带有先锋意义的新人形象,宏大而严谨热诚的史诗品格,相对完整而均齐的艺术结构,它获得接受者的普遍赞誉也在情理之中。但是,严家炎对此却另有矫正。他虽然也肯定了文本的艺术成就,但在价值认定上则断言梁三老汉是最成功的艺术典型,这才是《创业史》最突出的艺术成就,也是柳青创作所获得的最大成功。① 梁生宝的塑造虽然也取得了一定的成功,但其典型意义却不及梁三老汉。"也许从作家的主观上说,梁三老汉并不是他所最要着力刻画的人物。但在实际上,由于这一形象凝聚了作家丰富的农村生活经验,熔铸了作家的幽默和谐趣,表现了作家对农民的深切理解和诚挚感情,因而它不仅深刻,而且浑厚,不仅丰满,而且坚实,成为全书中一个最有深度的、概括了相当深广的社会历史内容的人物。"② 由于着眼点不同,严家炎没有对梁生宝形象的得失予以具体化评论。然而,严家炎的这一视点却受到了一些接受者的批评,他们对严文低估梁生宝形象的典型意义深为不满,遂撰文指正严文的不当。③ 严家炎不以为然,再次撰文对接受者们普遍肯定的梁生宝形象做了深入系统的阐释,对梁生宝形象的典型性提出了质疑。他认为:"作家在塑造梁生宝形象时,曾经力图运用革命现实主义和革命浪漫主义相结合的艺术方法,把人物写得高大。……然而,也正是在实践这个方向时,方法上发生了问题:是紧紧扣住作为先进农民的王家斌那种农民的气质,即使在加高时也不离开这个基础呢?还是可以忽视这个基础?是让人物的先进思想和行为紧紧跟本身的个性特征相结合呢?还是可以忽视其个性特征?是按照生活和艺术本身的要求,让人物的思想光辉通过活生生的行动和尖锐的矛盾冲突来展现呢,还是离开(哪怕只是某种程度上的离开)这个规律,让人物思想面貌在比较静止的状态中来显示呢?"显然,柳青在写作过程中,是用理念去指导创作的,而"这些理念活动又很难说都是当时条件下人物性格的必然表现"。(着重号为原文所有。)因此,梁生宝的形象塑造不可避免地出了"三多三不足"的问题(写理念活动多,性格刻画不足;外围烘托多,放在冲突中表现不足;抒情议论多,客观描绘不足)。④ 文章刊出后,一向平和的柳青不再保持沉默,他撰文就严家炎文中所提的问题以及自己关于《创业史》的创作意图及主题、人物设置、情节安排等书写策略作了条缕分明的阐释。他说:"《创业史》这部小说要向读者回答的是:中国农村为什么会发生社会主义革命和这次革命是怎样进行的。回答要通过一个村庄的各个阶级人物在合作化运动中的行动、思想和心理的变化过程

---

① 严家炎:《〈创业史〉第一部的突出成就》,《北京大学学报》1961 年 3 期,第 37—42 页。
② 严家炎:《谈〈创业史〉中梁三老汉的形象》,《文学评论》1961 年 3 期,第 69 页。
③ 艾克思:《英雄人物的力量》,《上海文学》1963 年 1 期,第 52—53 页。
④ 严家炎:《关于梁生宝的形象》,《文学评论》1963 年 3 期,第 21 页。

表现出来。这个主题思想和这个题材范围的统一,构成了这部小说的具体内容。小说选择的是以毛泽东思想为指导思想的一次成功的革命,而不是以任何错误思想指导的一次失败的革命。这样,我在组织主要矛盾冲突和我对主人公性格特征进行细节描写时,就必须有意识地排除某些同志所特别欣赏的农民在革命斗争中的盲目性,而把这些东西放在次要人物身上和次要情节里头。……梁生宝只不过是一个由于新旧社会不同的切身感受而感到党的无比伟大,服服帖帖想听党的话,努力捉摸党的教导,处处想按党的指示办事的朴实农民出身的年轻党员。……他的行动第一要受客观历史具体条件的限制;第二要合乎革命发展的需要;第三要反映出所代表的阶级的本性,就是无产阶级先锋队成员的性格特征。简单的一句话来说,我要把梁生宝描写为党的忠实儿子。我以为这是当代英雄最基本、最有普遍性的性格特征。"[①]文章虽刊于《延河》,但与严文一样成为《创业史》接受中的重要文献。

今天,我们已无须指责柳青的冲动,在那个时代,激动的柳青将是否回答一个人物形象塑造的成功与否视为"对革命文学事业"严肃与否的表现,将一个原本是学术的命题上升为"原则"的问题予以维护也不足为奇。我们所需要思考的是,二人理直气壮的维护各自的视野,到底依据的是什么?

毋庸置疑,严家炎所提出的"三多三不足"的着力点是"写得怎样"?即:从艺术的审美的标准来看,文本中的梁生宝这一人物形象塑造得如何,哪些是艺术的优长,哪些是艺术的瑕疵,运用的方法是"社会历史学"的美学批评,他所自持的是敏锐的鉴赏力和出色的文学感悟能力,以人物在文本中的实际刻画程度作为判定人物形象得与失的唯一标准,而不是从先验的理论与抽象的概念出发演绎某种既定的逻辑关系;柳青回答的是"怎样写"和"为什么这样写"?即:从生活与实践的创作关系出发考虑如何使体验的生活与经验的文本有机和谐的统一,怎样的布局与安排才能成为既顺应时代同时又具有强烈的政治意味和突出的艺术表现力的经典文本,运思的是所谓的"革命的现实主义与革命的浪漫主义"创作方法,他所自信的是多年的农村生活体验与良好的艺术表现力,以及一个党员作家对政策的熟稔和对党性原则的准确理解,他深信这才是这一时代的作家应该掌握和必须掌握的创作法宝。双方因之充满自信,各不相让,都坚信自己站在胜利的起点上。但是,"写得怎样"是价值判断问题,"怎样写"和"为什么这样写"是创作运思问题,二者不仅视点不同,思维的起点也不同。判断"写得怎样"是接受者的视界,是批评者的视野;应该"怎样写"和"为什么这样写"是创作者的视界,是作家的权利,任何接受者都无权干涉作家怎样

---

① 柳青:《提出几个问题来讨论》,《延河》1963 年 8 期,第 57—61 页。

写和为什么这样写。但今天的人们又普遍以严家炎的"定"与柳青的"出"作为公断,这就耐人寻味了。

众所周知,柳青是一位经历了延安整风运动并信服于文艺为政治服务的党员作家,工具论的文艺观深植于其骨髓。他自觉地将文艺的党性、阶级性置于文艺本性之上,以工具论的观念殚精竭虑地指导自己的创作,无论主题、人物、情节、结构,无不以政策为指针,以阶级为杠杆,以路线为中心,以党性为原则进行审时度势的对位与说明,从而使作品成为昭示中国农村走向未来的形象载体和文学样板。不可否认,长期的农村生活体验为柳青的创作提供了丰厚的生活养料,但当这一切淹没在先验的理性的想象下,胜利的天平已不向他倾斜。很难想象,在文学的审美本性重新回归,文学是人学的旗帜猎猎飞扬的时代,一部以图解某种政策、展现中国农村在走向未来过程中"应该的"样子而不是"本来的"样子的文本,还会重现昔日的辉煌。很难想象,一部文本的主人公被书写成仅仅是一个政治集团利益的忠诚捍卫者与执行者,而不是作为一个活生生的人生活在现实的环境中,这个"人"还具有不朽的艺术魅力。"怎样写"的确是作家的视界,"为什么这样写"也的确是柳青的权利,但"这样写"带来的不是文学的活力而是文学的枯萎,呈现的不是思想的敞开而是思想的封闭;"为什么这样写"启悟于人的不是智慧的范本而是蹩脚的传声筒,不是精神的宝典而是沉痛的拒绝。"淡出"也就在情理之中了。

其实,《创业史》的接受现象在十七年文学接受中极为普遍。十七年时期的作家所面临的"写什么"和"怎样写"就是对历史的来路与去路做出合法性的说明与回答,展示与预设的中心是如何传达既定的理念而不是如何表现丰厚的生活。因此,对非主流观念动摇的批判与澄清就显得格外重要,对某些不符合既定观念的内容的遮蔽、修正、改写甚至是"伪写"等也就成为时代的必然。所谓"怎样写"和"为什么这样写"实际上简化为某种固定程序与固定秩序的填充与摆放,任何有违于这一规范的书写都将遭到彻底的清洗。《创业史》正是遵循了这一规范,便被视为当代作家构建中国农村未来之旅的典型样本。《金光大道》虽将这一程序化的书写推演至极致,但因其生不逢时,便成为"阴谋文艺"的反面教材。其实,二者之间的精神脉络是有其相承性的,都有其历史的必然。即便我们不以《创业史》为蓝本,以《种谷记》为考察对象时,我们也为文本中鲜活的陕北生活气息与扑面而来的人物性格,真实生动、惟妙惟肖的细节描写与依阶级成分划分人物的属性,以党的政策为传声筒力图成为干部执行农村政策的指南书的书写范式相交拌而深深惋惜。《种谷记》所显露的端倪不正是《创业史》所竭力强化的吗?当历史翻过这沉重的一页时,柳青及其他众多十七年文学作家所遭遇的接受尴尬也就在所难免了。

作为特定历史阶段的文学模板,《种谷记》与《创业史》自然有其不容忽视的文学意义,虽然柳青为之做出的努力在今天的人们看来带有更多的悲壮色彩,但作为一种接受现象,它带给人们的启示还是深远的。它反映出十七年文学接受所遭遇的尴尬与历史的沉重,也彰显出朴素的文学道理:必须坚守文学的审美原则,必须不为时风所动秉承职业的艺术操守,无论创作,无论接受,莫不如是。

作者:陈思广,四川大学文学与新闻学院教授。

论陕西文学对延安文学的承传与发展

王俊虎

摘 要:陕西是延安文学的诞生地与发祥地,延安文学的萌生与发展和陕西当地的文化资源密不可分,陕西文学在对延安文学的传承和发展方面积累了丰富经验。陕西作家的类型生成与代际精神承传、陕西文学对现实主义创作方法的坚守与突破、陕西文学浓厚的乡土文化情结与强烈的底层写作、陕西作家对延安文学包含的"权"与"经"理念的独特感悟与成功实践等均体现出陕西文学独特的审美经验与价值取向。总结和评估陕西文学对延安文学的承传与发展经验,从中汲取延安文学所包含的现代性优良质素,可以为当下文坛提供鲜活的中国文学经验。

关键词:陕西文学;延安文学;承传;发展

在中国现当代文学史上,延安文学虽以地域命名,但却是具有全国甚至世界意义的一种"超级文学",其对20世纪中国文学的影响并不弱于五四新文学,尽管很多学者从文学审美本质论角度对延安文学评价并不高,但延安文学的生成自有其历史合理性和必然性,延安文学对中国当代文学不但有重大影响,而且具有深远的积极意义。陕西是延安文学的诞生地与发祥地,延安文学的萌生与发展和陕西当地的文化资源密不可分,陕西文学因为地域原因,"近水楼台先得月",在对延安文学的传承和发展方面积累了丰富经验。陕西作家的类型生成与代际精神承传、陕西文学长期坚持现实主义的文学倾向、浓厚的乡土文化情结与强烈的底层写作以及陕西作家对延安文学包含的"权"与"经"理念的独特感悟与实践等均体现出延安文学对其深刻的影响,另外"陕军东征"的雄风与屡获茅盾文学奖的殊荣也向世人雄辩地展示了陕西文学骄人的实绩,总结和评估陕西文学对延安文学精神的承传与发展经验,从中汲取延安文学所包含的现代性优良质素,可以为当下文坛提供鲜活的创作经验。

一、陕西作家类型生成与代际精神承传

20世纪陕西文学缘起于延安文学,陕西第一代文学作家柳青、杜鹏程、王汶石、李若冰、马健翎、胡采、柯仲平等本身就是延安文学作家群的重要成员,他们均以自己的

勤奋和才智建构了延安文学的煌煌大厦。20世纪40年代,陕西第一代作家在面临抗日救亡与民族解放的危急关口,投笔从戎,在战火中淬砺,奉献出自己的青春和热情,确立了以新的战时环境为写作背景的延安文艺工作者身份。

20世纪陕西文学的领军人物与精神领袖柳青,1938年5月由西安来到延安,在陕甘宁边区文协任"海燕"诗歌社秘书,开始走上文学创作道路。柳青一生特别重视和强调生活实践经验对文学创作的巨大作用。到延安后不久,他就不辞辛苦奔赴晋西北前线体验生活,在延安与周边各根据地之间奔波往复,勤奋写作。先后创作出《误会》《牺牲者》《一天的伙伴》《废物》《被侮辱的女人》《土地的儿子》《三垧地的买主》等十多篇短篇小说以及中篇小说《恨透铁》和长篇小说《种谷记》《铜墙铁壁》。新中国成立后,柳青担任了《中国青年报》的编委和文艺副刊的主编职务,完全有机会名正言顺地在物质充裕、文化优越的首都北京工作,但是他始终关心家乡陕西父老乡亲们的农村生活,主动放弃安逸舒适的城市生活,由北京到西安,由西安到长安(县),由长安到皇甫(村),亲身躬行"文学是愚人的事业"的神圣理念,最终完成了"十七年文学"的扛鼎之作《创业史》第一、二部,"先辈柳青的这种守土创作的地域心理积淀看似寻常却奇崛,看似容易却艰难,其间蕴含了莫大的自我超越的人生选择,从而奠定了20世纪陕西地缘文学的黄土地精神史主线,对后辈的潜移默化是巨大深远的"①。

陕西第二代作家中的核心成员路遥、贾平凹、陈忠实、邹志安、京夫等无不受到以柳青为代表的陕西第一代作家的精神滋养与提携栽培。他们曾经都将柳青作为自己文学道路上的榜样和标杆,从"柳青体"上寻找自己的创作道路,在对柳青文学精神的感悟中定位自己的文学立场。

路遥,这位地道的陕北汉子,把文学看作比生命还要金贵的当代著名作家,一直把柳青看作自己的精神导师和文学教父。路遥早在延川上中学时就接触到柳青的《创业史》,从此爱不释手,反复阅读体味,成为柳青的铁杆粉丝,同为陕北老乡的柳青从此成为少年路遥心中神圣的文学偶像。路遥的代表作品《人生》《平凡的世界》都有着柳青文学的深刻印痕,"坦率地说,在中国当代老一辈作家中,我最敬爱的是两位。一位是已故的柳青,一位是健在的秦兆阳。我曾在一篇文章中称他们为我的文学'教父'。柳青生前我接触过多次。《创业史》第二部在《延河》发表时,我还做过他的责任编辑。每次见到他,他都海阔天空地给我讲许多独到的见解。我细心地研究过他的著作、他的言论和他本人的一举一动。他帮助我提升了一个作家所必备的精神素质。……《人生》、《平凡的世界》这两部作品正是我给柳青和秦兆阳两位导师交出的一份答卷。"②"在现当代中国的长篇小说中,……我比较重视柳青的《创业史》,……这

---

① 冯肖华:《文学气象与民族精神——20世纪陕西地域文学审美形态》,中国社会科学出版社2010年版,第76—77页。

② 路遥:《路遥文集》,陕西人民出版社1995年版,第340页。

次,我在中国的长卷作品中重点研读《红楼梦》和《创业史》,这是我第三次阅读《红楼梦》,第七次阅读《创业史》。"①"杰出的现实主义作家柳青……他一生辛劳所创造的财富,对于今天和以后的人们都是极其宝贵的。作为晚辈,我们怀着感激的心情接受他的馈赠。"②

陈忠实曾直言不讳地讲道:"在众多作家里头,柳青对我的影响应该说是最重要的。这有种种因素,包括我对他作品的喜欢,我对他本人的喜欢,等等,所以我最初在'文革'中间写了四个短篇后,人们为什么喊我为'小柳青',主要就是我那些小说的味道像柳青,包括文字的味道像柳青,柳青对当时我的文字的影响,句式的影响都是存在的。"③

陕籍著名文艺评论家李建军认为:"陕西是当代有影响的作家最多的一个省份。其中柳青对陕西作家的影响最为巨大,他至少影响了陈忠实、路遥这一代人的创作。他长期在农村生活和写作,写普通的农民,写渭河平原上五月阳光下的蒲公英。这让那些有志于从事文学创作的农村青年觉得亲切而熟悉,消除了他们对于创作的神秘感,增强了他们像柳青一样通过长期努力,把自己熟悉的人物和生活写入小说的信心。柳青也通过各种方式,向青年人介绍自己的创作经验,甚至还亲自给陈忠实密密麻麻地改过一篇小说稿子。其实,即使不这样做,他的存在本身就是一种影响。陕西的作家如路遥、陈忠实,几乎都是通过反复阅读、揣摩《创业史》来学习写作的。从某种程度上讲,没有柳青,就不会有陈忠实、路遥这一代作家,至少,在后来的成长过程中,他们肯定要花费更多的时间,要经过更多的摸索。"④

陕西第一代作家以他们对文学和革命的痴情和忠诚,深深影响和感化了第二代作家,他们的文学殉道精神、文学的主旋律意识、文学的现实主义写作方法、关注广大工农兵底层人群的生存状态等优良质朴作风都被后来的陕西作家所敬重和学习,也影响到风格多样化的陕西第三代作家如叶广芩、杨争光、红柯、王观胜、冯积岐、方英文、爱琴海、寇挥等。

叶广芩、杨争光就写作资历和年龄来说也可划入陕西第二代作家行列,这里把他们归入陕西第三代作家是就其创作风格和创作题材与陕西第二代作家有着巨大差异而言的。叶广芩离奇的皇室贵胄出身和系列家族题材小说使她在同类作家中备受读者关注,出生于陕西乾县的作家杨争光和传统陕西作家迥异之处在于他除了写作还长期从事影视编剧工作,担纲电影《双旗镇刀客》与电视连续剧《水浒传》编剧以及长篇

---

① 路遥:《路遥文集》,陕西人民出版社1995年版,第324页。
② 同上,第562页。
③ 陈忠实:《陈忠实文集》(第七卷),广州出版社2004年版,第426页。
④ 同上。

电视连续剧《激情燃烧的岁月》总策划,这些工作使作家杨争光在社会上具有不弱于叶广芩的知名度和关注度。叶广芩和杨争光之外的其他陕西第三代作家就没有这两人那么幸运了,一度让外人和陕西评论界认为陕西第三代作家"后继无人""陕军断层"。关于陕西作家是否断层或者已经进入青黄不接的危险境地,评论家李建军、王仲生、李震、周燕芬、邢小利、常智奇等均有所关注和评论。表面看,陕西第三代作家确实没有出现(文学实力和知名度)足以和柳青、杜鹏程、路遥、陈忠实、贾平凹等陕西第一、第二代作家相抗衡的代表作家,昭示出陕军后继乏人的冷门现象,但是,细想之下,陕西第三代作家所处文学环境与陕西第一代、第二代作家所处的文学环境确实已是今非昔比。第一代作家的创作高峰出现在20世纪50年代,第二代作家的创作高峰出现在20世纪80年代,这两个时代文学均处于社会的瞩目位置。1950年代文学继承了《讲话》精神,继续为无产阶级政治服务,文学担负着政治宣传的光荣使命,自然处于社会的中心位置;1980年,中国社会进入"文革"后的拨乱反正与思想大解放时期,学术界此时已经开始反思和意识到"文学为政治服务"给中国文学带来的不良影响,但是,中国社会的未来走向、西方思潮的大量涌入、改革与发展、姓资与姓社、计划与市场等尖锐复杂问题首先反应在文学领域,"文学依然神圣",文学依然是社会瞩目的焦点。陕西第一、第二代作家以他们的勤奋执著、加上可遇而不可求的文学环境,使他们中的很多人仅靠一部作品便可一夜成名,这绝非夸张之语。陕西第三代作家就没有那么幸运了,20世纪90年代后期以来,商品经济带给中国社会的冲击有目共睹,文学在社会中的地位不断走向边缘,这时候的作家很难凭借一部(篇)作品"一夜成名",许多作家甚至出版过十几部作品集,还是默默无闻。陕西第一、第二代作家之间也有很好的代际精神承传,路遥、陈忠实等陕西第二代作家都基本承传了第一代作家柳青、杜鹏程的现实主义衣钵以及文学奉献精神,陕西第三代作家在新的时代背景下,在承传陕西文学优良传统之时,往往显得力有不逮,更多的是变异与突破。现实主义、乡土题材、主旋律、奉献与殉道对他们而言,弃之可惜、食之无味,往往成为精神上的沉重包袱,但是要走一条新路,谈何容易?所以,陕西第三代作家怎样走路、走怎样的路才能重振陕西文学雄风,确实还需较长时间的探索和思考。

二、现实主义的坚守与突破

陕西是中华民族的发祥地,华夏民族的始祖黄帝与炎帝都曾经在这片神奇的土地上生活创业,以他们卓越的智慧和才能开启了源远流长的中华文明。发源于陕西境内的姜炎文化、周秦文化、汉唐文化、延安精神对陕西民众有着根深蒂固的影响和熏染。

姜炎文化的代表人物神农氏炎帝本为姜水流域姜姓部落首领,后发明农具以木制耒,教民稼穑饲养、制陶纺织及使用火,以功绩显赫、以火得王,故为炎帝,并被后世尊为农业之神,姜炎文化可以说代表了中华民族农耕文明的高峰,农耕文明的核心理念包蕴着"种瓜得瓜,种豆得豆"的务实信条。周人尚礼,秦人崇武。周人作为农耕部落,生活在今陕西岐山、武功一带,相传周文王姬昌推演出《周易》,周(文王)孔(子)同为儒家文化的创始人。秦人最早生活在今甘肃天水与陕西交界地区,以狩猎为生,英勇好战,秦文化与战争有着密切的关系,"秦人好战彪悍、讲求实用、好功利。"①可以见出,周秦文化的核心内涵仍然包孕了实用、功利的指向。汉唐文化是姜炎文化以及周秦文化在陕西境内的升华和高潮,汉唐气象是中国封建王朝和封建文化的集大成之作,文学上迎来了唐诗的辉煌阶段,杜甫、白居易等杰出的现实主义诗人均在这一时期生活在陕西这片沃土之上。当历史的时钟指向20世纪30年代的时候,陕西又迎来了文化的辉煌时期,当红军经过长途跋涉落脚于陕西北部的延安境内的吴起镇时,谁能想到十几年后这群人建立起中国历史上亘古未有的人民共和国,建国的精神动力来源于以当地地名命名的"延安精神"。延安精神是中国共产党在延安时期培育和形成的伟大时代精神,内涵十分丰富,但最本质的思想精髓还是实事求是、理论联系实际。19世纪30年代,以王明为代表的党内"左"倾教条主义者借共产国际之威指导中国革命,生吞活剥马克思主义经典原著字句,把马克思主义著作看成可以到处套用的僵死教条,不顾中国现实国情,对有着丰富革命实践经验的马克思主义者不屑一顾,极力排斥、反对和打击。针对"左"倾教条主义者以反马克思主义的态度对待真正的马克思主义者,毛泽东历来深恶痛绝:"直到现在,还有不少的人,把马克思列宁主义书本上的某些个别字句看作现成的灵丹妙药,似乎只要得了它,就可以不费力气地包医百病。这是一种幼稚者的蒙昧。"②延安整风主张共产党人不把迷信当忠诚,不受马克思列宁主义书本上的条条框框的束缚,大胆探索马列主义基本原理同中国革命具体实践相结合的具有中国特色无产阶级革命道路。实践证明,以毛泽东同志为核心的党的第一代领导人的认识和主张是正确的,以毛泽东为主要代表的中国共产党人,根据马克思列宁主义的基本原理,把中国革命实践中的一系列独创性经验作了理论概括,形成了适合中国情况的科学的指导思想——毛泽东思想。1941年3月,党的理论工作者张如新在《论布尔什维克的教育家》一文中首次使用了"毛泽东同志的思想"这一提法,1943年7月5日,刘少奇发表文章使用了"毛泽东同志的思想"和"毛泽东同志的思想体系"两个概念。王稼祥于1943年7月5日在《解放日报》上发表的《中国共产党与

---

① 冯肖华:《文学气象与民族精神——20世纪陕西地域文学审美形态》,中国社会科学出版社2010年版,第54页。
② 毛泽东:《毛泽东选集》(第三卷),人民出版社1991年版,第820页。

中国民族解放的道路》一文中第一次提出了毛泽东思想这一概念。1945年刘少奇在中共七大所作的报告里首次对毛泽东思想作了系统论述,中共七大首次规定毛泽东思想为中国共产党的指导思想。

毛泽东思想形成于大革命后的中国各个具体革命实践历程中,但为什么毛泽东思想的提出、使用、确立均在革命圣地延安完成,这其中自然包含复杂的原因,陕西本土的文化特质提供了毛泽东思想提出、使用、确立的氛围确是不容置疑的,陕西文化包孕的勤劳务实内核确实是毛泽东思想、延安精神形成的温床。所以,任何人要研究、读透陕西地域文化,无法避开"务实"二字,可以说务实贯穿在陕西境内形成的姜炎文化、周秦文化、汉唐文化、延安精神等诸多精神财富中。

现实主义本身就是一个驳杂多义且有争议的概念,虽然现实主义的批评者和支持者经常将其视为一个统一的思想整体,但实际上,现实主义并不是一个单一或统一的理论。广义的现实主义是一种世界观,狭义的现实主义作为一种文学创作方法,这种创作方法虽然起源于19世纪30年代的英法诸国,但是真实客观地再现社会现实,"求实"确是现实主义世界观或文学创作方法的最根本的意义,因之,现实主义这种世界观或创作方法自然最能与务实的陕西民众、陕西作家神交,以这种方法创作的艺术作品对陕西民众是那样亲切、熟悉,丝毫没有花里胡哨,流露的是稳重、大气、威严、崇高的精神余绪。远至《诗经》《周礼》,中至《史记》、唐诗,近至延安文学,及至《创业史》《保卫延安》《人生》《平凡的世界》《白鹿原》《农民父亲》,这中间均贯穿着强大的现实主义优良传统。可以说,现实主义的文学创作方法契合着陕西人的文化审美特质,这一审美文化特质沿着姜炎文化、周秦文化、汉唐文化、延安精神的文化流脉,已经渗透至陕西人的文化血液中。陕西文学大厦如抽掉现实主义精神与现实主义作品,那无异于釜底抽薪,只会剩下残垣断壁,随时有轰然倒塌的可能。

20世纪陕西文学长河始终贯穿着现实主义文学创作的优良传统,陕西三代作家均在现实主义这面旗帜下辛勤耕耘,付出了艰辛的努力,也获取了丰硕的成果。陕西第一代作家柳青、杜鹏程、王汶石、魏钢焰等本身就是延安文学作家群的重要力量,坚持革命现实主义优良传统,以毛泽东文艺思想为旗帜,深入基层,深入生活,创作出了反映时代精神的革命英雄人物和社会主义新人以及建设者形象,从郭凤英(《一个女英雄》)、周大勇(《保卫延安》)到王加扶(《种谷记》)、梁生宝(《创业史》),再到阎兴(《在和平的日子里》)、慕生忠(《青春路上的剪影》)、赵梦桃(《红桃是怎么开的》),这一个个鲜活的艺术形象,勾画出代表人民群众先进力量的英雄群阵。陕西第二、第三代作家承传和发展了现实主义优良传统,路遥、陈忠实、贾平凹、邹志安、赵熙、冯积岐等的作品着力点在农村,关注20世纪80年代以来中国城乡农民的生活变迁与心灵颤动,体现出浓厚的乡村现实主义特色,叶广芩、杨争光对流民史、剿匪史、家族史的关注与摹写,体现出浓厚的文化现实主义特色。红柯的《西去的骑手》、高建群的《最后一个匈奴》、王观胜的《北方,我的北方》《放马天山》等作品洋溢着西部特有的浪漫奇幻特色,往往通过虚构的带有强烈传奇色彩的故事表现出他们对人生、命运的思考,体现出浓厚诗意的现实主义特色。爱琴海与寇挥的作品重在表现处于绝境中的生命样态和人的灵魂,作品多有变形夸张的艺术色调,体现出强烈的超现实主义倾向。

总之,陕西作家在继承先辈革命现实主义优良传统基础上,与时俱进,积极探索,大胆尝试,把现实主义文学精神发扬光大,大大提升、丰富、发展了陕西文学创作的现实主义传统,走出了无愧时代精神,高扬陕西地域文化特色的文学新路。

三、浓厚的乡土文化情结与强烈的底层写作

延安文学的纲领性文件——毛泽东《在延安文艺座谈会上的讲话》成功地解决了"文学为什么人服务"以及"怎样为"这两个事关文学本体的基本问题,而解决这两大问题的立足点都体现出了以毛泽东为代表的中国共产党人对农村和农民问题的极端重视。毛泽东思想的精髓在于把马克思列宁主义与中国革命实践相结合,走具有中国特色的无产阶级革命道路,而这个"中国特色"就体现在中国革命的主体是农民而不是其他,中国革命要成功必须要走农村包围城市的这样一条不同于别国的革命道路。凝聚毛泽东文艺思想光辉的延安文学必然体现出对农村和农民问题的高度重视,在延安文学的服务对象与如何服务的问题上,农民都是首要考虑的对象。"许多文艺工作者由于自己脱离群众、生活空虚,当然也就不熟悉人民的语言,因此他们的作品不但显得语言无味,而且里面常常夹着一些生造出来的和人民的语言相对立的不三不四的词句。……我们的文艺工作者的思想感情和工农兵大众的思想感情打成一片。而要打成一片,就应当认真学习群众的语言。如果连群众的语言都有许多不懂,还讲什么文艺创造呢?""拿未曾改造的知识分子和工人农民比较,就觉得知识分子不干净了,最干净的还是工人农民,尽管他们手是黑的,脚上有牛屎,还是比资产阶级和小资产阶级知识分子都干净。"[①]不难看出,延安文学是以农民为出发点、着眼点的新型文学。《讲话》发表后不久,就涌现出了赵树理的《小二黑结婚》与《李有才板话》、孔厥的《一个女人翻身的故事》、孙犁的《荷花淀》、丁玲的《我在霞村的时候》《田保霖》(报告文学)、欧阳山的《活在新社会里》(报告文学)、艾青的《吴满有》(叙事长诗)以及秧歌剧《夫妻识字》《兄妹开荒》、歌剧《白毛女》等乡村气息浓厚颇受群众喜闻乐见的农村

---

① 毛泽东:《毛泽东选集》(第三卷),人民出版社1991年版,第850—851页。

题材文艺作品。陕西第一代作家对此也是积极响应,柳青在《讲话》后不久就深入米脂县民丰区吕家硷乡政府担任文书,一住就是两年,写作和发表了《三垧地的买主》《土地的儿子》,积累搜集了《种谷记》的创作素材,马健翎创作了他的代表作《血泪仇》(戏曲),毛泽东号召广大文艺工作者的思想感情和工农大众的思想感情打成一片,这对陕西作家来说并非难事,因为此前他们的写作就是农村题材的作品,他们此前的文艺活动就是围绕农民与农村展开的,陕西历来就有重农尊农的习俗和耕读传家的风尚。

前文说过,发源于陕西境内的姜炎文化、周礼文化就是我国农耕文明的代表阶段,奠定与深化了陕西乡党以农业为本的思想观念和深层乡土文化心理积淀,农业文明发展、农村社会的变迁、农民命运的演变自然成为陕西地域文学书写的重要领域。"纵观陕西三代作家的整体创作面貌,绝大部分涉猎的是关于乡土农村、农民生存、农业文明的题材,对此题材的表现都不同程度地取得了巨大的成就,形成了作家自身较为稳定的生活基地、叙事方式,以及乡土农村文明伦理价值取向的选择。"[1]蛤蟆滩、双水村、白鹿原、清风街、古炉村这些分布在陕西不同区域的普通村落,反映出20世纪50年代以来中国农村、农民的农事更迭与心理变迁,凝聚着陕西农民的喜怒哀乐、婚丧嫁娶、茶米油盐、鸡零狗碎,寄寓着陕西作家对三秦父老乡亲的挚爱与感动。陕西作家在作品中书写的是自己儿时温馨的记忆,吐露的是自己作为农家子弟最为质朴的情怀,唯其如此,《创业史》《平凡的世界》《白鹿原》《秦腔》这些书写陕西乡村的史诗巨著代表着陕西文学的最高荣誉,也体现着中国文学的最高水准,《平凡的世界》《白鹿原》《秦腔》分获第三、四、七届茅盾文学奖,且位列各届获奖作品之首,这在各获奖省市是绝无仅有的现象。《创业史》未获茅盾文学奖,不是作品本身的问题,而囿于第一届茅盾文学奖的评选范围限于1977—1981年发表的作品,《创业史》不在授奖时间范围,如果把十七年文学纳入中国文学最高奖的评选范围,作为十七年文学"三红一创"的标志性作品,获奖是必然的,以我的理解,力拔头筹也未尝不可。

陕西作家的乡村题材作品缘何得到茅盾文学奖的频频眷顾,来源于陕西作家对农村、农事、农民、土地的深厚感情和质朴情怀。陕西文学精神领袖柳青在这方面做出了杰出的表率。新中国成立后,柳青完全有条件和资格留在生活条件优越的首都北京,为了写作,自愿请求回陕西农村工作,后又主动放弃陕西长安县委副书记的领导职务,开始定居皇甫村,与当地农民共同生活、共同劳动,过着陕西普通农民的生活。1960年4月,柳青将长篇小说《创业史》(第一部)稿酬16065元全部捐给长安县王曲公社做工业基建费用;1961年柳青向中国青年出版社预支《创业史》(第二部)5500元稿

---

[1] 冯肖华:《文学气象与民族精神——20世纪陕西地域文学审美形态》,中国社会科学出版社2010年版,第49页

费,为皇甫村的农民兄弟支付高压电线及电杆费用。柳青在长安县生活期间,除了文学创作之外,还为农民兄弟撰写了《关于王曲人民公社的田间生产点》《耕畜饲养三字经》《怎样沤青肥》等文章。"文革"期间,柳青生命几度垂危,仍然惦念陕北的父老乡亲,在病床上给陕西省委写下了《建议改变陕北的土地经营方针》。20 世纪中国文学史上,乡土文学有着深厚的文学传统,也涌现出了一大批杰出的乡土文学大师,但是像柳青这样全身心地投入农村生产,把农民兄弟的利益牵挂于心间,与农民兄弟攀谈于炕头灶间,以陕西地道农民的着装打扮、言谈举止把自己的干部身份完全消融于农民大众之间,把自己的家庭、事业、甚至生命与中国农村、农民、农业融为一体的作家是绝无仅有的。作家柳青对农村的无限眷恋情怀和痴迷状态深深影响和感动了陕西其他作家。

　　出生于农村的作家王汶石和柳青一样,在革命胜利后一头扎进陕西渭北农舍,出于对农民和农村的深厚感情,写作上自然"钟情于农村田野,钟情于农民",[1]倾力塑造出赵承绪(《春节前后》)、芒芒(《黑凤》)、彦三(《新任队长彦三》)、吴淑兰(《新结识的伙伴》)、王运河(《卖菜者》)等社会主义农村新人形象。出身陕北贫穷乡村的路遥在他的作品中热情讴歌农民与土地:"我本身就是农民的儿子,我在农村长大,所以我对像刘巧珍、德胜爷爷这样的农民有一种深厚的感情,通过他们寄托了对养育我的父亲、兄弟、姊妹的一种感情。"[2]"作为一个农民的儿子,我对中国农村的状况和农民命运的关注尤为深切。不用说,这是一种带着强烈感情色彩的关注。'为什么我的眼里常含泪水?因为我对这土地爱得深沉'。"[3]"土地是不会嫌我们的。是的,我们将在这亲爱的土地上,用劳动和汗水创造我们自己的幸福。""就是这山,这水,这土地,一代一代养活了我们。没有这土地,世界上就什么也不会有!"[4]长期担任农村基层干部和乡村教员的陈忠实,为写出"死后能当枕头"的文学巨著,长期蜗居乡下老屋,每隔一段时间就要从乡下赶到城里去背老婆擀好的面条和蒸好的馒头来充饥,过着苦行僧的艰苦生活,而唯有在乡下老屋,陈忠实才能"守住自己的心灵",接到文学地气,寻找到属于自己的文学语言,足见农村生活对陈忠实的重要意义。贾平凹在《秦腔·后记》里直言不讳地写道:"我是个农民……我感激着故乡的水土,它使我如芦苇丛里的萤火虫,夜里自带了一盏小灯,如满山遍野的棠棣花,鲜艳的颜色是自染的。……对于农村农民和土地,我们从小接受教育,也从中生存体验,形成了固有的观念,即我们是农

---

[1] 王汶石:《王汶石文集》(第 4 卷),陕西人民出版社 2004 年版,第 462 页。
[2] 路遥:《路遥中短篇小说·随笔卷》,陕西人民出版社 1995 年版,第 446 页。
[3] 路遥:《路遥文集》(第 2 卷),陕西人民出版社 1993 年版,第 376 页
[4] 冯肖华:《文学气象与民族精神——20 世纪陕西地域文学审美形态》,中国社会科学出版社 2010 年版,第 55 页。

业国家,土地供养了我们一切,农民善良和勤劳。……现在我为故乡写这本书,却是为了忘却的回忆。我决心以这本书为故乡竖起一块碑子。"①陕西其他作家高建群、邹志安、京夫、赵熙、莫伸、叶广芩、杨争光、冯积岐、曹谷溪、李天芳、王蓬等,谁人笔下没有体现出对乡村土地的眷恋,对农民的关注?如果离开乡村书写,陕西作家将会普遍丧失文学创作的通灵宝玉,陕军雄风又怎会冲出潼关,走向全国?

四、"权"与"经"的领悟与实践

延安文学产生于战时环境,包含有极强的策略性与功利性是题中应有之义。延安文艺座谈会后,党中央曾委派何其芳、林默涵同志到重庆向国统区的作家传达座谈会精神与《讲话》内容,郭沫若认为《讲话》"有经有权","毛泽东欣赏这个说法,认为是得到一个知音。'有经有权',即有经常之道理和权宜之计。毛泽东之所以欣赏这个说法,大概是他也确实认为他的话有些是经常之道理,普遍规律,有些则是适应一定环境和条件的权宜之计。"②

马克思主义哲学是发展的哲学,毛泽东文艺思想本身是马克思恩格斯列宁文艺思想在中国特殊战时环境中酝酿形成的指导中国文艺健康发展的文艺思想,本身包含了辩证唯物主义思想和历史唯物主义思想,而毛泽东本人在中国革命实践过程中最反对的是本本主义与教条主义,毛泽东文艺思想本身就包含着发展的因素、与时俱进的理念。如果把毛泽东《讲话》看作是凝固不变的"经典",死搬硬套来指导后来的文学活动显然是违背毛泽东本人的一贯做法和根本立场的。新中国成立后的中国社会环境与20世纪40年代的延安革命根据地战时环境显然不同,如果不加分别地套用毛泽东在延安关于文艺的讲话、指示,势必会影响和破坏共和国文艺活动的健康发展,这样的情况在建国十七年文学、"文革"文学发展历程中时有发生,屡见不鲜,根本原因是文艺工作者太纠结于《讲话》这一经典文本的"经",忽视"权"的一面,没有把《讲话》的精髓领悟开来,貌似尊奉了毛泽东文艺思想,实则是对其的违背和偏离。

陕西作家在领悟和贯彻毛泽东《讲话》的"权"与"经"方面,有着成功的实践经验。从柳青、杜鹏程到路遥、陈忠实、贾平凹再到叶广芩和杨争光等陕西三代作家均与时俱进,结合时代主题,反映人民心声,不唯上、不唯书、只唯实,继承延安文学优良传统,书写着陕西文学的辉煌。"陕西文学一直受到延安文学精神的滋养,……从延安

---

① 贾平凹:《秦腔·后记》,作家出版社2005年版,第561页。
② 胡乔木:《胡乔木回忆毛泽东》,人民出版社1994年版,第58—59页。

文学到陕西第一代作家群再到第二代作家群,可以发现,文学的精神内核和价值理念是一脉相承的。延安文学的社会功能、民族性、民间性、关注农民的特点在当代陕西文学中都得到了很好的继承和发挥。"①

但是,孕育陕西当代文学的社会环境毕竟与产生延安文学的特殊的战时环境不同,从农业合作化到土地联产承包责任制再到市场经济,中国经济体制的重大改革渐次在三秦大地演化推广,带给农村、农民不同的社会心理冲击与精神悸动,如果陕西作家亦步亦趋地模仿照搬产生于战时特殊环境、意识形态色彩较浓的延安文学体制,过度强调文学的教化功能,忽略读者阅读文学作品的娱乐性,漠视市场经济圈中文学应有的消费性,势必会造成文学形式的单一与艺术形象的干瘪,最终必会被读者大众所淘汰。令人高兴的是陕西第二、第三代作家,都能正视当代社会文化的多样性、大众化、商品化特点,注重个体精神的张扬与自由情感的抒写,绝不故步自封,即坚持传统又不排斥流行和时尚元素,在作品的出版策划、包装宣传、影视改编以及写作方法创新等方面,路遥、贾平凹、陈忠实、杨争光以及爱琴海、红柯等更年轻的陕西第三代青年作家都以自己的实际行动在这方面为全国作家做出了表率:路遥在《平凡的世界》尚未完成的情况下,冒着巨大风险,授权中央人民广播电台广播;贾平凹连续多年荣登中国作家富豪榜,谁能否认他文学创作中没有强烈的消费意识与市场意识?外表看似木讷拙朴的陈忠实在作品改编方面一直很开放大气,《白鹿原》出版后,被改编成秦腔、连环画,现在正在改编成电视连续剧与电影;杨争光本身就是国内最早与影视结缘的作家,他的文学写作一直带有浓厚的影视编剧意识;爱琴海与寇挥是陕西文学的"异类",他们的作品重在表现处于绝境中的生命样态和人的灵魂,作品多有变形艺术处理,表现出强烈的现代主义倾向;王观胜、红柯、马玉琛等三位青年作家善于从自然与人这两者中汲取崇高与激情,作品中洋溢出现代积极浪漫主义的精神内涵,体现出陕西第三代青年作家大胆借鉴和引进别样创作方法的探索精神。如果说,陕西第一代作家柳青、杜鹏程等更多地继承了延安文学的基本精神准则,那么陕西后来的作家在继承延安文学优良质素的基础上,又体现出"变"与"新"的面貌,这难能可贵的"变"与"新"保证了陕西文学的新鲜与灵动。陕西第一代作家以自己的勤奋、坚守,为陕西文学铸就了坚实的基座;陕西第二、第三代作家又以自己的开放、超前为陕西文学注入时尚元素,陕西三代作家的文学创作活动深刻诠释了延安文学包含的"权"与"经"理念,唯其如此,才能保证陕军的一次次"东征"。

任何事物都有两面性,延安文学因其发源于陕西,对陕西文学自然有着强烈而不

---

① 李明德、任虹、张双:《延安文学:当代文化视域下的价值重估》,《西安交通大学学报》(社科版),2011 年第 3 期,第 78 页。

容忽视的巨大影响,这影响带来的好处前文已经作了深入的论述,那么负面影响有无?如果有,表现在哪些方面?如陕西文学队伍的青黄不接、艺术手法的因循守旧、作家创作视野的狭隘局促、陕西文学对乡村文明的过度痴迷与都市叙写的扭曲变形等等是否也与延安文学的影响有关?这恐怕也需广大文学研究者认真思考。

作者:王俊虎,陕西师范大学中国语言文学博士后流动站人员,延安大学文学院副教授。

柳青与革命文体的生成

吴 进

摘 要:柳青文体的形成大致经历了解放区文学和"十七年文学"两个文学时代,并以它自己的形式成为建国后"革命文体"的组成部分。在成熟的柳青文体中,或者说《创业史》文体中,"激情"成为它最有代表性的特征。这种激情不是空洞张扬的革命词汇的堆砌,而是体现了一种具有内在逻辑的革命乌托邦思想。从今天的角度看,这种激情是影响柳青作品艺术成就的弊端,但作为革命文体的代表,这样的激情又是必须的,唯此才能体现一种革命文学必需的高屋建瓴的气度,才能有那种揭示历史走向的理论深度,才能上升到"美"的高度。

关键词:柳青;革命文体;解放区文学;十七年文学;激情

柳青与解放区文学

解放区文学是中国现代文学的重要转折点。尽管中国革命一直比较重视文化建树,但在解放区文学之前,革命文学始终没有建立起自己的文化品格,即使在中国共产党领导下的左翼文学,也不过是五四新文学的一个分支或者阶段而已,并没有发展出一套自己的文学形式、文学词汇和美学理想,读者群也依然是五四新文学读者群的延伸。真正的解放区文学是从"讲话"之后才开始自觉形成,尤其是在赵树理出现之后。解放区文学虽然不像一般人想象的那样单调,但和国统区文学比起来,肯定谈不上丰富。刘增杰将解放区的小说创作大势称为"四峰并立",即丁玲的社会剖析小说,赵树理的"山药蛋派"小说,孙犁的抒情小说和刘白羽的新闻体小说。[①]但其中能够从宏观上代表解放区文学的还是赵树理。从这里也可以看出柳青与解放区文学的尴尬关系,因为柳青作品的风格几乎和赵树理没有任何交集。就作品内容而言,柳青和赵树理同属"工农兵文学",都以农民为自己的主要描写对象,但两者间的最大区别在于柳青的作品没有赵树理小说中那种招牌式的大众化倾向,文学接受从来不是柳青创作的核心议题。柳青想过怎样克服自己的弱点以接近群众,[②]但从来没有谈过应该用什么样的

---

① 刘增杰:《中国解放区文学史》,河南大学出版社1988年版,第134页。
② 柳青:《转弯路上》,山东大学中文系编:《中国当代文学研究资料·柳青专集》,1979年版,第7—11页。

写作风格好让农民接受他的作品。他曾谈到作家的才能包括五种：洞察力、记忆力、想象力、概括力和表现力，①但没有一项与读者的接受有关。他在创作中所考虑的全部就是怎样将他对农民的观察、认识、感受用他自己认为贴切和美的方式反映出来，而不会因为读者的接受能力而让自己有什么保留。

柳青的文学生涯从解放区起步，②但他真正的文学成就还是新中国成立后的《创业史》，而且到了《创业史》他才开始具有自己稳定而成熟的文体特色。尽管如此，他在延安时期的作品还是不容忽视的，因为这些还显得生涩和肤浅的作品为《创业史》的最终问世奠定了基础。更重要的是，他仍然坚持一种与大众化和"深入民间"的主流叙述有别的文体形式，将知识分子趣味渗透于对农民的描写之中。当然，不论是对农民的描写还是渗透其中的知识分子趣味，都随着他对农民观察的深入和艺术经验的积累有所变化。

1947年完成的《种谷记》是柳青的第一部长篇小说，其中心情节是王家沟村种谷时节在变工队基础上实行的集体种谷。这是一部较大规模地反映农村集体化的长篇小说，也可以看作《创业史》的一次预演，因为它的主题和人物都可以看成《创业史》的初级版，也就是说，两者间有很多相似性，只是前者肤浅和粗糙些。当然这和当时的历史条件有关。农村集体化在当时只是一个解决当下问题的具体措施，虽然带有社会主义革命的特色，但并没有被赋予太多的意识形态含意。不过，变工虽然只是一种劳力的调剂，并不涉及所有制的变化，但它在以共产主义为最高理想的解放区，毕竟是一件意义深远的变革，包含着潜在的社会革命的方向。另外，《种谷记》中的人物设置与《创业史》中的人物设置也有意味深长的重合之处，如王加扶与梁生宝、王克俭与郭振山、赵德铭与韩培生、老雄与姚世杰、维宝与冯有万、福子与高增福、王存亮与"铁人"等。当然这些人物间有相当明显的区别，而且，总的来说，《创业史》中个性鲜明的人物要多得多，即使在相应位置上，《创业史》中的人物也要丰厚得多。但是，这些核心人物一定程度的相似性说明作者对《创业史》的酝酿有过一个长期的过程，可以看到柳青在社会主义条件下对叙述农民有精心的准备。但在文体形式上，《种谷记》还很幼稚，在语言、结构、构思等方面都表现出明显的尝试痕迹。在使自己的知识分子趣味如何与对农民的描写衔接方面，他还没有真正走上轨道。

如果换个角度来看，《种谷记》的青涩有时并不被看作是一个艺术技巧问题，而是以什么样的方式看待生活的问题。中国写作理论中有个"剪裁"的问题，即应该

---

① 柳青：《美学笔记》，《柳青文集》(4)，第293页。
② 柳青的处女作公认为是1936年在《中学生文艺季刊》发表的散文《待车》，但他真正的文学创作是从延安时期开始的。

将一切可有可无的文字尽情删去,而保留下最典型并且最有力量的部分。这种理论和后来舶来的典型理论有相当重合的部分,只是没有典型理论中明显的意识形态色彩罢了。可是问题在于,有人会担心这种"剪裁"有可能是一种对生活随心所欲的修改,把作品描写的生活引向作者企图看到的方向,反而失去原生态生活的可靠性。这种担心在一般学院派理论家看来是可笑和多余的,因为小说总是虚构的,甚至历史叙述都免不了"剪裁",没有人能够在完全不失真的情况下重现历史。但是伴随着"典型"理论的流行,尤其是伴随着革命在掌握政权的情况下可以规定什么样的叙述才是典型的,应该以什么样的视角和手段进行这种"剪裁",那些对这种专横渐生倦意的评论者们会对这样的"典型化"方法提出质疑,从而为那些并非有意对抗"典型化",不过是艺术功力不足导致的芜杂和提炼不够提供了合法存在的空间。1950年在上海举行的关于《种谷记》的讨论,对此问题发生的争论可以说是这方面的一个小插曲。

当时参加这个讨论会的作家和批评家有巴金、李健吾、周而复、唐弢、许杰、黄源、程造之、冯雪峰、叶以群、魏金枝。大家的发言很谨慎但也很实在,表现出对政权更迭后来自解放区作家的一种耐人寻味的态度。作家们对未来文艺政策的走向还不清楚,所以对这部他们实际上并不欣赏的小说看得很认真,也有一些肯定的话,但这些话往往是揣摩的,并不准确,如有人认为"解放区的文艺作品,有一特点:即文艺和政策高度结合,文艺作品反映一定的政策,才有丰富的政治教育意义",但"文艺图解政策"即使在十七年也并不被认为是成绩。虽然当时解放区文学作品里的确有这种现象,但并不意味着那就正确。论者误把"政策"理解为"政治"了。这种战战兢兢的态度表明他们还拿不准以什么样的态度对待解放区作家比较合适,所以会以一种不同于自己习惯的标准来加以判断,而这种试探但又努力向新的文学标准看齐的心态也会反映在对"典型"问题的看法上。比方说,他们大都认为《种谷记》是准确真实的,但对作品是否"典型"就看法不同。周而复认为"作者熟悉生活,熟悉农村,偏重写作所熟悉的一时一地的情形,没把整个边区在当代领导下组织变工队的运动中所发生的变化更高地概括起来,造成典型性不够的弱点。"冯雪峰也同意这部小说不典型,但他却是在肯定和赞扬的意义上来对待这种不典型的。

> 我认为这部小说的价值,是在于它把当时共产党抗日根据地陕北的一个村庄的面貌,介绍给我们,介绍得非常精确和非常详细。……总之,这书中的人,以及事,我觉得都是不曾被典型化过的人,以及事。这些人和这些事,使我们不但觉得真实,并且真实到非常精确的地步。我觉得这个精确和详细,就是这部小说的价值。这是我们认识农村和它的详细情节,以及农民们的真实性格的很

好的实际材料。①

冯的观点反映出他对体制化、规范化后了的"典型"说的不信任,因为它可能在"典型化"的幌子下去掉真实。他认为典型化就是"加工",也认为文学创作的"加工"是必要的,但他认为革命文学真正需要的是"立体的雕塑式的加工",而不是"平面的加工"。是画龙点睛,而非重起炉灶。② 以这种观点看《创业史》,我们会觉得它过于典型化了,过于自觉地让农村生活真实经受国家意识形态的过滤。这种看法实际上成为80年代后期"重评文学史"浪潮中主流评论家的意见。"剪裁不够"或"剪裁过度"所体现的似乎是技巧和手法上的差异,但这里却反映出一种"标准化"叙述模式建立过程中激进的革命话语同未体制化的左翼话语间经历的深层交锋。但是,冯雪峰对"典型化"的谨慎异议声音非常微弱,根本无法对逐渐成型的体制化典型理论形成挑战。而柳青本人则完全置身于这些左翼批评家的争论之外,并没有意识到《种谷记》所引发的这种争执,③但以后《创业史》中所体现的革命话语令人瞩目的典型化实践和他有关"典型"问题的论述说明他并不是没有关注这个问题。那些批评《种谷记》的左翼评论家已经触及、但并没有真正着意的这个问题日后却成为形成柳青革命叙述的思想支柱。

何为"典型"和何为"真实"的问题到了延安文学时期已经有了根本的变化。左翼作家对农民的物质贫困以及这种贫困给他们的生活带来的影响很重视,这种视角在《种谷记》中仍然有一定程度的遗存,但在赵树理和山药蛋派作家、以及孙犁、康濯等解放区文学的作品里这种描写就很少看到。这种不同的真实观来源于写作主体对对象的感觉和想象,也来源于写作对象在革命理论中占据的位置和他们应该有的形象。在五四新文学中,农民是"被侮辱与被损害的"一群,是现代性的启蒙对象;在左翼文学中,农民依然深受压迫,但已经有了反抗的意识;而在解放区文学中,农民已经成为革命的主力军和自觉力量,农民的命运也因之从悲惨走向悲壮和最后的胜利。对农民的物质困苦已不再是作家主要的关注对象,起码不构成作品的主要结构线索,因为那些都是在新体制内可以解决的问题,都是在新的历史运动中趋于消亡的东西。如果依然执着于这些确实存在但又不代表历史前进方向的现象,当然是不"典型"的。如果没有心悦诚服地接受这种新理论,不接受那些在这种理论下催生的、经过"剪裁"而将生活窄化或者漂白了的作品,就会质疑它们的真实性。冯雪峰没有专门提到《种谷

---

① 以上所引,均见《小说》1950年1月,3卷4期。
② 同上。
③ 这种"争执"也是就这些批评家意见的内容而言的,他们之间并没有形成有意识的争论。但对脱离生活的"典型化"的抵制一直是存在的,包括赵树理后期作品如《锻炼锻炼》等。

记》里哪种描写给了他真实和准确的感觉,但除了人物性格的真实和合乎逻辑之外,还应该包括那些左翼文学对农民的想象和随之而来的对农民描写的真实性标准。

不过,使问题更加有趣和复杂化的是,对《种谷记》的是否典型的争论是由于它的一些艺术上的缺陷引起的,如占很大比例的描写文字、故事情节上的缺乏波澜、对农民人物拉开距离的客观叙述,以及所有这一切形成的"沉闷",等等。那些参加讨论《种谷记》的作家和批评家们也都肯定作家的态度是"认真的,严肃的","很熟悉农民的口语,写得很活泼",有些人物写得不错。但这种夸奖是有限度的、隔靴搔痒或者有意恭维的,因为大多数人对这部作品有保留,而且批评起来较为直接,不留情面,尤其是在他们自认为比较有把握的艺术表现方面。他们基本都认为这部小说"沉闷";"故事结构很少起伏,平铺直叙";"无大波澜,人物不突出,故事也不曲折。"所有这些都与前边提到的柳青的知识分子趣味和他作品的欧化倾向有关,不过这种技术意义的"沉闷"被冯雪峰与"典型"这样有意识形态意义的问题联系起来而已。当然,这部小说之所以被众多的作家和评论家认为是"沉闷"的还不仅是这些。《种谷记》之所以沉闷,其中很重要的原因是他对长篇小说的技巧掌握还不到家,尤其是有很多未加提炼、缺乏内蕴的"过程叙述",使得整个作品显得冗长。以群就是在这种"技术"意义上谈论这个问题的:"作者对作品的人物是熟悉的,只是因为调查而来的真实材料太多,着笔时难于割舍。因此,反为素材所拘,而致重点不突出,全体看起来,就觉得缺乏热情,缺乏高潮,没有蓬勃的力量了。这一点,与其说象巴尔扎克,不如说象佐拉。"[①]但这里已经涉及另外一个问题,即作品的表现形式问题。所谓左拉式的叙述已经远离了解放区文学的主流风格,这显示出柳青对欧化叙述风格的坚持,也是柳青所以在以后能够在叙述风格上独树一帜的基础。

相对于《种谷记》,柳青的后一部长篇《铜墙铁壁》的可读性要强多了,但提到它的评论家并不多,他们的相对沉默是有道理的。《铜墙铁壁》中故事发生的时间很短,敌我力量错综复杂,故事性很强,但这并不是典型的柳青风格,因为柳青擅长的不是事件而是人物,是人物的心理活动,以及特定时空内社会关系和社会结构的变化。而这部小说的冲突是峻急的,没有足够的时间空间来细腻地展示人物心理和人物性格。从写作风格看,《铜墙铁壁》与《种谷记》有很大的差异,它的故事性和清晰的人物性格轮廓似乎是对评论家们对《种谷记》"沉闷"印象的回应。但这部小说在某些方面的确为后来《创业史》的创作作了准备。首先虽然这部小说的篇幅并不长,但作为故事背景的战略层面却是广阔的。通过叙述人的讲述和作品中人物的对话,作品向读者展示了陕北战役敌我双方的战略部署和战略意图,始终让读者看到沙家店只是那个庞大战役上

---

① 《柳青研究专集》,第 91 页。

的一颗棋子,并伴随着战役的变化而生发出新的故事。这种对故事发生发展的鸟瞰视野在《种谷记》中只是初露端倪,但在《铜墙铁壁》中已经成为一个引人注目的特点。小说的开头是从行政专员老葛的角度展开的,并引入了作品主人公石得富和整个故事,然后葛专员这个人物就几乎消失了。这种叙述手法并不常见,但由于葛专员的身份,他对整个大局有一种特别的关切和了解,因而就自然导入了一种宏观视野,这与后来《创业史》常为人所称道的"史诗性"有一定联系。其次,在《铜墙铁壁》的人物中,读者可以发现一些《创业史》中人物的影子,如区委书记金树旺和区长曹安本与《创业史》中的区委书记王佐民和乡长樊富泰,银凤和兰英与《创业史》里的改霞和秀兰。这些人物在《种谷记》里要么是没有,要么是写得没有生气(像程区长)。《种谷记》的人物圈子是比较窄的,主要是王家沟村的男性村民,但在《铜墙铁壁》中就丰富多了。可以说,有了《铜墙铁壁》,《创业史》创作的难度就小了许多。再次,《铜墙铁壁》的语言大概是柳青作品中最流畅的,那种致使故事停滞的静态描写少了很多,细节更多地与情节的发展联系在一起。当然这主要是就他的早期小说而言,因为《创业史》也很流畅。但比起《铜墙铁壁》来,《创业史》的叙述人更带情感,更愿意跳出来发表议论,而且句式也更丰富并带有实验性,表达也更加凝练和抒情。

解放区文艺的大势是"走向民间",柳青不可能不受到它的影响,但这主要体现在他与农民在情感的接近上;在艺术形式上,他在大众化环境下做出的妥协是有限的。

柳青与"十七年文学"

"十七年文学"是典型的革命文学,其风格样貌和创作原则就是刘纳曾说但语焉不详的"共同文体",[①]或李陀在海外时谈到的"毛泽东文体"。[②] 这种文体有两种含义:负面的和正面的。不过严格说来,大多数谈论此文体的人对它都从负面角度视之,即指它的公式化、概念化、伪浪漫主义、对创造力的束缚、使汉语表现力萎缩,等等。刘纳、李陀、韩少功等都是在这种意义上使用这个概念的。[③] 不过,有一点应该澄清,即不管你是否喜欢这种"文体",它毕竟有着长久的生命力和影响力。从某种意义上来

[①] 刘纳:《写得怎样:关于作品的文学评价——重读〈创业史〉并以其为例》,《文学评论》2005 年第 4 期,第 79 页。
[②] 李陀发表过多篇有关毛泽东文体的文章,本文重点参考的是:《汪曾祺与现代汉语写作——兼论毛文体》,《今天》,1997 年 4 期,第 1—29 页;《丁玲不简单——毛体制下知识分子在华语生产中的复杂角色》,《今天》1993 年 3 期,第 222—242 页;《现代汉语的新活力》(The New Vitality of Modern Chinese),文棣编:《彻底革新:中国文学中的现代主义和后现代主义》(Insideout:Modernism and Post modernism in Chinese Literary Culture), Aarhus University Press,1993。
[③] 韩少功:《现代汉语再认识》。

说,它已经成为一种标准文体,就是那种它以后的任何文体创新都必须由此出发的起点或基准点。任何文体革新都可以被视为对标准的偏离,而所谓"共同文体"或"毛泽东文体"就是这样一种标准。在革命时代里,在这种标准下写作通常不会有创新的快感,但却是最稳妥、最少风险、最易交流的。它的意识形态性就在于大家都把它看成自然而然、天经地义、无需论证的东西。正如诺曼·费尔克劳夫所说:"意识形态在最不引人注意时是最有效的。"①

对意识形态和文化领域的特殊重视是中国革命的特点。一方面,它赋予文化艺术前所未有的重要性,动用政权的力量直接介入文化产品的创造,将之视为动员群众并稳定政权的重要手段。尤其到了 60 年代以后,这种倾向愈演愈烈。中央领导人不但经常就文艺问题发表讲话,而且亲自组织、指导、审查能够体现国家意志的大型文艺工程。"文化大革命"本来是一场规模空前的政治运动,但也被冠以"文化"之名,足见"文化"和"意识形态"在中国革命中的重要位置。即使在社会主义阵营内,这种国家对文艺领域的介入之深也是罕见的。

这一点今天的论者已经普遍地注意到了,但对革命文化作为一种文化建构关注的还不够。实际上,往往为论者所忽视的是革命文化在它的自我建构过程中建立起了一种美学理想,这种美学理想虽然诞生在特殊的革命时期,但它可以在某种程度上与那个特殊时代和那个时代的特殊内容相剥离,成为在不同历史时期可以生存、延续、并继续发挥作用的遗产。革命文体("共同文体")实际上并不是一些激昂却乏味的革命词汇的堆砌——这似乎是对于革命话语(尤其是文革话语)最普遍的印象。固然,这种印象并没有完全错,因为他们抓住的是这种话语中最负面、最让人生厌的一面,但这种印象不能解释为什么这种话语在相当长时间内有那样大的影响力,而且在支持这种话语的绝对权力消失之后仍然以某种形式生存下来并延续至今。且不说像《青春之歌》《欧阳海之歌》《雷锋之歌》这些典型的革命文艺作品在当年曾经风靡一时,就是新世纪以来的大众文化产品,像《激情燃烧的岁月》《亮剑》《士兵突击》这样收视率很高的主旋律电视剧,都说明以革命话语为主导的叙述曾经而且依然有号召力,不仅是主流话语对民间的一种渗透,而且已经为民间所认可,成为区别中国大陆与其他华语地区间文化类型的主要标志。也就是说,对革命叙述以及它对历史的主流诠释的接受已经成为许多人的习惯,而有这种习惯的人的数量已经足以支撑起一个文化市场。②

就文学意义而言,"共同文体"最重要的特点是一种膨胀的激情。在新时期以前的当代文学发展中,有一种抒情性越来越强、而叙事性越来越弱——或者说主观性越

---

① Norman Faircloupg. *Languageand Power*(secondedition). Pearson Education Limited,2001. P.71.
② Wang,Ban(王斑). *The Sublime Figure of History:Aesthetics and Politicsin Twentieth-Centur China*(《历史的崇高形象:二十世纪中国的美学和政治》)(Stanford University Press,1997),第 124 页。

来越强、客观性越来越弱——的趋势,这种趋势当然表明一种对理想未来的憧憬,而对这种憧憬的表达用抒情比叙事更直接,也更能说明其意识形态本质。有意思的是,作为革命文学最直接源头的解放区文学是一种叙事全面压倒抒情的文学,五四后曾经因破除了封建礼教而兴起的抒情之风在那里已经停歇。比方说,在诗歌小品这样最具抒情性的文体中,这种变化就非常明显。解放区文学中的抒情散文已经大规模地让位给报告文学和人物通讯等叙事性文体,而诗歌领域里叙事诗也成为新的时尚,因为不管是散文还是诗歌,诉说一己的情感已不再被重视。到了五十年代中期以后,抒情诗才又开始统治诗坛,贺敬之、郭小川的诗才开始风行,并成为一个时代的代表。当然他们的抒情跟诉说诗人或作家的一己之情依然无关,他们抒的是革命之情,集体之情,大我之情。而解放区的报告文学和通讯热在建国后仍然垄断散文创作相当长的时间,一直延续到五十年代末、六十年代初的所谓"散文复兴"才改换了面貌。这些政治抒情诗和复兴了的散文的共同特点就是抒情主人公都是代表革命的舍我其谁的"大我",唯有这种相信真理在此、以天下为己任的"大我",才能体现所谓"划时代"的中国革命的意义。当然,由于"共同文体"是当时唯一具有合法性的文体,势必会带来公式化、概念化、粗疏及其束缚创作者自由的种种弊端,但它的"宏大叙述"和由之体现的宏大、开阔、激昂、高亢等等特色又绝不仅仅是负面的遗产。

"激情"是新中国成立后革命文学得以与30年代左翼文学和40年代根据地文学区别的主要艺术特征。左翼文学也有激情,蒋光慈就公开宣称:"凡是革命作家都是浪漫派,不浪漫谁个来革命?"[①]但由于当时革命力量与统治阶级力量的悬殊,这种激情主要体现为一种"悲情"。左翼文学是政治上的反对派,处于被压制的地位,所以那种情感有一种牺牲式的决绝——"我们的艺术不能不呈献给'胜利不然就死'的血腥的斗争。"[②]革命文学则驱逐了这种悲情,因为取得政权后的革命文学家不但从理论上获得了"回家"式的安全感,没有了"在野"时对命运的不确定感,而且他们的使命也从挑战抗争变为捍卫歌颂。但是这种激情并非是一个权力话语转换的即时产物,不是权力更替之后马上就有激情的冲动,这是解放区文学不以激情为特点的原因。激情的获得是在有了明确的代表国家意识形态的审美指向之后。换句话说,激情是在革命自觉感到文艺不只是工具(武器),而且也是一种审美表达时才会以主流文体的形式出现。

在建国后"农村题材小说"的作者中,柳青是最有激情的一位。严家炎对《创业史》中梁生宝形象的塑造曾有著名的"三多三不足"的批评,"抒情议论多"就是其中之

---

① 蒋光慈:《创造十年》,《蒋光慈研究资料》,宁夏人民出版社1983年版,第290页。
② 马良春、张大明主编:《三十年代左翼文艺资料选编》,四川人民出版社1980年版,第133页。

一。相对其他合作化运动的小说,"抒情议论多"的确是《创业史》的特点,尤其是在塑造梁生宝形象时的特点。

> 他心中燃烧着熊熊的热火——不是恋爱的热火,而是理想的热火。年轻的庄稼人啊,一旦燃起了这种内心的热火,他们就成为不顾一切的入迷人物。除了他们的理想,他们觉得人类其它的生活简直没有趣味。为了理想,他们忘记吃饭,没有瞌睡,对女性的温存淡漠,失掉吃苦的感觉,和娘老子闹翻,甚至生命本身,也不是那么值得吝惜的了。

《创业史》中有很多这样超出结构需要的主观抒情。这种情况在《种谷记》和《铜墙铁壁》中是见不到的,也可以说,这是柳青叙述方法上的最大改变。叙述人的角色在《创业史》中空前的活跃,以各种不同的方式表现出自己的存在,不但与柳青以前的小说相比是这样,就是和全国其他同时期的作家相比也是这样。很多人认为,这并不是好现象,有将作品中人物当成时代精神传声筒的"席勒化"嫌疑。用严家炎的话说,"作家主观抒情议论最好是画龙点睛式的,是以充分的客观描绘做基础的;如果使用过多,效果反而未必好"。[①] 严的批评当然是中肯的,《创业史》中这些叙述者主动跳出来所做的革命抒情无疑也是作品中的明显瑕疵。问题是文学的激情化到了五十年代后期以后已经成为革命话语的标志性手段,《创业史》中高涨的激情不过是柳青从自己个性的角度出发对这种时代精神的应和而已。更重要的是,《创业史》的激情并不只是文本中那些适于朗诵的句子,更来自于一种从历史深处理解农民命运的冲动。《创业史》体现的是一种"内在的激情",一种对事业由衷信仰的产物,一种由于与主流意识形态合拍所显现的自由。

《创业史》这个题目本身就显示出一种与众不同的视角,蕴藏着一种对现象和现实超越的内在要求。和这个题目比起来,《三里湾》过于平实,《不能走那条路》过于直露,《山乡巨变》和《艳阳天》则像是虚张声势的革命宣传画。对于"十七年"作家来说,他们缺乏对题材选择的自由,作家能够做的就是怎样表现这种被规定好的题材。当然,即使就表现而言那时也有很多的限制,比方对合作化小说,就包括作者的立场、左中右的人物配置以及阶级斗争作为故事主线、现实主义创作方法等。所以,作家真正能做的就是在不与官方写作要求冲突的情况下,表现自己的独到眼光。而柳青从"创业"这个角度来讲述他的故事,的确是别出心裁。《创业史》这个题目本身就含有一种激情。"创业"是作为小生产者的农民非常普遍的人生目标,从这里入手,会追溯

[①] 严家炎:《关于梁生宝形象》,《文学评论》1963 年第 3 期。

到现实背后很深的层面,会有一种超越时尚意识形态的深邃视野:为什么农民如此执着个人创业?为什么一定要集体创业?为什么要在今天进行这种创业模式的转换?当然柳青并没有、也不可能超越时代,不会得出一些让今天的读者信服的结论,但这种问题的提出本身已经不再是对官方文件亦步亦趋地跟从了。作者试图将合作化运动现象放在一个宏阔的人类历史演进的框架里,显示出一种主动性。合作化对他来说不是"政策"而是"政治"。正是这种视野给柳青一种激情,他激动因为他生活在一个人类历史巨大变动的时代里。

《创业史》备受争议的主人公梁生宝就是这种激情的产物。梁生宝是柳青着意创造的"社会主义新人形象",这种形象的要点就是他并不是现实地存在于生活中的,而是作者"创造"的,但这种"创造"却符合社会历史的"本质",因而更加"真实"。柳青认真读过黑格尔和马克思,对典型理论尤有心得,[①]正由于此他不会再去写《种谷记》中王加扶那样踏实肯干、却不够"典型"的主人公。只有梁生宝这样能够自觉认识到合作化优越性的先进农民,才能满足柳青对作品深度的追求。所以当严家炎批评梁生宝形象时,他的反应是激烈甚至冲动的,因为这将动摇《创业史》的根基。

梁生宝作为艺术形象总体上说是失败的,严家炎对之归纳的"三多三不足"[②]有充分的理由,一些对《创业史》持激烈否定观点的论者也是以此为主要依据的。[③] 但从代表革命意识形态和审美理想的角度看,这样的形象又是必需的,唯此才能体现一种革命文学必须有的高屋建瓴的气度,才能有那种揭示历史走向的理论深度,才能上升到"美"的高度。

在合作化运动小说中,怎样使农民——尤其是对合作化运动有天然抵制情绪的中农——同意接受或者拥护合作化是核心的情节,而柳青在解决这个问题时带有自己的鲜明特点。比较一下《创业史》《三里湾》和《山乡巨变》,可以清楚地看到这一点。

从一般的逻辑看来,农民是实际的,如果他们选择合作化,那只能是因为这种生产方式能给他们带来实惠。具有农民视野的赵树理就是这样看的。《三里湾》中最顽固的老中农马多寿最后之所以也同意入社,就是因为赵树理认为只有他认识到入社更"有利",他才会这么干:

> 马多寿又让有余算了算账:要是入社的话,自己的养老地连有余的一份地,一共二十九亩,平均按两石产量计算,土地分红可得二十二石四斗;他和有余算一个半劳

[①] 柳青:《美学笔记》,《柳青文集》(4),第 277—304 页。
[②] 严家炎批评梁生宝形象有"三多三不足",即"写理念活动多,性格刻画不足;外围烘托多,放在冲突中表现不足;抒情议论多,客观描绘不足"。严家炎:《关于梁生宝形象》,《文学评论》1963 年第 3 期。
[③] 持这种观点的代表人物有宋炳辉、丁帆、贺仲明等。

力,做三百个工,可得四十五石,共可得六十七石四斗。要是不入社的话,一共也不过收上五十八石粮,比入社要少得九石四斗;要是因为入社的关系能叫有翼不坚持分家,收入的粮食就更要多了。马多寿说:"要光荣就更光荣些!入社!"①

我们不知道赵树理这里的计算是否可靠,但按照一般的情况,这样的计算应该是值得怀疑的。合作化之所以推行起来有难度,就是因为中农的阻挠。贫农由于缺乏大牲畜和大型农具,个体劳动对他们来说并不具有现实的吸引力,所以他们是拥护合作化的基本力量,但中农则不然,他们无须"组织起来"就可以保持一个不错的生活水准,即使由于耕地多需要劳力,在劳力市场上也很容易得到满足,所以他们对合作化天然是不积极的。如果连中农都有入社的积极性,无须强迫和压力就愿意这样做,合作化自然就水到渠成。但如果真是这样,合作化还会有那么多的困难吗?不过对于具有深厚农民品格的赵树理来说,除了让农民看到利益外,他无论如何不能发现有其他的途径可以让农民心甘情愿地被合作化。但这种低调而缺乏想象力的思路显然是无法让柳青满足的。

周立波在《山乡巨变》里也会遇到同样的问题。那里的中农王菊生也不情愿入社,但到最后还是入了,但周立波并不是让他发现了入社的好处才这样做的,而是因为几乎所有的农民都已经入社了,那个过去很方便的劳动力市场已经不存在了,如果他再不入社,就无法独立耕作那些土地了。而且周围的地都已经入社以后,王菊生自己的地成了孤岛,浇水或其他的劳作都变得很不方便,所以他"不得不"入社。但这种"不得不"的情况并不是在行政力量的强迫下进行的,作者还特地让社干部刘雨生卖了一个欲擒故纵的关子:

"社长你看,单干还能搞几年?"菊咬又把他拉住。
"你想作几年,就是几年,那都由你,没有人限制。好吧,我还有事。"②

这是周立波想到的让合作化运动能够顺利进行的一个方法。这些中农入社不是因为入社好,而是因为在新的社会条件下不入社会更差。这种叙述更符合实际,体现出中农们入社的被动性和这种运动不容抵抗的政治性,但并没有凸显出这个运动的意识形态"意义",无法表现合乎历史逻辑的社会政治运动所应表现的深刻性,以及由这深刻性带来的激情,当然也无法让柳青满意。

---

① 赵树理:《三里湾》,《赵树理文集》(1),人民文学出版社2005年版,第277页。
② 周立波:《山乡巨变》,人民文学出版社2005年版,第503页。

柳青经历了合作化运动的全过程,他了解不同阶层的农民对合作化运动的态度,但他欣赏的说服农民的方法不是像赵树理那样算账,而是让他们知道自发是一条不道德的道路,所以是应该摒弃的。也就是说,他重视的是合作化运动的正义性和合乎道德性。在《创业史》中,梁三老汉是那些由反对、怀疑到支持合作化的人物中最有典型意义的一个。梁三老汉虽然不是中农,但由于家里分了地,又有梁生宝这样的壮劳力,他本人、女儿秀兰、和老伴生宝妈都能劳动,家里没有闲人和拖累,也有一匹老马和基本的农具,所以他的创业成功似乎指日可待。他对自发的坚持和中农是一样的,没有入社的心理动力。但当他听到生宝关于自发和剥削的话之后,受到了很大冲击:

"啥叫自发的道路呢?"生宝说,"爹!打个比方,你就明白了。咱分下十亩稻地,是吧?我甭领导互助组哩!咱爷俩就像租种吕老二那十八亩稻地那样,使足了劲儿做。年年粮食有余头,有力量买地。该是这个样子吧?嗯,可老任家他们,劳力软的劳力软,娃多的娃多,离开互助组搞不好生产。他们年年得卖地。这也该是自自然然的事情吧?好!十年八年以后,老任家又和没土改一样,地全到咱爷俩名下了。咱成了财东,他们得给咱做活!是不是?"

老汉掩饰不住他心中对这段话有浓厚兴趣,咧开黄胡子嘴巴笑了。

"看!看!"老伴揭露说,"看你听得多高兴?你就爱听这个调调嘛。娃这回可说到你心眼上哩吧?"

梁三老汉为了表示他的心善,不赞成残酷的剥削,他声明:

"咱不雇长工,也不放粮。咱光图个富足,给子孙们创业哩!叫后人甭像咱一样受可怜。……"

"那不由你!"生宝斩钉截铁地反驳继父,"怪得很哩!庄稼人,地一多,钱一多,手就不爱握木头把哩。扁担和背绳碰到肩膀上,也不舒服哩。那时候,你就想叫旁人替自个儿做活。爹,你说:人一不爱劳动,还有好思想吗?成天光想着对旁人不利、对自个有利的事情!"

老汉在胡子嘴巴上使着劲儿,吃力地考虑着生宝这些使他大吃一惊的人生哲学。(2·99页)

生宝让继父听得高兴的那一段话实际上没有什么新鲜的,不过是"两极分化"理论的农村口语版罢了。但下面那一段话则是生宝的独创,即庄稼人有了钱就不爱劳动的"理论"。这种看法其实很难称为理论,但却很合逻辑,因为如果劳动就是为了挣钱的话,有了钱的农民真的是无须再劳动了。不过这种"理论"并不严密,因为当劳动成为一种习惯之后,并非一定就会因为有了钱而放弃,我们可以看到很多劳动惯了的人因为没有条件继续劳动而尴尬乃至手足无措。而且即使人们富了,因为劳动规模的扩大而雇工,自己也不一定就躲避劳动;不一定就在道德上堕落,"成天光想着对旁人不利、对自个有利的事情"。但说到底这种看法还是成立的,即人们有了钱之后,就很难像他们当初奋斗时那样强体力地劳动,因为这时的劳动对他们来说只是一种调剂,而不具有那种为生活而全力拼搏的意味。这种农民式的哲学对农民有一定的震撼力,尽管它的思路还相当初级,但最重要的是它是在用"理论"的方式在论证集体劳动、集体致富和合作化的必然性、合理性,这是梁生宝与其他合作化小说中的英雄主人公最大的不同。对柳青来说,他不能只是一般地把梁生宝写成一个在实际工作中踏实肯干的合作化运动的带头人,而是要把他塑造成一位历史英雄,塑造成为能够自觉把握自身和历史的清醒主体,以此跟过去的草莽英雄划开界限,成为代表时代高度的新人。作品"抒情描写多"的特点也是基于此而发生的。

王德威对所谓"红色抒情"有一番诠释。他认为:

> 我要强调,革命是有它的"审美"的层次的。缺了这么一个审美的层次,它无以号召出千百万人义无反顾的精神或力量。这个审美的层次必须用一个形式来加以定义、来展现。这个形式落实在政治理念上,可能是一个新的社会形态以及伦理关系的重新的建立,一个对理想生活的憧憬或者是向往。所以在讨论革命论述的时候,革命的终极处,一个所谓"乌托邦"的蓝图浮现。这个乌托邦的蓝图,无可讳言的,是有它的诗意的寄托,一个审美的终极追求。对于个人而言,经过一场革命的参与,个人主体产生了一种和群众主体生死与共的信念,更产生了一种天启式的感动与狂喜,仿佛世界、人生一切都可以重新来过。所谓撼天动地,脱胎换骨。革命如果在政治群体主体上显现一个制度或结构的大转变,对个别主体,它往往显示了一种肉身承道的信念,也喷薄出一种雄浑壮丽的诗意。革命的最终极处,甚至有宗教式献身的信仰或信念。[①]

《创业史》中的红色抒情,的确有这么一种"宗教式的信仰或信念",一种"诗意的寄托","一个审美的终极追求"。不过,《创业史》激情的特点在于它是尽量与对农民的深入了解和真实表现结合在一起的,并不像红卫兵文体那样是一种完全忘乎所以的歇斯底里,尽管它的"红色抒情"是作品中最经不起历史考验、与作品对农民的真实描写最不协调的部分。说实话,《创业史》中最大的败笔就是这些彰显叙述人情感,而且

---

① 王德威:《抒情传统与中国现代性——在北大的八堂课》,三联书店2010年版,第133—134页。

拔高作品政治历史意义的"红色抒情",它使得一个对农村和农民有透彻了解和深入观察的作家,有了一种突兀的情感升华,破坏了那种"历史老人"式的深沉和客观的调子。这种"红色抒情"放在贺敬之、郭小川的政治抒情诗里,或许很协调,但搁在《创业史》中,就很扎眼。但这种"红色抒情"又是革命热情高涨时期时代情绪的流露,是时代发展的逻辑结果,作为一个曾经深受左翼文学浸染的激情文学青年,柳青被卷入其间是很自然的。

激情不是"革命文体"的全部特征,也不是《创业史》文体创造的全部特征,但却是两者间联系最本质、最值得关注的地方。

作者:吴进,陕西师范大学文学院副教授。

重复与替补

——论解放区小说与十七年小说的大团圆意识

魏 巍

摘 要：重复与替补作为一种文学叙事方法，不仅存在于悲剧中，成为悲剧叙事的主要推动因素，它同时也是大团圆文学叙事中的必要组成部分。在中国，大团圆叙事有着浓厚的时代色彩，具有隔代遗传的现象。五四期间，在启蒙精神的烛照下，文学中的大团圆意识被五四新文化运动的前驱者们痛斥为瞒和骗的文学，直到毛泽东《在延安文艺座谈会上的讲话》发表以后，通过对文学应该"歌颂"还是"暴露"？描写"光明"还是"黑暗"的争论，以阶级解放名义组织起来集体"革命"，为文学抒写与之并举的光明面开具了通往大团圆结局的路条。

关键词：重复；替补；大团圆

一、重复、替补与大团圆结局之关系

在亚里士多德的定义中，经典的悲剧与喜剧都被作为对系列有一定长度的行动的模仿。在这样的论述中，隐含着某种对现实的复写成分：既然悲剧与喜剧都是对现实生活的模仿，那么，将文本中悲剧事件的最终成因归结为社会问题的想法也就顺理成章被学界所接纳。这不可避免地让文学研究走向窄化：如果文学中的一切问题到最后都成为社会问题的渊薮集存，那么，文学与现实之间的界限在哪里？这样我们就有必要质疑文学理论，以及文学研究存在的必要性了。

因此，关于悲剧以及喜剧的成因，我们除了在文本外寻求对现实的"模仿"理解之外，还应该从文本之内来理解悲剧以及喜剧的诞生。在这里，我引入重复与替补的概念，来作为理解悲喜剧是如何通过文本内的叙事得以达成的。

有鉴于我们的目的是要通过重复与替补来确定文本内悲喜剧是如何达成的，因此，我们这里的重复就与对世界的模仿无关，亦即米勒所谓的"'柏拉图式'的重复"，或"尼采的重复"。前者追求"真实上与模仿的对象相吻合"，而后者则"假定世界建立在差异的基础上"，"每样事物都是独一无二的，与所有其他事物有着本质的不同。相似以这一'本质差异'的对立面出现，这个世界不是摹本，而是德鲁兹所说的'幻影'或

'幻象'。"①然而，不管是"'柏拉图式'的重复"，抑或"尼采的重复"，都把文学建立在对现实的"模仿"之上，这当然没错，可是，模仿现实是否就一定会形成文学中的悲喜剧？这或许连柏拉图或者尼采自己都没有考虑过。显然，模仿现实只是文学创作的一个最基本特征，但是，文本会出现什么样的结局，则并非现实生活所能够给予回答的。

同时，这里的重复虽然跟热奈特所定义的一样，即"一系列相似的、**仅考虑其相似点的事件**"，②但是，它并不能等同于热奈特所设定的四种重复中的任何一类，即"**讲述一次发生过一次的事**"；"**讲述 n 次发生过 n 次的事**"；"**讲述 n 次发生过一次的事**"，或"**讲述一次（或不如说用一次讲述）发生过几次的事。**"③热奈特的"重复"是叙事频率内的一种重复，它与我这里所强调的文本内事实上发生的仅考虑其相似点的事件无关。简单地说，热奈特考虑的是叙事频率，而我考虑的则是叙事过程中的对同一个目标的反复强调。

通常来说，在那些被称为"现实主义"的小说文本中，都会通过对某个目标的反复强调来推进故事的进程，人物活动的目的在于重复着自己既定的欲望。每个人实现他欲望的行动都是对欲望的重复，而为了自己的欲望进行奋斗的经历，则是一种不折不扣进行反复替补的过程。因此，重复意味着替补。重复与替补之间具有相互缠绕的关系，重复的欲望必须靠事物的替补得以完成，而替补的事物只有在对同一个欲望的补充中才具有意义。

就替补来说，它近于一个原初的概念，就是以一个人物去替换另一个人物，或者以一件事情去替换另一件事情。替补的意义在于，它能够保证在某事或某物缺席的情况下，使一件事情得以延续下去，不至于使事情发展过程中因事物的缺席而使其链条中断，譬如足球场上的替补，它保证了在一个人下场之后，另外的人能够接替他的位置把比赛继续下去。替补意味着替换、补充。但是，补充进去的东西并不能等同于原来的自然序列，它有可能比原来的自然序列更好，也可能更差，当替补进去的事物比原来的自然序列更好的时候，事件就会向好的方面发展，反之，则会破坏自然序列，使之每况愈下，走向衰亡。而无论怎么说，这种后来者对自然序列中某个环节的替换，使得事物都不再是本来的面目了，正如德里达所言："不管它补充自身还是替代自身，替补者都是外在的，它处于它所添加的积极因素之外，它外在于代替它并且不同于它的东西。""代替它的东西不会等于它，而只是通常的权宜之计。"④

德里达认为："替补进行补充。它是对代替进行补充。它介入或潜入替代性；它

---

① 〔美〕希利斯·米勒著，王宏图译：《小说与重复——七部英国小说》，天津人民出版社 2008 年版，第 7—8 页。
② 〔法〕热拉尔·热奈特著，王文融译：《叙事话语 新叙事话语》，中国社会科学出版社 1990 年版，第 73 页。
③ 同上，第 74—75 页。
④ 〔法〕雅克·德里达著，汪堂家译：《论文字学》，上海译文出版社 2005 年版，第 212 页。

在进行填补时仿佛在填补真空。它通过在场的原有欠缺进行描述和临摹。替补既是补充又是替代,它是一种附属物,是进行代替的从属例证。"①他是从语言与文字上来讨论"替补"是如何作为一种手段介入语言与文字中的。但是在这里,"替补"是完全作为文学作品内部的一种生成运动出现的,它与作家的写作过程中的言意之辩无关,而是涉及作家如何推演故事,建构故事结局的一个过程,是故事结局为何成为"这样"的过程。

既然替补的意义在于使原来的事情或者活动继续下去,那么,在某种意义上来说,替补也就意味着重复,替补活动意味着必须使事情或活动重复下去而不至于中断,如果事情或活动中断了,那么,替补也就达不到它想要达到的目的。

古希腊神话《俄狄浦斯》重复着一个关于神谕的主题,在文本中,主人公俄狄浦斯每一次行动,都体现出对神谕的印证。因为神谕,父母决定扼杀这个幼小的生命,可牧羊人的出现让他得以存活下来,在成为邻国王位继承人之后,他渐渐地开始怀疑自己的身世,于是到神庙祈求神谕,神谕告诉他,他将杀父娶母,这使得他离家出走,回到忒拜,最后阴差阳错兑现了神谕。在这一系列事件中,俄狄浦斯的每一次行动都是为了摆脱神谕,但是,被抛弃的时候却被人救起,牧羊人与邻国国王的出现替代了俄狄浦斯的亲生父母,替补进去的人物使得其亲生父母想要打破神谕的愿望落空,按照故事逻辑,如果替补进去的人物对俄狄浦斯也进行了扼杀,并最后实现了扼杀的目的,那么,神谕就不会实现,因此,这些替补对于神谕来说,都是无效的替补;俄狄浦斯想靠离家出走的行动来摆脱神谕,却没想到恰恰是这种想要摆脱的愿望使得神谕终于得以实现。

或许,我们还可以考察一下同样被学界称为悲剧故事的《骆驼祥子》。在小说中,买一辆属于自己的人力车,一直是祥子的愿望。不管是他顺手牵走的骆驼,还是后来与虎妞结合这些事件都被祥子看作车的替补,他所做的一切不过只是重复着自己买车的欲望。然而,三匹骆驼的卖价仍然不够买一辆车,加之遇到孙侦探的敲诈,让他把买车的钱全盘失落;而与虎妞的结合虽然暂时让他拥有了一辆属于自己的车,但最后也因为虎妞的死而不得不卖车葬妻。与《俄狄浦斯》一样,这些替补物的无效最终使得祥子走向堕落。小说文本中这种因替补的无效而使得故事结局走向悲剧的叙事,几乎可以在所有被界定为"悲剧"的文本中找到叙事脉络。

在考察了悲剧形成的叙事成因之后,我们可以反过来考察一下文学中那些具有大团圆结局的作品,以在五四时期备受鲁迅批评的《西厢记》为例。

《西厢记》围绕张生与莺莺之间的爱情故事展开,莺莺本是被父亲许配给郑恒的,

---

① 〔法〕雅克·德里达著,汪堂家译:《论文字学》,上海译文出版社2005年版,第211页。

但是张生的出现,搅乱了这个父母之命的婚约。戏剧通过孙飞虎围困普救寺,张生搬兵解围,让自己的八拜之交、征西大元帅杜确作为"机器神"(deus ex machine,即解决情节危机的方便设计)①打退了叛兵,在获取功名之后,娶到了莺莺,实现了有情人终成眷属。在整个故事中,戏剧以张生如何作为郑恒的替补,并最终进据郑恒的位置推进,实现了有情人终成眷属的大团圆结局的主题演绎。

要想替代郑恒的位置,最佳办法就是让郑恒淡出莺莺的视线,而让张生代替他作为莺莺的保护者出现,郑恒事实上只是作为一个语言之外的人物存在,当他最后出现的时候,却被王实甫以自尽的名义让他一劳永逸地淡出莺莺的视线。张生作为郑恒的替补成功,大团圆的结局就此也得以确立。

通过对《俄狄浦斯》《骆驼祥子》等的悲剧,以及以《西厢记》等大团圆结局的考察,可见,在这些文本中,它们都不约而同地以替补的手法,重复着自己预先设下的主题,当替补成功的时候,文本就会出现大团圆的结局,而一旦替补失败,文本则表现出悲剧色彩。可以说,重复与替补成为推动悲剧与大团圆叙事的重要手段。

二、探微大团圆结局意识的出现

在童年听到的故事中,经过一系列的磨难,王子与公主最后终于结合,过上了幸福美满的生活,这是童话故事里让我们耳熟能详的情节;而在中国的古典戏剧故事《西厢记》中,这种洞房花烛夜,金榜题名时,有情人终成眷属的大团圆结局更是为世人反复记取。而像《窦娥冤》这样的戏剧中,窦娥虽冤,但终于昭雪,这些大仇得报的"赵氏孤儿",一个接一个地重复着大团圆的结局。因此,可以说,大团圆意识并非解放区文学以及之后的十七年小说的首创,而毋宁说是吸取了古典话剧中的某些叙事套路而已。它有着自己的光荣传统。然而,这种对传统叙事手法的吸取并非直接的承接关系,而是具有明显的隔代"遗传"现象。

五四新文化以来,作为启蒙精英的作家们以"任个人而排众数"的勇气,对这个"群氓之族"大加挞伐,他们认为,"生存两间,角逐列国是务,其首在立人,人立而后凡事举;若其道术,乃必尊个性而张精神。"②于是,追求个性解放成为五四及其之后的作家们的共同书写模式。郁达夫在"手淫"中看到了个体性的存在,巴金在反叛家庭中找到了个性自由的快感,早期的丁玲则在《莎菲女士的日记》中表达出一个"解放"出

---

① 王德威:《写实主义的虚构:茅盾、老舍、沈从文》,复旦大学出版社2011年版,第146页。
② 鲁迅:《文化偏至论》,《鲁迅全集》(第一卷),人民文学出版社2005年版,第58页。

来的女性面对男性时的困惑与迷思。在启蒙者们看来,个体解放是国家独立的先声,"国人之自觉至,个性张,沙聚之邦,由是为人国。"①

可以说,五四时代的启蒙思想是与西方自康德以来所提倡的"敢于知道",以及"运用自己的理智"具有某种精神共通性。张扬个体理性精神,走出愚昧,从而争取个人的精神自由,在此基础上建立"人国"。这是五四时代知识分子为了国富民强所设计的一条社会前进的道路。五四时代的小说书写是从鲁迅的"挖根子"开始的,在对社会痼疾的批判中,夏瑜之类的"启蒙者"由于脱离群众,最终成为"被启蒙者"的"药"(《药》);而封建势力的强大,也足以让"狂人"最终痊愈,以赴某地候补的方式重新回到吃人的社会中去(《狂人日记》);祥林嫂终于架不住封建社会的冷眼嘲讽,沦为了乞丐(《祝福》)……鲁迅的书写似乎印证了这样一个结论:没有一个平等、公正、自由的社会,个体的奋斗是绝对不会成功的。这或许正是鲁迅从"呐喊"到"彷徨"的主要原因所在,一方面,他清醒地看到,如果没有任个人而排众数所确立起来的"人国",而仅仅凭着一帮庸庸无为的大众维持,这个国家根本无望;而另一面,他也很清楚地知道,"中国之治,理想在不撄,而意异于前说。有人撄人,或有人得撄者,为帝大禁,其意在保位,使子孙王千万世,无有底止,故性解之出,必竭全力死之;有人撄我,或有人能撄人者,为民大禁,其意在安生,宁蜷伏堕落而恶进取,故性解之出,亦必全力死之。"②启蒙者是处于统治阶级与普通庸众之间两面受敌的历史中间物。

个体性奋斗在被学界认为是继承了鲁迅精神的巴金与老舍的小说中同样出现一幅毫无前景的画面。从杜大心(《灭亡》)到李冷(《新生》)再到吴养清、王学礼(《死去的太阳》),这些走出家庭从事社会启蒙的无政府主义活动无一得到了成功,但是,巴金还是乐此不疲地不断表现他们的活动,尽管巴金像他笔下的人物一样,以西西弗斯推石头上山的勇气来面对自己的事业,也仍然掩饰不了那失望的情绪。老舍则在《骆驼祥子》中彻底断送了个人奋斗的可能,而《猫城记》中的大鹰,则遭遇到了鲁迅所说的来自统治阶级与普通庸众之间的双重夹击,因此,就算他为国家献出了生命,也挽救不了颓靡的世道人心。

如果启蒙者们当年指出的是一条康庄大道的话,那么,他们笔下的个性解放者们就理所当然应该获得应有的解放,过上幸福的生活,但事实上,不管是他们笔下的主人公,还是启蒙者自己,都感到了一种莫名的悲哀:启蒙者往往被被蒙者所围困、扼杀。于是我们发现,启蒙者们所做的,只是西西弗斯推石头上山的工作:明明知道石头推上去之后还是会滚下山坡,却仍然义无反顾。启蒙者们并非不知道个体性奋斗在其时的

---

① 鲁迅:《文化偏至论》,《鲁迅全集》(第一卷),人民文学出版社 2005 年版,第 57 页。
② 同上,第 70 页。

年代必然会走向悲剧的结局,只是他们觉得,悲剧更能让人了解人生缺陷,发人深省。

"中国文学最缺乏悲剧的观念。无论是小说,是戏剧,总是一个美满的团圆。""团圆快乐的文字,读完了,最多不过使人觉得一种满意的观念,决不能叫人有一种深沉的感动,决不能引人到彻底的觉悟,决不能使人起根本上的思量反省。"①与胡适的"团圆迷信"说相似,鲁迅也认为,"中国人底心理,是很喜欢团圆的,所以必至于如此,大概人生现实底缺陷,中国人也很知道,但不愿意说出来;因为一说出来,就要发生'怎样补救这缺点'的问题,或者免不了要烦闷,要改良,事情就麻烦了。而中国人不大喜欢麻烦和烦闷,现在倘在小说里叙了人生底缺陷,便要使读者感到不快。所以凡是历史上不团圆的,在小说里往往给他团圆;没有报应的,给他报应,互相骗骗。——这实在是关于国民性底问题。"②

显然,小说中是否出现大团圆结局,对于五四一代人来说,是一个关乎自己立场的问题,大团圆意味着对读者的瞒和骗,因此,周作人在《人的文学》中干脆把"才子佳人书类"等"旧文学"称为"非人的文学"。大团圆结局的文学在五四时期遭到了前所未有的批判。

五四时期对大团圆结局的批判在某种程度上压抑了通俗文学的创作,这种现象一直到毛泽东《在延安文艺座谈会上的讲话》发表之后才得以有效缓解,而到新中国成立后三十年中得以大盛,其原因就在于《讲话》对"歌颂"与"暴露"的确立。

在《讲话》中,毛泽东认为,"歌颂呢?还是暴露呢?这是态度问题。"并指出了对待三种人的不同态度。"对于敌人,对于日本帝国主义和一切人民的敌人,革命文艺工作者的任务是在暴露他们的残暴和欺骗,并指出他们必然要失败的趋势,鼓励抗日军民同心同德,坚决地打到他们。对于统一战线中各种不同的同盟者,我们的态度应该是有联合,有批评,各种不同的联合,有各种不同的批评。""至于对人民群众,对人民的劳动和斗争,对人民的军队,人民的政党,我们当然应该赞扬。"③

毛泽东的"讲话"为之后大量出现的大团圆小说提供了理论基础。它不仅提出了作家怎么写的态度问题,而且也划定了写什么的"立场"问题,"你是资产阶级文艺家,你就不歌颂无产阶级而歌颂资产阶级;你是无产阶级文艺家,你就不歌颂资产阶级而歌颂无产阶级和劳动人民:二者必居其一。"并认为,"歌颂资产阶级光明者其作品未必伟大,刻画资产阶级黑暗者其作品未必渺小,歌颂无产阶级光明者其作品未必不伟大,刻画无产阶级'黑暗'者其作品必定渺小"。④通过这种"伟大"与"渺小"的辩证,

---

① 胡适:《文学进化观念与戏剧改良》,《中国新文学大系·建设理论集》(影印本),上海文艺出版社2003年版,第382—383页。
② 鲁迅:《中国小说的历史的变迁》,《鲁迅全集》(第九卷),人民文学出版社2005年版,第326页。
③ 毛泽东:《在延安文艺座谈会上的讲话》,《毛泽东选集》(第三卷),人民出版社1991年版,第848—849页。
④ 同上,第873页。

"讲话"指出了文学写作的方向,那就是,要书写无产阶级及其"先锋队"的光明面。之后,金灿然根据毛泽东的"讲话"而引申出来的对王实味《政治家·艺术家》的解读,或许更能体现出当时延安政治家们的焦虑:"如果只限于、或者主要限于大胆地揭破一切肮脏和黑暗(尤其是自己阵营内部的。那算不算黑暗呢?待考。),那不惟不能使黑暗消灭,而并会使人失掉斗争的信心,光明是在同黑暗斗争中增长起来的,单纯的揭露黑暗,光明并不会自然增长。"①

其时的延安与其说是从文艺上来关注王实味等人的言论,倒毋宁说是担心对黑暗的揭破"会使人失掉斗争的信心",这才是他们关心的重点所在。当然,如果我们都站在政治家,而不是艺术家的角度来看这个问题,这种对政治第一的文艺方向的规定就是完全符合所谓"历史发展规律"的,也正是从这一视点出发,对王实味等人的批判也就顺理成章了。

三、大团圆结局是怎样形成的

要鼓舞人们继续前进的勇气,就要给他们以希望,证明他们所从事的"事业"是一条光明坦途,只要坚定不移地走下去,胜利就一定会按照预许的诺言得以实现;要证明"革命"是一项"不朽"的事业,那么,最好的办法就是把个体生命过程纳入到某种"集体"事业中去,这样,一旦个人命运在这种"革命斗争"中遭到惨败,作为由一个一个单独的个体人组成的"集体"将替补个人的位置继续"革命",重复个体人所未完成的"革命"事业,"在现在这个新的时代,解放个性的斗争,应当从属于解放民族,解放社会的斗争,不废绝摧毁个性戕杀个性的条件,个性之最后解放与完美发展是不可能的。尤其在我们共产主义者来说,个性应当从属于集体,最好的个性是应当集体性表现得最强的。"②正是在这样一种逻辑之下,不唯"革命"是不朽的,牺牲掉的个体人也将成为不朽事业中的一环。就如萨特所说的,没有谁会保证文学是不朽的,而现在,既然有人保证了"革命"事业的不朽性,那么,以不能保证不朽的文学来换取永垂不朽的"革命"事业的成功就更能刺激文化人参与革命的功利意识。以集体解放名义组织起来的"革命",为文学书写与之并举的光明面开具了通往大团圆结局的路条。

显然,文学创作的方向是一回事,而在文学创作中怎样体现这一方向又是另外一

---

① 金灿然:《读实味同志的〈政治家·艺术家〉后》,刘增杰等编:《抗日战争时期延安及各抗日根据地文学运动资料》(上),山西人民出版社1983年版,第358页。
② 周扬:《王实味的文艺观与我们的文艺观》,刘增杰等编:《抗日战争时期延安及各抗日根据地文学运动资料》(上),山西人民出版社1983年版,第435页。

回事。《讲话》发表之后,解放区作家开始文艺从属于政治的实践之旅。在这当中,首屈一指的当属赵树理的《小二黑结婚》与李季的《王贵与李香香》。

可以说,《小二黑结婚》复活了传统小说大团圆书写的模式,在重复着小二黑与小芹结婚这样一个主题之下,通过植入一系列有效的替补,使故事结局得以圆满。退职军官吴先生替代小二黑作为小芹夫婿的失败,正是新社会制度不可替代的表现。区长作为"机器神"出现在文本中,有效地代替了父母之命,同时,新选出的村干部也作为曾经从事绑票的金旺与兴旺的替补掌握了地方事务。而《王贵与李香香》则反复强调了这样一个主题,即"不是闹革命穷人翻不了身,不是闹革命咱俩也结不了婚。"作为恶势力象征的崔二爷在革命中被打垮,有效地保证了王贵与李香香大团圆结局的出现,在李香香面前,他作为王贵的替补的无效性不仅促成了有情人的终成眷属,也有效地证明了唯有起来闹革命,推翻旧社会建立新政权,人民才能过上幸福生活的道理。童话故事中王子与公主终于过上了幸福的生活结局在这些故事文本中得到了有效体现,不同的是,"由老爷太太少爷小姐们统治着的舞台"[①]现在变换成了具有特殊指向的"人民"。

新中国成立之后,这种大团圆结局在表面上有所变化,很多时候,大团圆结局被带有"后知"的预言所代替,典型者如梁斌在《红旗谱》结尾所说:"这句话预示,在冀中平原上,将要掀起壮阔的风暴啊!"然而,这种表面的变化并没有消除作家们以重复与替补的叙事策略来表达他们以"讲话"为指导的对"伟大的、崇高的、集体的英雄形象"(《红日》)的书写。

在《红旗谱》中,作为严志和的后人,运涛与江涛成为父辈当仁不让的替补,重复着父辈反抗所没有完成的任务,只是这种反抗经过高人的指点后得到了升华,由一己的得失一变而为对整个社会制度的反抗,对光明的暗示,已经象征着人们梦寐以求的大团圆结局的即将来临。

在以"离家出走——归家"叙事类型的《青春之歌》中,林道静最开始以解放了的女性形象离家出走,并与余永泽同居,但最后,她发现余永泽也并不是她所欲望的对象,于是开始接近卢嘉川,而卢嘉川最后的被捕,使她又投入江华的怀抱,最后得到了升华,以林红为代表的"党"接纳了她。在林道静的人生道路中,后来出现者总是形成对过往者有效的替补,并且越到最后,这种替补就越完美,于是,她也就在这种有效的替补身上找回了青春,回到了新的家——共产党的怀抱。事实上,十七年的"红色经典",就其发展趋势来看,都无一例外地继承了这种叙事策略,把这种有效的替补方式

[①] 毛泽东:《看了〈逼上梁山〉后写给杨绍萱齐燕铭二同志的信》,刘增杰等编:《抗日战争时期延安及各抗日根据地文学运动资料》(上),山西人民出版社1983年版,第277页。

反复运用于小说文本中,从而表现了革命事业从一个胜利走向另一个胜利的"历史必然性",在这些"历史"书写中,替补的成功与否正是革命叙事是否成功,以及叙事是否得到主流意识形态认可的保证。

表面上看,十七年小说中的故事结局都具有开放性,然而,一旦我们考虑到所有的小说都是关于一个新政权必然战胜旧政权,新社会及其制度必然战胜旧社会及其制度的预言书写,那么,这种"后知"的预言事实上也就是一个不折不扣的大团圆叙事。正如瞿秋白早年所说:"才子中状元,佳人嫁大官,好人得好报,恶人得恶报固然是团圆主义;可是,一切一厢情愿的关于群众斗争的描写,也是一种团圆主义。没有失败,只有胜利;没有错误,只有正确。这种写法,这种做法,也是一种团圆主义。"①

对光明的反复强调,必然要求故事结局走向圆满,否则便不足以鼓舞人民,就不能给人以奋进的勇气与希望。对于要表现党与"人民"的事业从一个胜利走向另一个胜利的文学来说,对新与善的事物,不管在其前进过程中会遇到多大的挫折与失败,在最后都会有一个完美的替补,来完成他们的未竟事业,就像《红岩》的结局一样,胜利最后总是属于"我们"。因为要表现"阶级的爱",②所以"讲话"之后的文学中,个人的替补往往被集体所取代,也只有把集体当作个体的有效替补,故事结局才会显得圆满,文本才会显出其光明的一面。这就势必把读者引向对正面人物替补者背后的新政权的简单歌颂。对光明面的礼赞必然导致对旧与恶的鞭挞,在解放区及十七年文学中,这种旧与恶的势力必然要灭亡的命运同样是通过替补的无效性揭示出来的。

悲剧故事虽然可以震撼一个人的心灵,并升华他们的感情,但是,从接受心理来看,它也不可避免地会让人产生悲观情绪,可是,随着时代的变迁,当新的政权出现以后,新的"理想政治"将毫不犹豫地提倡"不樱"说,并对"樱人"的文学提升到政治的角度加以批判。这样,化悲剧为喜剧的团圆意识就显得更为必要:同样是从读者接受的角度来看,它能够有效地瓦解新政权下的人民对于现实情状的不满,使人放弃改变现状,谋求个体化自由空间的愿望和努力。同时,被乌托邦激情鼓舞起来的人民群众,在阶级仇恨的煽动下,迫切需要一种新的发泄途径,于是,古典戏曲中那种大仇得报的叙事策略再次浮出了历史地表,成为时代叙事的主旋律。对于要"争取小市民层的读者为人民服务"③的文学界来说,大团圆结局无疑是他们喂给小市民们的一剂麻醉药。从解放区时期的区长(《小二黑结婚》)、区委代表(《王维德结婚》)、区妇委(《谁害

---

① 史铁儿:《普洛大众文艺的现实问题》,《中国新文学大系(1927—1937)》(第一集、文学理论集一),上海文艺出版社1987年版,第440—441页。
② 毛泽东:《在延安文艺座谈会上的讲话》,《毛泽东选集》(第3卷),人民出版社1991年版,第552页。
③ 洪子诚编:《争取小市民层的读者——记旧的连载、章回小说作者座谈会》,《二十世纪中国小说理论资料》(第五卷),北京大学出版社1997年版,第11页。

的》)、王村长(《由鬼变人》)等等,到新中国成立后的党、政、军救民于水火,使得"翻身农奴把歌唱"。文学再次回归到了瞿秋白曾经批判过的"青天白日主义"①上来。如果一切事情到最后都只需要一个青天大老爷就能够解决问题,那么,我们还需要那么多的牺牲做什么呢? 况且,政治的"觉醒"并非意味着"人"的觉醒,"机器神"的出现或许在某些时候能够解决人们的个别问题,但是,如果要论到生存与发展,最终还得靠个体的觉醒。文本之内那些简单的重复与替补游戏解决了大团圆的结局问题,而大团圆结局又解决了小说中出现的政治问题,但是,这种看似解决了所有问题的大团圆叙事,却解决不了现实生活中人的解放与发展问题。

生命对于个人来说都只有一次,以集体的名义对个体生命的替补,虽然能够在政治上有效地组织起民众的"进步"意识,并为了某个事业而奋斗,但是,文学的意义应该在于它能够看到人性的弱点,并鼓舞人们怎样生,而不是为了鼓励人们怎样去死。文学的政治或许还是文学,而政治的文学则无论如何都只是政治。

作者:魏巍,西南大学新诗研究所教师。

---

① 史铁儿:《普洛大众文艺的现实问题》,《中国新文学大系(1927—1937)》(第一集、文学理论集一),上海文艺出版社1987年版,第438页。

知青写作与农民工书写

——延安文艺的两种结缘方式[①]

江腊生

摘　要：延安文艺思想一直贯穿在当代文学之中，成为当代文学或隐或现的精神脉络。它所体现的崇高政治理想和英雄主义精神，直接影响了从"文革"中走过来的广大知青与他们的文本理想与激情。这与广大知青生活来自身体的痛感体验，构成了知青文学的精神品格和文本焦虑。延安文艺确立的革命伦理，则在打工文学身上得到了新时代的继承。进城农民工生存境遇与城市想象的落差太大，造成这些作家强烈的道德焦虑和价值焦虑，内心发出的朴素的阶级论，正好续接了曾经的革命意识形态，以一种强烈的抗击精神来面对一个外在的城市世界。因此农民工书写的叙述伦理很大程度上源于民间最为原始的道德义愤和曾经影响深刻的延安文艺的革命伦理。

关键词：延安文艺；知青写作；农民工书写

在我国现代文艺发展史上，延安文艺虽然只是个地区性的文艺群落，但它的辉煌成就和巨大影响，却是我国任何时期任何地区的文艺所难以比拟的。它曾以灿烂的光芒映红了当年祖国的大西北，推动了陕甘宁边区革命和建设，而且成了各敌后抗日民主根据地（解放区）革命文艺运动的策源地和精神家园。尤其是延安文艺座谈会召开之后，延安文艺在毛泽东文艺思想的直接指引下，得到了历史性大发展，进而成为包括大后方、敌占区在内的全国文艺运动中心，引起世界人民的瞩目。延安文艺的产生与发展并非偶然现象，它是五四新文化运动和文学革命在特定历史条件下的延续和突变，是在民族革命战争的血泊中成长起来的，其中凝聚着革命文艺工作者及广大人民群众的智慧，同时也吸纳了古今中外进步文艺的精髓。因此，延安文艺尽管风格显得粗犷，且满带着战火味和血腥气，然而它所体现的崇高政治理想和英雄主义精神，直接影响了知青文学的精神品格和文本焦虑，而延安文艺确立的革命伦理，则在打工文学上得到了新时代的继承。

---

① 本论文为国家社科基金项目"新世纪农民工书写研究"（09CZW064）阶段性成果。

一、知青文学与革命理想主义

知青文学的产生,根本在于特殊的社会历史背景、极端的"革命教育",红卫兵——知青——作家这些大起大落的人生经历,形成了知青一代特定的文化心理,成为知青作家走上创作道路的文化土壤和精神资源。一般来说,知青文学以控诉与怀旧,人性回归为特征,是对人的自身价值的认同。但本质上,从"文革"中走出来的知青文学,更多的还是一种集体主义层面的英雄书写与理想追求。通过这种理想主义与英雄主义的强化,重新点燃人到中年的这一代知青的生活勇气和信心,是一种社会文化关怀。杨建认为:"这一代人的生命实践,思想历程,被归纳到一个又一个思想主体中,暴露了知青这一代人独立意志的缺失。长期以来,知青群体的集体主义光辉掩盖了个人精神的苍白,在群体实质不存在的情况下,许多人仍然被束缚在集体幻想与陈旧的思想方式中。"

80年代知青小说所描述的一代人的理想,几乎全部散发着或强或弱的英雄主义光芒。这既与他们在"文革"中的现实处境有关,更在于他们身上承袭了延安文学以来革命英雄主义这一社会主义经典意识形态的重要内容。"当年的我们一方面是一批热血沸腾的垦荒者,另一方面是一些必须'接受再教育'的青少年。时代将我们一劈两半",[1]一半一往无前与天斗,改天换地;另一半狠抓阶级斗争与人斗,"净化灵魂"。他们的人生价值寄托于此,两方面的斗争将他们塑造成时代的"英雄"。

早在1938年,毛泽东就号召延安文人必须具备"远大的理想"。他说,作为一个革命艺术家,不但要有抗战建国的理想,"还要有实现社会主义以至共产主义的理想",因为"没有这种伟大的理想,是不能成为伟大的艺术家的"。革命理想投射在创作方法上,就构成了革命浪漫主义的本质。理想的追求便越出人们日常的世俗生活的框架,进入一个政治意识形态的层面。

毛泽东说:"文艺作品中反映出来的生活却可以而且应该比普通的实际生活更高,更强烈,更有集中性,更典型,更理想,因此就更带普遍性。"[2]其中所言六个"更",在语义上表达了创作主体能动因素的可贵,反映了艺术美超越生活美的必然,但也虚构了一种由革命激发出来的浪漫想象。当理想与政治亲密接触时,意识形态话语的膨胀直接导致了"十七年"文学中那种高昂的理想精神的飞扬。陈思和指出:"'两结合'中'革命浪漫主义'的提出,正是作为现实主义的灵魂——真实性的对立力量,来修正现实主义的。它实际上宣告了,马克思主义经典作家所倡导的现实主义已经不能满足左倾路线的政治需要。必须强调有一种不属于现实主义的'理想因素'。"[3]

---

[1] 梁晓声:《梁晓声知青小说选:今夜有暴风雪·序》,经济日报出版社1997年版。
[2] 毛泽东:《在延安文艺座谈会上的讲话》,《毛泽东选集》(第一卷),人民出版社1968年版,第812页。
[3] 陈思和:《中国新文学整体观》,上海文艺出版社2001年版,第262页。

延安文学对理想的意识形态化推进,到"文革"时期达到极致。如果说十七年文学中,理想主义主要表现为一种战争胜利之下的惯性延伸,那么"文革"时期理想主义则主要表现在政治斗争和思想改造上。无论是十七年文学,还是"文革"文学,英雄形象塑造都是政治乌托邦阐释的重要组成部分,其中流溢的都是理想化的政治激情。由于具体的历史语境,"知青"一代从诞生之日起,就被灌输了某种理想,他们也真诚地信奉这种理想。这种理想支撑着众多知青上山下乡,成为知青一代上山下乡、奔赴边疆边远地区劳动、"扎根"的道德标尺,然而真实的上山下乡生活又使他们美好的理想追求、高远的人生价值遭遇现实残酷的打击,这给知青一代理想主义的心理带来沉重的伤害,同时击碎了他们少年时滋生积蓄起来的潜藏于潜意识之中的优越感。

众所周知,"文革"前的《军队的女儿》《边疆晓歌》以及"文革"中的《征途》《剑河浪》等作品,虽有其产生的各种历史原因,总是表现了一个时代青年战天斗地的革命理想,而新时期知青文学则矫枉过正,以浓烈的情感着重抒写一代青年的苦闷哀伤和不幸遭遇,给人真切锋利、耳目一新之感。对当年幼稚的羞愧对人生多舛的哀叹,对命运捉弄的愤怒以及对世态炎凉的绝望等等,构成了《生活的路》《杨柏的污染》《在小河那边》等作品的悲凉基调。实际上,80年代知青文学大部分作品的内部都是前后断裂的。前面总是铺陈知青下乡时的激情与理想,结局却是充满悲剧或悲壮的氛围。张抗抗《去处》中的卢重茵曾有过"不把边疆建设好,不回来见你们"的宏愿,成正和《我们都是年轻人》中的凤萍也有过"一辈子在这里扎根"的真诚。这时期陈建功《流水弯弯》、韩少功《西望茅草地》等许多作品的人物都是瞒着父母偷转户口的,怀着"开始了心中最神圣的事业"的渴望和幻想,走上这条极其坎坷的人生之路的。张抗抗的《隐形伴侣》描写了陈旭等知识青年在北大荒的生活,表现了知青由痛苦的经历所引发的人性的劣质;乔瑜的《孽障们的歌》着力展示了知青们自虐、自贱乃至玩世不恭的生活态度,书写了知青生涯给知青一代带来的不可忽视的影响;叶辛的《蹉跎岁月》《我们这一代年轻人》等作品也真实地描写了知青们在"失乐园"的苦闷心态和生活状态。

作家郭小东的创作也集中体现了知青生活中形成的无法愈合的精神伤痛。陈俊涛先生在阅读郭小东的《暗夜舞蹈》时说:"分明感到一种精神的幽灵在游荡着,他似乎并没有抛弃多年以前的'知青情结'和'古典情怀',他还在书中怀想着什么,追寻着什么,他始终被一种叫做人文知识分子的责任心、忧患意识、人格力量和宿命感所纠缠着。"[①]在海南黎母山森林葬身火海的68名女知青以及1970年被屯昌大洪水吞没的23名知识青年,这些年轻的生命为了一个并不重要的目标献出了宝贵的生命,生命的意义在此显得毫无价值,个体的生命力量在神秘的大自然面前显得那么渺小。

---

① 陈俊涛:《中国知青部落总序:追寻"知青人"的精神家园》,郭小冬:《暗夜舞蹈》,花城出版社2001年版。

知青文本中这种焦虑最为突出的是梁晓声的小说中悲壮之中不无悲哀的结局。他认为上山下乡运动是"一场狂热的运动,不负责任的运动,'左'政策利用了驾驭着极'左'思潮发动的一场运动。因而也必定是一场荒谬的运动,必定是一场以失败告终的运动"。同时他又指出:"荒谬的运动,并不同时也意味着被卷入这场运动的前后达11年之久的千百万知识青年也是荒谬的。……他们身上既有那特定的历史时期内鲜明的可悲的时代烙印,也具有可贵的闪光的应当充分肯定的一面,他们是极具热忱的一代,真诚的一代,富有牺牲精神、开创精神和责任感的一代。"[1]这种精神在他的创作中有明显的表现。他以豪迈的姿态、热情的笔墨激情昂扬地书写"悲壮的青春",塑造了一批在北大荒艰苦奋斗、英勇创业的英雄们,为无悔的青春树碑立传。《这是一片神奇的土地》是一曲英雄主义的赞歌,一批知青用自己的青春甚至生命在北大荒令人恐怖的"鬼沼"——神秘的"满盖荒原"创造了奇迹;《今夜有暴风雪》是以知青大返城为背景展开的英勇悲壮的浪漫主义画卷,歌颂了集体主义的献身精神,作者塑造了李晓燕、王志刚、梁姗姗、曹铁强、裴晓云、刘迈克等具有英雄品格的人物,用英雄主义和集体主义、牺牲和奉献、激情和热血谱写了一曲曲悲壮的青春赞歌。死亡成为他们贡献青春的最壮美的形式,并具有了神圣的意义,他们也因之而成为作者大加礼赞的英雄。知青一代对理想的追求与他们青春的激情紧密相连,他们当年是以自己青春的热诚去拥抱时代和理想的。因此,对昔日理想、激情、热诚的歌颂与对青春的歌颂融为一体。

本质上,生活的巨大落差,导致了一代知青人生价值与理想主义出现了错位与矛盾。一方面当年所受的革命理想教育,决定他们形成了理想主义的集体无意识,一直伴随着他们的知青生涯,并延伸到他们的返城生活中。另一方面,上山下乡生活的落差,残酷地击碎了他们内心早年狂热的政治梦幻,物质生活的贫穷甚至严重威胁了他们生存的尊严。理想的幻灭与政治上的被欺骗感在80年代的知青记忆中表现出一种伤痕的哭诉。他们急于在情绪的宣泄中寻找自己的人生位置,找到人生天平中理想与现实的平衡感。同时,当年的革命理想与激情,又支撑了他们在苦难的知青生活记忆中,强化内心惯性式的精神追求,进而导致了知青文本中现实与精神的严重错位。于是很多知青小说便在理想主义的幻灭与英雄主义的强化之间左右摇摆,造成了知青文学的内在焦虑。

知青作家群则在回归"十七年文学"的同时,更鲜明地体现出"文革"文学的色彩。本质上,一代知青正是由红卫兵发展过来。红卫兵的狂热激情,直接构成了知青文学的无悔青春。他们的延续却遭遇政治意识形态的悄悄置换,转变成了荒谬历史祭坛上的牺牲品。可以说,没有任何一个时代有如此众多的青年如此长久地、大规模地经受

---

[1] 梁晓声:《我加了一块砖》,《中篇小说选刊》1984年第2期。

思想和生活的磨难,惨遭政治风浪的摆弄而流离于命运的飘摇之中。这无疑是深刻的悲剧。但是,参加这场运动的青年却是满怀着真诚的政治信仰和改造社会的远大抱负投身其中的。"朦胧诗"中"让所有的苦水都注入我心中"的浪漫主义诗风,与"文革"时期红卫兵狂热的"真理在手、舍我其谁"的受难英雄的形象一致。充满了献身精神与拯救意识的"红卫兵诗歌"。这种"红卫兵意识"在张承志、梁晓声的小说中更是突出,弥漫在"知青文学"中的"回归"情绪书写是对被高度形式化与审美化的"青春""理想""激情"的皈依。"青春无悔"的主题直接描述知青生活,完全可以视为对"文革"记忆的书写,虽然书写的对象已经由"阶级""党""革命""去远方"等置换成了"兵团""建设""战士""返城"等另一套现代性的符码,但理想主义的形式并没有真正的改变。"正如我们通常所见的那样,一位逆子用种种方式和手段反叛自己的父亲,甚至,在极端的情况下会杀死父亲,但并不意味着他从此便一劳永逸地摆脱了父亲的影响。随着时间的推移,我们将会看到,这位'弑父者'变得越来越像他父亲。他的身体、他的姿势、他的举止,甚至他的声调,都逐渐变得与他年迈的父亲十分相似。怀疑主义的态度和逻辑上的自我循环也许能有效地驱逐父辈的权力的阴影。但在发音的姿态和喊叫的方式上,我们却看到父亲的亡灵在徘徊。'我——不——相——信!'与城楼上的'人——民——万——岁'遥相呼应,构成奇妙的应答关系。尽管前者是对后者的拒绝和反抗,但两者在表达方式和声调及音强上,却是那样的相似"。[①]在知青作家们看来,历史错了,但知青们本身并没有错,他们的人生价值不应被否定。审视知青文学,我们常常为蕴含其中的英雄主义和悲剧色彩所震动。一方面是险恶的自然和政治环境,是"历史的必然要求"绝对不会实现的动乱岁月;另一方面则是一代知青坚韧的进取心与神圣的使命感,向命运宣战,立志建造红彤彤的世界的信念与奋斗。二者交汇必然制造悲剧,而且又是英雄悲剧——一代知青以青春与热血的代价陷入不幸、痛苦与死亡的境地。

　　本质上,知青文学的英雄主义悲剧,往往在政治意识形态之下的青春激情与荒谬结局之间遭到消解。一方面,知青文学受到时代政治的牵引,往往在知青生活的悲情之余迎来一个光明的结尾。另一方面,知青文学也受到延安文学以来的重喜剧、轻悲剧的精神影响。毛泽东在《讲话》中明确指出:"歌颂无产阶级光明者其作品未必不伟大,刻画无产阶级所谓'黑暗'者其作品必定渺小,这难道不是文艺史上的事实吗?对于人民,这个人类世界历史的创造者,为什么不应该歌颂呢?无产阶级,共产党,新民主主义,社会主义,为什么不应该歌颂呢?"[②]这样,在党的意识形态的有力召唤下,延

[①] 张闳:《北岛,或关心下一代人的成长小说》,《当代作家评论》1998年第6期。
[②] 毛泽东:《在延安文艺座谈会上的讲话》,《毛泽东选集》(第三卷),第873页。

安文学终于走进了颂歌的时代,喜剧的时代,延安文学观念也由此合乎逻辑地在悲剧意识的消解中导致了喜剧意识的提升。周立波认为"为了前进的人们活得更好些",即使"装点些欢容,也是必要的"。① 这里所言"装点些欢容",其实含蓄著表达了作者消解悲剧的意图。延安文学的重歌颂的精神传统,在"文革"期间,达到了极致。它深刻而且强烈地烙在一代知青的生活与理想当中,自然,知青文学更多的是一种英雄主义的想象与理想的激情,一种知青生活无限萦回的怀念与追忆。"记忆从一开始就已经带有想象的性质,就是说记忆复原是通过想象来完成的,或者,是想象催生了记忆。记忆既然是适应英雄主义激情的需要而到场的,那它从一开始就已经被想象好了。"② 因此,知青文学从一开始的情绪补偿,发展到精神理想的拯救,都与一代知青历史的反思不在同一范畴,"它是无虚饰的告白,又是心灵的假面;是伤痕的展露,也是精神财富的炫耀;它是一代人特殊记忆的书写、删改、补白或虚构,也是'寻根'——对民族文化记忆痛苦绝望的追寻与质疑"。③ 知青文学所追求的,是一种浸透了痛楚的理想主义激情,直接与延安文学、十七年文学这条经典主流话语的脉络相汇合,构成了至今仍为主流意识形态所嘉许的精神基调与叙事策略。

《南方的岸》等知青文学发表后,作品的结尾往往被认为"太浪漫、太理想化了,破坏了小说的完整"。梁晓声的"青春无悔"固然有一些革命的豪情与献身的悲壮成分,但也透露出一种根本不彻底的悲剧文学精神。往往在努力皈依意识形态话语的同时具有了一定的喜剧因素。因此他们往往停留在悲剧历史的书写中,努力为自己的人生寻求价值的官方认同,却没有进入到人性悲剧的挖掘层面。

二、打工文学与革命伦理的乞灵

毛泽东的《在延安文艺座谈会上的讲话》(以下简称《讲话》)发表后,彻底改变了此前的文学传统与书写经验,以其鲜明的指向和姿态,形成了以劳苦大众为主体的文学观念和美学原则,体现了强烈的底层关怀与底层叙事精神。《讲话》的中心问题之一,就是文学的价值取向问题,亦即"我们的文艺是为什么人的"的问题。《讲话》指出:"我们的文学艺术都是为人民大众的,首先是为工农兵的,为工农兵而创作,为工农兵所利用的。"④政治家的文艺思想从而引领了为工农兵服务的"人民性"文艺方向。

---

① 周立波:《这样纪念高尔基》,《新中华报》1940年6月18日,第6版。
② 尹昌龙:《1985 延伸与转折》,山东教育出版社1998年版,第85页。
③ 戴锦华:《隐形书写——90年代中国文化研究》,江苏人民出版社1999年版,第96页。
④ 毛泽东:《在延安文艺座谈会上的讲话》,《毛泽东选集》,人民出版社1968年版,第812页。

从此,中国文学"为工农兵写作"成为了一种政治意识形态的本质,也是体现革命伦理的根本方式。

相对于当下天马行空的穿越写作,或者虚幻缥缈的网络写作,农民进城打工的题材创作正在以社会责任的担当和人道主义的关怀而越来越受到关注。阅读郑小琼的《打工,一个沧桑的词》、罗德远的《蚯蚓兄弟》、徐非的《一位打工妹的征婚启事》、许强的《为几千万打工者立碑》、卢卫平的《在水果街碰见一群苹果》等农民工题材的创作,能感觉到其中农民工进城打工的原生态的声音与情绪。其中既有对底层生存的关切,又有渴望改变生活的热切;既有对社会不平的怨恨,也有对底层民众的同情。当下农民工书写以强烈的底层意识,在描述城乡生存状态的失衡错位中,体现了文学对底层伦理的责任与担当,一定程度上续接了延安文艺中"人民性"的革命伦理。这类文学大都以书写的情绪化、道德化姿态,呈现一种类似阶级斗争的暴力叙述。

作家将自己的生存体验与传统的现实主义精神结合起来,以一种赤裸裸的触目惊心的原生态风格,发出底层生活最为真切的批判的声音。郑小琼坦言,"文字是软弱无力的,它们不能在现实中改变什么,但是我告诉自己一定要见证,我是这个事情的见证者,应该把见到的想到的记下来。"[1] 许强的《今天下午,一名受伤的女工》、彭易亮的《第九位兄弟断指之后》中,反复出现"疼痛""断指"的细节,这些纯粹的文字见证了底层打工生活的苦难和血泪,唤起诗人自身的打工经验和感受。这些作家还没有来得及把自己的生活经验加以提升,而是直接贴近底层生活,将其原生态地呈示出来。因而获得了一种与主流文学迥异的毛茸茸的打工真实感。他们在为整个打工群体呐喊,为整个群体愤怒,作品体现的是一种为打工群体代言,为他们的利益担当的勇气与责任。在这一点上,农民工书写接续了传统文学中不平则鸣的抗争精神,体现了一种新文学语境下的"人民性"。

由于进城农民工生存境遇与城市想象的落差太大,造成这些作家强烈的道德焦虑和价值焦虑,内心发出的朴素的"阶级论",正好续接了曾经的意识形态,以一种强烈的抗击精神来面对复杂的城市世界。因此他追求的抒情伦理很大程度上出于民间最为原始的道德义愤和曾经影响深刻的革命伦理。作家从自己的生活经验出发,本能地承续着"为富不仁""贫穷即美德"的理念,很快地找到自己的一个文化资源,那就是曾经影响深刻的"阶级论"的革命伦理和革命话语。王学忠的《人啊人》一诗中,"抬轿子的轿夫/日子过得好凄凉/呼哧呼哧三十载/弄得遍体鳞伤/临末冷屋冷饭冷床/斜倚一轮残阳/坐轿子的老爷/披一身霞光/嘴皮子动与不动/大把大把的银子都往兜里装/'今天又是好日子'/唱得飘悠悠的/若节日的霓裳/这个世界真他妈的混账/啥时家家

---

[1] 郑小琼:《文字软弱无力,但我要留下见证》,《南方都市报》2007 年 5 月 24 日,B11 版。

窗玻璃上/辉映英特耐雄纳尔的曙光……"显然，诗人按照"阶级论"革命话语的思维，将人分为两个对立的阶级，并呼唤"英特耐雄纳尔的曙光"来作为自己怨与刺的力量。《想起那年的红军》《想起毛泽东》《社会主义康庄道》等诗，更是直接通过缅怀当年的革命历史，接过当年的革命豪情，来支起底层民众生活的信念和获取抵抗权力话语的力量。红军、毛泽东等革命话语给了他们想象的空间，也潜在地呼应了中国自古以来弱小民众内心俱来的神性崇拜。通过这些革命伦理和革命话语的乞灵，诗人将其与自身真切的体验相互结合，完成了一套新时代的底层话语叙事。可以说，诗人的力量、诗人的责任感，诗人对弱势群体的关怀感动了无数的读者，也缓释了众人内心的生存焦虑。

这样，原本富有人道主义情怀的底层书写通过革命话语的倾泻，更多地呈现一种泛道德主义的思想暴力倾向，底层书写变成了一种类似于"全世界无产者联合起来"、"打土豪，分田地"的阶级革命叙述。王祥夫的《一丝不挂》中，"阿拉伯兄弟"被年轻的老板侵吞了一年的血汗钱，没有一分钱回家过年。他们扒光年轻老板的衣服，让老板一丝不挂地开车回去。北村的《愤怒》中，主人公李百义在城市历尽各种苦难与挫折，父亲被城里的警察虐待致死，于是他组织了一个百多人的团伙，专门剥夺"地主老财"的钱财来周济穷苦人，并通过个人的审判方式杀死虐待父亲的警察。这一类文本在一系列揭示国家高速现代化进程中产生的不和谐音符中，呈现出强烈的情绪化写作倾向。注重主体情绪表达的诗歌更是如此。罗德远的《刘晃棋，我的打工兄弟》中写道："为什么这样畏惧胆怯/我们不是现代包身工/我们不是奴隶/为什么不说一声'不'/为什么不把抗争的拳头高高举起?!"这些诗歌当中流淌的是为民工代言的愤怒情绪，将民工的身份作了一个集体性的整合，我们看到的是一个民工进城遭遇不满的情绪森林，而不是某一民工个体的情感流动。农民工书写中嫉恶如仇、扬善除恶等决绝的抗争姿态，使这些作品总是蒙上强烈的怨恨之气，甚至化为一种嗜血的暴力倾向，来缓释精神焦虑的紧张。在王学忠的《腐败分子》一诗中，作者满怀怨恨地写道："倘若用其皮制成鼓，每日击一下，定能警示后人。"其中食肉寝皮的想象，让我们无法忘记作者诗作中抗争精神的激烈。这些精神焦虑产生的怨怒情绪，已经不属于文学的批判，而是一种社会控诉力量的体现。许强的《为几千万打工者立碑》写道："为什么我们敞开的喉咙声尽力竭发不出声音/为什么我们多少被机器吃掉四肢的兄弟姐妹/他们喉咙发出的声音喊不回脸朝背面的公道/为什么劳动法只是举着利剑的雕塑/只打雷不下雨/几千万人悄悄流逝的青春冲击成了/珠江三角洲灯火辉煌的现代文明/为什么南方常常暴雨那是我们内心越积/越多的乌云在碰撞呐喊/又有谁伸出过手来抚摸过我们内心的伤口。"透过这一系列的"为什么"，我们似乎能够感受到类似于"西里西亚的纺织工人"那种控诉的力量，也不难感受到其中明显的精神焦虑。

可以说,正是农民工书写中表现出来的"人民性",成就了他们在当下的轰动效应和美学突破。一方面,革命伦理的乞灵,为农民工书写赢得了道德上的同情与力量,在似乎接通左翼革命文学的现实主义精神时,赢取了主流意识形态的关注与重视。另一方面,也是农民身上原始的不平而起的民间伦理的体现,在探入人性深处的同时获得了美学上的局部成功。无论如何,欲表现当下"农民进城"这一现象的关键,重要的不是居高临下地书写他们身上的生存苦难,而是以一种从容大气的和谐意识贯穿其中,书写他们各个层面的焦虑、困惑,甚至怨恨;不是片面地承袭曾经的革命伦理,书写城乡之间的对立,而是以人本关怀为突破口,跃上人性书写的新高度。

有学者指出,延安时期开创的"'人民文艺'既不同于传统的中国古典文艺,也不同于西方国家的任何一种文艺思潮与创作,它是最切近中国经验而又最适应中国民众的审美趣味的,完全是一种新的创造。它是中国现代精英智慧与民间智慧的有机融合体"。[1] 无论是知青写作,还是当下的农民工书写,都体现了延安文艺精神传统在当代的自然承袭。知青写作中那种从伤痕文学的悲痛与伤感之中走出来的英雄主义悲壮与崇高理想的追求,与延安文艺中对革命理想的崇尚,英雄书写的悲壮分不开。当下的农民工书写将视角对准底层的农民工,以曾经的革命伦理来对抗他们的城乡焦虑与精神焦虑,为新世纪文学增添了一些文学责任的担当与批判的力量。这两种文学思潮与在不同时代与延安文艺的悄悄结缘,一方面体现了延安文艺精神传统的巨大生命力,另一方面体现了文学写作在当代语境下的政治焦虑。他们自觉与不自觉地追求崇高理想与批判力量的政治视角下,共同呈现出力量有余,反思不足的局面。看来,如何重新认识与承袭延安文艺精神,真正认识"中国历史"、思考"中国问题",是当今中国文学现代化的重要命题。

作者:江腊生,九江学院文学与传媒学院教授。

---

[1] 赵学勇:《重新认识"延安文艺"的价值及意义》,《延安大学学报》2010年第6期。

土改中的身体叙事
——解读根据同名小说改编电影《暴风骤雨》

李 军

摘 要：根据同名小说改编的电影《暴风骤雨》重构了土改的发生过程与意义,它一方面强化了小说原著的翻身主题,另一方面则进一步弱化了原著中主要人物的日常性生活内容。男性身体既是发动土改的动力之源,也是土改运动的执行者与献祭者;女性身体是土改的拯救对象。他/她们共同参与了革命经典叙事的建构,成为承载革命意识形态的化身。

关键词：《暴风骤雨》;土改;身体叙事

目前,学界对于周立波的长篇小说《暴风骤雨》给予了比较充分的研究,无论是小说的内容,叙事的形式,小说的语言还是作品的真实性以及作品涉及的文化问题等都已积累了一定数量的成果,但是在这些成果中对于这篇小说电影改编的研究远未达到对小说文本的研究那么细致和深入,改编电影中所涉及的问题不一而足,本文拟从电影中的一个侧面——身体的象征意义的角度切入对电影叙事的分析,从而深入解剖改编叙事背后的意识形态逻辑。

早在20世纪40年代初,随着延安整风运动的进行与延安文艺座谈会的召开,一种新的革命话语就开始建立,这种话语不仅是一种新表述、新的叙事技巧与叙事对象的创建,而且因为其与革命意识形态的共生,成为新中国成立后的主流话语,新中国电影在表述方式上延续并且丰富了这种革命话语,文学故事的电影改编以及电影叙事不仅在主导方向而且在叙事的细节上与革命意识形态形成共生与互文关系。十七年电影"其作为一种高度自觉的意识形态实践,无外乎两种基本叙事范型的繁衍与变体:一为历史、革命历史的搬演与呈现。它是关于历史之超话语的电影译本,是胜利者/共产党人对于其胜利之必然的再印证。基本的叙事范型为:战斗/挫折/牺牲/胜利。它在历史的文本化的过程中,将缺席的历史指认为在场者;在一幅幅表象化的历史图景中,承担着唯物史观历史教科书的使命。"[①]《暴风骤雨》就是这样一部电影,而其中关于身体的叙事承担了意识形态实践的功能。

---

① 戴锦华:《〈青春之歌〉——历史视域中的重读》,唐小兵编:《再解放:大众文艺与意识形态》,北京大学出版社2007年版,第192—193页。

翻身：小说题材的影像化展示及变异

"翻身"这个词，作为生理的身体的动作，是每个人的日常行为，其意义不证自明，而它的社会意义却需要结合赋予它意义的社会与文化语境。回到解放区文学的语境中，"翻身"一词可以说是解放区文学主题的关键词，许多研究者曾对之进行过不同角度、不同层次的阐释，美国人韩丁是这样解释的："每一次革命都创造了一些新的词汇。中国革命创造了一整套新的词汇，其中一个重要的词汇就是'翻身'。它的字面意思就是'躺着翻过身来'。对于中国几亿无地和少地的农民来说，这意味着站起来，打碎地主的枷锁，获得土地、牲畜、农具和房屋。但它的意义远不止于此。它还意味着破除迷信，学习科学；意味着扫除文盲，读书识字；意味着不再把妇女视为男人的财产，而建立男女平等关系；意味着废除委派官吏，代之以选举产生的乡村政权机关。总之，它意味着进入一个新世界。"①这一解释比较具体而全面地总结了"翻身"一词的社会意义，也可以看作是对小说《暴风骤雨》主要内容的概括。但这并不能完全概括作者周立波的创作目的，因为他"打算借东北土地改革的生动丰富的材料，来表现我党二十多年来领导人民反帝反封建的艰辛雄伟的斗争，以及当代农民的苦乐和悲喜"。②由此看来，"翻身"是作家颂党的具体化，是表现"当代农民的苦乐和悲喜"的语音符号。"翻身"的含义由具体的能指达到抽象的所指。

谢铁骊导演的同名电影《暴风骤雨》出品于 1961 年，时值共和国历史上三年困难时期，而建国后发生的历次政治运动让许多艺术家"不求艺术有功，但求政治无过"，在此情况下，电影《暴风骤雨》别无选择地承担起颂党的使命。但电影毕竟不同于小说，作为视听化与受时间限制的艺术，它需要根据电影艺术本身的要求来改写小说故事，需要使"翻身"的内容可视化。于是电影把重点放在了小说的上部，因为上部是农民与地主、百姓与恶霸的对抗与复仇，富于戏剧性与动作性，而下部挖浮财、分田地这些事情不易形成尖锐冲突，因此，"翻身"的主题在电影中主要表现为除霸与复仇的行为。但如果只有除霸与复仇的故事，那么电影就成了民间故事，电影就失去了政治意识形态色彩，从而失去了政治方向，这显然不是导演所希望的。在此情况下，作为弱者的农民如何复仇就成为电影需要考虑的问题。于是，电影首先确认了农民翻身的领导人萧队长的形象，电影开始就让观众看到了东北战场上运筹帷幄的萧司令员的形象，他的司令员身份赋予他一种正确的政治方向与政策执行者的功能，也使他以后的工作具有了毋庸置疑的合法性与正确性。这在他初到元茂屯即识别出张富英与小糜子的

---

① 杜霞:《翻身道情——解放区小说主题叙事研究》，河北人民出版社 2006 年版，第 3 页。
② 周立波:《〈暴风骤雨〉是怎样写的?》，华中师范学院中文系编:《中国当代文学研究资料:周立波专集》，武汉师院咸宁分院发行 1979 年版，第 88 页。

投机行为而得到证明,而他撕碎韩老六的请帖这一行为更是亮明了他的政治立场与党的方向,使犹豫不决的赵玉林看到了希望,立即加入工作队的行列。萧队长通过行动而不是靠语言获得了农民的信任,而农民也正是在作为党的代表的萧队长的领导、鼓动与教育下才完成了"翻身"。

  农民的"翻身"最早表现于身体的变化,无论是赵玉林、郭全海还是白玉山这几个土地运动的带头人,他们出场时穿的棉衣都是棉絮翻在外面,布满洞洞,破烂不堪,而一旦参加农会后穿的衣服就发生明显的变化,虽然衣服上打满补丁,但却干净了,整洁了。在小说中就看不到这种变化。而这种变化即表明在党的领导下,他们的精神世界已经发生深刻的改变。这种变化也在他们的行动中表现出来,第二次开斗争会时,赵玉林能够带头去捆绑韩老六就是突出表现,一个长期被欺负、被压迫、被捆绑的农民,在党的支持下,敢于翻过身来捆绑压在他头上的恶霸地主,而郭全海也是因为有了农会做靠山,在与杜善人发生争执时,决绝地辞掉了地主家的工作,不再受地主的欺压。然而,农民要实现真正的翻身,必须改变自己的阶级地位,彻底消灭剥削阶级,"革命是暴动,是一个阶级推翻一个阶级的暴烈的行动。农村革命是农民阶级推翻封建地主阶级的权力的革命。"[①]对一个阶级的消灭,从根底上说是消灭人心中的剥削思想,但结合电影的媒体特点来说,改变一类人的思想远不如改变一类人的身体更具有可行性,对于一个人肉体的消灭更能让观众产生快意恩仇的感觉,电影对小说改编的重点放在上部,其原因莫不与此相关。在阶级斗争异常尖锐的形势下,对于剥削阶级的代表,一个身上背负二十七条人命的恶霸式地主来说,消灭对方的肉体也许是更直接的方式。但是对于已经习惯于被压迫的广大农民来说,这却是一个延宕的过程,他们的身体需要被激活,而小猪倌身体的被虐杀恰如其时地成为农民身体被激活的导火线,批判韩老六成为农民怒火发泄的倾泻口,而韩老六的被处决,则宣告了一个阶级的垮台,赵玉林亲手枪毙韩老七则让观众看到农民被激活的身体已经不再是一个个单独的个体,他们已经共同筑成一道坚不可摧的铁墙,保卫着他们胜利的果实,从而彻底实现了历史的"翻身"。

男性身体:革命话语的承载与传播

  电影《暴风骤雨》出品于 1961 年,但它却与五六十年代的命题电影有些不同,电影中的主要人物赵玉林、郭全海、白玉山等这些正面人物在电影中都成长为积极的革命者,可是他们投入革命的动因不是因为对革命的忠实信仰。五六十年代的大部分革

[①] 毛泽东:《湖南农民运动考察报告》,《毛泽东选集》(第一卷),人民出版社 1991 年版,第 17 页。

命题材的影片或红色经典小说中,正面人物参加革命或为革命献身时,常常对革命抱有坚定的信仰,这些人物在投身革命的同时,就有为革命献身的决心和毅力,对于这些革命者来说,他们的世俗身体已经被忽略了,"杀了我一个,还有后来人"体现的是永远不会倒下的革命之身,对于革命的信仰超越了对个人肉身的关怀,他们加入革命的行列与其说是为了改变自身的命运不如说是为了提升自己的精神境界,他们是为信仰而革命。电影《暴风骤雨》尽管改编自小说,但它在改编时完全可以对原著有自己的理解,当时电影对小说已经有了许多重要的改变,因此,电影的面貌如何呈现并非由原著来决定,从战争年代走过来的导演谢铁骊,对于五六十年代的文学与电影的美学导向不会无从感知,但就电影来说,观众看到的仍然是一部有一点个别的电影:那就是主要人物因为改变个人的经济处境和社会地位而投身革命,这样,他们的身体就带上了世俗的色彩,身体话语就更为丰富。

身体解放:土改运动的动力。在周立波的小说中,土改运动的目的并没有直接叙述,而电影则把土改运动的目的通过军团领导的讲话直接表述出来:那就是通过土改对东北广大的群众进行艰苦细致的思想工作,让群众自己解放自己,建立巩固的根据地,积聚力量,准备将来对敌人进行全面反攻。因此,电影在展开故事的过程中,始终强调着土改运动与全国政治形势发展的呼应关系,这样,群众的翻身便被赋予强烈的政治意义。由于土改运动负载着思想发动的任务,这就使对土改运动的表现不同于正面表现革命者形象的电影作品,它必须有一个展示群众思想变化的过程,思想的变化建立在对生活切身感受的基础上,联系到电影《暴风骤雨》就是土改运动给广大群众带来的生活感受的变化。作为几千年来处于社会最底层的广大农民来说,任何诱人的思想或主义,如果不能给他们带来切身利益的变化,让他们从积累了几千年的政治、经济与思想的重压下解脱出来,都是违反现实逻辑的。正如任何事物都有两面性,巨大的重压一方面对农民形成囚禁,另一方面却也成为革命的动力,一旦重压之下的农民看到摆脱囚禁的希望,巨大的重压就会马上化成反击的力量,这就是土改运动最终所要取得的结果。在小说与电影中都涉及主要男性人物赵玉林和白玉山所遭受的物质压迫与身体的囚禁,之所以强调人物的性别特征,是因为新中国以前的社会,男性是家庭之长,男性的解放便是家庭的解放,而革命的战争也是男性的角逐,革命最先带来的也是男性的解放,在小说与电影中都提到赵玉林的老婆光着屁股到地里干活,但是村里的人却称赵玉林为赵光腚,而不是他的老婆。赵玉林一家受到韩老六的欺压是因为赵玉林的工钱被扣,又被捆去当劳工(在小说中是被派去当劳工)。白玉山一家与韩老六的仇恨是因为一方面韩老六是杀死白家孩子的凶手,另一方面又是掠夺白家土地,将白玉山送进大牢的恶霸。赵玉林与白玉山都有被韩老六囚禁之苦,他们都在切身的痛楚中萌发了革命的冲动与勇气,率先走出来与代表剥削阶级与恶霸的韩老六斗争,他们的行为在某种程度上将个人的解放与广大群众的解放融为一体,而广大的群众也正是从革命形势的发展中看到了希望,终于从被压迫的地位走向翻身的斗争。对于元茂屯的广大群众来说,他们最后走向革命不是因为出于对革命的信仰,而是从对革命的实际感受中看到了改变生活的希望,于是,他们的身体被激活,从对肉身的感知走向对革命的献身。

作为革命献祭的男性身体。中国传统社会的男权特征决定了中国革命的主体要由男人来承担,革命在某种程度上是男性权利的争夺战。电影《暴风骤雨》中的土改运动被赋予强烈的性别秩序的色彩。在电影中革命的承担者与革命的对象主要是男性,而对男性身体的处理成为决定革命走向的主要因素。当元茂屯的土改运动发展到一定程度时,是男性小猪倌生命身体的遇害成为革命的转折点,韩老六罪大恶极,由他害死的27条人命,每一条人命案都可以成为惩治他的理由,但唯有小猪倌的生命遇害成为引爆对立双方斗争的导火线。如果说对小猪倌的处理因为电影与小说保持一致,不能充分体现电影所带有的男权社会的性别特征,那么赵玉林之死则是电影男权色彩的最好体现。在小说中赵玉林在胡子来犯时,因为一时冲动,把自己暴露在敌人的枪口之下,他并没有坚持到战争结束就被抬下了阵地,而电影中赵玉林并非牺牲于自己的冲动,而是在追逐逃跑的韩老七时,被韩老七枪击而牺牲,但电影没有廉价地让赵玉林死去,而是让他在击毙韩老七,并缴获了他的手枪之后,才感受到枪痛,即使如此,也没有让他立即死去,而是运用长镜头和仰拍跟踪拍摄,直至村民赶来,他微笑地奔向他们后才倒地昏厥,这时,他的牺牲仍没有结束,电影又让他缓缓地醒来,直到紧握步枪,向村民交代完遗言"以后保住……咱们穷人的天下",才让他握紧枪支死去,接着电影用了三个表现顶天立地的松树的空镜头来进一步升华赵玉林牺牲的意义与价值。电影用赵玉林的牺牲强化了电影的主题,同时用他保卫革命果实而不是关于他的家庭生活的遗言表明:赵玉林、白玉山、郭全海们已经完成了从为了自身的解放走向革命到完全把自己的生命献给革命的转换,他们从世俗的农民成长为优秀的革命者。因此,电影用赵玉林的男性之身表达了它的性别立场。

女性身体:土改的拯救对象

中国革命队伍虽以男性为主体,但也不缺少女性。无论历史上,还是艺术作品中,女英雄、女革命者的形象都是数不胜数。中国革命的领导人毛泽东曾指出:"在中国抗日战争中,没有妇女积极参加,最后胜利是不可能的。只有二万万二千五百万的妇女,加上二万万二千五百万的男子,一致动员起来,组织起来,才能打败日本帝国主义。"[①]在20世

---

① 艾克恩:《延安文艺运动纪盛》,文化艺术出版社1987年版,第118页。

纪的五六十年代革命题材的电影中出现了一大批女性革命者的形象，如赵一曼（沙蒙导演《赵一曼》）、刘胡兰（冯白鲁导演《刘胡兰》）、芳林嫂（赵明导演《铁道游击队》）、高山（王炎导演《战火中的青春》）、吴琼花（谢晋导演《红色娘子军》）、韩英（谢添等导演《洪湖赤卫队》）、金环、银环（严寄洲导演《野火春风斗古城》）、江姐（水华导演《烈火中永生》）等，这些女性形象性格各异，但都从不同的角度、不同的方面表现了女革命者的神采，从而以艺术形象的方式见证了女性在中国革命史上的贡献。

　　对于女性人物的表现，电影《暴风骤雨》在情节上重新作了调整和安排，保持了小说的价值立场，女性人物在轰轰烈烈的土改运动中扮演了辅助或者拖后的角色，她们因为土改运动而改变了自身的处境，借着革命的力量把自己解放出来，她们身体的解放成为革命向群众承诺的承载者。老田太太与赵玉林的媳妇代表着农村中千千万万的普通劳动妇女，她们对于生活的不幸与来自家庭以外的各种侮辱与欺压只是默默地承受，她们过分依赖于自己的丈夫，她们不能主宰自己的命运。老田太太在自己的女儿被韩老六害死以后因为伤心过度，哭瞎了双眼，赵玉林的老婆没有衣服，光着屁股下地，普通农村妇女所遭受的苦难都压在了她们身上，因此，她们是最需要被革命所解放的群体。童养媳出身的刘桂兰属于另一类女性，她们自小就遭受来自婆婆的管教或虐待，尝尽封建礼教与文化的苦楚，她们的身与心都过早地体验到生活的艰辛。对于刘桂兰的塑造电影有别于小说，在小说中，刘桂兰是小老杜家的童养媳，她是因受到公公的强暴逃到白大嫂家去的，到了电影中，她成了杜善人家的儿媳，把她与郭全海安排在一个屋檐下，由于有农会的支持，郭全海愤然离开了杜家，在他的带动下，当刘桂兰再次受到婆婆的毒打时，她奋起反抗，逃离了杜家。电影的这种处理，从根本上改变了小说的性质，如果说小说中刘桂兰的故事带有个人性，缺乏普泛性的话，那么电影中刘桂兰的故事就成了典型的反封建故事，由于有了农会作后盾，年轻的刘桂兰们勇敢地逃出了夫之门或婆之门，她们终于摆脱了捆绑她们的家族制度，开始学会建立新的生活。电影在处理白大嫂这个人物时与小说也有很大的不同，在小说原著的下部，应该说她在斗地主、挖浮财、进行土改的工作中非常积极，但在电影中主要保留了与白玉山闹别扭的情节，先是与白玉山口角，后又听信韩长脖的谣言，既误会了白玉山，又误会了工作队，于是在小说原著中一个性格较为丰富的积极分子，在电影中成为一个头发长见识短的农村妇女，从观众的角度来看，这种处理增加了电影的戏剧性，她却完全改变了白大嫂的形象，让她成为落后的，需要为革命所启蒙教育的对象。以上这三类人物都属于工农兵行列中的典型人物，她们的相貌都给人一种健康、朴素、美丽的印象。相对于她们，反面人物小糜子，还有韩老六的老婆、小老婆、女儿以及杜善人的老婆，则呈现出丑陋、霸道与浮糜的特征。这些人与上面三类女性人物构成对立的两面，她们是革命管治的对象，对这些人物的丑化处理体现了新中国成立后对反面人物处理的一贯方式，这些恰恰表明电影与主流意识形态保持了一致。

新文学伊始,中国农村生活与农村妇女就受到了新文学作家的关注,鲁迅的乡土小说及20世纪20年代的乡土文学作家都有很多作品关注到女性的命运,在这些作品中,女性的身体与女性的切身感受不是作家重点关注的对象,他们更关心农村女性生活的社会与文化环境,女性的身体在这些作品中是被社会与文化牢笼囚禁的对象,女性的身体是抽象的性别符号,是从个体中抽离出来的具有女性共性的妇女,触及的是宏大的思想与文化根源。30年代著名作家萧红的《生死场》从另外的意义上深入表现了东北农村女性如牛马一样忙着生忙着死的悲剧宿命,在这位女作家的笔下,农村妇女的日常生活与日常情感触手可及,她们生活在炮火硝烟的背后,为抗战的大潮所遗忘。作家周立波在五四新文学成长的语境中走向创作,延安文艺座谈会与文艺整风前,曾经写过富有农村生活气息与农民情感的短篇小说《牛》,但是在长篇小说《暴风骤雨》中,短篇小说《牛》中曾出现过的浓郁的乡土风情缺失了,农民生活的自足性不见了,而他笔下的女性只有被纳入革命话语规约之内时才可被叙述,女性身体成为意识形态化的身体。比如郭全海与刘桂兰的婚姻关系,在小说中对刘桂兰的感受有较为细致的感受,但在电影中看不到显示两人内心感受的影像,两个人成为传达工作队精神与表达革命意识形态的媒介。他们的身体语言作为一个阶级反抗另一个阶级的形式为观众所认知。虽然在二十世纪五六十年代爱情话语是个雷区,但爱情戏作为吸引观众的元素常常在很多电影中以含蓄的形式得以展现,而在《暴风骤雨》中观众看不到那种隐藏在身体语言背后的情感。刘桂兰身体的受虐与反抗尽管可以被认为是一种反对封建势力的表现,但她的行为却是导向政治斗争的手段,似乎对封建势力的反抗就是对地主的斗争,革命需要改变的只是农民的社会与政治地位,农村妇女的复杂处境与生存困境似乎在她们投身革命之后就会得到解决,这就把对她们的叙事纳入经典的革命叙事当中。如果说作者周立波在创作《暴风骤雨》时反复研究党的政策条文,以免发生偏向,那么电影无疑与小说的精神保持了一致,而且电影比小说更集中、更突出地表达了小说精神。最后,电影以郭全海与刘桂兰等气宇轩昂地走在革命行军的行列中而结束,土地改革实现了它最初的宗旨,电影以自己的方式完成了对土改的阐释。电影《暴风骤雨》的导演谢铁骊,在中国解放战争的革命中成长,从思想到生活都与革命紧密相连,他导演的这部电影显然体现了他的革命思维,电影中的女性身体成为有别于五四后新文学作家作品中的女性形象,却毋庸置疑地与赵树理等作家小说中的女性有着天然的联系,她们共同体现了十七年文学与艺术中的政治修辞方式。

电影《暴风骤雨》作为一部十七年时期革命经典叙事的文本,身体话语体现了其运作的叙事策略,因其剥离了人物角色对日常生活的感受,身体对革命的感受更带有被赋予的意味,以至于成为放置革命意识形态的容器,承担起构建革命经典叙事的功能。

作者:李军,洛阳师范学院文学与传媒学院副教授,陕西师范大学文学院博士后。

从甲长到村长

——中国农业合作化题材小说中的乡村权力书写

林 霆

摘　要：在成熟的农业合作化题材的小说中，往往都确立一个相互对立的领导人形象体系。从乡村文化的角度来看，这两者之间的矛盾是代表着新兴的政治权威和传统乡村伦理权威之间的矛盾，有时还伴随着不同家族之间的权力之争。农业合作化题材小说，正是通过将农村新旧权力之争转换为两条道路之争，才在悄然之间将乡村权力话语转化为阶级斗争话语。虽然，这种叙事方式在某种程度上掩盖了乡村政治的真相，却在一定意义上，透露出意识形态控制下的文学叙事的真实底色，不失为一种将政治话语进行日常操作的具体实践。

关键词：农业合作化题材；甲长；村长；乡村权力

中国当代的农业合作化运动，可以追溯到 20 世纪 30 年代。在当时中国共产党领导的苏区，已经出现了劳动互助组织，包括犁牛合作社、耕田队、劳动互助社，一般是自愿性质加行政强制。当时互助的目标比较单纯，主要是解决苏区的劳动力、耕牛、农具的匮乏问题，并通过开垦荒地、兴修水利，提高粮食产量。这种互助活动有很强的政治性，只吸收雇农、贫农、中农这些有选举权的人参加。[①] 1935 年，红军经过长征到达陕甘宁根据地后，继续组织互助社，还建立了"耕牛合作社""农民生产小组""儿童杂务队""优红代耕队""妇女生产小组"等劳动组织。1936 年，《劳动互助社暂行组织纲要》颁布，此时已允许富农参加。到 1938 年 11 月，参加这些劳动组织的农民，已占陕甘宁边区人口的 30%。[②] 1939 年时，开始允许地主参加。但到 1940 年，一些地区的农民自发恢复了民间传统的札工习惯，他们认为"互助社"形式的组织是政府为动员义务劳动的组织，且组合方式不自由，是上面按照乡、村的名单组织起来的，因此更愿意自己组织变工、札工。[③] 1940 年以后，那些靠行政组织起来的互助社很多成了空架子，

[①] 叶扬兵：《中国农业合作化运动研究》，知识产权出版社 2006 年版，第 114 页。

[②] 陕西省农业合作史编写委员会编：《陕西省农业合作制重要文献选编》（上），陕西人民出版社 1993 年版，第 12 页。

[③] 史敬棠等编：《中国农业合作化运动史料》（上），三联书店 1957 年版，第 213 页。

逐渐被非正式地取消了。

1943年,毛泽东发出"组织起来"的号召,在民间札工互助习惯的基础上,通过强有力的行政手段和组织推动,使陕甘宁边区再次出现了农业生产合作社性质的劳动互助组织。这种劳动互助是通过严密的行政组织来布置和推行的,不仅有基层党员带头参加并领导,还通过评选劳动模范、开群英大会的形式,对优秀互助组织进行精神的和物质的鼓励。这一时期开展的互助合作运动,为1949年以后的互助合作运动积累了经验,打下了实践的基础。

同此运动相伴生的,就是农业合作化题材小说。此类小说一般是为宣传、推动农业合作化运动而写,同时也会适度表现在运动过程中出现的困难和阻碍,主要是农民的抗拒和干部的不合作。为了表现这一充满现实矛盾和利益冲突的政治运动,在其成熟的作品中,往往都确立一个相互对立的领导人形象体系。最有代表性的有,柳青的《种谷记》中的王家扶和王克俭、《创业史》中的梁生宝与郭振山、《艳阳天》中的萧长春与马之悦。与作品相关的文学评论,一般将这两方面的对立,看作是两条道路斗争的表现,甚至是两个阶级的根本矛盾。事实上,从乡村文化的角度来看,这两者之间的矛盾是代表着新兴的政治权威和传统乡村伦理权威之间的矛盾,有时还伴随着不同家族之间的权力之争。

代表传统乡村权威的人,其权力来源于国民党政权,所以在新政权中,他们虽然也能继续拥有权力,但已经无法达到新的政治要求,无力胜任领导干部一职,从而面临被批判、被撤职的命运。较早描写此类形象的小说,就是柳青的《种谷记》。作品完成并出版于1947年,是柳青的第一部长篇小说。小说用力最重的人物,是一心一意组织变工队的农会主席王家扶。但给人印象最深刻的,却是旧时代的甲长、新社会的村行政主任王克俭。此人勤谨正派、能写会算,旧时做甲长时,并没有贪污公款、横行乡里的恶行,只是老老实实地应付上面的钱款差事。因此,在新社会改制时,由地主提名,众人还是拥选他做了行政主任。小说对这一人物的权力来源的交代,有相当的真实性。旧时的保长、甲长是最基层的村政人员,不仅要应付上面派下来的工役、兵役任务,上交粮款,而且在战争时期,还要应付来自不同方面军队的威胁。比如在抗日时期,有一些两面政权控制地区,保甲长既要敷衍日本人,又要应付八路军。这一职位有跑腿之劳、挨打之苦,却又没有固定薪酬,其优惠待遇各地虽有不同,但也都相当有限。因此,乡村上层人士对这个位置多有不屑;那些游民地痞乐于此事,但又不具有任职资格。根据要求,保甲人员必须经过资格"甄审",甲长应是具有初级小学及以上学校毕业者,或粗通文字并热心公益事业者;保长则应是高级小学以上学校毕业及其程度相当者,公正勇敢有办事能力及经验者。而有下列条件之一者,不得担任甲长、保长:在本地居住未满六个月者;有不良嗜好者;土豪劣绅行为曾受徒刑之宣告者;褫夺公权尚未复职者;亏空公款尚未清债者;身有残疾或过于衰弱者。在此统一规定的基础上,各地的要求略有变通,如陕西要求,甲长要有正当职业,体格强健,热心公益,并能明了保甲意义者;保长要素孚众望,具有能力,并在小学以上毕业或有同等学力者。

据此看来,保甲长一般是由粗通文字、拥有恒产的本地中农来担任。他们大多能说会道,头脑灵活,擅长审时度势,应变能力较强。这些人一般以当地地主士绅为依靠,并在事实上成为士绅阶层的乡村代理人。但在政治形势发生变化后,他们也会及时调整与地主的关系,努力与新的政治权力相适应。

《种谷记》中的王克俭,就是在边区发动了减租算账的斗争后,开始远离地主士绅,凡事向农会主任请教。这是他努力变通的结果,但是新的政治任务对他来说,既陌生又繁杂,"又是生产,又是文教,弄得神人不安——不是订农户计划,便是组织变工队;不是动员合作社股金,便是组织妇纺小组、识字班、读报会、黑板报……弄得他昏头晕脑。他自认他不仅不足以领头,便是跟他们也跟不上了"。① 不仅跟不上,他其实已经成为村里最落后的分子。小说的核心事件,就是描写上级号召组织变工队集体种谷,而作为行政主任的王克俭,却迟迟不肯参加。他不参加变工队,并非是要与边区政府作对,而是他既找不到称心如意的搭伴,又舍不得他心爱的牲口。事实上,王克俭的政治态度相当中庸,"毛泽东主席蒋委员我谁也不反对。新社会没吃亏,旧社会也不沾光,不管怎么,我就是好好种我的地"。② 从根本上讲,这是一个政治意识相当淡薄的村政人员,他总是难以抑止地把经济利益放在政治效益的前面。他不仅维护自身的经济利益,而且也维护村民的利益不受损害。比如在公粮评议会上,他为了减轻王家沟村民的负担,不仅撒谎少报村民财产,还和旁村的行政主任争得面红耳赤。这样一个维护农民自身及本村人利益的村政人员,最终被上级罢免,王家沟又选出了新的行政主任。可见,他被新的政权所抛弃,某种意义上,是源于其对政治的不驯服态度。

而与王克俭相对的,是农会主席王加扶。他没有文化,家境贫寒,老婆整日操持家务,干瘪邋遢,儿女面黄肌瘦,衣衫褴褛。就是在这样困难的情况下,王加扶心里还是想着组织变工队,以及和邻村竞赛、争取模范的事情。虽然他内心有很多苦楚,比如老婆太落后迷信,最小的孩子腹泻不止,他却没有办法等。但是他还是像一头毛驴一样,上坡下坡,四处找人商量开动员会,上门做细致的思想工作,不顾老婆的抱怨,常常是半夜才回到家中。这一形象,无疑是作者最为看重,并花费很多笔墨进行描写的。在与王克俭的对比中,可以发现,他最为突出的地方就是,对新政权忠心耿耿,对于上级下达的政治任务坚决执行。这一态度表明,其政治化程度要明显高于王克俭。王加扶

---

① 柳青:《柳青文集》(第1卷),人民文学出版社2005年版,第11页。
② 同上,第105页。

的这一特点,正是革命政权最为需要和提倡的,因此也成为十七年小说中农业合作化英雄的性格核心。考察十七年农业合作化题材小说,就会发现,此类人物始终能得到权力的鼎力支持,在两条道路的斗争中,总是占据绝对的优势。

谈一下《创业史》中的郭振山与梁生宝。郭振山是1949年后蛤蟆滩的最高领导人。他虽然不曾做过民国时期的甲长,但他更希望在乡土社会中建立起传统权威,这一立场与甲长颇为相似。1949年以前,他曾代表贫穷的雇农,找富裕中农郭世富、富农姚士杰,争取贫雇农的利益,甚至扭打起来到国民党乡公所说理。那时的郭振山,完全凭着个人的胆识、仗义和富农进行斗争。所以,由于经济力量的悬殊,他始终处于争斗的劣势中。到了土改,郭振山成为政治运动的急先锋。他亲眼目睹了仇人在革命政权下的彻底失败——郭世富由于害怕被斗争,吓得卧床不起,最后在别人搀扶下找郭振山登门求饶。此时的郭振山在蛤蟆滩是个"踩得土地都在颤抖"的人物,昔日的仇人已经像个"活死人"了。为了进一步向郭振山表示臣服,郭世富和姚士杰二人积极支持他的工作,不仅自觉捐树建小学,还积极捐粮搞活借贷,帮助贫农度过春荒。

他清楚地知道,只有依靠共产党,才能使仇人驯服,"他警告自己:只要和姚士杰居住在这同一个行政村,就永远也别离开党!……离开党等于自找苦吃。一对一,他怎么能拼过姚士杰呢?"①郭振山对政权的接受,在很大程度上是基于为击败对手而寻找强力支持的需要。革命被郭振山用来确立自身在乡村社会中的权威。

但战胜富农并不意味着占据了乡村的最高权力舞台。郭振山最强大的对手是同样依靠革命力量的梁生宝,因为梁生宝对于农业合作化运动的全力以赴,对于政策的无条件接受和对政党的绝对忠诚,使他得到来自政权更多的信任,拥有比郭振山更加雄厚有力的权力支持。在描写梁生宝的光辉形象时,作者始终没有忘记表现郭振山的失落与焦灼。当听说梁生宝预备建立灯塔社,并出任社长时,郭振山第一次意识到,自己已经在蛤蟆滩的政治舞台上退居次要地位,不再是以前的郭振山了。由于梁生宝能使国家行为在乡村得到彻底的推行,能保证各项国家政策的有效落实。所以,老资格的乡村领袖郭振山终将败给政治上的后起之秀梁生宝。

同样的情形也出现在《艳阳天》中。小说中的马之悦,是一个极为特殊的反面形象,虽然作者意欲丑化这个人物,但由于他在现实农村中具有相当的典型性,所以还是有不少真实信息透过他的故事传递出来。马之悦能吃苦、肯出力,"赶过大车,在酒烧锅当过学徒,上京下卫,跑遍京东十二县。十几年的奔波,家业虽说没有创出来,他可

---

① 柳青:《创业史》(第1部),中国青年出版社1960年版,第212—213页。

享了福,开了眼界;吃过,嫖过,见过大世面,也练出一身本事。他脑瓜灵活,能说善讲,心毒手辣。东山坞的庄稼人,十个八个捆在一块儿,也玩不过他的心眼儿。"①日本侵华战争时期,由于兵荒马乱,没人敢干村长一职,于是地主马小辫和几个财主推选马之悦当了村长(即甲长)。他要包揽各个方面的事务,什么事都得做,哪边都不能得罪,常常是白天接待日本人,晚上接待"八路",真真假假,把各方面都摆平。

有一次,两个受轻伤的游击队员把一个重伤员背到马之悦家说:"你们要设法给他治伤,半个月以后我们派人来接。记着,这个同志在,你在。这个同志有个闪失,我们不会放过你!"马之悦忍着惊慌,陪着笑脸,满口答应。等那两人一走,马之悦觉得自己就像坐在炸药包上。一方面这里离炮楼那么近,保不齐这半个月里会走漏风声,让日本人知道,他的性命难保;另一方面,万一这伤员出了危险,八路那边又交不了账。于是,马之悦想出一条计策。他跟日本伙夫和另外两个汉奸通报了消息,让他们半路截住那两个八路,上点刑,说不定自己就供出那个重伤员的下落。这样,自己的一块心病就除去了。但没想到,那两个八路很机警,出的北村口,却绕到村东边进的山。人没抓着,马之悦又一番花言巧语,花些钱打点几个汉奸,不让他们去通报日本人。然后,把家中的伤员好生照料,等伤好后,连夜把此人送到山里。后来才得知,那个重伤员就是本区的区长。这下,马之悦在共产党这边也算是一个大功臣。对于马之悦来说,"满天的云彩,你知道哪一块有雨呢,不给自己留个退脚的地方,将来不是自找苦吃吗?"②后来马之悦又积极参加土改,1949年后就成为老干部、劳动模范。

对于这一反面人物的历史经历的描述,可以说是有相当的现实依据的。民国三十年前后的乡村行政编制、村政人员的主要职能,和小说描述的情况大体相同。在抗战时期,共产党并未摧毁华北地区的日伪保甲组织,而是利用旧有的政权,争取暗中掌握乡保甲长,使其具有两面性质。③再如山东日照的东邵疃村,"负责管理村事务的有庄长、保长、闾长。……庄长是'两面沾',来了日军伺候日军,来了共产党就为共产党办事情。……村政人员的产生一般由'财主们商议,贫下中农基本不知情,村里的辈分大的族长也参加,族长说话也管用'(访郑全布)。庄长没有薪金,但每年村民都得凑份子请他吃顿饭,表示对他工作的回报";"抗日战争期间,村政人员不是财主担任,而是选中农以上出身的人担当,甚至是没有田地的客家子,因为财主'不愿意操那心,他能干那个?又挣不着多少东西'(访张传兰)。他们都认为,'哪个当官无所谓啊,就是

---

① 浩然:《艳阳天》(第1卷),人民文学出版社2005年版,第61页。
② 同上,第65页
③ 朱德新:《二十世纪三四十年代河南冀东保甲制度研究》,中国社会科学出版社1994年版,第147页。

跑腿,得罪人'(访郑全布)。这些村政人员往往能说会道,善于投机钻营,性格凶狠,让人畏惧。"[1]

马之悦正是民国时期村政人员的代表。他同时也代表了这样一类革命干部:他们的参加革命,乃是时势所造,他们必须以最大的可能适应复杂多变的政治环境。革命队伍中本身就存在着不同动机、不同经历的革命者,马之悦这类形象应该说具有一定的代表性,在一定程度上还原了历史的真实。

值得注意的是,马之悦的种种历史与现实的行为,都与《种谷记》中的王克俭相似。他们都是乡村士绅文化的代表。传统士绅及其代理人,代表的是乡村全体村民的利益,无论出现何种侵害村民利益的事情,他们都要站在本村人的立场上进行解决。1949年之前的马之悦,曾在日本人面前用人头担保村里没有八路,使全村老少的生命财产得以幸免于难。这种做法和他在国民党、共产党、日本人的夹缝中八面玲珑,谁也不敢得罪的作风一样,都是出于乡村士绅的立场。同样,在农业合作化的运动中,面对一系列严重损害村民利益的政府行为,这类人仍旧会站在自身和多数村民的立场上,抵制上级推行的政治运动。如王克俭拒绝参加变工队,也不履行他作为村行政主任的领导职责;马之悦甚至走得更远,他主张土地多分红并企图瞒产私分。

而《艳阳天》中的萧长春则和王加扶、梁生宝同属一类人物,都是乡村中后来崛起的革命者。在对待合作化运动的态度上,萧长春也和他们一样,完全遵照上级的指示和要求,是各项政治运动得以推行的人事保证。由于其代表着政治权力的利益,因此他总是得到上级的全力支持。马之悦的士绅立场则因为与政治利益相左,而受到政权的全力打击。马之悦与萧长春之间的争斗,从根本上说,是士绅与共产主义者之间的矛盾。由于得不到政权的支持,马、萧之争中的马之悦注定了失败的结局。

赵树理的一些作品,也描写了乡村两种权力的来源和分歧。《"锻炼锻炼"》中的村支书王聚海,更多的是考虑人情、面子和人际关系,希望依靠传统的民间伦理道德制约村民,习惯根据不同村民性格的"软硬"特点采取不同的对待方式。而年轻干部杨小四则依靠政治权力进行工作,他教训那些偷奸耍滑、小偷小摸的社员时毫不手软,直接将他们拉到群众大会上批斗,以法院、乡政府等国家机器来威吓这些不老实的农民。

在十七年农业合作化题材小说中,两条道路的斗争往往伴随着对立的领导人之间的矛盾冲突。这一模式,固然有作家遵从二元对立的阶级斗争思维模式的因素,同时,也不可忽略一个基本的事实,即在新旧政权的更替中,在从甲长到村长的转变中,必然伴随着新旧乡村权威的更迭。这一过程,并不总是心甘情愿和风平浪静的,有时也会拼得你死我活,充满刀光剑影。此时的争斗,虽然还会隐含着传统的乡村宗族权力之

---

[1] 钟霞:《集体化与东邵瞳村经济社会变迁》,合肥工业大学出版社2007年版,第36页。

争,但在显在的层面上,主要还是一种政治斗争——一方会倚重新的政治话语来打击另一方,另一方则依靠在村民中获得的威望来巩固其权力。新政权则在乡村矛盾的旋涡中寻租成功。

如果说王克俭、郭振山、马之悦、王聚海们的权力,主要来自于多年乡村生活中形成的传统的人情威望,那么梁生宝、萧长春、杨小四们则是在新政权建立之后才出现的后起之秀。后者若想从老牌的乡绅望族或富有威望的乡村领袖那里获得村民的支持和更大的权力,只有依靠身后的政治力量。他们必须比对手表现得更加积极、更加进步、更加坚决,才能够获得更多的政治资本,并以此压倒对方。他们代表的已不纯粹是乡民的利益。对于这样的人物,新政权当然是乐享其成,因为这些"新人"保障新政权的各项农村政策,包括土地政策、粮食政策得到彻底的贯彻实施,能使各种政治运动深入推行下去。社会学学者赵文词(Richard Madsen)曾在《一个中国乡村中的道德与权力》一书中,用社会学的方法研究了从20世纪60年代中期到70年代末,广州市附近的陈村中的两个领导人——陈庆发和陈龙永,在各种政治运动中经历的权力更迭。他们之间的"斗法",成为陈村政治生活的主线。为了压倒对手,他们不但接受新社会的道德归驯,而且还自觉地加强这种归驯。相比之下,陈龙永总以故意夸张的热情和干劲投身于党所推行的各种全国性大运动,即便是不受农民欢迎的运动。而陈庆发则是家庭联合体的领袖,靠传统的乡村社会的人情面子、中庸之道获得威信,是典型的传统士绅代表。最终代表传统士绅文化的陈庆发,被新政权所提倡的集体主义精神的代表人物陈龙永所取代。

这种权力更迭显示出,代表个体、家族以及村民利益的传统权威,尽管不甘心被新政权抛弃,但由于不愿放弃物质利益,最终出局;而那些代表新政权利益的"新人"们,往往可以牺牲自身利益,而全力以赴地为新政权服务,于是顺理成章地成为传统权威的替代者。农业合作化题材小说,正是通过将农村新旧权力之争转换为两条道路之争,才在悄然之间将乡村权力话语转化为阶级斗争话语。虽然,这种叙事方式在某种程度上掩盖了乡村政治的真相,却在一定意义上,透露出意识形态控制下的文学叙事的真实底色,不失为一种将政治话语进行日常操作的具体实践。

作者: 林霆,天津师范大学文学院副教授。

从"新秧歌"到"样板戏":新中国戏曲改革运动的历史脉络与影响

张炼红

摘 要:在本文所考察的历史文化视野中,新中国戏曲改革运动既表现出鲜明的本土政治文化意味,又承受着所谓现代性的深刻影响,其间具体关涉到如何重塑现代民族国家理想和人民主体形象,包括如何强化宣传机制、变革政治形态、培育文化认同、重建社会秩序,进而如何再造民众生活世界及其伦理道德观念等重大理论与实践问题,其利弊得失都对后世产生了深远影响。

关键词:新中国;大众文艺改造;戏曲改革运动

一

在中国共产党主导的革命大众文艺改造进程中,对作为政权合法性基础的民众主体和"人民"地位的标举,相应也使作为其社会载体的民众生活世界和各种"地方性"文化实践得到了空前关注,而以地方戏曲为主体的新中国戏曲改革运动就是最典型的代表。作为一种整合性极强的社会政治文化现象,笔者试图将戏改运动置于更为深广的历史文化视野中进行考察:即在晚清"戏曲改良运动"以降的中国戏曲现代化进程中,重新梳理从"延安新秧歌"到"文革样板戏"之间展开的革命大众文艺改造运动,并揭示这种改造的社会文化背景,即中国主流社会在现代转型中对于民众生活及其文艺形态所含异质成分的转化和消解。

在这场由政府自上而下推动的戏改运动中,无论是艺人改造的国家体制化,剧目改编的政治意识形态化,还是演出形制的现代化和"现代戏"的崛起,都关涉到如何重塑社会理想,如何变革政治文化形态,如何再造民众主体、社会生活及其道德伦理秩序等重要理论与实践问题。其间纵横交错地涉及生活实体与意识形态、民间与官方、文艺与政治、自由与体制、异质与主流等等的关系,而它们之间的冲突和联系都将具体而微地呈现于戏改过程中。

从"新秧歌"到"样板戏",新中国戏改运动在此宽广视野中既表现出种种鲜明的本土的政治文化意味,同时又承受着所谓"现代性"的深刻影响。

二

中国戏曲发展到清末民初,以京剧为首的地方戏的普遍兴盛,一方面确立了戏曲在全国范围内的广泛布局,另一方面则因其内在的封闭性而拉开了与急剧变化的社会现实之间的距离。由于戏曲的传统形式看似无法承载新思想新观念,更被社会舆论认为与近现代的种种"进步""革命"潮流存在隔阂与抵触。

伴随着资产阶级民主改良思潮而兴起于晚清的"戏曲改良运动",则是在康有为、梁启超、陈独秀、柳亚子等人的极力倡导下,格外强调小说戏曲的感染教化功能及其无与伦比的社会影响,如移风易俗、开智普及、振奋民心、为国招魂等等。而陈独秀所言"戏园"即"学堂","优伶"即"教师"的观点,更是在有关民族国家的历史性焦灼中,直接开启了后世高台教化的激进风尚。与此同时,西方戏剧艺术的革新精神也开始被改革者引为参照,希望借此能在对中国传统戏曲的强烈批判声中,重新赋予其新的生命和质的提升。

出于个体生存与戏曲发展的需要,职业戏曲艺人也自发地参与改革实践,以创编新戏、提高演技来争取戏曲的观众和市场。从戏曲文化、戏曲美学的角度来说,中国地方戏曲的真正成熟与完备,则是在二十世纪三四十年代。此时,戏曲本体的声腔剧种的兴替与变革也好,表演形式的完善与提高也好,对传统戏曲的"现代艺术化"进程都不再具有实质性的意义;唯有直面戏曲传统形式与社会现实之间的矛盾并加以协调,使之逐渐适应和承担新的时代所赋予的社会政治文化功能,中国戏曲才有可能获得强大的动力,借以完成其现代转型。而如何把握传统戏曲改革与社会政治文化变革之间的关系,如何保持戏曲本体的独特性、戏曲艺人的主体性,都不是轻易之举。

作为近现代变革观念、社会斗争现实、外来艺术规范与中国戏曲所体现的传统文化及其美学精神之间遇合冲撞的产物,戏曲改良运动历经辛亥革命、五四新文化运动、土地革命、抗日救亡运动等等的催迫、磨炼和锻造而显得生机勃勃;其间所体现的戏曲与时代的紧密结合,戏曲的宣教作用的空前强化,尤其是五四以来所谓"反传统主义"思潮对传统戏曲的否定或虚无态度,以及相应更为"先进"的西方戏剧的光照和引领,都对后世产生了深远的影响。在此意义上说,中国共产党主导推行的极富革命政治功利意味,继而又加诸某种现代艺术标准的戏曲改革乃至大众文艺改造运动,的确也是渊源有自,而非空穴来风。

中国共产党所主导的革命文艺改造运动,即从20世纪30年代起伴随着频繁的现实斗争而蔚为风气,表现在戏曲活动中也有时分时合的两条进路。一是在国统区,如田汉、欧阳予倩等人联络周信芳等伶界代表在上海共同倡导"新国剧运动",抗战一爆发便成立救亡协会开展宣传活动,直至战争结束后继续开展"旧剧改革"活动。此外则是中国共产党直接领导下,从苏区到抗日根据地进而在解放区全面掀起的革命大众文艺运动,其间普遍运用地方文艺形式反映现实、宣传革命、动员民众。特别是延安"整风"运动之后,广大"新文艺工作者"在毛泽东《讲话》精神引导下寻求与当地群众结合的最佳途径,那就是流行于陕北的秧歌。"新秧歌运动"不仅让民间文艺的面目焕然一新,也使边区政府和"新文艺工作者"看到民间艺术的强悍与丰富,可谓旗开得胜。而《逼上梁山》《三打祝家庄》等新编京剧的上演,更被毛泽东誉为"旧剧革命的划时期的开端"①。《白毛女》《血泪仇》等新戏也因极富感染力地推出"阶级斗争"主题而与前者相提并论,成为各解放区和建国初期戏改实践中各剧种竞相效仿的成功样板。可以说,正是"延安文艺"的战时革命文艺实践经验,奠定了政治意识形态作用于大众文艺活动的基本模式,并整体贯穿于旨在"改戏、改人、改制"的新中国戏改运动中。

三

中国民间社会所传承的"游民意识"根深蒂固,源远流长,其主要特征大致表现为随世游移的无根性(自由度)、趋利避害的世俗性(功利心)、亦侠亦盗的反社会性(破解力),这一切在身为"化外之民"的戏曲艺人们游世谋生、自娱娱人的江湖生涯中也得以充分体现。作为"游民文化"的一种典型的社会载体,更作为民间文化的重要组成部分,地方戏曲的发生和发展对于中国文化传统("大传统")在日常生活中的渗透与传承,对于民间社会的各种文化习俗("小传统")的酝酿和形成,进而对于民间文化如何以传播中介的形式推动着不同层次的文化传统之间的彼此选择、改造、更新和转化,无论间接、直接,都有着人们远未能透解的深广意蕴。②

中国历史劫乱频仍,民间社会鱼龙混杂,自古以来多的是游侠、游士,更不必说无

---

① 1943年12月20日,延安中共中央党校俱乐部大众艺术研究社杨绍萱等率先编演新京剧《逼上梁山》。1944年1月9日,毛泽东给中央党校杨绍萱、齐燕铭写信,肯定《逼上梁山》的旧戏改造方向:"历史是人民创造的,但在旧戏舞台上(在一切离开人民的旧文学旧艺术上)人民却成了渣滓,有老爷太太少爷小姐们统治着舞台,这种历史的颠倒现在由你们颠倒过来,恢复了历史的面目,从此旧剧开了新生面……你们这个开端将是旧剧革命的划时期的开端。"

② "大传统"和"小传统",这一说法是芝加哥大学人类学教授芮斐德(Robert Redfield)于20世纪50年代首先提出的。所谓"大传统"是指上层士绅、知识分子所代表的文化,这多半是经由思想家或宗教家反省深思所产生的精英文化(refineculture)。与此相对所谓"小传统",则是指一般社会大众,特别是乡民或俗民所代表的生活文化。精英文化与生活文化也可称作高层文化与低层文化(high and low culture)。芮氏所用的后一称谓跟人们所说的雅文化与俗文化,或高雅文化与大众文化较为接近。对此,台湾人类文化学家李亦园曾有专文介绍。李亦园:《人类的视野》,上海文艺出版社1996年版。
李在《怀念俞大纲先生》一文中相当推崇俞有关台湾"子弟戏"的识见,即"从这一形式的地方戏曲上,我们可以找到本省社会文化的缩影,我们可以看到汉文化如何以戏曲形式在民间扎根的情形";李也认为,"本省经过半世纪的异族统治,仍然保存完整汉文化的特性,主要是这些乡土艺术之功"。《人类的视野》,第410—411页。

家无业、闯荡江湖的"游民"。游民阶层在我国社会中力量强大,而其意识形态往往与官方的、正统的意识形态相偏移甚至相对立,并且在一定程度上支配着中国的半个社会,尤其在民间颇有影响。游民和知识阶层的结合形成了"游民文化"的意识形态,它以无视规范、不治生计、享受人生、疾恶如仇等等为特质,且因肆意违逆国家法制与道德规范,常常对统治秩序和社会生活的稳定构成威胁,正所谓伤道害德,败法惑世,故而在主流意识形态中多遭排斥、贬抑和诋毁。历朝历代,在江湖艺人的生活状态和地方戏曲的演出内容中大量保留了游民文化的诸多表现形式,千百年来深入人心且已扎根民间,却一向为正统文化所不屑。有鉴于此,近年来有学者一再将"游民社会""游民意识""游民文化"等课题对于研究中国社会和文化的意义郑重表出,并断定此举无异于"发现一个中国"。① 然而,在这一令人惊诧和兴奋的"发现"之外,同时也要关注游民阶层及其文化形态在"现代化"进程中不可抗拒地被消解的命数。

尤其是新中国建立初期大力实施的游民改造工作,其改造对象已被明确为从事乞讨、诈骗、偷窃、抢劫、聚赌等不正当职业,有"流氓思想""游惰习气"和不劳而获的"寄生虫"。而原本属于游民范畴、且占很大比例的地方戏艺人就此被区别对待,通过将他们改造为"文艺工作者"而对民众实施更有效的宣教和动员,借此重建革命秩序、重塑人民形象,更好实践国家目标。事实上,无论是强行扼灭其负面因素,还是精心改造其有利因素,这都属于新中国的主流意识形态为清除障碍、推动现代化进程而必须完成的艰巨任务。

或许戏里戏外见惯了兴亡成败、世道变迁,艺人们都相信哪个时代都少不了看戏听曲找乐的,"谁来给谁唱,南京收了南京去,北京收了北京游,两肩头担着个嘴,到哪儿去打开场子摆摊就是钱"。1949 年的"解放"在他们眼里不过是又一次改朝换代,所以对"上面要改革旧戏"不见得多么起劲,大伙儿各转各的念头,心说"你有千方百计,我有一定之规",这天底下唱戏卖艺的还不是照样凭本事吃饭?② 然而,共和国的戏改运动如果没有艺人参与,其动力之薄弱而阻力之强劲可想而知。于是,就在"爱护和

---

① 近代最初注意游民问题的是杜亚泉,他在《中国政治革命不成就及社会革命不发生的原因》(1919 年,原载《东方杂志》第 16 卷第 4 号)一文中,以大量篇幅谈到游民与游民文化问题。王元化也曾著文《游民与游民文化》(1993 年),谈及"游民"这一论题对于研究中国文化的特殊意义(该文收入《思辨随笔》,上海文艺出版社 1994 年版)。李慎之又在《发现另一个中国——〈游民文化与中国社会〉序》(1998 年)一文中说道:"原来中国还有一个历来被文人学士忽略的游民社会,他们的意识形态不但与官方的、正统的意识形态对立,而且还支配着半个中国,半部历史,还时时冒出头来一统天下。要如实地了解中国与中国社会,了解中国人的心理与思想,不看到这一些,是不能认为完整的。……我以为能把这样一个隐性社会发掘出来,使之暴露在光天化日之下,引起人们的注意和研究,努力使它在现代化的过程中消解,是有重大意义的事情,而且也是我们无可回避的责任。这项工作无异乎:'发现一个中国。'"(该文是李为王学泰《游民文化与中国社会》一书所作的序言)。

② 梦庚:《北平戏曲界在进步中》,《文艺报》第一卷第一期,1949 年 9 月 25 日。

尊重""团结和教育""争取和改造"等具体"改人"指示的引导下,政府机关、戏改工作者和广大戏曲艺人之间,在不断的冲突与磨合中,展开了真正史无前例的大规模的协作与互动。

　　戏改运动既然要依靠艺人,那关键还在"团结和教育"。如果不先"肃清"艺人中间的"旧思想旧作风",就无法提高"阶级觉悟"、加强"政治素质",也就不可能让他们以"主人翁"精神来热爱国家和人民、愿意贡献力量于社会建设、从而主动投身戏改运动。而对艺人的"团结和教育",其前提就需要"爱护和尊重"。由于戏曲和艺人是人民所需要和爱好的,不尊重艺人就是"反人民之所好",就是"不尊重人民";又因旧戏和艺人中的"旧思想旧作风"是人民所憎恶的,对此决不能妥协,不能放弃改造的原则和立场,否则就是"反人民之所恶",同样也是"不尊重人民"。具体到如何"争取和改造"艺人,各地主要是通过举办艺人诉苦、集训、上大课听报告、开座谈会等活动形式,将政治启蒙、业务辅导与艺人间的自我教育相结合,逐步完成了诸如道德"洗澡"、政治"洗礼"和素质提高等方面的艺人改造工作。

　　由于人民政府是各地戏曲活动的扶持者、投资者,又拥有绝对的管理权,这种多重利益机制无疑引导人们随时随地配合政府部门的要求,并设法迎合国家主导的政治意识形态,最终实现了从艺人的思想观念、组织制度、演出活动直到生活方式上都趋于国有化的改造目标。其间,"改制"的重点首先是剧团体制改革,旧戏班社中的某些"严重侵害人权与艺人福利"的不合理制度如旧徒弟制、养女制等;其次是通过民主改革,缩小主角和龙套之间的收入差距,后来逐渐涉及艺术体制改革,比如导演制的建立和完善,从戏曲以角儿为中心,变成以导演为中心,提高对艺术整体性的重视,等等;此外还有剧场管理制度的改革,政府统一经营,统一管理,抵制"经励科",取消票行、茶水行、糖果行等等,以便建立起全新的现代剧场制度。

　　经过上述改人、改制的种种改造和治理,艺人和剧团很大程度上由"乱"得"治",逐步体制化、正规化、"革命化",这就使政府从中开发出大量的文化资源和人力资源来全面投入新意识形态宣传。各地剧团和艺人们被一次次地组织和动员起来,"紧跟形势""配合中心","以艺术教育人民","以艺术为武器"展开各项社会政治活动:义演赈灾,劝募公债,提倡戒烟,参与扫盲,宣传婚姻法,支援"抗美援朝",宣传"土改""镇反""三反五反""肃反""整风""反右"等运动,歌颂"总路线""大跃进""农村公社",上山下乡、巡回演出、参加农村"社会主义教育"等等。艺人群体规模庞大、数目可观、能量惊人,这些优势都在政治宣传中体现得淋漓尽致。很难想象在中国二十世纪五六十年代特别是建国初期的社会政治文化转型过程中,假如没有收编到这样一支指挥自如、训练有素、且能广泛深入民间的群众性宣教队伍,各项政策的上传下达还能否进行得如此顺利。而艺人们也正凭借着无与伦比的社会政治功能,才获得前所未有的"新生"和"荣耀"。

　　从"戏子"到"文艺工作者",通过考察艺人改造及其制度(体制机制)改造的过程,我们也不难看出,凡是在那些原属于"化外之民"式的自由被逐渐取消的地方,即通过政府行为对所谓"散漫的生活作风、浓厚的江湖义气、传统的宗派思想"等旧艺人作风问题实施矫正之时,共和国都曾经许诺给人以重获"新生"的光明和幸福。简言之,剧团国家化程度的提高,主要表现在艺人从拥有一定程度的自主选择权的个体活动者,变成了由国家人事部门统一管理的组织体制的一分子。这种转变从表面上看是提高了戏曲艺人的社会地位和生活待遇,实际上其内在的弊端比起这种名义上的尊重和荣耀来,更将是对于戏曲艺人的生存和发展性命攸关的问题。由于演艺界竞争激烈,日久便形成了一定的竞争、淘汰机制,任何奋斗的成功所带来的精神与物质满足都是文艺团体保持蓬勃发展、人才济济的压力和动力,并始终有效地刺激着艺人们的创造力和积极性。然而在一个高度国家化的文艺团体中,这种压力和动力都被种种社会福利体制所淡化了,致使戏曲剧团和艺人们的独立生存能力逐渐退化,同时也就可能遗忘和失落了真正属于他们的存在价值。

四

　　"戏改"的目的就是"改戏",改造旧戏。谈及"戏改",人们必举毛泽东的题词——"推陈出新"①,也常引其《新民主主义论》中的经典论述:"中国的长期封建社会中,创造了灿烂的古代文化。清理古代文化的发展过程,剔除其封建性的糟粕,吸收其民主性的精华,是发展民族新文化提高民族自信心的必要条件;但是决不能无批判地兼收并蓄。必须将古代封建统治阶级的一切腐朽的东西和古代优秀的人民文化即多少带有民主性和革命性的东西区别开来。"②简言之,"改戏"就是要发掘并发扬旧戏中富有民主性、革命性等谓之"人民性"的文化遗产及其精神资源。新中国对戏曲的功能性定位,明确体现于1951年颁布的戏改纲领性文件《关于戏曲改革工作的指示》(简称《五五指示》)"人民戏曲是以民主精神与爱国精神教育广大人民的重要武器","应以人民新的爱国主义精神,鼓舞人民在革命斗争和生产劳动中的英雄主义为首要

---

① 毛泽东题词"推陈出新",贯穿起一段始自延安文艺的中共戏曲改造史:1942年10月,延安平剧研究院成立,毛题词"推陈出新";1949年7月,中华全国戏曲改进会筹委会成立(后即戏曲改进局),再度题词"推陈出新";1951年4月,中国戏曲研究院成立,题词"百花齐放、推陈出新";1952年10月,又为第一届全国戏曲观摩演出大会作同样题词。
② 毛泽东:《新民主主义论》,原题《新民主主义的政治与新民主主义的文化》,《中国文化》创刊号。

内容","凡宣传反抗侵略、反抗压迫、爱祖国、爱自由、爱劳动、表扬人民正义及其善良性格的戏曲应予以鼓励和推广,反之,凡鼓吹封建奴隶道德、鼓吹野蛮恐怖或猥亵淫毒行为、丑化与侮辱劳动人民的戏曲应加以反对"。①

"戏改"落实于"改戏",主要表现为两方面的协同作用:一是对传统戏曲的整理,其中又包括剧本的文学内容和实际的舞台表演;一是当国家意识形态全面介入文化生活并左右舆论导向时,围绕戏改而形成的特定的评论阐释系统。这些戏曲改编、评论与整体阐释系统的任务,当然是要协调好传统戏曲反映的社会生活及其"封建伦理道德"和新中国政治意识形态及其社会生活形态的关系。因此在"澄清舞台形象"的同时,更重要更深入的当然是对旧戏的思想内容进行改造。这就意味着,要用新意识形态来整理旧戏,借此改造大众的审美趣味,规范对历史和现实的想象方式,从而塑造出新时代所需要的"人民"主体。要而言之,旧戏在改造中逐渐体现出政治意识形态化的鲜明倾向,即从"民间性"到"人民性",但此种改造也须考虑到大众接受程度与实际教育效果,从中也多少能看出戏改限度之所在。

譬如,作为传统戏曲中的最为常见也是最深入人心的两个母题,《梁祝》中的"乔装"和《白蛇传》中的"仙凡之恋"是两个重要的关节,戏改无论怎样大动干戈,却还是保留了这两个基本的情节架构,这在某种意义上恰恰标示出了戏改的限度所在:这种限度,似乎并不是可以单单用国家意识形态对民众审美习惯的俯就来解释的,实际上也反映出意识形态本身所含各种目的和要求之间的彼此制约和调整;当然还包括长期沉积于戏曲的所谓"民间文化""民间意识""民间趣味"等等,在有意无意中对于主流意识形态的疏离、抗拒和消解,尽管这种力量极其有限,但如影随形,始终存在。

值得注意的是,地方戏中直接而自然的"民间性"倾向(如伦理、情感、自由与反抗等),在被国家意识形态擢升为"人民性"后,虽有所简化、校正和遮蔽,但毕竟在不同程度上得以保留。与此同时,即便是归结为各种"人民性"主题的剧目,仍会以其具体的表演情趣和生活气息,更有效地作用于观众接受层面,而无形中就同主流意识形态的宣教目的保持一定的距离。因而当政治淡出后,地方戏中曾被冠以"人民性"的那些东西,又可能经过重新体认,恢复为"民心""民情""民意"的生动表现,这或许就是它的当代意义?此外,"民间性"表现在地方戏曲中又往往错杂着"乡土性""地方性"等,一方面因其简单(这与整体"混乱"并不矛盾)、盲目、意态强烈而容易为意识形态所统合,甚至直接成为国家意识形态的民间版本;另一方面又可借助于主流意识形态保存其潜质,而正是这些潜质,往往提供了意识形态与之结合的强大生命力。

因此,在有关"改戏"的社会政治文化大背景下,倘能试从不同类型和专题的代表

---

① 中央人民政府政务院:《关于戏曲改革工作的指示》,《人民日报》1951 年 5 月 7 日。

剧目入手作一系列的个案研究,通过考察其具体的改编过程及相关阐释,分析新与旧、雅与俗、精英与民众、国家与地方等等的价值观念和趣味之间彼此妥协利用的微妙关系,以及政治意识形态的改造要求和其实践限度或曰阻力之间拉锯进退的曲折历程,或许才能更有力地揭示出新中国戏改运动的意识形态策略及其生产运作机制。

五

戏曲作为中国文化实践中曾经深入人心的大众文艺样式,积淀着中国人相当深厚的历史记忆和集体情感,特别是民众生活经验中默默印证的情感、道德和伦理传统,以及这一切在戏曲艺术中极为丰富而独特的表现形式。而流转存续至今的地方戏曲的存在意义,或者说,地方戏曲所呈现的民众生活世界的存在意义,不仅仅在于它不可被简单规范所束缚,更在于它确实保存着生活延续过程中由历史因袭和当下生发汇聚而来的正面内容,倘无此内容,人类生活也就不可能延续至今。只不过需要辨析的是,此种正面内容并非在历史形态上一成不变,而是随着时代变迁而有常亦有变;不是某种固定的生活内容,而是由许多不同的生活内容所共同凸显的自觉意识和行动能力,一种以向真、向善、向上的具体实践方式来回应社会急剧变迁中的严酷压力及其精神坎陷的生活能量。

在此意义上回望新中国戏改进程,无论是艺人改造的国家体制化,剧目改编的政治意识形态化,还是演出形制的现代化,都关涉如何重塑现代民族国家理想和人民主体形象,包括如何强化宣传机制、变革政治形态、培育文化认同、重建社会秩序,进而如何再造民众生活世界及其伦理道德观念等重大理论与社会实践问题。对戏曲生存发展而言,此中利弊交织,有经验有教训,而其历史脉络与影响远远超越于戏曲之外。其间,原本扎根于民众生活的人情伦理、风俗习惯等"地方性"文化特质,在自下而上的发掘、展示和交流过程中,与主流意识形态自上而下的动员机制相结合,由此获得了更多的现实性、可理解性和可操作性。而各种地方性文化特质的彼此渗透与重组,在具体历史实践中打开了基层和民众利益的表达空间,进而也垫实了可供核心价值体系征用吸纳的民间资源、社会条件和现实基础,从而增强了国家的治理能力,尤其是社会的整体动员力。

在戏改时势推动之下,各地方戏曲剧种也力求体现剧种特色及潜质,根据表演形式和唱腔特点选择题材,积极上演传统戏、新编历史剧和现代戏。特别是日益集中于国营剧团的地方大剧种的主要艺术力量,在推进戏改、提升水准、培养人才方面功不可没。京沪等大城市在剧团、剧场、艺术研究、会演交流、电影出版等文化管理体制和机制方面的优势条件,也促使一大批优秀剧目通过舞台演出、影音播放、剧本流传、评论推广、政府奖掖等途径在全国乃至海外产生影响。作为中国社会伦理、精神价值载体的戏曲文化,在这一时期焕发出新生命、新能量,并以鲜活的中国气派、民族风格和时代精神,为共和国"推陈出新"地传承发展民族文化作出了历史性的贡献,而其利弊得失皆可谓宝贵的历史经验。

历史启示我们,以新中国戏改运动为代表的革命大众文艺改造,对于中国共产党在建国以后如何重塑国家建设理想、如何变革政治文化体制、如何再造民众社会生活及其道德伦理观念等,无不具有标志性和寓言式的含义。而作为在"延安新秧歌"和"文革样板戏"之间承上启下的中国戏曲发展阶段,新中国戏改运动并非简单意义上的顺延和过渡,也在两者之间出现了种种生发和转机,即有着逾出或偏离"新秧歌"旨趣的复杂现象,以及不必然导向"样板戏"局势的其他可能性,但事实却不同程度地扼制了这些可能。

其间特别值得关注的现象,譬如说,改戏实践中屡屡凸显的"人民性"问题。集中反映到革命大众文艺改造过程中,民众角色在地方戏中常以自然流露的生活气息和生存体验而显得生动鲜活、有变化也有质感,到"样板戏"中则由于新的普遍性要求而更多表现为概念化、同质化的形象。"人民",在革命文艺实践中一旦从"具体生成的个体性/总体性"走到"抽象命名的普遍性/总体性",势必要脱离具体历史实践,脱离普通民众扎根于真实生活体验而来的认知方式和情感结构。于是,从地方戏移植为"样板戏"的过程中,无论"英雄"或"群众",大多抽离了原先的"肉身感",重塑革命所需的"主体性",成了精神上失去故乡、远离生活、仅靠政治意识形态的立场、标语、口号等召集起来的"人民"群像,因此难以凝聚成一个基于更广泛的身体感觉和更稳固的精神源泉的"人民"共同体。就在高调的主体性建构中,"人民"从具体变得抽象,由社会政治实体脱化为意识形态符号。而在长期艰苦奋斗的共同实践中,"劳动人民"原本以其生产劳动和"劳动精神"积累起来的更为基本而扎实的主体性,随之也就被轻视了,虚化了。当然,经由意识形态话语建构的人民主体,同时作为社会实践中发挥巨大作用的群众基础,终究还是新中国政权、政党的合法性与道义力量之所寄。而在共同经历了人民革命的生死考验之后,军民、官民、党群之间休戚与共的"鱼水情",作为此种实践经验存续至今的意识形态化表述,也可谓是中国革命尚未耗尽的历史遗产和政治资源。尽管,普通民众在意识形态中被确立的政治地位,很快也就随同意识形态的瓦解而从空中跌落,教训深刻,但全民投入的历史实践岂能轻易化为乌有?"人民当家做主""为人民服务""人民的利益高于一切",诸如此类深入人心的政治理念及其观念、叙事形态,早已在潜移默化中构成我们中国人的集体记忆和普遍诉求,久而久之汇成了一种蕴涵着历史能动性的强大蓄势。从叙事到蓄势,从理论到实践,历史的经验得失弥足珍贵,时至今日还能否在我们思想和社会实践中得到更大程度的反思和辩证,激活和复苏?[①]

值得深思的是,在新中国戏改实践中,国家政党的政治文化理想、民众生活的起伏动荡、大众文艺的兴衰演变,以及文艺工作者的曲折命运之间的离合交错,不仅映射出不同历史情境与情理中的社会现实百态,而且在种种现象构成新的传统之后,又对"新时期"以来的社会政治文化生活产生了持续影响。事实上,也正是基于现实问题,尤其是日益凸显的社会文化状况与时代精神困境的挑战与叩问,需要我们重新观察并阐释"延安"至"文革"期间革命大众文艺改造运动所处的中国社会政治文化实践及其社会生活形态的现代转型,由此深入研究并总结中国共产党领导的大众文艺运动特别是革命文艺实践的历史经验,避免各种孤立、狭隘的认识与判断,从而与当下及未来的中国文化实践和思考形成一种良性互动。

六

今天,中国戏曲的主体依然是传统戏曲,依然有赖于全国地方戏曲的坚守与维系。而戏曲何以存续不绝,其价值何在,亟须我们在理论上作出更为深刻而贴切的提炼。中国戏曲之传统性,不仅仅指向传统戏曲发生发展的历史渊源和进程,表明戏曲所依托的特定时空维度,才能以文化遗产的持久魅力,与当今现代化社会形成各种意味深长的参照。更重要的是,这种传统性也指向戏曲艺术及其精神内涵的深处,让人领悟到戏曲所承载的中国文化母体中备受推崇的生命意义和价值维度,比如自然、和谐、情义、仁爱、忠诚、坚忍、公正、平等、自由、勤勉、朴实等等,这就是戏曲历久弥新、感人肺腑的文化精魂之所在。中国戏曲之地方性,则在地方戏曲演出中体现为一种特殊而重要的人文价值:因其芜杂、多元、常变动,且因其时时处处凭靠着生活实体,紧贴到人情物理,故而更能涵括人世间的纷繁和矛盾,并随着地方戏曲世代相承的演出和再现,使人不断反观更细腻活泛的生存体验及表达形式,亲近生活的全部情趣和多样价值,从而有能力延续人生视野的丰富与完整。

如果说,价值渗透于文化传统,传统落实于社会生活,而当过往的生命体验在戏曲艺术中凝结为历史记忆,记忆又会在不知不觉中融化于民众生活实践,代代相传,如静水长流,润物无声。只有从中懂得传统文化的人文精髓与价值内涵,才会发自内心地

[①] 张炼红:《从"地方戏"到"样板戏":〈沙家浜〉改编的文化政治》,《热风学术》(第二辑),上海人民出版社 2009 年版,第 67—94 页。

认同传统、珍视传统、弘扬传统,才能更好地把握中国文化发展的根基、特性和趋势。在现代化背景下保护戏曲艺术,弘扬传统文化,对于今天中国社会的意义和价值,更在于通过聚焦社会现代转型和本土文艺实践,探讨植根于民众社会生活的情感结构、文化认同、主体自觉中可参与社会主义核心价值重建的资源,并试图在当今思想文化和社会实践的问题情境中赋形、取意、传神,使之成为可接受、可传承、可发展的思想理论与实践资源。

而在随着全球化加速推进的中国城市化进程中,中国地方戏所面临的危机和契机其实也是当前文化发展境遇的一体之两面:一方面,人们用来标志自身精神特质的文化认同,正在被各种所谓现代化、标准化的文化符号所取代,致使各民族各地方的文化认同普遍陷入困境。另一方面,全球化所造成的种种危机,也不断提醒和强化着人们对自身所处的民族、地域、宗教、文化等问题的理解,并有可能在全球经济发展和运作机制一体化的新环境、新条件下,重新整合更广泛领域、更多种形式的力量,以维护文化特质和多样性的延续,从而为克服全球化带来的负面影响提供更丰富的文化精神资源。而中国文化实践无论就其历史、现实和未来趋势而言,都是世界文化和精神资源的重要组成部分,并且随着中国和平崛起而将发挥越来越大的作用。所谓大国之大,往往因其文化软实力方能彰显其大。

那么,置身于全球化时代,中国戏曲能否通过坚守和创新(特别是有本有源的创新),敏感捕捉到具体的生活现象,细致呈现出复杂的生存境遇,并从世界各国的文化艺术之流中汲取能量,返身立诚,固本扶正,创造出形神俱佳而更为动人心魄的中国戏曲艺术,以期在人们的审美体验中萌生更真实的伦理自觉和文化认同,借此参与民众生活世界的价值重建,这就是时代赋予我们的新课题。落实到具体实践中,就是希望各地方戏曲剧种能有更多的好编导好演员、好剧本好演出、好评论好研究,包括更为积极而完善的演艺市场体制、营销机制的协同努力,特别是新老戏曲观众的持续关注和全力推动,而且持之以恒,同舟共济,才有可能重新焕发并创造出中国戏曲更为健硕的新生命,并以此激活我们的社会、文化与民众生活世界,尤其是富于情感交流和审美体验的日常生活空间。

在我看来,这就是全球化时代,中国文化随着经济崛起而渴望复兴之际,中国戏曲可能有所作为的地方。而问题的关键就在于,中国文化有其自信,中国戏曲方见未来。换言之,全球化时代,中国戏曲能否在危机中求发展,恰恰还要看她有无超越功利的文化理想。中国戏曲作为一种体现民族精神、弘扬传统美德、蕴含审美特质的文化艺术载体,积淀着中国人民最为深厚的历史记忆、情感体验与价值认同,长期以来为最广大的人民群众喜闻乐见,至今仍有广泛的社会基础和蓬勃的生命活力。对戏曲艺术的保护传承与创新发展,旨在满足人民群众的精神文化需求,拓展审美体验,激发伦理自觉,培育文化认同,参与价值重建,为建设既有文化主体性、又有国际影响力的当今与未来中国文化奠定基础。在此共识之上,以中国戏曲为代表的民族文化才可能通过艰难的现代转型与再度崛起,真正赋予当今和未来中国文化以灵魂、生命与血肉,真正让中国人在中国文化中有所慰藉,归去来兮,安身立命。

以民众之心为心,以传统之魂为魂,以生活之理为理,以实践之道为道。这就是我所理解的中国文化自觉与价值重建的现实路径。归根到底,唯有充分感知和真正理解了变动不居的民众生活世界及其精神意义追求,才能切实发挥今天中国人积蓄已久的主体性和能动性,更有力地扬弃与整合古今中外的各种文化、精神与情感资源,就在源源不断的日常实践中有所发现,有所突破,有所创造,共同召唤并迎来中华文明的一阳来复之机。

作者:张炼红,上海社科院文学所副研究员。

重论"高于生活"及"理想人物"塑造

阎浩岗

摘　要:文艺作品"高于生活"的命题并不过时,因为艺术世界毕竟是虚拟世界,是相对于现实空间的"彼岸世界",它与现实世界的距离感是必需的。学界在这一问题上的分歧,其实在于对"高"的具体理解。作家可以按自己的理想进行艺术描写和塑造人物形象,这本不应成为问题。各个时代都有自己性质和内涵不同的理想人物。"革命浪漫主义"或"两结合"作品体现的理想虽然是"毛泽东的理想",但如果作家本人的体验与理想正与毛泽东内在一致,或有较多一致之处,他所塑造的理想人物未必就会失败。新时期以后作品中,既出现了"匪性英雄",也有体现作家道德人格理想的人物,比如隋抱朴与梁生宝就有内在相通。理想人物是否让读者感到虚假,除决定于作家的艺术功力,也与解读它的历史语境、审美语境有关。对于国家和民族来说,"无魇"是历史进步,"无梦"却是文化病态的表征。塑造体现时代思想道德水准的理想人物形象,应与深刻认识现实本相、无情揭示人性幽微一样,是每个时代作家、艺术家的职责。

关键词:《讲话》;高于生活;理想人物;审美语境

毛泽东《在延安文艺座谈会上的讲话》谈及文艺与生活的区别时,提出了著名的六个"更",就是:

文艺作品中反映出来的生活却可以而且应该比普通的实际生活更高,更强烈,更有集中性,更典型,更理想,因此就更带普遍性。[①]

这六个"更"的内涵,后来被概括为文学艺术"高于生活"的命题。"高于生活"其实有两重含义。第一重含义,即文艺比生活"更强烈"、"更有集中性"、"更典型"和"更带普遍性"。文艺不能等同于生活,这毋庸置疑,否则艺术失去了其存在的价值。对此大家基本没有异议。即使是号称"生活流""原生态再现"的写作,例如新时期以来的新写实小说和新生代诗歌,其实在当时也产生了比真正"流水账"式生活记录强烈得多的艺术效果;那些"私语"类散文或诗歌,除了"集中"(浓缩)与"强烈"(诗的感染力、情感或理性冲击力),其实也具有一定的普遍性、典型性。这种普遍性、典型性

---

① 毛泽东:《在延安文艺座谈会上的讲话》,《毛泽东选集》(第三卷),人民出版社1966年版,第818页。

虽非"放之四海而皆准"那种意义上的普遍性和典型性,却仍须超越一己体验和感受的阈限,否则就不会发表,就不会有读者。

争议较大的,是其第二重含义,即文艺比现实生活"更高"和"更理想"。其实质在于塑造理想的人物形象、表现理想的人际关系。与此相关,新时期以来,在文学创作和文学批评、文学史研究界,对受《讲话》影响的"革命浪漫主义"①创作,产生了质疑或非议。这种质疑或非议主要集中于:(1)后世解读者发现那些"革命浪漫主义"文本与现实生活、与历史事实有较大差异,特别是那些被一直当作历史来读、来理解的小说文本,使读者产生的幻灭感最大。因而,当知道了另外一方面的史实后,产生的逆反心理也最大。(2)"革命浪漫主义"文本塑造的那些理想人物形象因被认为过于完美高大,被讥为"高大全"式人物,被认为虚假不可信。(3)"革命浪漫主义"本身被称为"政治化的浪漫主义",被认为与浪漫主义的自由精神相违背,不利于文学艺术发展。

但是,在"革命浪漫主义"之前和之后的文学史事实告诉我们,文学文本与历史事实有差异甚至有较大出入,不一定导致作品文学价值的降低;在文学史上,"革命浪漫主义"之外的文学文本中,也有不少理想人物形象,而且能被读者接受。"革命浪漫主义"作品是否有其价值,也还需要予以具体而辩证的分析。即使在当下,英雄人物、理想人物的塑造问题,也并非过时的话题。

一、文本世界与历史事实

近年不断有对"革命历史小说"及其他"红色经典"祛魅解构的文章出现。祛魅解构的方式,一是在小说创作中反其道而行之,即笔者所谓"反着写",②一是撰文指出作品与历史真实的差异相悖之处。2002年《炎黄春秋》第1期孙曙《党史小说〈红岩〉中的史实讹误》一文指出小说《红岩》所写与历史事实的几个不合之处。近年更有人为南霸天、周扒皮这类"恶霸地主""平反",指出原型人物"善"的一面以及文艺作品对其"恶行"的"无中生有"与"移花接木"。其实,若依此思路再进一步深究,还可指出许多这类作品明显违背史实之处,大的如关于抗日战争时期正面战场与敌后游击战争各自所起作用的表现,小的如现代京剧《智取威虎山》中解放军的服饰。同样,若依此思路细究,许多中外历史题材名著也大有问题。如姚雪垠所说:"马致远的《汉宫秋》,完

---

① 笔者认为,1958年以后出现的"两结合"(革命的现实主义与革命的浪漫主义相结合)创作方法,也可视为一种特殊形态的"革命浪漫主义",因为在被"结合"的两者中,"革命浪漫主义"是主导。
② 阎浩岗:《"反着写"的偏颇——〈丰乳肥臀〉对"革命历史小说"的彻底颠覆及其意味》,《河北大学学报》2012年第1期。

全违背历史事实","莎士比亚的历史剧并不要遵照历史的本来面貌","司各特的历史小说也不是严格地尊重历史"。[①] 但人们似乎对上述名著不合历史事实处非议不多。

而对《三国演义》事实与虚构成分多少、效果好坏的争议,一直存在。否定这部作品的意见中,除了明代谢肇淛等个别人责其"事太实则近腐"[②]外,大多针对其虚构成分。清代李慈铭和章学诚都认为其虚实错杂、"事多近似而乱真"[③]的写法会使读者"为所惑乱",[④]鲁迅的意见与李、章一致。他认为《三国演义》的缺点首先就是"容易招人误会。因为中间所叙的事情,有七分是实的,三分是虚的;唯其实多虚少,所以人们或不免并信虚者为真"[⑤]。批评者之所以对这部书有与对《汉宫秋》《长恨歌》之类别的作品不同的要求,是因它属于一种特殊的文体——历史小说,也就是说,它是以历史上实有的社会重大事件为题材、以对历史发展走向曾起重要作用的重要历史人物为主人公或主要人物形象的。学者非议它,是因它传播了错误的历史知识,并使读者信以为真。但是,在今天看来,《三国演义》的这一"副作用"与其正面社会效果相比非常次要,而且也不难克服:一方面,对于不以学术研究为业的普通读者来说,历史细节的历史真实究竟如何并不太重要,如果他确实对此感兴趣可以去查看史书;而专业研究者不会被小说迷惑,否则只能说明其做学问不够认真、不够严谨;作家和诗人犯此错误虽显示了其知识储备有缺漏,但"错误的历史知识"并不妨碍其写出经典名作,例如苏轼的《前后赤壁赋》及《念奴娇·赤壁怀古》。这和"错误的自然知识"不妨碍产生关于月亮的文学名作道理一样。对作家和诗人来说,最重要的是情感的真实、想象的逻辑。对普通读者来说,《三国演义》最主要的价值是在让其获得审美享受的同时,受到什么样价值观念的影响、这些影响是正面还是负面,其次才是获得一定的历史知识。绝大部分读者和研究者都不否认《三国演义》的巨大艺术魅力,它宣传的忠、义、勇、信等道德观,对仁厚爱民君主的向往,对暴政的批判,在由后世不同时代读者赋予其不同具体内涵之后,仍显示出其持久价值,《三国演义》包含的政治、军事和外交智慧,给后世中外广大读者以启迪,被视为宝库,甚至被当作教科书。同为各自领域里的经典(文学和史学),《三国演义》比《三国志》影响大得多,这不能不归功于其精彩的艺术虚构。熟悉《三国演义》的读者明白,如果《三国演义》写得完全与《三国志》一样,如果没有了"草船借箭""借东风""空城计"之类虚构故事,这部小说的魅力就失去大半。"假如有一天,历史固执地要揭开幕布去看文学的真实,那可就麻烦了。"[⑥]

---

① 姚雪垠:《论历史小说的新道路》,《姚雪垠书系》(第19卷),中国青年出版社2000年版,第222—223页。
② (明)谢肇淛:《五杂俎》,《中国历代小说论著选(修订本)》(上),江西人民出版社2000年版,第167页。
③ (清)李慈铭:《荀学斋日记》,孔另境编辑《中国小说史料》,上海古籍出版社1982年版,第52页。
④ (清)章学诚:《丙辰劄记》,《乙卯劄记 丙辰劄记 知非日札》,中华书局1986年版,第90页。
⑤ 鲁迅:《中国小说的历史的变迁》,《鲁迅全集》(第九卷),人民文学出版社1981年版,第323页。
⑥ 葛兆光:《文学与历史》,《国学》2010年第5期。

近年某些学者对以《红岩》为代表的"革命历史小说"的指责,与以往学者对《三国演义》的批评有类似之处:他们是以再现历史真实的标准,把这些小说当作"党史"来看的。这样作也事出有因:在"十七年"以及"文革"时期,革命历史题材的文艺作品确实肩负着向普通读者和观众传播或灌输主流意识形态认可的历史知识、历史观念的任务。"革命历史小说"与《三国演义》《李自成》之类严格意义上的历史小说不同之处在于:它虽以历史上实际发生的重大历史事件为背景,但一般不以真实的、在历史上产生重大影响的重要历史人物为主人公或主要人物①——《保卫延安》写到彭德怀,《红日》写到陈毅,但都未将其作为主人公,他们甚至也不是作品的主要人物;《红岩》的主要人物都有原型,但许晓轩、许建业、江竹筠、陈然等也并非重要历史人物。过去确有将《红岩》中有原型的人物与纯虚构人物混淆的现象,为此作者之一的杨益言多次撰文澄清。其实小说毕竟是小说,它的写法与历史著述有不同的规律和要求。在当下市场经济的语境中,《红岩》之类作品传播主流意识形态的历史观念、历史知识的职能已被淡化,因而它们对历史的解释也不被当做唯一的、权威的解释,而只是各种历史解释之一。在后世读者面前,"革命历史小说"作为文学文本存在的主要问题是:众多文本的历史观——观史角度和基本结论都如出一辙,即,都基本是毛泽东的角度、毛泽东的结论,若将它们等同于历史本身,就否认了历史另外的侧面,抹杀了历史的复杂性,给人一种印象,仿佛历史全貌都是这个样子。比如地主大多为富不仁,穷人大多人穷志不穷,知识分子往往软弱动摇,国民党及其军队都品质恶劣……从传播历史知识角度看,若所有文本都这样写就属谬误了。"新历史小说"之所以出现之后使人耳目一新,就因它补充了历史的另外一些侧面。但笔者认为,在评价"革命历史小说"和"新历史小说"时,必须明确两点:如果"新历史小说"完全按"反着写"的方法来重述"革命历史小说"叙述过的历史,完全否定"革命历史小说"的真实性和合理性,势必走向另一种偏颇,导致另一种谬误。因为,毛泽东的历史观也是具有重要学术价值的历史观之一,也会有许多作家艺术家与毛泽东的历史观一致——或是不谋而合,或是由衷被其折服,从而认同。若按单个文本来评价,"革命历史小说"之优秀者自有其存在的价值,也有可能产生更长久的魅力,因为除了较强的艺术感染力外,其核心价值观念在今天也并非没有可取之处,例如它体现的对弱者的同情和关爱,它肯定的为公益事业献身的精神,它对建立在坚定信仰基础上的坚强意志的宣扬歌颂。

后世读者阅读体现"革命浪漫主义"精神的"革命历史小说"时,其"历史"的意义会逐渐淡化,而文本自身的独立价值会日益凸显。剥除其特定意识形态外衣,或特定意识形态内涵随时间推移而自行褪色之后,其审美价值和道德价值剩余多少,决定着

---

① 争议较大、屡次被禁的《刘志丹》例外。

这类作品文学史地位的高低。对后世普通读者来说,"革命历史小说"不再具有权威历史观念灌输的功能,它只是一个具有内指性的文本。这和今天我们对待《三国演义》的情况一样:喜欢这部古典名著的读者,未必都赞同罗贯中的循环论历史观以及拥刘反曹立场;若非为专门的探究兴趣,或为学习文学创作技巧,这部小说中哪些情节属历史事实、哪些纯属艺术虚构,也并不重要。近年一些国内研究者质疑《红岩》的"史实讹误",批评《暴风骤雨》和《太阳照在桑干河上》这类"土改"叙事作品对群众暴力场面描写的价值取向,自有其道理、自有其价值,这些质疑和批评文章实际是借文学批评说文学以外的事情,文学作品只是其谈社会思想文化问题的切入点和进行社会历史批判的分析标本。比如前述孙曙《党史小说〈红岩〉中的史实讹误》一文意在说明"中美合作所"与重庆渣滓洞白公馆大屠杀无关,说明共产党领导干部叛变者远不止一个,澄清历史事实;刘再复等的《中国现代小说的政治式写作》及唐小兵的《暴力的辩证法》①意在否定暴力"土改"这一历史事件的正义性。但不太关注这些历史具体问题的普通读者,比如后世读者和海外读者,有可能只是把这两部"土改"题材小说当作"除霸复仇""除暴安良"的故事来读,正如我们读大仲马的《基督山伯爵》之类作品。菲律宾作家柯清淡谈及他在海外初读《太阳照在桑干河上》所写下层人民翻身故事的感受时,就说这部书"既很能满足他读武侠章回小说而对英雄侠士所产生的那种崇拜,也很符合深深影响过他的所信仰的基督教的平等博爱教义规范"。②"文革"期间,梁斌的《红旗谱》及其第二部《播火记》被扣上宣扬"左倾盲动主义路线"的帽子而被否定;按史实细究,作品里滹沱河的位置可疑,"锁井镇"所在具体县份也很模糊。但普通读者对这些并不在意,他们在作品独立的艺术世界中得到的是对其艺术描写的审美享受。从政治路线角度说,《创业史》《艳阳天》写的是农业合作化,但《创业史》最能感动后世读者的是梁生宝与梁三老汉这对非血缘父子的伦理亲情,是作品中人物的创业激情,是梁生宝不忍看穷人受苦的善良品格与为大家做事的热心肠。海外学者嘉陵(叶嘉莹)对《艳阳天》的激赏,③是拉开时空距离客观评价这部作品的重要范例。

虽然将"革命历史小说"当作社会批判、文化批评材料的学术研究自有其价值;但若从文学本身看,客观评价"革命历史小说"及一切"革命浪漫主义"作品文学价值的前提,就是把它们当作一个虚拟的艺术世界来看,不再让其承载过多的历史知

---

① 刘再复、林岗:《中国现代小说的政治式写作——从〈春蚕〉到〈太阳照在桑干河上〉》,唐小兵《暴力的辩证法——重读〈暴风骤雨〉》,均收入唐小兵编论文集《再解读:大众文艺与意识形态》(增订版),北京大学出版社2007年版。
② 〔菲律宾〕柯清淡:《一恩师 补一本——自述生平与丁玲的海内外奇特文缘》,《丁玲与中国当代文学》,厦门大学出版社2012年版,第47页。
③ 〔加拿大〕嘉陵(叶嘉莹):《我看〈艳阳天〉》,《艳阳天》,华龄出版社1995年版,第一部卷首。

识、历史观念灌输使命,不再将艺术空间与现实空间画等号。文艺作品的"普遍性"是相对而言,普遍性再高,也不可看作"唯一"真实,不可因此而否认事物另外侧面、另外真实的存在。任何时代、任何阶级阶层的典型,也不只有一种。我们过去文学批评中那种将一个形象作为一个时代的象征、某一阶级唯一"本质"代表的做法,已被证明是偏颇的。我们不能因为老通宝的真实性而否认朱老忠的真实性,因为白嘉轩的真实性而否认冯兰池的真实性。他们各自的真实性应按其各自文本内部的事理逻辑来判断。

作为虚构的艺术世界,文学文本自有历史文本不可取代的价值,自有其独特的审美魅力。"文学记住了美丽和浪漫,忘记了平凡和真实甚至低俗。可历史却总是要我们记住它平凡的生活,常常遗忘了那些曾经在心灵中有过的浪漫与美丽。"[①]文学艺术首先要求"美";它也求"真",但那是艺术的"真",不是历史的"真"。因此,艺术世界与现实世界的距离感是必需的。"贴近"只是比较而言,只是一种形容,距离永远存在。"新写实小说"的世界,仍然是艺术的世界。《烦恼人生》所写印加厚的一天看似平凡,其实仍是被艺术"诗意"化了的一天。两个世界的距离若完全消失,艺术将不复存在。艺术世界实际是一个相对于现实世界的"彼岸世界"。苏联电影《莫斯科保卫战》虽追求纪实风格,但导演奥泽洛夫这部电影"真实再现"的莫斯科保卫战,也绝不等同于发生于1941年的作为真实历史事件的莫斯科保卫战,因为前者音乐和画面交融,体现了编导的艺术想象与审美情感,我们对它的记忆总是与这些音乐、画面、想象和情感联系在一起的。

二、文学史上理想人物形象塑造之得失

《讲话》发表以后,直至20世纪50年代前期,第二重含义之"高于生活"的美学思想,在解放区或中国大陆文学创作中表现还不充分。被视为解放区文学最优秀代表的作品中,赵树理小说、丁玲《太阳照在桑干河上》、歌剧《白毛女》都未塑造可作全民"榜样"的理想人物形象。周立波《暴风骤雨》中的萧队长和赵玉林比较接近后来"革命浪漫主义"作品中的理想人物,但在社会事件过程与人物性格塑造之间,该作更偏重前者,所以这两个形象性格不太鲜明。刘白羽《无敌三勇士》中的"三勇士"各有其明显缺点,不是后来意义上的理想人物。孙犁《荷花淀》和《嘱咐》《山地回忆》一类小说写了比较理想的人际关系及人情美、人性美,却也并未倾力塑造理想人物形象。这种局

---

① 葛兆光:《文学与历史》,《国学》2010年第5期。

面直到赵树理《三里湾》仍未突破。提到"革命浪漫主义"及"两结合"作品中的理想人物,大家首先想到的一般是梁生宝、杨子荣、朱老忠、许云峰、江雪琴、萧长春、高大泉、李玉和等。而新时期以来备受诟病的,也正是这类人物形象。

　　文学作品可以而且应该表现理想,作家可以按自己的理想进行艺术描写和人物塑造,这本来不成问题。亚理士多德说索福克勒斯是"按照人应当有的样子来描写",①周作人将"人的文学"分为两大类,其一便是"正面的,写这理想生活,或人间上达的可能性"。②"理想人物"是指体现作者道德理想和审美理想的艺术形象。"典型人物"未必是"理想人物",但文学史上的著名艺术形象中确有许多属于理想人物,这些理想人物属于不同类型的英雄。西方文学史上,有普罗米修斯、哈姆雷特、罗密欧、朱丽叶、安东尼奥、浮士德、米里哀、冉·阿让、艾斯米拉达、列文、丹柯等艺术形象,中国古代文学史上,诸葛亮、关羽、赵云、孙悟空、鲁智深、贾宝玉、王冕、杜少卿等都体现了作者某些方面的道德理想和审美理想。以平凡人物或非英雄、反英雄做主人公是西方文学19世纪以后的事。中国现代文学中虽也不乏理想人物形象,例如鲁迅笔下的人力车夫、大禹、墨子,老舍笔下的钱默吟、黄学监,曹禺笔下的袁任敢父女,沈从文笔下的傩送、翠翠、龙朱、虎雏,钱钟书笔下的唐晓芙等,但相对而言,理想人物在中国现代作家笔下出现较少,而且位置不太重要。这应与中国现代文学的"启蒙"批判传统有关。所以,20世纪50年代以后理想人物形象在中国大陆文学中大量出现并占据中心位置、做主人公,是一种值得注意的新的文学现象。

　　在1950—1970年,中国大陆文学界将理想人物塑造视为文学创作中的重要问题,为此而产生的理论与创作中的争议也较多。周扬1953年9月在中国文学艺术工作者第二次代表大会上所作的报告《为创造更多的优秀的文学艺术作品而奋斗》中,专门谈到"正面的英雄人物"塑造问题,为这一时期中国大陆文学创作定下权威意识形态的基调。不久,邵荃麟与冯雪峰也先后分别撰文谈及这一问题。针对文学界关于是否可以写英雄人物缺点、如何表现其缺点,几位文艺界领导人或批评家有不尽一致的理解,强调的重点因而也有所不同。周扬虽然也同意可以写英雄人物"在政治上思想上的成长过程",写英雄人物"性格上的某些缺点以及日常工作中的过失或偏差",但强调必须将其"和一个人的政治品质、道德品质的缺陷加以根本的区别",因为在他看来,塑造英雄人物的目的是使之充当千百万群众"学习和仿效的榜样"。而且,他还特别说明,写英雄时不一定非要写其缺点,"许多英雄的不重要的缺点在作品中是完全可以忽略或应当忽略的"。③邵荃麟也指出作品中的英雄可以"比实际的英雄更高,更

---

① 〔古希腊〕亚理士多德著,罗念生译:《诗学》,《诗学·诗艺》,人民文学出版社1962年版,第94页。
② 周作人:《人的文学》,《周作人批评文集》,珠海出版社1998年版,第32页。
③ 周扬:《为创造更多的优秀的文学艺术作品而奋斗》,《人民文学》1953年第11期。

强烈,更有集中性,更理想,更典型,因而也有更大的教育意义和作用","因此在创造英雄人物的时候,有意识地舍弃实际英雄人物身上某一些非本质的缺点,是完全允许和必要的。"①但若联系后来邵认为《创业史》中梁三老汉形象塑造优于理想人物梁生宝,以及他在大连会议上主张写"中间人物",我们可以认为他的这一表态可能只是为官方代言而非本人内心真实想法。也可能是他后来的观点有了变化发展。比较而言,冯雪峰虽也肯定作家可以"概括出比实际存在的先进英雄人物更充实的崇高品质和精神,创造出更突出、更典型的先进英雄人物形象",但他更强调"典型化并非'理想化'"。② 20 世纪 50 年代初期这次提倡理想人物塑造的潮流,至 20 世纪 50 年代后期随着"两结合"创作方法的提出达到第一个高潮。虽然 20 世纪 60 年代初期一度受到质疑,但"中间人物论"很快受到批判,到"文革"时期,"塑造高大完美的无产阶级英雄典型"更是被当做了文艺创作的核心问题、"根本任务",③出现了著名的"三突出"理论。

"文革"结束,随着文艺界批判"三突出""高大全"的人物塑造模式,文学创作塑造理想人物的潮流陷入低谷。然而,虽然新时期特别是 80 年代中期以后,理想人物形象在中国当代作家笔下逐渐减少,但并未绝迹。乔光朴、李铜钟、李高成与新中国成立后前 30 年作品里的理想人物在审美特征上类似,朱先生、白嘉轩、隋抱朴等则有了新的文化内涵。后来小说与影视剧中又出现了余占鳌、李云龙、狼毒花这样的另类英雄人物形象,以及赵刚这样在传统理想人物基础上又有新特质的艺术形象。金庸、琼瑶小说以及据其改编的影视剧中,也有相当一批理想人物形象,如萧峰、紫薇等。这说明理想人物、英雄人物形象并未失去其存在价值,如同中外古代近代读者一样,当今的读者和观众仍然有对理想人物、英雄人物的审美心理需求。

20 世纪 50 至 70 年代文学作品塑造的某些理想人物之所以受到质疑,主要是因他们被认为不真实、不生动、过于完美,概念化、类型化、模式化严重,政治色彩过浓,几乎没有七情六欲。如果这种"理想"没有与作者本人的生命体验、审美体验融合,就会导致上述弊端的产生。但是笔者认为,对于这一时期出现的理想人物形象,其艺术价值需要具体分析、区别对待。还要在经过时间过滤之后,以新的视角来理解和把握。也不能排除另一种可能,就是作者本人的理想与"毛泽东的理想"内在一致,或有较多一致处。在这种情况下塑造的理想人物就未必失败。正如嘉陵(叶嘉莹)所说:"如果一位作者的生活体验和思想及感情,都是与他所要表达的政治目的相合一的话,那么政治的目的对于他的创作生命便不仅是一种遏抑,且有时还会成为一种滋养。"关键

---

① 邵荃麟:《沿着社会主义现实主义的方向前进》,《人民文学》1953 年第 11 期。
② 冯雪峰:《英雄和群众及其他》,《文艺报》1953 年第 24 期。
③ 初澜:《塑造无产阶级英雄典型是社会主义文艺的根本任务》,《人民日报》1974 年 6 月 15 日。

是作者对所表达的政治内容"具有深切的了解和热爱,而且这种了解和热爱要真正出于他内心的生命"。①况且,"十七年"时期的优秀作家们在被统一"规训"之下还是表现出了自己不同程度的创作个性,在创作中融入了自己独特而深刻的生命体验。

"十七年"文学的理想人物或英雄人物中,朱老忠、梁生宝、许云峰、江雪琴、卢嘉川、杨子荣、李自成等形象给读者很深印象,具有较强的艺术感染力。这正是历史的"实在"与读者历史理解的"实在"合谋的结果。换句话说,历史和现实中确乎出现过类似的英雄,而英雄主义、理想主义的时代接受氛围,使得这些"高于生活"的艺术形象并不显得虚假。

《红旗谱》中的朱老忠虽然被作者当做理想的农民形象来塑造,但作品的叙事基调不脱离日常生活逻辑。朱老忠固然与普通冀中农民有所不同,但作品交代了他走南闯北的独特经历,以及地域文化与家族遗传熏染赋予他的血性,细腻描写了他的朋友情、夫妻情、父子情,显得既感人又真实可信。

有学者指出《创业史》中的梁生宝形象不及梁三老汉,但笔者认为,梁生宝的人生选择合乎其情感逻辑与理性逻辑,作品对其心理活动中某些理念活动的描写也不违反事理逻辑。梁生宝选择集体创业而放弃个人发家,是因其天性中的善良和富于同情心;他的创业激情则又与其强烈的自尊需要相关。

《青春之歌》里的卢嘉川虽是理想的共产党人形象,作品却写到他对非合法爱情(追求有夫之妇)的追求与克制。作品还含蓄写到另一理想人物江华的性欲要求。这使得这类形象的超越性具有了现实性的基础。

《红岩》中的许云峰和江雪琴则是一部独特作品中独特的人物形象类型。他们早已家喻户晓,其艺术感染力之强毋庸置疑。许云峰、江雪琴以及成岗等人的意志力之强确实超乎常人,但在20世纪60至70年代的接受氛围中,他们是被当做殉道的"圣徒"来看,况且有历史原型作依据,没有读者认为其虚假。

《林海雪原》中的杨子荣则与《铁道游击队》中的刘洪、《烈火金刚》中的肖飞等一样,属于传统武侠的现代革命版,这类形象的艺术效果也与传统武侠类似。

《艳阳天》中的萧长春与梁生宝有些类似,而其斗争性更强。迄今为止,批评者多认为浩然这部长篇写的是阶级斗争,笔者却认为,若不看作者的理性表白而单看文本本身的叙事逻辑,《艳阳天》写的其实是农村基层政权斗争,是萧长春为代表的农村"无产阶级"和马之悦为代表的"新富农"之间为争夺东山坞村领导权的斗争,也是二人的品格意志之争。不是地主马小辫拉拢利用共产党干部马之悦,而是共产党干部马之悦为了和萧长春争权而利用地主马小辫。而且,除了权力,马之悦对阶级、路线并不

---

① 〔加拿大〕嘉陵(叶嘉莹):《我看〈艳阳天〉》。

特别在意。而萧长春的争权,则是为替原来土地少的农民谋福利。因而,萧长春虽然高大,但并不虚假,《艳阳天》里的权力斗争,若剥除其特定时代带来的意识形态外衣,与今天的"官场小说"倒有相通之处。

若单看前两卷,姚雪垠《李自成》里的李自成确乎属于理想人物,因而有不少人认为这一形象过于高大。但若将五卷三百余万字的《李自成》作为一个整体看,作为艺术形象的李自成虽是作者心目中的英雄,却不能算是真正的理想人物,因为从第三卷起,他的缺点逐渐暴露,有些缺点、失误还是致命的。比较而言,高夫人身上的理想色彩更浓些。正如严家炎先生所言,高夫人形象的塑造也有较充分的历史依据和逻辑依据,并不虚假。① 另外,在当时背景下,《李自成》在人物塑造方面与众不同之处是,对李、明、清这相互冲突对立的三方均寄予程度不同的同情,对三方一些重要人物均作为英雄来塑造。

"文革"期间塑造的理想人物形象,其共同的致命弊端不在于所表现的理想,而在于缺少基本的"人情味"。但其价值也不可一概而论。长篇小说《金光大道》因塑造"高大全"(高大泉)形象而在新时期以后成为批判的鹄的,但它"试图设计一个近乎天堂般美妙的中国乡村社会",②反映了那一时代大众对理想未来的想象,起码具有史料价值;而高大泉形象负载的价值内涵,也不乏引人向上、向善的积极一面。只是他只认"阶级情"而淡看自然人伦情感,未免显得矫情。"样板戏"按"三突出"原则塑造英雄人物,概念化倾向严重,但《红灯记》中的李玉和比较感人。虽然"热泪涟涟""哪有孝子当汉奸"之类表现人物自然情感的"腐朽词句"③后来被改掉了,但因这部戏除了表现爱国的民族感情,毕竟重点渲染了李玉和与师母和养女一家三代三口之间非血缘的伦理亲情。尽管给这种感情冠以"阶级情"名分,但剥除这层外壳之后,作品内含的人情人性成分依然很浓,因而李玉和的牺牲义举在后世看来也具有强烈的撼人心魄的力量。《沙家浜》中阿庆嫂身上的江湖色彩也使之具有了人间韵味。而《海港》中的方海珍、《龙江颂》中的江水英、《红色娘子军》中的洪常青、《奇袭白虎团》中的严伟才等虽然符合意识形态的"理想",但仅具政治符号意味。《智取威虎山》里的杨子荣身上脱去了小说原著中的匪气、江湖气,也因而失去了立体感。

这一时期文艺作品理想人物塑造中的失误或失败,除了政治意识形态"规训"的外部因素,也有文艺本身的内部规律值得探讨。

笔者认为,如果不考虑提出者的政治身份、摒除其特定政治内涵,单从艺术本身来

---

① 严家炎:《一个痴情者的学术回眸》,《东方论坛》2008 年第 2 期。
② 程光炜:《为什么要研究七十年代小说》,《文艺争鸣》2011 年第 18 期。
③ 初澜:《塑造无产阶级英雄典型是社会主义文艺的根本任务》。

看,单论具体个别文本,"三突出"并不必然导致人物形象塑造的失败。《三国演义》中诸葛亮形象的塑造其实就暗合"三突出":在所有人物中,突出了被认为是"正面"的蜀汉方面人物,尽管在三国中蜀汉势力最弱;在蜀汉方面人物中,突出了刘备、关羽、张飞、赵云、诸葛亮等英雄人物;在众多蜀汉人物中,突出了"主要英雄人物"诸葛亮。诸葛亮出山之前,刘备屡战屡败;出山之后虽然开始仍是败退,但作品的艺术描写却让人感到刘备的事业蒸蒸日上;诸葛亮死后,蜀汉国力急转直下。而且,《三国演义》也基本没写诸葛亮和赵云的缺点。即使写到失误——失街亭,也马上有"空城计"的沉着、胆略和智慧予以补救。尽管鲁迅批评过《三国演义》对刘备、诸葛亮形象的塑造,说其"似伪"或"近妖",千百年来的广大读者还是非常喜爱这些艺术形象。"文革"时提倡的"三突出",其要害在于宣称这是"文艺创作塑造无产阶级英雄人物必须遵循的一条原则",[①]在于"必须"二字过于武断,在于其强迫的命令色彩,在于它抹杀了文艺创作方法的丰富性多样性。另外就是在舞台演出时对"反面人物"的戏份过于删减,僵硬规定其不能占据舞台中心,在舞台调度、舞台灯光方面正反面人物的对比过分夸张。

三、新时期以后英雄人物塑造的新态势及其原因

"英雄人物"与"理想人物"是相互联系又有所区别的两个概念。这两个概念在很多情况下是重合的,但也有错位。英雄人物虽在某些方面体现出作者的理想,但未必处处"理想",文学史上有些英雄人物有明显缺点,甚至是致命缺点。比如阿喀琉斯的计较和愤怒、哈姆雷特的犹豫、奥赛罗的嫉妒、张飞的因酒误事、关羽的大意失荆州等。而有些理想人物若称为"英雄"也不太合适,因为提及"英雄",人们首先想到的是超乎常人的勇与智,其次才是品德方面的肯定性内涵。

如前所述,新时期以后出现的理想人物或英雄人物中,李铜钟、乔光朴、李向南和李高成等,其审美实质与道德内涵与"十七年"及"文革"时期的理想人物或英雄人物是一致的:他们都是大公无私,勇于为民请命或为党、为国献身的人,只是他们抗争的具体对象与此前有了时代的差异,比如反对极"左"路线、勇于开拓进取等。乔光朴的新内涵是勇于当众承认自己的爱情追求并认为合情合理;《抉择》中的李高成既可视为因全书对官场阴暗面深刻揭露易造成政治上的"副作用"而采取"补救"措施的结果,也可看做作者本身对"清官"的理想想象,如同柯云路塑造的李向南一样。

从莫言的《红高粱》系列塑造了"抗日土匪"余占鳌起,"匪性英雄"成为当代英雄

---

① 于会泳:《让文艺界永远成为宣传毛泽东思想的阵地》,《文汇报》1968年5月23日。

的新类型。此后又有李云龙、狼毒花等。这才是实质上与20世纪50至70年代的英雄人物有别的新的英雄类型。"十七年"时期以及新时期初期文艺作品中也有带有"匪性"的英雄,比如长篇小说《铁道游击队》中的刘洪、《苦菜花》中的柳八爷,《桥隆飙》中的桥隆飙,以及电影《独立大队》中的马龙等。不过这一时期的"匪性"英雄最终的归宿都是被共产党改造收编。"匪性英雄"的价值观与主流意识形态倡导的价值观有其一致处,就是对旧法统的反抗或破坏、对旧道统的蔑视或忽略。但主流意识形态最终的目的,除了破坏或改造旧体系、旧观念,还包括将一切体制外的散兵游勇收编到新秩序里来,使之接受新的秩序与规范。作家写这类题材,既符合主流意识形态的诉求,又适应了民间普通受众特定的审美心理,就是在严格秩序下潜意识里对自由放纵的向往。读者喜欢《水浒传》一类作品,当与这一心理有关。新时期以后的"匪性英雄",其所体现的"慷慨热血、敢生敢死、快意恩仇"的道德观念和审美实质与水浒英雄有些类似,与《水浒》《三国》等旧小说禁欲的英雄不同,具有西洋式浪漫豪杰相近的价值内涵,即"敢爱敢恨",英雄亦爱美人。李云龙"冲冠一怒为红颜"的行为并未受到谴责,反而被欣赏,因为作者赞美的是其"汉子"气、"爷们"气,这种气质与民族情感挂钩,便获得了合法性。"狼毒花"常发的形象比李云龙更进一步,作者突出了他强烈的性欲要求。我们当然不能简单地说余占鳌、李云龙、常发是作者心目中完美的理想人物,但这类人物的某方面的气质特征的确代表了作者的某种道德的和审美的理想。

《古船》中的隋抱朴、《白鹿原》里的朱先生和白嘉轩,以及《亮剑》里的赵刚,可算作新时期文艺作品理想人物的典型。如果说上述"匪性英雄"只是"水浒英雄"的现代版、情爱版,是作者与读者合谋的一种压抑心理的宣泄,那么这类理想人物体现了更多的理性文化内涵。在"没有英雄"甚至连"人"都"死了"的后现代价值虚无主义语境中,这类理想人物尤其显得不同寻常。如果我们说隋抱朴与柳青笔下的梁生宝有相通之处,有人也许会诧异,但,一个农民读《共产党宣言》,心忧天下,有极其丰富的内心生活,这与梁生宝的"想大事""说大话"不是类似么?而且他们都富于同情心,都有高度内敛克制的精神,都体现了作者从"人本来是什么"到"人应该是什么"的探索。因时代原因而不同的是,梁生宝思考的是如何避免贫富分化、实现共同富裕,隋抱朴思考的核心是如何超越人类残忍与暴力的循环。赵刚形象则可看做作者对李云龙形象的补充,或者对"匪性英雄"某些缺憾的反思。新时期以后出现的最独特的理想人物形象,还是《白鹿原》里的朱先生。

笔者认为,"英雄"可分为"能力英雄"与"道德英雄"两大类。其中,前者还可分为"勇力英雄"与"智力英雄",后者则包括"品质英雄"与"意志英雄"。有些理想人物兼具能力英雄与道德英雄特征,例如《三国演义》里的诸葛亮、关羽和赵云;有些则仅以道德上的超凡脱俗见长,例如《悲惨世界》里的米里哀主教。"十七年"和"文革"时期的理想人物形象,除"革命传奇小说"《林海雪原》《铁道游击队》《烈火金刚》里的杨子荣、刘洪、史更新和肖飞等以智慧或勇力见长外,大多属于道德英雄。在新时期以后文学中,"道德英雄"逐步失去了中心位置。新时期之初对"高大全"人物的批判,除了其政治指向、其概念化和非人性化,就是针对其"道德人格完美无缺"想象的虚幻性。但李铜钟之类形象仍属道德英雄。从80年代迄今,在知识分子精英话语中,传统意义上的"英雄"、理想人物几乎成为过时概念,①而在民间审美意识中,能力英雄更被推崇。因而文艺作品里的道德理想人物鲜见。因此,《白鹿原》里朱先生的形象显得格外不同凡响,也因此而引发了一些争议。朱先生也是一个几乎没有缺点、近于完美的人物,是一位现代"圣人"。不论朱先生是"儒"还是"道",还是对传统儒学的现代—后现代改造,他都体现了作者的一种道德人格重建的理想。

哪些形象"真实可信",哪些不"真实可信",除了其自身因素,还与解读它的历史语境有关。按伽达默尔的"效果历史"理论,存在着两种"真实性",就是"历史的实在以及历史理解的实在"。②历史真实的存在其实有多种方式,它与不同历史叙述者及其接受者的带有自身历史性的"前理解"、与其当下视域密不可分,也与文本解读者自身的生命体验、审美经验以及置身其中的社会文化、时代精神及主流价值观念系统联系在一起。程光炜先生曾谈到自己的一次切身体验:他最近读浩然的《金光大道》第一部关于高大泉冬天在建筑工地脱下棉衣棉鞋跳进冰水劳动的描写时,刚开始感到不舒服,可他"清楚地知道,这种不舒服是因为接受了新时期文学观念的培训后才产生的,认为它很假"。可以推论,在接受新时期文学观念"培训"之前,或者说在接受1970年代文艺观念"培训"的时候,他读了有可能不感到其虚假、感到不舒服。接着,他:

> 恍然想起1974年我在插队的农场,也经常会在冬天的水利工地上穿着单裤这么拼命地任劳任怨地干活,不计较任何回报的情形,又觉得它虽然有些夸张,但却非常地真实。

于是他得出结论:"一个人的切身经验会决定他对历史和文学的判断。"③笔者认为,对于当下的解构和祛魅潮流,也应作如是观。

解构、祛魅的时代是"无梦"的时代。祛魅、解构首先从社会偶像开始。过去带有

---

① 当然,精英话语体系中还推崇陈寅恪、钱钟书这样的学术"理想人物"和鲁迅、顾准这样的思想斗士,但这与作为艺术形象的理想人物是两回事。
② 〔德〕汉斯-格奥尔格·伽达默尔著,洪汉鼎译:《真理与方法——哲学诠释学的基本特征》上卷,上海译文出版社1999年版,第385页。
③ 程光炜:《为什么要研究七十年代小说》。

神秘色彩的大人物纷纷走下神坛、走出圣殿。现实中的英雄模范人物董存瑞、雷锋、白求恩等都成为被解构祛魅的对象。鲁迅写《故事新编》要把神话人物和圣人贤士还原为血肉之躯,但他在写出其凡俗一面的同时,仍把这些人看作英雄、看作杰出人物。而当下的祛魅风是想把现实中的英雄模范塑造成庸俗、低俗乃至丑陋的形象。我认为不能仅用"后现代"理论解释这一社会现象。这一现象的出现有着实实在在的历史和现实的原因。从"十七年"到"文革",社会理想主义被推向极端。物极必反,狂热年代结束之后人们大多变得非常现实,相当多的人对原来的理想主义产生怀疑,有了幻灭感,而那一时期树立的英雄模范典型有相当一部分被揭露为虚假。于是,现在的社会大众不仅对过去树立的一切正面典型难以像过去那样笃信不疑,对现在新树立的先进典型也不再相信。在商品经济社会里,大众更看重的是物质利益,是"实惠",理想主义的沉沦似乎在所难免。现实与艺术中的"道德英雄"失位,中小学教育中,"智育"独尊,几乎是衡量学生价值的唯一尺度。本真意义上的"德育"几无立足之地。在社会上,能守住基本的道德底线也成了"美德"。没有了道德自我完善的追求,没有了"向上""向善"戒律的约束,人确实变得空前自由;如果还有需要崇拜向往的"偶像",那就是"能力英雄",是事业的成功者,包括商界大亨、影星歌星;亦或在潜意识中向往"匪性英雄"以使本能得以宣泄。如果说过去这样做要冒被道德上非议之险的话,现在没有了后顾之忧,还可披上"人性化"的华美外衣。

儒学及其后裔理学的道德要求对于个体的人来说是一种"他律",而西方式"道德律令"强调"自律"。"他律"的规范往往要求过高,还强制性要求全社会成员遵守,要求人人成圣贤。1942年萌芽,50年代在中国大陆全面展开的社会思想改造运动,其道德要求与儒学理学的道德律令要求内涵有别而方式相同,"毫不利己,专门利人"、"狠斗私字一闪念"也是要求人人为圣贤。这很不现实,还致使社会性虚伪泛滥。

"无魔"是历史进步,而"无梦"的社会在文化上、精神上是贫瘠荒凉的。所以,在新语境中,在弄清了"人本来怎样"之后,有必要重新探讨"人应该怎样"。尽管社会价值观念随时而变,但探讨"什么是好"是文学永远的使命,"学为好人"的吁求永不过时。失去向善意志的社会是无可救药的社会。人性包括动物性,也包括沈从文所谓"神性",包括人类独有的道德、情感、信仰,包括个体生命的超越性追求。"解放人性"并不只意味着解放人的本能欲望、解放人的动物性。因此,塑造体现时代思想道德水准的理想人物形象,应与深刻认识现实本相、无情揭示人性幽微一样,是每个时代作家、艺术家的重要职责。

作者:阎浩岗,河北大学文学院教授。

编 后 记

为纪念毛泽东《在延安文艺座谈会上的讲话》发表七十周年,进一步推动陕西师范大学文学院承担的国家社科基金重大项目"延安文艺与20世纪中国文学研究"的深化,2012年5月16—17日期间,陕西师范大学文学院举办"延安文艺与20世纪中国文学"国际学术研讨会,会议邀集海内外延安文艺研究领域的学者百余人,对这一重大议题进行了广泛深入的研讨。为了集中展示本次会议的成果,我们选取参会的部分论文,结专辑出版,以期引起学界广泛注目。

本论文集也是国家社科基金重大项目"延安文艺与20世纪中国文学研究"的部分成果的反映,我们衷心希望和感谢学界同仁对这一课题的持续关注,将这一课题的研究进一步引向深入。

由于论文集版面有限,未能将部分已经公开发表的参会论文收录进来。编选中,可能会存在不少疏漏,还请大家不吝指正!

编者

2013年4月12日